옮긴이 **서정아**

비폭력평화물결 평화활동가. 학부와 대학원에서 기독교교육학을 공부했다. 여러 교육 현장에서 활동하며 인간 삶에서 하나의 종교를 넘어선 종교교육이 그 무엇보다 선행되어야 함을 절감했다. 그러나 당시까지만 해도 기독교교육은 곧 교회교육이라는 인식이 강했고, 그로 인한 교육영역의 편향된 현실에 피로감을 느껴 다른 방법을 찾던 중에 서클을 만났다. 또한 삶의 개인적 측면에서는 존재의 가치와 표현의 한계, 자신을 향한 문제들을 해결하기 어려웠다. 그러나 존재 그대로의 선함을 인정하는 것, 안전한 공간을 만들고 그 안에서 자신과 공동체를 함께 돌보며 표현하는 서클 프로세스에 매력을 느꼈다. 이 후, 비폭력평화물결에서 학교 및 교육청, 시민단체등과 연결하여 서클을 진행하고 있다.

옮긴이 **박진혁**

비폭력평화물결 평화활동가. 개인적인 삶의 문제로 신체-정신적으로 고통을 겪던 시절 서클을 만났다. 우주에 혼자 버려진 것 같던 시절, 그 어떤 위로의 말보다 존재로 연결되는 것으로도 깊은 치유가 됨을 서클을 통해 경험하게 되었다. 서클 안에서 동등함과 진정한 연결, 안전함과 주체적인 자기표현, 상호기여의 리더십, 치유와 배움을 경험할 수 있었다. 서클로 인해 인식론이 전환되었고, 그 전환은 보다 힘을 내어 세상을 살아보리라 결심하게 해주었다. 개인의 생존을 위해 시작한 서클의 여정이 이제는 서클의 의미를 전하는 일로 이어져 지금은 서클진행자로 활동하고 있다. 보다 많은 이들이 서클을 경험하며, 행복한 자기돌봄이 있기를 기대한다.
『어린이가 만드는 평화』, 『어린이가 붙잡는 사랑』(대장간)을 공역했다.

표지사진 : Robert Lukeman on unsplash

저자 **캐롤린 보이스-왓슨** Carolyn Boyes-Watson은 1993년부터 서퍽Suffolk 대학에서 사회학과 교수로 재직 중이며, 대학내 '회복적 정의 센터'의 설립자이다. 하버드 대학교에서 사회학 박사학위를 받았다. 회복적 정의와 청소년 사법에 관한 다수의 논문과 책을 집필하였다. 대표 저서는 『가정과 함께 하는 도시 청소년을 위한 평화형성서클』(*Peacemaking Circles and Urban Youth: Brining Justice Home, Living Justice Press*, 2008)과 케이 프라니스와 함께 학교 현장에서 관계를 돌보고 정서를 다루는 서클을 소개하는 『서클로 여는 희망』(*Heart of Hope*) 이다.

저자 **케이 프라니스**(Kay Pranis)는 회복적 사법 분야의 지도자로 널리 알려진 미국의 평화 형성 서클 전문가이다. 1994~2003년 미네소타 주에서 교정국 회복적 사법 기획자로 재직했으며, 미국 · 캐나다 · 오스트레일리아 · 일본에서 강연을 하고 있다. 1998년부터 학교, 교도소, 직장, 교회 등 다양한 공동체에서 서클 훈련을 이끌고 있다. 저서로는 『서클 프로세스』(대장간), 『평화형성서클』(대장간) 등이 있다.

평화형성서클로 만나는 치유와 건강한 관계

서클로 여는 희망

Heart of Hope

캐롤린 보이스-왓슨
케이 프라니스

서정아 · 박진혁 옮김

Originally published in English under the title ;
Heart of Hope Resource Guide- Using Peacemaking Circles to Develop Emotional Literacy, Promote Healing, and Build Healthy Relationships
by Carolyn Boyes-Watson and Kay Pranis.
Published by Living Justice Press, 2093 Juliet Ave., St. Paul, MN 55105, USA

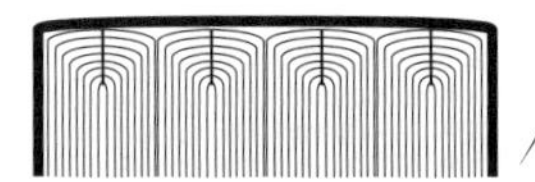

펼침이 좋고 오래 보관할 수 있도록
전통적인 사철 방식으로 제작했습니다

서클로 여는 희망 *Heart of Hope*

지은이 **캐롤린 보이스-왓슨, 케이 프라니스**
옮긴이 **서정아 박진혁**

초판발행 2020년 7월 21일
펴낸이 배용하
책임편집 배용하

등록 제364-2008-000013호
펴낸곳 도서출판 대장간
www.daejanggan.org
등록한곳 충남 논산시 매죽헌로 1176번길 8-54
대표전화 전화 :041-742-1424 전송 :0303-0959-1424

분류 **서클 | 관계 | 갈등해결 | 회복적정의**
ISBN **978-89-7071-530-8 (13370)**
CIP제어번호 **CIP2020028462**

값 30,000원

서문

『서클로 여는 희망』*The Heart of Hope*은 미국 보스턴 서퍽 대학Suffolk University에 있는 회복적정의 센터에서 캐롤린 보이스-왓슨Carolyn Boyes Waston과 케이 프라니스Kay Parnis의 독창적이고 사려 깊은 작업을 통해 개발되었다. 아동가족부The Department of Children and Families가 공공보건부The Department of Public Health의 동의하에『서클로 여는 희망』의 연구를 지원하였다.

아동가족부는 미국 연방의 아동복지기관으로 취약아동과 그 가족들을 돌보고, 다양한 삶의 문제를 겪고 있는 청소년들의 삶에도 사회복지사를 파견한다. 아동복지영역에 있는 연구원들과 평가원들은 사회복지사와 서비스를 받는 가족들 사이의 긍정적인 관계가 가장 중요하다고 강조한다. 실제로, 아동과 사회복지사의 관계가 얼마나 단단하고 긍정적이냐에 따라 그 가족의 장기적인 안녕과 행복이 결정된다. 이는 우리가 가족들을 돌보는 전문가로서 무엇을 항상 염두 해야 할지 간단명료하게 보여준다.

돈독하고 긍정적인 관계의 중요성에 대해 동의하고 나면 다음과 같은 질문을 하게 된다. "우리는 이러한 관계들을 어떻게 증진시킬 수 있을까?" 하는 것이다. 관계의 힘에 대해 논의하는 것과 실제 관계를 세우는 과정에서 우리의 행동, 참여방식, 계획과 평가에 대해 구체적인 전략을 세우는 것은 아주 다른 일이다. 우리는 사회복지사들을 두려워하고, 의심하며, 불신하는 가족을 만나 긍정적인 관계를 형성하고자 할 때 상당한 어려움을 겪는다.

청소년과 관계를 형성하는 일은 더욱 어렵다. 청소년의 발달과정에서는 불확실한 감정변화와 타인의 행동으로부터의 영향을 인식하기 위한 심오한 투쟁과 안전한 공간에 대한 욕구가 나타나는 것이 특징이다. 심지어 아주 좋은 환경적 지원을 받으며 성장한다고 해도, 유년기에서 성인으로 성장해 가는 과정은 복잡하고 혼란스러운 시간이다. 때문에 우리는 긍정적인 관계를 형성하는데 있어 실질적이고 구체적인 접근이 필요하다.

『서클로 여는 희망』은 청소년과 관계를 형성하기 위해 노력하고 있는 사회복지사를 위한 훌륭한 자료이다.『서클로 여는 희망』은 참여, 대화, 질문의 모음으로써 청소년들로 하여금 자기감정에 대한 인식을 높이고 건강한 관계에 대한 이해를 증진시키고 자신의 삶에서 주인으로 살아가도록 독려하는 직접적이고 실천적인 접근법이다.

존 보겔 / John. M Vogel, MSW, LCSW
아동가족부 미 메사추세추주 아동복기기관 부기관장

감사의 말

우리는 이 책의 지식과 이해들이 저자들의 삶의 경험과 맥락 안에 제한되어 있다고 생각합니다. 그러니 부디, 유용한 것은 취하고, 매력적이나 독자의 상황에 맞지 않는 것들은 변형하십시오, 그리고 당신에게 도움이 되지 않는 것은 버리십시오.

이 책이 제공하는 모든 생각과 전략을 우리가 만들어낸 것은 아닙니다. 대부분이 새로운 것은 아니며, 많은 활동들을 서클 프로세스에 결합하기 위해 변형하였습니다. 우리의 작업은 감정 활용 능력, 관계 형성, 그리고 치유를 목적으로 서클을 사용하기 위해, 많은 자원들로부터 만들어 낸 것입니다. 그러한 노력은 15년 넘게 많은 사람들의 작업을 통해 제공되어 왔습니다.

우리는 셀 수 없이 많은 동료들과 서클 참여자로부터 영향을 받고 영감을 받고 감동을 받았습니다. Harold Gatensby, Mark Wedge, Barry stuart를 포함한 캐나다에서 온 우리들의 원래 선생님들이 그들입니다. 우리들의 여정은 Gwen Rhivers, Alice Lynch, Don Johnson, Jamie Williams, Oscar Reed, Victor Jose Santana, Mark La Pointe, Mary Ticiu, Nancy Riestenberg, Cheryl Graves, and Ora Schub를 포함한 서클 개척자들의 도움을 받았습니다. 우리는 서클을 통해 사회정의와 치유에 크게 공헌한 열정과 능력을 갖춘 서클 개척자들에게 깊이 감사드립니다. 또한 에리카Erica Bronstein, 폴Paul Bracy, 사이라 핀토Sayra Pinto, 쟈넷Janet Connors 그리고 회복적정의 센터에도 감사드립니다.

추천의 글

현장에서 서클로 희망이 열리길…

박성용 _ 비폭력평화물결 대표

자신의 주장과 논쟁이 서로의 관계를 해치고, 모임이나 회의의 분위기를 냉각시킨다는 것을 많은 일상의 경험을 통해서는 알고 있지만, 그것을 진지한 경청과 열린 질문으로 하는 대화의 방식으로 하는 운동으로 소개한 때는 불과 이십 년 정도의 시간밖에 안 됩니다. 더구나 진행자 개인의 능력이 아니라 참여자 중심의 서클 방식으로 하는 대화 모임에 대한 관심은 더 늦어서 2010년대에 들어와서야 본격적으로 먼저 현장 활동가들로부터 주목받기 시작했습니다.

돌이켜보면 제가 속한 단체에서 서클 대화니 서클 프로세스니 라는 말을 의식적으로 쓰고 훈련 워크숍을 통해 학교와 시민사회에서 나누었던 것도 촛불 정국 시절인 2008년쯤부터의 일입니다. 이제는 비폭력 훈련과 회복적 실천의 영역의 활동가들에게는 익숙해진 이런 방식들은 초기에는 서클 그 자체에 대한 나름의 독특한 국제 모델들로서 본 단체로부터 처음 소개된 것들이 한국에 퍼지게 되었습니다. 예를 들면, 폭력에 대한 대안적인 실천으로서 2008년 '삶을 변혁시키는 평화훈련AVP; Alternatives to Violence Project' 2010년 '청소년평화지킴이HIPP; Help Increase Peace Program의 소개, 2011년 갈등전환을 위한 회복적 서클RC; Restorative Circles의 소개, 세월호 사건 이후 2014년부터 스터디 서클 소개 등이 그것입니다. 제가 훈련가로 활동하고 있는 파커 파머의 영혼의 내면 작업을 위한 신뢰 서클Circle of Trust 모델도 2000년대 말에 이웃 단체에서 소개되었습니다. 이에 덧붙여, 저희 단체 내에서 개발한 사회적 감수성 배움을 위한 서클 타임Circle Time 모델도 있습니다.

개별적인 자기 독특성을 지닌 서클 진행 형태의 국제 모델들의 소개들만 아니라 일반적인 진행 방식으로서의 서클 프로세스에 대한 책자들도 뜻있는 번역가들의 노력으로 여럿이 출판되었습니다. 그중에 단연 큰 기여를 한 책들은, 케이 프라니스의『서클 프로세스』, 세실 앤드류스의『유쾌한 혁명을 작당하는 공동체 가이드북』그리고 크리스티나 볼드윈과 앤 리니아의『서클의 힘』입니다. 이 중에 서클 진행자의 매뉴얼로 나온 책으로는 케이 프라니스가 교사들을 위해 쓴『서클로 나아가기』가 있습니다. 이 책이 학교 현장을 위한 광범위한 서클 프로세스의 구체적인 방식을 알려 준 것이라면 이번에 출간하는 케이 프라니스의 또 다른 책은『서클로 나아가기』유사한 프레임으로 가정, 아동복지, 그리고 각종 단체 모임과 이웃대화 모임에 적용할 수 있는 안내서가 이번에 나오는 이 책의 기여 부분입니다.

제가 속한 단체에서는 2010년대 중반부터는 본격적으로 서클 진행을 위한 활동가양성 훈련 프로그램을 정기적으로 마련하여 한국 사회에 소개해 왔습니다. 대화가 서로 지니고 있는 차이로부터 발생한 역동성을 통해 공통의 목표에 헌신하도록 하는 의미의 흐름을 갖는 것이라면, 서클 진행은 그러한 대화의 원리가 서로 존중되는 소통의 공간을 마련하여 몰입과 에너지 그리고 공동 지성을 발생시키는 데서 탁월한 고대의 실천이자 현대에 새롭게 출현하는 대화 방식입니다. 그래서 적응되면 편안하면서도 강력한 관계 구축을 하는 능력부여의 효과를 경험하게 됩니다.

오래전부터 사회적 안전의 가장 기초가 되는 가정이 빠르게 붕괴되어 가며, 각종 갈등이 청소년 문제, 가정문제 그리고 지역사회문제로 나타나는 현실에서 이 책의 출판은 기존에 나와 있는 서클 관련 책들을 보완하고 확대하며, 문제 현장에 더욱 구체적인 적용능력을 높여줍니다. 관계를 강화할 필요가 있는 그 어떤 현장이나, 혼란, 분열, 갈등, 폭력 그리고 트라우마에 관련하여 평화 감수성이나 회복 탄력성이 필요한 각종의 지속적인 모임에 매우 적합한 내용을 진행자가 쉽게 참조해서 적용할 수 있도록 친절한 안내를 하는 독보적인 기여를 이 책은 보여줍니다.

이 책은 고통스러운 집단적인 경험 이후만 아니라 그 전에 예방을 위해서도, 혹은 가족 구성원들 간의 평화로운 가족 분위기 형성이나 동료들 간의 지속적인 관계 구축과 성장 모임, 혹은 정신외상과 관련한 같은 경험자들끼리의 안전하고 서로 돌봄과 지원이 필요한 자조 모임 등에 직접적이고 지속적인 효과가 있습니다. 혹은 실천적인 측면에서 서클 진행자들 각자가 자기 현장에서 다루고 싶은 내면의 이슈나 관계에 대한 문제에 대해 어떻게 진행할 수 있는지에 대해 구체적인 진행 모듈로 꾸며져 있기에 친절한 안내서가 될 수 있습니다.

가르침과 배움, 사회적 이슈의 다룸, 평화로운 기획과 의사결정, 갈등 해결과 그 전환, 공동체 구축 등등의 영역에서 서클 진행 방식에 주목하고 이를 한국 사회에 소개하고자 하는 이유는 현대 사회의 모든 문제가 현장 자체의 문제이기보다는 그것을 다루는 커뮤니케이션의 문제와 권력과 힘의 문제에서 나오기 때문입니다. 듣고 말하고 공통된 비전과 가치에 따른 의사결정의 부재나 강제나 비난 혹은 힘의 남용으로 오는 문제는 두려움과 책임회피 그리고 비자발성에 따른 소모적인 시간 낭비, 경제적 비용 그리고 개인과 집단의 스트레스를 가중시킵니다.

다른 한편 긍정적인 기여로서 서클은 서로에 대한 존중의 안전한 느낌의 분위기를 창조하고, 협력을 위한 상호 돌봄의 자발성을 강화시켜, 조직 안에 소속됨에 대한 유쾌한 기쁨과 창조적인 효율성을 증가시킵니다. 대화에 대한 그 어떤 전문적인 소통 기술이 없어도, 구성원들은 서클의 진행방식에 어느 정도 익숙하면 서클 형태의 모임이 편해지고, 즐거우며, 강한 공동체 감각의 협력적인 인프라를 형성해 나갑니다.

이 책의 번역자들은 제가 속한 단체의 스탭들이어서 번역에 들어간 오랜 시간과 열정을 알고 있습니다. 출판을 축하하며, 현재 진행 중인 서클 진행자 양성 프로그램의 중요한 참고 자료로서 그리고 기존의 서클 프로세스 진행자들에게는 좀더 강력한 적용 안내서로서 힘이 되길 기대합니다.

이 책의 구성을 보면 공통된 이해와 기본적인 실행 모듈들이 나와 있고, 점차 현장의 필요에 따라 사회적 감수성과 회복 탄력성 그리고 공동체로 나아갈 수 있는 기획 모델까지 다양합니다. 모듈 1과 2는 공통적이며 모듈 3, 4 그리고 5는 적용 영역에 따라 선택과 집중을 할 수 있습니다. 특히 모듈 6은 가족공동체를 위한 것입니다. 모듈 7은 각 현장에서 좀더 나아갈 수 있는 비전을 탐구하게 합니다. 허락되는 시간과 횟수를 고려하여 모듈 1과 2에서 기본적인 것을 선택하고, 모듈 3, 4, 5 등에서 주제에 맞는 진행 모듈을 결합하는 방식으로 토대와 적용에 대해 엮어서 진행하는 것이 도움이 될 것입니다.

이 책의 제목처럼 서클로 희망이 열리기를 마음 모아 기원합니다. 무력감에서 힘을 얻고, 혼란과 모호함에서 공동의 지성이 서클 진행 모임에서 모아지는 희망이 현실로 출현하기를 기대합니다. 가정과 동료 간의 모임 그리고 조직의 현장이 서클이 갖는 존중과 돌봄의 문화가 스며들어서 기쁨과 격려, 그리고 성장과 배움이 확산되기를 두 손 모아 바랍니다. 서클은 원래 바라는 필요가 완전히 충족되어 일상으로 돌아가지는 않을지라도 씨앗을 품고 그것이 나중에는 풍성한 열매로 되리라는 과정에 대한 신뢰를 진행자의 서클 진행원리로 품고 있습니다. 그 원리가 진실이 되기를 바라며, 풍성한 삶의 열매가 개인의 삶과 활동 현장에서 맺어지기를 기원합니다.

추천의 글

서클의 확장, 가족과 지역공동체로 스며들다

김복기 _ 봄내시민평화센터장 | 평화저널 발행인

회복적 정의는 개인이나 단체를 넘어 사회 내의 갈등과 폭력으로 인한 상처를 회복하는 관계중심 프로그램이자 세상을 바라보는 새로운 패러다임이다. 회복적 정의가 한국에 소개된 지난 20년 동안 많은 책이 소개되고, 수많은 단체와 활동가들이 생겨났다. 현재 회복적 정의는 교육 분야에서는 '회복적 생활교육' 으로, 사법 및 경찰 분야에서는 '회복적 경찰 활동' 이라는 이름으로 실행되고 있다. 무엇보다 '서클' 이라는 대화방식을 통해 아픈 사람의 마음과 관계가 회복되며 치유되고 있다.

진행자로서 다양한 서클에 참여하다 보면 좀 더 많은 사람을 위한 친절한 안내서나 설명서가 있으면 얼마나 좋을까 하는 아쉬움과 안타까운 마음이 들 때가 종종 있다. 2년 전에 회복적 정의, 회복적 학생 생활교육에 꼭 필요한『서클로 나아가기』라는 책이 출간되었다. 이 책은 학교에서 학생들과 생활하는 수많은 교사와 Wee 클래스 상담가들에게 귀한 선물이 되었다. 교육공동체 회복을 위한 큰 그림뿐만 아니라, 언제든지 옆에 두고 펼쳐보면서 따라 할 수 있는 실용서이기 때문이다.

20여 년 전, 회복적 정의라는 작은 씨앗이 자라나 한국 땅에 뿌려졌다. 여기저기 뿌려진 씨앗이 싹을 틔우고, 뿌리를 깊이 내리더니 어느새 하늘을 향해 힘차게 나뭇가지를 뻗고, 무수한 잎을 돋우어 내기 시작했다. 여기저기서 꽃이 피고, 나름 아름다운 색깔의 열매를 맺기 시작했다. 이제 그 열매는 학교와 경찰 분야를 넘어서, 지역 사회라는 현장에 뿌려지고 있다.

가끔 번역서를 읽다 보면, 같은 저자의 책이 원래 책이 출간된 순서와 다르게 번역 출간되는 경

우를 본다. 이미 한국에 잘 알려진 케이 프라니스와 캐롤린 보이스-왓슨의『서클로 나아가기』는 2015년에 출간된 원서를 번역하여 2018년에 한국어로 출간되었다. 책을 읽으면서 늘 안타깝게 생각하던 지역 사회와 일상에서 쉽게 적용할 수 있다면 얼마나 좋을까 생각했었다. 이번에 출간되는『서클로 여는 희망』이 바로 그런 바람을 충족시켜주는 책인데, 아닌 게 아니라 원서로는 이 책이 먼저 출간되었다.

이미 이 책은 북미의 여성가족부와 공공보건부의 인정을 받아왔고, 많은 사회활동가, 상담가들의 손발이 되어준 회복적 정의 분야의 역작이다. 한국에도 활동하시는 사회복지사, 상담가들은 물론 회복적 정의 조정자나 진행자로 활동하시는 분들에게 귀한 자료가 될 것이다. 그러나 사실『서클로 여는 희망』은 전문가에게 뿐만 아니라, 일상을 살며 관계를 고민하거나 관계회복을 원하는 모든 사람을 위한 책이기도 하다. 개인의 감정과 성장 과정에서 겪는 각종 상처와 트라우마, 그리고 가족과 마을공동체 등 일상의 영역에서 쉽게 적용할 수 있는 안내서이기 때문이다.

『서클로 여는 희망』은 이러한 필요를 모두 충족시켜주고도 남을만한 책이라고 확신한다. 문득 이전『서클로 나아가기』라는 책을 만나 케이 프라니스에게 편지를 쓰고 번역계약을 체결하던 그 순간을 기억하니 회복적 학생생활연구소 팀들과 함께 출판기획을 할 때 쿵광거리던 심장이 다시 빨라지기 시작한다. 그만큼 이 한권의 책이 한국사회에 좋은 선물이 될 것 같은 행복한 예감이 들기 때문이다.

『서클로 여는 희망』은 앞서 출간한『서클로 나아가기』와 함께 나란히 옆에 두고 언제든지 열어보면 좋을 책이다. 그렇게 열어보고, 따라할 수 있게 구성된 또 하나의 서클 레시피이자, 희망을 가져다 줄 레시피다. 누구든지 레시피를 들여다보면 자신들이 만들고 싶어 하는 요리가 눈에 들어온다. 용기를 내어 그 요리를 만들다 보면 더 많은 요리를 만들고 싶어 하게되고, 그러다 보면 자신이 좋아하는 가장 잘 만드는 요리가 생겨날 것이다. 분명코 이 책에 들어있는 레시피는 요리사의 손에 들려져 가장 필요한 곳에 가장 멋진 모습의 희망 요리를 탄생시킬 것이다. 이러한 책이 우리 손안에 쥐어지게 되었다는 것은 크게 축하할만한 일이자, 적극 추천할만한 일이기도 하다.

개인적으로 바라기는 이 책을 통해 개인은 물론 가족과 다양성이 존중되는 사회의 여러 분야와 지역 사회의 다양한 공동체들이 회복되길 기대한다. 개인과 가족은 물론 지역 사회와 마을공동체로 희망이 전파되며, 오랫동안 아파했던 관계가 다시 건강한 모습으로 회복되기를 기대한다.

실용서이자 바로바로 실천할 수 있도록 디자인된 또 하나의 귀한 선물, 『서클로 여는 희망』을 통해 여기저기 척박한 마음에 희망의 싹이 돋아나는 모습을 그려본다. 문득 누군가가 나에게 주어진 돈이 얼마 남지 않은 상황에서 그 돈을 쓰고 싶은 곳이 있느냐고 묻는다면, 나는 서슴없이 희망을 사는 곳에 쓰겠다고 말하겠다. 그리고 만약 희망을 살 수 있다면, 『서클로 여는 희망』을 사겠다! 자신을 치유하고, 가족의 관계를 회복하고, 지역사회를 살리는 희망을 사라!

서클의 기술과 철학을 제공하는 책

박숙영 _ 회복적생활교육연구소장 | 『회복적 생활교육을 만나다』 저자

이 책은 두 가지 난제 위에서 출발한다.

하나는 발달적 특성상 이성의 뇌보다는 감정의 뇌에 더 많은 영향을 받는 청소년들이 감정에 쉽게 동요하지 않으면서 자신의 정서와 행동을 어떻게 관리하게 할 것인가 하는 문제다. 또 다른 난제는, 유색인종이라는 이유로 차별 대우를 받는 불합리한 사회 구조 속에 살지만, 청소년으로 하여금 부당한 구조에 굴복하지 않으면서도 자신의 장애물을 극복하고 건강한 성장을 이루게 할 것인가 하는 문제다. 다인종 국가인 미국이라는 특수한 환경에서 쓰여 진 책이기는 하지만, 이 책의 문제의식은 한국에서도 크게 다르지 않다. 경제적 · 사회적 격차가 크게 벌어지면서 한국사회도 사회적 불평등구조가 고착화되고 있다. 이러한 사회구조적 모순은 청소년들의 삶을 고통스럽게 할 뿐 아니라 현재 청소년문제행동의 주된 원인이기도 하다.

"충동적이고 즉흥적인 발달적 특성을 지닌 청소년시기에, 청소년으로 하여금 자신의 삶을 지배하고 있는 구조적 악을 거부하면서도 자신의 내적자원을 발견하고 건강하게 성장하도록 할 수 있을까?"

이는 우리의 미래가 과연 희망적인가를 묻는 도전적 질문이기도 하다. 이 책의 두 저자는 이 도전적 질문에 대한 답을 원형 민주주의 공간인 서클에서 찾고 있다. 서클에서 참여자는 존재자체

로 환대받으며, 자신의 정서를 자각하고 참여자 상호의 마음을 돌볼 수 있는 안전한 대화 공간이다. 청소년들에게 서클공간이 주어진다면, 정서적 지지를 받으며 자신의 내적 강점을 발견하고 확대해 갈 것이라 기대한다. 학생들의 서클이 작동하기 시작하면, 교사는 이제 더 이상 반복되는 학생들의 문제행동으로 탈진하지 않게 될 것이다. 다만 서클에서 교사의 역할은, 교사 자신의 판단과 신념을 멈추고 청소년의 내적 힘을 신뢰하면서 청소년들이 자신의 삶의 주도성을 발휘할 수 있는 공간을 마련해주고 지켜보기만 하면 된다. 이를 위해 이 책은 기술과 철학을 함께 제공하고 있다. 청소년을 지원하고 있는 교사나 양육자라면, 이 책을 천천히 숙독하며 따라가기를 바란다.

서클의 부드럽지만 강력한 힘

임수희 _ 대전지방법원 천안지원 부장판사 | 『처벌 뒤에 남는 것들』 저자

책 제목에서 "희망"이라는 단어가 눈에 들어오는 순간, 벌써 마음이 뜨거워졌습니다.

서클 안에서 서클이 열어주는 새로운 세계와 가능성, "희망"의 맛을 한번 본 사람은 결코 그 맛을 잊기 어렵습니다. 가정과 학교 안팎, 사회 내에서 당연히 발생할 다양한 문제와 갈등을 창의적으로 풀어나갈 도구로써, 무엇보다도 우리 내 가장 취약한 사람들, 특히 아이들을 잘 돌볼 수 있는 안전한 둥지로써의 서클의 힘은 부드럽지만 강력합니다. 이러한 "서클"을 이보다 더 잘 소개해 놓은 책을 저는 아직 찾지 못했습니다.

이 책이 서정아, 박진혁 두 분 번역자의 노고로 국내의 독자와 만나게 된 것은 축복입니다. 이 책을 통해 보다 많은 분들과 특히 아이들이 "희망"의 맛을 함께 볼 수 있기를 기쁜 마음으로 기대합니다.

추천의 글

서클이 드리운 넉넉한 그늘 아래로 …

백두용 _ 총경 / 회복적 정의를 만나 행복한 경찰관 | 『평화형성서클』 번역자

분열과 대립의 시대에 회복적정의를 주제로 한 책이 출간되었다니 매우 반가운 일입니다.

분열과 대립 속에서도 여전히 우리가 살아갈 수 있는 이유는 아직 이 사회의 다수는 공동체가 서로 탄탄하게 연결되어 평화롭게 공존할 수 있다는 희망을 부여잡고 있기 때문 아닐까요? 이 책으로 서클을 본격적으로 알리는 책이 총 세 권『평화형성서클』, 『서클로 나아가기』 포함 출간되었으니 앞으로 서클의 나무가 이 땅에 굳건하게 뿌리를 내리고 힘차게 줄기와 가지를 뻗어 가리라 확신합니다. 그리고 그 나무가 드리운 그늘 아래서 사람들이 모여 서로의 이야기를 들으며 갈등을 극복하고, 상처를 치유하는 공동체의 자기돌봄 과정이 정착하길 간절히 기대해 봅니다.

이 책과 생명과 평화의 숲길을 산책하길…

이진권 _ 목사 | 평화영성 교육센터 '품' 대표

불안과 고립이 일상이 되어가는 코로나 시대다. 든든한 내적 평화와 상호연결이 더욱 그립고 절실해 지는 때이다.

서클은 이러한 요청에 검증된 '오래된 미래' 다. 서클을 경험하고, 참여한 지 10여년이 되었다. 서클은 생명의 기운으로 충만한 비 온 뒤 숲 속과도 같다. 숲 속에 들어가서 머물다가 나오는 것 만으로도 깊은 치유와 새로운 힘을 충전받는다. '서클로 여는 희망' 은 이 시대에 더욱 필요해지는 '생명과 평화의 숲' 으로 인도하는 여러 가지 오솔길을 안내하고 있다. 함께 이 숲을 거닐었고, 다양한 현장에서 서클을 안내하고 있는 역자들에 의해 이 책이 소개되니 더욱 반갑다. 특별히 많은 청소년들과 가정들이 함께 이 숲길을 산책할 수 있기를 기대해 본다.

옮긴이의 글

희망은 서클이 주는 큰 선물

삶을 어둡게, 나쁘게, 무의미하게만 보던 시절, 서클은 가슴속에서부터 희망을 품을 수 있도록 인도하는 안내자 역할을 해주었다. 서클은 우리 안에 선하고, 아름답고, 강한 참 자아가 있음을 늘 상기시켜주며, 스스로 무너지지 말라고 남들을 파괴하지 말라고 다독여준다. 덕분에 삶을 보는 방식이 전환되었고, 여전히 부족하지만 살아볼 만한 세상 희망이 있는 세상을 기대하며 서클을 전하는 서클진행자가 되었다. 학교, 지역공동체 곳곳에서 서클을 진행하며 서클이 가진 신뢰의 힘과 안전함이 스스로를 돌보고 주변을 변화시키는 모습을 자주 목격해왔다. 그러던 중 이 책을 만난 것은 서클진행자로서 참 고마운 일이었다.

『서클로 여는 희망』은 서클을 전하는데 기초가 되는 내용들을 아주 잘 서술해주고 있고, 그 기초 위에 어떤 집을 지어볼 수 있을지에 대한 착실하고 편안한 안내가 담겨 있다. 그래서 서클을 처음 접하는 분이나, 서클을 잘 모르는 분, 교사나 소외된 청소년과 가족을 만나는 사회복지종사자들이 더 쉽게 서클을 경험하고 만날 수 있도록 돕는다.

책의 원제인 *Heart of hope*가 뜻하는 것은 무엇이었을까? 지난날들을 들여다보니, 그 말은 서클로 인해 마음이 연결되고, 아팠던 날들이 치유되며, 어두웠던 삶에 희망이 생겨남을 표현하는 것이라는 생각이 든다. 마음속 깊은 곳에서 피어나는 희망, 그것은 서클이 우리에게 주는 큰 선물이다.

책을 번역하는 작업은 어떤 수사로도 표현되지 않을 배움과 성장, 훈련의 기회였다. 서클의 참맛을 세상 모두가 알기를 원하던 우리에게 이 책을 번역하는 일이 주어진 것은 참으로 기쁘고 감사한 일이다. 번역의 기회를 열어주신 박성용 대표님, 출판 전 과정에서 애써주신 배용하 대표님, 저자와의 연결에 힘써주신 김복기 선생님, 그리고 시작을 함께 했던 고인성, 반은기님에게도 감사의 마음을 전한다. 사랑하는 비폭력평화물결 식구들, 연대하고 있는 서클진행자들, 호명할 수 없이 많았던 도움의 손길들, 그리고 우리의 가족들에게 고마운 마음을 전하고 싶다.

2020년 7월 옮긴이 서정아, 박진혁

차례

모듈 2 • 감정 활용 능력 향상하기와 명상연습

Ⅲ. 적용하기

모듈 3 • 삶의 불공평함 다루기:트라우마 & 회복력

모듈 4: • 사회적 상처, 손상 다루기

모듈 5 • 건강한 관계 형성하기

모듈 6: • 가족과 시스템 사이의 건강한 파트너십 만들기

모듈 7 • 희망으로 나아가기

부록

I. 기초지식

소개하기

이 책은 청소년, 청년 및 그들의 가족과 함께 사회복지, 폭력/임신 예방, 교육, 긍정적인 청소년 양성 프로그램을 수행하는 사회복지사들을 위해 고안되었다. 다양한 설정에 적용할 수 있고, 다양한 용도로 사용할 수 있는 유연한 도구를 제공한다. 우리는 사려깊고 책임감 있는 개인이라면 누구든 이 내용들을 안전하고 창의적으로 그리고 효율적으로 사용하게 될 것이라 믿는다.

- 평화형성서클pecaemaking circle
- 명상 연습*
- Power Source**의 개념과 실습

'평화형성서클' 은 이 책의 핵심 실습이다. 『서클로 여는 희망』에서 '평화형성서클' 은 참여자들의 감정적인 인식과 감정 활용 능력, 그리고 명상하는 습관을 배울 수 있는 환경을 제공한다. 독자들은 대화를 나눌 수 있는 안전한 공간으로써의 '평화형성서클' 을 어떻게 계획하고 만들고 촉진시킬 수 있는지 배우게 된다. 이 책은 50개의 단계적인 모델서클을 제공한다. 각 모델서클은 관계를 형성하고 심화시킬 뿐만 아니라 감정 인식과 감정 활용 능력을 발전시킬 수 있는 활동들을 제공한다. 또한 쉽게 사용할 수 있는 호흡법, 간단한 요가, 명상법도 포함하고 있다.

* 명상의 기본 연습과 시연 등 관련자료는 유투브(Youtube)에서 **'비폭력평화물결'** 채널을 참고.

** Power Source : 미 법무부에서 사용하는 고위험성의 청소년과 청년을 위한 사회감수성 학습 감정활용능력(감정을 읽고 표현할 줄 아는 능력) 배양 프로그램.

어디서 어떻게 사용될 수 있는가?

기본적으로『서클로 여는 희망』은 청소년복지, 아동복지, 교육, 그리고 각종 예방프로그램에 광범위하게 적용할 수 있다. 이 책은 미 메사추사츠주의 공공보건부와 아동가족부에서 유색인종 청소년들의 임신방지 프로그램을 개발하기 위해서 요청한 것에서 시작되었다.

『서클로 여는 희망』은 모든 청소년과 청년들의 건강한 행동을 지원하는 근본적인 정서적, 발달적 욕구를 다루는 방법론을 제시한다. 우리는 유색인종 청소년들이 안전하고 책임감 있는 성性적 선택을 하기 위해서는, 그들 자신이 진짜 누구인지, 왜 그렇게 느끼고 행동하는지를 반드시 이해해야 한다고 믿는다.

그들은 미래에 무엇을 하고 싶은지에 대한 비전이 있어야 한다. 그들의 감정적인 고통을 인정하고 이해할 수 있어야 하고, 그들의 성장을 방해하는 진정한 장애물에 대해서 인지해야 한다. 그리고 계속해서 그들에게 도전으로 다가올 그 장애물들을 다룰 기술을 배워야한다.

이는 어떤 배경을 가졌는지와 상관없이 젊은 남녀 모두에게 해당된다. 우리 사회는 건강한 어린이를 기르고 건강한 성인들을 지원하기 위한 사회 제도 내의 위기에 직면해 있다. 자기 돌봄의 능력을 갖춘 준비된 성인이 되었다는 것은 다른 사람으로부터 돌봄을 잘 받은 결과이다. 부모나 어른의 든든한 지원 없이, 끊임없는 가난과 폭력, 인종차별, 정신분열과 기능장애 등의 요소들에 영향을 받은 어린이나 청소년들은 믿을만하고 돌봄이 가능한 성인과의 관계가 꼭 필요하다. 이들은 돌봐주는 사람의 지도, 지원, 인정, 사랑이 필요하다.

청소년들에게 건강한 선택을 하기 위한 정보를 제공하는 것도 중요하지만, 교육 하나만으로 청소년들의 행동에 영향을 주기에는 충분치 않다. 선택에 따라 나타날 수 있는 객관적인 결과를 알려준다 해도, 그 정보들은 청소년의 행동에 약간의 영향을 줄 뿐이다. 우리는 그 이유가 청소년들이 듣기를 거부하거나 이해하는데 실패했기 때문만은 아니라고 믿는다. 오히려 그들이 선택한 행동이 감정적으로 설득력이 있기 때문에 이를 선택했을 것이다. 그들이 선택한 결과들이 객관적으로 자멸적이라고 할지도, 그 위험한 행동들은성적인 것 혹은 그 외에 정당한 심리적 욕구나 신체적 욕구를 충족시키기 위한 의미 있는 노력인 경우가 많다.

『서클로 여는 희망』은 청소년이 자기 인식으로 가는 여정에도 관여한다. 우리의 목적은 그들이 자신의 욕구와 만나기 위한 건강한 대안들을 깨닫고 찾도록 돕는 것이다. 우리는 청소년들이 탄탄한 기초 위에 있어야 건강한 선택을 할 수 있다고 믿는다. 관계적인 힘과 능력들이 길러진다면, 청소년과 주변의 성인들에게서 내면의 지혜가 보게 될 것이다.

『서클로 여는 희망』은 사회복지나 공공교육, 예방 프로그램 안에서 다양하게 적용할 수 있다. 이 책 안에 담긴 핵심적인 연습들은 건강한 관계를 만드는데 필수적인 주춧돌이 되고, 청소년과 성인 모두에게 도움이 될 것이다. 이 연습들은 쉽게 가르치고 배울 수 있다. 서클은 수업, 가정방문, 가족회의, 스텝미팅 등 어디든지 적용되어 사용할 수 있다. 비용 없이 스트레스를 줄여주고 특별한 장치가 필요 없고 언제 어디서나 할 수 있는 호흡법이나 간단한 명상 기술들은 누구나 배울 수 있다. 자신의 감정과 타인의 감정이 서로 어떻게 영향을 주고받는지에 대해서 깨닫는 것은 개인적이나 직업적으로 성공적인 삶을 위한 아주 중요한 대인관계기술이다.

요리책의 레시피를 보는 것처럼 모델서클들과 자료들을 살펴보기를 추천한다. 당신과 서클을 공유하고 싶은 사람 모두의 입맛에 맞는 것을 하나 고르면 된다. 당신과 당신의 그룹에 어떤 서클이 적당할지 스스로 판단하고 결정해야 한다. 또한 요리에서 한 재료를 다른 것으로 대체하는 것처럼 필요에 따라서 특정한 활동을 창조적으로 각색해서 적용해보기를 추천한다. 그렇다고, 서클의 모든 요소들이 다 대체가능 한 것은 아니다. 요리에서 오븐의 온도와 조리시간은 꼭 지켜져야 하는 것처럼 서클에서도 반드시 지켜야 할 것들이 있다.

이 책의 이론적인 기초

『서클로 여는 희망』은 명확하면서도 서로 연관이 있는 이론적 이해를 기반으로 만들어졌다. 첫 번째는 인간으로서 감정적이고 사회적인 발달에 대한 깊은 이해이다. 우리는 감정인식과 감정 활용 능력에 초점을 맞춘다. 왜냐하면 건강한 자아를 향한 발달과정은 관계적인 것이기 때문이다. 유아기 때 건강한 발달은 돌봐주는 사람과의 안전한 애착에 의존한다. 청소년기에는 다른 사람과의 감정적인 연결이 가장 중요하다. 우리는 다른 사람과의 관계들을 통해서 진짜 내가 될 수 있다.

감성지수EQ나 감성지능EI을 연마하는 것은 공동체로서 함께 우리의 길을 찾고 성공적인 삶을 이끌어 가는데 필수적인 능력이다. 감정은 추론과정에서 중요한 역할을 한다. 우리의 지성의 중요한 부분으로써 우리를 현명한 결정으로 이끌어준다. 감정인식과 감정 활용 능력은 우리의 자아와 연결하면서 그 자아를 인식, 관리, 의식적 선택에 개방하는 과정에서 발생한다. 이 책의 목적은 청소년들이 서로 돌보는 관계를 만들 수 있도록 하는 것이다. 그 방법은 감정적으로 안전하도록 서클 환경을 조성하고, 청소년들이 '평화형성서클' 안에서 자신의 감정적, 정신적 자아를 탐구할 수 있도록 하는 것이다.

두 번째 기초는 명상연습이 우리를 충만한 인간으로 발달하게 도와준다는 점이다. 신체운동처럼, 명상은 매일의 삶 속에 덧없는 걱정과 잦은 혼란들로부터 분리되어, 우리 신체의 지혜로부터 배우도록 도와준다. 서구사회에서는 이것이 아직 익숙지 않은데, 명상은 자기를 돌볼 수 있는 고도의 실제적인 방법이며 우리 생활에 깊숙이 들어와있다. 이 방법은 우리에게 자신의 생각과 감정에 대한 명확함을 가져다준다. 신체적 훈련, 스포츠, 댄스, 음악 등은 고도로 발달된 언어적이고 정신적인 문화가 간과하는 또 다른 형태의 지식과 표현이다. 명상과 요가를 실천함으로, 청소년들은 의식적인 지성 이외에 다른 개인적인 변화를 위한 방법을 개발하게 된다. 동시에, 그들이 스트레스를 마주했을 때 몸을 진정시킬 수 있는 건강한 방법을 배우게 된다. 그들은 마약, 음식, TV, 혹은 다른 건설적이지 못한 방법들에 의존하지 않고 자신의 감정을 관리를 하는 방법들을 얻는다.

세 번째 기초는 평화형성서클에 있다. 이 고유한 문화 역시 서구 문화에서는 익숙하지 않은 것이다. 그러나 이것은 많은 인류공동체에 뿌리내리고 있다. 이것은 간단하지만, 다른 사람과 깊고 의미 있는 관계를 만들 수 있게 해주는 심오한 방법이다. 서클은 가치와 비전들을 공유해가는 과정이다. 무엇보다도, 평화형성서클은 관계를 쌓아가는 공간이다. 이곳은 참여자들이 서로 연결될 수 있는 공간이다. 진행자, 교사, 상담사 등과의 연결뿐 아니라 함께하는 다른 참여자들과도 연결된다. 서클은 가족구성원 스스로가 자신의 자원능력을 알 수 있는 기회를 제공함으로써 가족을 강화하는데 도움을 준다. 또한 서클은 젊은이들이 다른 이들을 지지하고 지혜를 발휘할 수 있는 기회를 만들어줌으로써 동료들 간의 문화를 긍정적으로 바꾸는데 도움이 된다. 평화형성서클은 서클 안에서뿐만 아니라 밖에서도 건강한 관계를 형성할 수 있는 평생의 기술과 습관을 얻을 수 있는 장소이다.

마지막 기초는 아동복지분야에서 만들어진 가족공동체 강화라고 알려진 관점이다. 우리는 이 책을 가족중심의 접근법이라고 본다. 우리는 상호존중과 깊은 신뢰 속에서 복지기관들과 전문가들이 가족들과 공동체의 파트너가 될 필요가 있다는 것을 깨달았다. 건강한 어린이를 기르는 것은 신성하고 창조적인 노력이고, 우리는 필사적으로 우리의 아이들과 우리스스로를 더 잘 돌볼 방법을 찾을 필요가 있다.

가족중심의 사회복지 서비스의 과제는 가족과 사회의 강화라는 목적과 어린이의 안전을 지키기 위해서 필요한 것 사이의 균형을 맞추는 것이다. 『서클로 여는 희망』은 상호 존중과 돌봄의 가치를 증진시키기 위해서 내면을 스스로 중재조율할 수 있는 연습이 필요하다는 견해를 취하고 있다. 대부분의 피해가 지배와 통제의 관계에서 발생한다. 그래서 수용과 존중의 가치가 함양되어 작동하는 치유과정이 필수적이다. 이 의도는 공권력이 안전하지 않은 상황의 어린이를 불가피하게 집으로부터 격리시킨 것에 대해 보상을 해주기 위함이다. 모든 구성원들 간의 평등한 대화를 통해 투명하게 공유된 의사 결정은 불가피한 트라우마를 겪고 있는 어린이에게 치유와 회복적인 균형을 가져올 수 있다.

전반적인 구성

『서클로 여는 희망』은 크게 세부분으로 구성되어 있다. **첫 번째 부분은 "기초지식"이다.** 이 부분은 우리들의 이론적 기초와 핵심 신념을 설명한다. 이러한 이론적 기초에 대해 보다 더 자세히 알고자 하는 독자들은 부록을 참고하면 된다. "일곱 가지 핵심신념"은 진행자들에게 우리의 기반이 되는 신념들에 대한 명확한 이해를 제공할 것이다. 이러한 신념들은 이 책의 전반에 반영되어 있다.

우리가 핵심 신념들을 설명하는 이유는 우리가 믿는 대로 보게 되기 때문이다. 우리는 이 간단한 진실을 우리에게 잘 알려진 꽃병 그림의 착시현상으로 설명할 수 있다. 만일 우리가 사람들에게 그 그림을 보여주면서 그것이 꽃병이라고 말한다면 사람들은 그것을 꽃병으로 볼 것이다. 그런데 만일 우리가 사람들에게 그 그림이 두 개의 얼굴 그림이라고 말한다면, 그들은 그것을 얼굴로 볼 것이다. 그곳에 무엇이 있는지에 대한 우리의 신념이 우리가 보는 것을 결정한다. 이 책을 가장 잘 활용하기 위해서는 진행자들이 우리의 신념을 알고 그들 자신의 신념을 검토하는 것이 중요하다.

두 번째 부분은 "연습하기"이다. 이 부분에 있는 모델서클들은 참여자들이 서클, 명상, 그리고 감정 인식을 위한 핵심적이고 기본적인 방법을 연습하는데 초점을 맞추고 있다. 책 뒷부분에 나오는 서클들에서는 여기서 연습한 기본적인 스킬을 사용해서 더 도전적인 주제에 대해 탐구한다. 우리는 사용자들이 "실습하기"의 모델서클들에서 시작하여서 그것들이 편안하다고 느껴질 때까지 사용하고 그 후에 "적용하기"의 모델서클들을 사용하기를 추천한다.

첫 번째 모듈 "평화형성서클 배우기"에서는 평화형성서클을 어떻게 디자인하고 진행할 수 있는지에 대해서 단계적인 지시사항들을 제공한다. 이 부분이 책에서 가장 중요하고 교육적인 부분이다. 사용자는 평화형성서클 연습에 참여하여 훈련하면서 점차 서클을 진행하는 것이 수월해질 것이다. 우리는 서클을 구성하는 요소들인, 공간 열기/공간 닫기, 서클상징물, 가치 정하기와 약속 만들기, 토킹피스, 성찰질문, 진행자에 대해 설명한다. 서클의 일반적인 흐름의 큰 틀과 활동순서를 제공한다. 우리는 일반적인 그룹 활동과 서클방식으로 진행되는 그룹 활동을 분명하게 구분한다. 그러나 한편으로는 예술, 에세이 쓰기, 신체활동 등 모든 형태의 전통적인 그룹 활동을 서클의 흐름에 어떻게 결합시킬지도 보여준다.

이 모듈에서는 그룹으로 할 수 있는 일곱 개의 모델서클을 제공한다. 각 모델서클들은 그 개별적인 서클에 대한 단계별 안내를 제공한다. 우리는 사용자가 그 모델서클들을 가지고 적절하게 응용해가기를 권장한다. 또한 서클에 참여하는 사람과 사용자가 편안함을 느낄 수 있도록 서클과정 속에 사용자들의 고유한 생각이나 의식들을 결합시키기를 권장한다. 각 주제에 관한 '공간 열기/공간 닫기'에 대한 해설, 바로 사용할 수 있는 성찰질문 등 서클을 구성하기 위한 추가적인 자료들은 부록에 담겨져 있다.

두 번째 모듈 "감정 활용 능력 향상하기와 명상연습"은 'Power Source 프로그램'의 활동과 실습, 이야깃거리가 포함된 일곱 가지 모델서클이 담겨져 있다. 이 모델서클들은 "핵심자아"라는 개념과 함께 간단한 명상연습, 감정인식과 감정 활용 능력 향상을 위해 설계된 "초급자용" 실습 활동들이다.

"기초지식"와 "실습하기" 이후 이 책의 세 번째 주요한 부분은 "적용하기"이다. 우리는 복잡하고 도전적인 이슈에 대해 앞서 학습한 서클연습과 감정 활용 능력 향상을 위해 했던 실습을 적용시킨다. 세 번째 모듈 "삶의 불공평함 다루기"는 트라우마와 그것이 우리 삶에 어떤 영향을 미치는지를 탐구할 수 있는 여덟 개의 모델서클을 제공한다. 기본적인 인간의 욕구와 이 욕구들이 부정되거나 무시되었을 때 발생하는 감정에 대해 참여자들이 이해하도록 돕는 모델서클로 시작한다. 모델서클들은 참여자들에게 자신의 행동이나 다른 사람의 행동은 인정 받지 못한 것에 대한 무의식적인 트라우마를 반영한 것이라는 사실을 자각하도록 도와준다. 우리는 참여자들로 하여금 그들의 삶을 지지해주는 요소와 그들만의 회복 패턴을 찾게 도와주는 모델서클을 제공한다. 또한 함께 이야기를 공유하고 슬퍼할 수 있는 열린 공간을 만들어주는 모델서클도 제공한다.

네 번째 모듈에 나와 있는 "사회적 상처, 손상 다루기"의 모델서클은 인종차별과 성차별 그리고 심한 사회적 불평등의 영향에 대해 탐구하도록 만들어졌다. 이러한 주제들은 젊은이들과 그 가족의 삶에 강력하게 영향을 미치는 것들이다. 우리들은 참여자들이 인종, 성별 불평등 그리고 빈곤과 계급의 문제에 대해 평가하고 이야기할 수 있는 네 가지 모델서클을 제공한다. 이 모델서클들은 그러한 "차별"들이 과거 우리의 행동에 어떤 영향을 미쳤는지, 그리고 우리가 이러한 어려운 현실에 어떻게 건강한 방법으로 반응 할 수 있는지에 대한 인식을 높이는데 초점을 두고 있다.

다섯 번째 모듈, “건강한 관계 형성하기”에서는 청소년들에게 건강한 관계가 무엇이고 어떻게 그것들을 자신들의 삶에 만들어 갈 수 있는지 알 수 있도록 도와주는 열 두 개의 모델서클들을 제공한다. 건강한 관계라는 것은 건강한 친구관계, 건강한 가족관계와 동료관계 그리고 건강한 성적인 관계를 포함한 말이다. 우리는 다른 사람을 대할 때, 자신 스스로를 대하는 방식대로 대하는 경향이 있기 때문에, 건강한 관계는 자신과 건강하게 연결되는 것에서부터 시작한다. 그래서 우리는 자기사랑과 자기돌봄의 패턴을 탐구하는 모델서클로 시작을 한다.

우리가 스스로에게 보내는 메시지는 무엇인가?
우리는 스스로를 정신적으로, 신체적으로, 감정적으로,
영적으로 어떻게 대할 수 있는가?

이 모듈에서는 자신의 욕구를 확인하고, 그것들을 분명하게 표현할 수 있는 효과적인 의사소통 패턴을 배울 수 있는 모델서클과 성생활, 친밀함, 출산 선택 등에 대한 문제를 탐구하는 모델서클을 제공한다. 또한 이러한 것들과 관련된 어려운 문제들에 대해서 효과적인 의사소통을 연습할 수 있는 방법을 제공한다.

여섯 번째 모듈에 있는 모델서클들은 사회복지사들이 그들의 내담자와 긍정적인 관계를 발전시킬 수 있도록 돕는다. “가족과 시스템 사이에 건강한 파트너십 만들기”는 가족 안에 있는 힘과 자산에 초점을 두고 사회복지사와 가족을 돕는 모델서클을 제공한다. 또한 사회복지사와 가족이 미국 메사추사츠의 아동가족부로부터 수용된 “가족 지원 원칙Family Support Principle”에 대해서 탐구하고 그러한 이상들을 현실로 함께 만들어갈 수 있도록 돕는 세 개의 모델서클을 제공한다.

추가적으로, 호주의 앤드류 터넬Andrew Turnell에 의해 개발되어 현재 메사추사츠와 미네소타, 등지에서 시행되고 있는 "안전함을 위한 약속"을 기초로 한 두 개의 모델서클을 제공한다. "안전함을 위한 약속"은 가정을 강화한다는 서클의 원칙과 철학을 견지하면서, 가족과 함께 평가하고 확인할 수 있는 방법이다. 마지막 서클인, "팀 빌딩 서클"은 사회복지 서비스에서 일하고 있는 직원들의 팀 구축을 도와준다.

일곱 번째 모듈, "희망으로 나아가기"는 참여자들로 하여금 미래에 초점을 두게 만든다. 감정 인식과 감정 활용 능력을 배우는 것은 우리가 다른 사람과의 좋은 관계 속에서 충만하고 만족스러운 삶을 살 수 있도록 하는 것과 직결되어 있다. 모든 연습들은 이러한 인식과 능력을 배우는 것에 초점이 맞춰져 있다.

이러한 모델서클들은 책에서 공유하는 지식과 기술들을 사용해서 우리가 바라는 미래를 어떻게 구축하는지 보여준다. 우리의 바람은 이러한 기술들이 개인과 가정의 평생 삶의 습관이 되고, 그들이 자신의 삶에 주인이 되는 것이다. 우리는 이러한 습관들을 가르치기 위해 준비된 모델서클들을 제공하였으므로, 청소년과 가족들이 자신의 삶에서 계속적으로 그것들을 사용할 수 있다. 또한 우리는 누군가가 자신과 자신이 속한 공동체를 위한 비전을 만들 수 있는 모델서클도 제공한다. 이 시도들은 청소년들이 건강하고 좋은 삶을 유지될 수 있도록 해줄 것이다.

진행Facilitation에 대한 이야기

이 책에 소개된 서클들은 질문에 대해 돌아가며 자신의 이야기를 나누는 방식이다. 또한 서클들은 '갈등조정'과 '의사 결정'을 위해서도 사용될 수 있다. 이 책의 서클들은 합의라는 결론에 도달하기 위한 '과정'을 반드시 사용하기 때문에 그동안 우리가 사용하던 방식보다 더 복잡한 과정일 수 있다. 심도 깊은 훈련 없이도 이야기서클을 운영하는 것이 가능하지만, 앞으로 회복적 정의 서클, 갈등 서클, 결정하기 서클을 진행할 사람으로서 정식 훈련을 받기를 추천한다.

Power Source에 대한 이야기

우리는 Power Source의 커리큘럼으로부터 기본 개념과 활동들을 받아들였다. Power Source의 전체 커리큘럼은 화를 다루고, 갈등을 조정하고, 충동을 관리하고, 트라우마를 치유하고, 피해자의 자각과 가해자의 책임인식을 위한 기술들과 전략들에 대한 많은 자료들을 제공한다. Power Source Parenting은 건강한 어린이를 기르는 도전에 대처해야 하는 젊은 부모들을 돕기 위해 만들어진 추가적인 커리큘럼이다. 두 책프로그램 모두 젊은들이 자신들을 위해서 읽도록 쓰여졌다. 게다가, 그들은 the Lionheart Foundation이 Power Source 진행자 매뉴얼과 비디오 시리즈를 출간했다. 필요하다면 Power Source의 전체 커리큘럼을 탐구해보는 것을 추천한다.

- www.lionheart.org

일곱 가지 핵심 신념
우리가 진실이라고 믿는 것

이번 장에서는 우리가 가진 인류에 대한 신념들을 보여줄 것이다. 이 신념들은 인간본성에 대해 그리고 인간과 세상과의 대해 우리가 진실이라고 믿고 있는 기초적인 생각들이다. 우리가 진실이라고 믿는 것이 우리가 보는 것을 형성하기 때문에 핵심 신념들을 인식하는 것이 중요하다. 우리는 신념이라는 프리즘을 통해 우리자신과 다른 사람들을 바라보게 된다.

예를 들면,
이 그림에서
당신은 무엇을 보는가?

우리 중 대부분은 아마 그리스식 도자기 모양의 한 꽃병 그림을 볼 것이다. 그러나 이 그림의 다른 면을 한번 보자. 두 개의 마주보는 하얀 얼굴들이 보이는가? 그림에는 두 가지의 이미지가 다 있지만, 우리의 마음이 예상하는 것이 우리의 눈이 보는 것을 결정한다. 거기에 무엇이 있는가에 대한 당신의 신념이 당신이 보는 것을 결정한다.

우리가 제시하려고 하는 핵심적인 신념들은 이 책에서만 볼 수 있는 독특한 것은 아니다. 그것들은 세계 곳곳의 전통문화와 지혜 속에서 발견되는 원리들이다. 우리는 이 책을 사용하는 독자들이 이러한 신념들을 반영할 뿐만 아니라 자기 자신의 신념에 대해서도 고찰하는 시간을 가져보기를 초대한다.

1. 모든 사람의 내면에 있는 핵심자아는 선하고 지혜롭고 강하다.

우리는 모든 사람이 선하고, 지혜롭고 강력하며, 항상 거기 그곳에 존재하는 자아를 가지고 있다고 믿는다. 이 책에서, 우리는 이것을 '핵심자아' 혹은 '참자아' 라고 부를 것이다. 핵심자아는 모두에게 있다. 이것은 당신에게도, 당신이 만나는 젊은이들에게도 그리고 당신이 함께 일하는 동료들에게도 있다. 이 핵심자아는 지혜롭고, 친절하고, 정의롭고, 선하며 강력하다. 이 핵심자아는 파괴되지 않는다. 누군가가 과거에 무슨 짓을 했건, 과거에 무슨 일이 있어났던지 간에, 핵심자아는 그들이 태어났을 때와 마찬가지고 선하고, 지혜롭고 강하다.

자아를 이렇게 보는 방식은 '행위' 와 '존재' 를 구별하는 것이다. 우리의 '행위' 가 우리의 '존재' 의 전부를 나타내는 것은 아니다. 우리는 가끔 이것을 혼동한다. 우리는 우리가 수행하는 역할이나 우리가 느끼는 감정이 우리의 핵심자아라고 혼동한다. 그러나 우리가 어떻게 행동하고 느끼는가 하는 것이 우리가 누구인지 말해주는 것은 아니다. 우리의 핵심자아가 항상 우리의 행동과 감정을 통해 드러나는 것은 아니다. 핵심자아는 우리 들이 취하고 있는 행위와 가면 아래에 자리하고 있는 더 깊고 건강한 자아다. 사람들이 자신의 핵심자아의 지혜와 선함에 초점을 맞춰갈 수 있게 도와주는 것이 그들이 이 세계 속에서 자신들의 깊은 자아에 부합하는 행동을 하도록 돕는 첫 번째 발걸음이 된다.

비유로 말하자면, 굴 껍질의 바깥 면은 거칠고, 울퉁불퉁하고, 갈라져있다. 누군가는 이것을 못생겼다고 말할 것이다. 그러나 그 안을 들여다보면 중심에는 훌륭하고, 매끄럽고, 대단히 아름다운 진주가 있다. 우리의 핵심자아도 이와 같다.

2. 세상은 깊은 곳에서 서로 연결되어 있다.

인간은 "우주"라고 불리는 전체의 일부분이다. 우리는 마치 우리 자신과 우리의 생각, 감정들이 이 우주 전체와 분리된 것처럼 경험하지만 그것은 일종의 착각이다. 이 착각은 우리에게 일종의 감옥 같은 역할을 한다. 우리가 이러한 감옥에서 벗어나기 위해서 해야 할 일은 자연 전체와 살아있는 생명체들을 포용하기 위해 우리의 공감능력을 넓히는 것이다.

- 알버트 아인슈타인

'카오스이론'에 따르면, 남아메리카에서 나비가 날개 짓을 하면, 그로 인해 북아메리카에서는 바람의 방향이 바뀌게 된다. 이것은 전 지구적으로 자연의 힘들이 서로 연결되어있다는 것을 말해준다. 기후변화 역시 자연 안에 있는 상호 연결성을 보여주는 사례이다. 우리는 우리의 행동이 자연 환경에 영향을 미친다는 것을 잘 인지하지 못하지만, 궁극적으로 우리가 하는 행동에 따라 결과가 달라진다는 것을 깨달아야 한다. 아메리카의 지혜전승에서는 이것을 "다른 이에게 한 대로 돌려받는다."라고 말하고, 성경에서는 "뿌린 대로 거둔다."라고 표현한다.

우리의 인간관계 속에서, 우리는 모두 깊은 곳에서 연결되어있다. 원주민들이 사용하는 "우리는 모두 친척이다."라는 말은 인류와 모든 살아있는 생물체, 그리고 자연 전체가 연관되어 있다는 말이다. 아프리카의 전통사회에서는 "우분투"라는 단어를 사용하여 우리들 각자는 근원적으로 전체의 한 부분이라고 하는 생각을 표현한다. 이 단어는 "우리가 있기에 내가 있다."라는 뜻이다.

이 원칙은 우리에게 어린이든 어른이든 포기해도 되는 사람은 없다는 것을 상기시켜 준다. 우리는 문자 그대로 우리 자신의 일부를 떼어버리지 않고서는 어떤 것도 제거하거나, 추방하거나 포기할 수 없다. 누군가를 배제하는 것은 우리자신과 우리 공동체의 구조에 해를 입히는 것이다. 우리가 늘 인지하고 있지는 못한다고 하더라도 우리는 서로 연결되어있기 때문에, 우리가 다른 사람들에게 하는 행동은 곧 우리가 스스로에게 하는 행동이기도 하다. 많은 지혜전승이 우리에게 이를 마음으로 이해하고 행동하라고 조언한다. 부처는 이렇게 말했다.

아주 사소한 것이라 해도 잘못된 행동을 간과하지 말라.
하나의 작은 불씨일지 모르지만,
그것은 산만큼이나 큰 건초더미도 태울 수 있다.
주는 이익이 적은 하나의 작은 선행일지라도 그것을 간과하지 말아라.
아주 작은 물방울이라도 마침내 큰 그릇에 물을 가득 채울 수 있다.

3. 모든 사람은 좋은 관계를 맺고자 하는 깊은 갈망이 있다.

우리는 모든 사람이 사랑하고, 사랑 받기를 원하며, 또한 존중받기를 원한다고 믿는다. 그런데 사람들의 행동만 놓고 보면 이를 별로 원하지 않는 것처럼 보이기도 한다. 특히 다른 사람들로부터 사랑받거나 존중받아본 적이 없는 사람들의 경우는 더 그렇다. 그러나 우리 모두는 내면 깊은 곳에서부터 다른 사람과 좋은 관계를 가지고 싶은 갈망을 가지고 있다.

우리는 인간 본성을 문제시 여기며 생각하는 것을 반드시 멈춰야한다. 마가렛 휘틀리 Margaret Wheatley가 말하기를, 인간 본성은 문제가 아니라 축복이라 하였다. 우리의 문화는 인간의 행동의 부정적인 측면에 초점을 두는 경향이 있다. 인간의 탐욕, 분노, 두려움, 그리고 질투와 같은 감정들이 실재하고 이것이 다른 사람들을 불행하게 하는 원인이 되기는 하지만, 이것은 인간에 대한 반쪽짜리 이야기일 뿐이다. 오늘날의 문화현실 속에서 우리는 인간 본성의 선함에 대한 확고한 사실들도 반드시 기억할 필요가 있다.

세상에는 많은 육체적, 물질적, 정신적인 괴로움이 있다. 그러나 가장 큰 괴로움은 혼자가 되는 것, 사랑받지 못하는 것, 주위에 아무도 없는 것이다. 나는 그 누구도 나를 원하지 않는다고 느끼는 것이야말로 인간이 경험할 수 있는 최악의 질병이라는 것을 더욱 더 깨닫는다. - 마더테레사

4. 모든 사람은 재능이 있고, 그 재능을 발현하려면 모두의 도움이 필요하다.

원주민들의 가르침에 따르면, 모든 어린이는 대지로부터 네 가지 독특한 재능을 가지고 태어난다. 네 가지 독특한 재능을 발견하고 그 재능들을 양성할 수 있도록 도와주는 것은 어른들의 책임이다. 그래야 어린이들이 자신만의 삶의 목적을 깨닫고 다른 사람들을 돕기 위해서 자신의 재능을 사용할 수 있을 것이다.

인간사회 안에서 다양한 재능들은 인류전체의 안녕을 위해서 필수적이다. 자연 안에서, 다양성은 강함의 원천이다. 상호의존성은 생존을 위한 필수요소다. 이것이 자연의 법칙이다. 우리 몸 안에 있는 모든 세포는 몸 전체에 기여하기 위해서 전문화 된 각자의 독특한 기능을 수행한다. 이것은 가족이나 조직에 있어서도 마찬가지다. 우리들은 각자가 다르게 보고 다르게 행동할 수 있기에 서로가 필요하다. 다양한 재능과 개성 그리고 다양한 관점들의 기여가 있어야 우리의 필요를 채우기 위한 창의적이고 혁신적인 해결책을 찾을 수 있다.

그러기 위해서 우리는 누구도 혼자 모든 답을 가지고 있지 않다고 하는 겸손함과 다른 사람들이 제공하는 재능에 대해 마음을 열고 수용하는 감사하는 마음이 필요하다.

5. 긍정적인 변화를 만드는데 필요한 모든 것들은 이미 있다.

당신 스스로를 세우라.

당신의 사전에서 힘겹게 나아간다는 '투쟁' 이란 단어를 제거하라.

우리가 하는 모든 일은 신성한 방식으로, 마치 축제처럼 이뤄져야 한다.

우리가 그동안 기다려왔던 것은 바로 '우리 자신' 이다.

- 호피 인디언, 2001

이 책에서 소개하는 내용들은 인간의 강점에 기반을 두는 모델Strength-based model이다. 우리는 긍정적인 변화를 만드는데 필요한 모든 것들이 이미 우리에게 있다고 믿는다. 우리의 가장 귀한 보물이자 가장 큰 소망인 인간의 창의성과 헌신을 믿기 때문이다. 결점 기반 모델Deficit model은 변화를 만들기 위해서 먼저 우리에게 무엇이 부족한지를 발견하고자 한다. 이런 방식은 우리가 인간으로서 갖는 보편적인 필요를 채워줄 자원들이 부족할 뿐 아니라 줄어들고 있다고 믿게 만들기 쉽다. 그러나 우리가 자원의 부족이라고 가정하는 것의 대부분은 가치와 우선순위의 문제인 경우가 많다.

우리는 우리의 공동체가 발견되기만을 기다리고 있는 풍성한 재능과 지혜의 보물창고를 가지고 있다고 믿는다. 만일 우리가 스스로를 새로운 세상의 창조자로서 보지 못한다면, 우리는 자신의 변혁의 힘을 부정하는 것이다. 우리는 모든 인적 자원들의 지혜와 창조적인 에너지를 어떻게 활용할 것인지 배울 필요가 있다. 그렇게 하면, 우리는 우리가 원하는 세상을 만들기 위해 우리가 가진 집단적 잠재력을 발휘할 수 있다.

그동안 우리가 기다려왔던 것은 바로 '우리 자신' 이다.

6. 인간은 통합적 존재다.

영어로, "건강Health"과 "전체Whole"라는 단어는 같은 어원에서 나온 말이다. 우리가 하는 행동들 속에는 이성, 육체, 감정, 정신 모두가 들어있다. 이것들은 인간에게 있어 동등하게 중요한 부분들이고, 각각은 배움의 방법들과 지혜와 치유의 원천들을 제공한다. 이 책에서 우리는 예술, 스토리텔링, 음악, 움직임 등을 통해 우리의 이성, 감정, 정신, 그리고 육체 등 우리 자신의 모든 부분을 그려볼 것이다.

이것이 남학생들만을 대상으로 하는 좁은 범주의 임신 예방프로그램 커리큘럼을 짜는 것이 말이 되지 않는 이유다. 성욕은 인간으로서 존재함에 필수적인 부분이다. 우리는 이것을 무시해서도 안 되고, 다른 사람과 우리의 관계에서 분리된 부분으로 대해서도 안 된다. 우리가 건강한 관계를 형성할 때, 우리는 건강한 성생활을 형성한다. 또한 사회 안에서 나이, 인종, 사회적 계층에 따라서 그룹을 나누고 분리하려고 해서는 안 된다. 특별히 서구사회에서 유색인종 청소년들은 여성들과 백인 혹은 사회적 특권을 가진 사람들과는 다른 압박과 도전을 받는다. 이러한 도전들은 사회의 상호 연결성의 맥락에서 발생하는 것으로 이해해야한다.

남학생들이 마치 그들의 엄마와 여자형제, 사촌, 그리고 여자 친구와 단절된 듯 분리할 수 없는 것처럼 우리들의 삶에서 성Sexuality만을 따로 분리해서 볼 수 없다. 또한 피부색을 기초로 형성된 차별과 특권을 지닌 백인우월사회인 서구에서 유색인종 청소년들을 분리할 수 없다.

7. 우리는 핵심자아로 살아가는 습관을 만드는 연습이 필요하다.

인디언 체로키 부족 출신 한 할아버지가 손자에게 이야기를 들려주고 있었다.

"얘야, 지금 내 안에는 싸움이 벌어지고 있단다."

두 마리의 늑대가 싸우는 끔찍한 전쟁이지.

두 마리 중 하나는 매우 사악하고 고약한 놈이야.

그 놈은 분노, 질투, 전쟁, 탐욕, 자기연민, 슬픔, 후회, 죄책감, 열등감, 거짓말, 오만, 우월감, 이기심 그리고 거만함과 같은 것들이란다.

다른 하나는 매우 선하고 아름다운 녀석이야

그는 친절하고, 즐겁고, 평화롭고, 사랑이 많고, 희망차고, 고요하고, 겸손하고, 친절하고, 정의롭고, 인정이 많아.

이 할아버지 안에서도, 그리고 세상 모든 사람들 마음속에서도 이같은 전쟁이 일어나고 있단다.

듣고 있던 손자가 물었다. "그런데 할아버지! 어떤 늑대가 이기나요?"

할아버지는 손자를 보면서 말했다, "네가 먹이를 주는 늑대란다."

우리에게는 우리의 핵심자아와 연결하도록 도와주는 연습이 필요하다. 그래야 우리는 우리의 가치를 따라 살고, 그 기초위에서 공동체와 가족 안에서의 건강한 관계를 만들 수 있다. 그러나 오늘날 많은 연습들은 핵심자아의 주변에 벽을 쌓게 하고, 이로 인해 우리의 핵심자아로부터 그리고 다른 사람으로부터의 단절감을 증가시킨다. 우리는 다른 사람들을 지배하고, 우리 내면에 숨어있는 늑대를 무서워하고 불신하도록 부추겨진다. 우리는 우리자신뿐만 아니라 다른 사람의 고생과 고통에 대해서 우리의 마음과 정신을 닫는 습관을 갖게 된다.

이 책의 "실습하기"에서는 우리의 건강한 핵심자아와 다시 연결할 수 있는 검증된 방법들을 제시한다. 소개 된 평화형성서클, 명상 훈련, 그리고 감정 훈련 모두가 우리 모두 안에 있는 "좋은 늑대"를 기르는데 도움이 될 것이다.

힘에 대해서 이야기하기

우리들의 핵심 신념들은 우리를 건설적인 방법 안에서의 힘에 대한 생각으로 이끌어준다. 인간의 삶에서 건강한 힘은 인간의 기본적인 욕구이다. 핵심자아는 선하고, 지혜롭고 **힘이 있다**. 결과적으로 건강한 힘이란 핵심자아에 의해 통제되는 개인적인 힘이며 이는 다른 사람에 의해 작동되지 않는다. 만일 당신이 다른 사람들을 자신의 핵심자아와 연결할 수 있도록 도와줄 수 있다면, 그들이 해로운 방식으로 힘을 사용할 가능성이 줄어든다.

두 번째는 우리의 상호 연결성을 확인하는 것이다. 우리의 힘에 대한 연습이 다른 사람에게 영향을 미친다는 것이다. 그러므로 우리는 자신이 힘을 사용할 때 주변에 끼치는 영향에 대해 주목할 책임을 가지고 있다. 여기에는 다른 사람이 우리의 힘을 어떻게 경험하였는지에 대해서 피드백을 듣는 것도 포함된다.

세 번째는 다른 사람과 좋은 관계를 유지하고 싶은 인간의 욕망에 대해서 이야기하고 있다. 여기에서는 사람들이 기꺼이 "힘의 지배"를 "힘의 분배"로 바꿀 것을 제안한다. 이러한 변화는 다른 사람과의 좋은 관계의 즐거움을 경험할 수 있게 해준다.

네 번째는 우리가 가지고 있는 재능뿐만 아니라 다른 사람들의 재능의 가치에 대해서 확인한다. 우리의 재능은 "힘의 지배"가 아닌 "힘의 분배"와 같은 긍정적인 힘을 느낄 수 있는 장소를 제공한다. 이 신념은 우리 모두가 재능을 가지고 있고, 따라서 우리 모두는 자신의 재능을 표현하는 건강한 힘을 경험할 기회를 가지고 있다고 주장한다.

다섯 번째는 우리가 필요로 하는 것은 이미 여기에 다 있다는 것이다. 여기서는 우리가 개인적으로나 공동체적으로나 우리가 필요로 하는 힘을 모두 그 안에 가지고 있다고 주장한다. 건강하고 개인적인 힘은 이미 우리에게 충분하다. 우리는 변화를 위해 다른 사람을 지배할 필요가 없다. 또한 우리의 필요를 충족하기 위해서 다른 사람으로부터 힘을 뺏을 필요도 없다.

여섯 번째는 인간은 통합적인 존재라는 것이다. 특별히 인간의 경험은 정신적, 신체적, 감정적, 영적인 차원을 가지고 있다. 힘은 이 모든 영역 안에서 작동한다. 그리고 그들 각자 안에서 힘을 어떻게 작동시킬 것인지에 대해 주목하는 것이 중요하다.

마지막은, 연습이 우리를 진짜 자신이 될 수 있도록 도와준다는 것이다. 책에 있는 연습들은 우리가 힘과 관련된 자신의 감정에 대해서, 어디에서 힘을 얻는다고 느끼고 어디에서 힘을 잃는다고 느끼는지 더 인식할 수 있도록 돕는다. 이러한 자각은 다른 사람을 해치지 않으면서 인간이 가진 힘에 대한 욕구를 충족하게 하는 선택을 하도록 돕는다. 그리고 다른 사람의 선택도 도울 수 있게 해준다.

구조화 되어 있는 힘의 방식은 우리 사회 안에서 많은 피해를 양산시킨다. 그 이유는 우리가 살고 있는 사회는 이미 계층이 형성되어 있기 때문이다. 높은 계층이 낮은 계층을 힘으로 지배한다. 각 계층들은 그 순위에 따라서 가치를 차등으로 차지한다. 그리고 순위에 따라 힘을 가진다. 더 힘이 있는 개인은 더 가치 있는 것으로 여겨지고 그에 따라서 대우를 받는다.

이렇게 유리함과 불리함이 존재하는 구조는 우리의 집과 학교, 신앙공동체, 사회복지시설, 직장, 그리고 정부에서도 작동된다. 이러한 힘의 문제는 개인과 공동체 그리고 삶의 공적영역 안에서의 사람들의 상호작용 속에 스며들어 있다. 그러나 이렇게 힘의 역학이 우리의 상호작용 안에 깊게 형성되어 있음에도 이러한 역학들은 잘 드러나지 않는다.

사회복지와 관련해서, 힘은 사회복지사와 교사들과 그들이 만나는 사람들과의 관계 안에서 중요한 원동력이다. 돕는 삶과 도움을 받는 삶 사이의 힘의 역학은 청소년과 그들의 가족들의 삶, 다른 이들과의 관계에 영향을 미친다. 이러한 힘의 역학을 인지하고 이해하는 것은 사회복지사와 교사들이 자신의 일을 더 효과적으로 하는데 도움이 된다.

힘은 본질적으로 좋지도 나쁘지도 않다. 힘에 대한 연습은 건강하고 건설적일 수도 있고 반대로 불균형과 해로움이 될 수도 있다. 그런데 힘이 계층으로 사용될 때는 다른 사람들에게 휘두르는 무기가 된다. "힘의 지배"는 종종 심각하고 해로운 영향을 만든다. 그 힘에 눌린 위치에 있는 사람들은 스스로가 가치 없고, 능력이 없고, 그들 자신의 운명을 통제할 힘이 없다고 느끼게 된다. 우리가 누군가를 힘으로 지배하게 될 때, 우리는 종종 그 힘을 알아채지 못한다. 그리고 우리의 의도가 선하다고 생각하기 때문에, 우리가 어떻게 우리의 힘을 사용하는지에 있어서 잠재된 해로움을 완전히 놓치고 있는지도 모른다. 이런 계층구조에서 사회복지사와 교사는 그들과 함께 하는 청소년과 가족들에게 지배적으로 행동하게 된다. 피지배층에 위치하게 되는 이들은 관계를 "힘의 지배"처럼 경험하게 되고, 이는 무력감을 강화시킨다. 청소년들은 종종 학교를 무력감을 느끼는 장소로 경험한다. 학창시절에 비슷한 경험을 가진 부모들이 느끼는 것처럼 말이다.

때문에 가치 있음은 힘과 관련되어 있고, 사회에 있는 사람들은 종종 가치 있음을 확인하기 위해서 힘을 찾는다. 만일 그들이 사회내의 합법적인 방법 안에서 자신이 힘이 있음을 느끼지 못한다면, 그들은 아마 다른 방법으로 힘을 찾게 될 것이다. 사회복지에서 눈에 띄게 드러나는, 혹은 학교에서 분열을 야기하는 많은 부적절한 행동들은 무력감을 느끼는 사람들이 그들의 삶에서 힘을 얻고자 시도할 때 일어난다.

힘을 향한 욕구는 인류가 시작될 때부터 아주 깊었다. 자기결정과 자기실현의 욕구는 인간의 선천적인 욕구이며, 두 가지 욕구 모두 건강하고 자연스러운 힘의 연습이 필요하다. 이 욕구가 방해를 받으면 깊은 감정들이 발생한다. 무력감은 화, 우울, 거침, 절망 등을 불러일으킨다.

감정인식과 감정 활용 능력은 앞서 언급한 감정들을 다룰 수 있는 중요한 도구를 제공하고 사람들을 핵심자아 안에 있는 타고난 건강한 힘과 다시 연결해준다. 명상연습은 그 누구도 가져갈 수 없는 내재되어 있는 깊은 힘에 대한 인식을 깨워준다. 서클의 과정은 개인들과 그룹들이 각자의 앞에서 건강한 힘을 경험하도록 돕는다. 모든 사람들이 자신의 목소리를 가지고 있다. 모든 사람들은 가치 있다. 서클에서는 어느 누구도 다른 이보다 더 중요하지 않다.

서클 안에서의 개인적인 힘은 자신의 목소리를 가지고 말을 할지 말지를 결정할 수 있는 자기결정권이다. 서클 안에서의 공동의 힘은 어떤 관점이나 위치에도 특권을 주지 않는다는 합의를 통해 만들어진 "힘의 분배"를 통한 결정이다.

희망에 대해서 이야기하기

희망은 인간으로서 선천적으로 가지고 있는 힘을 향한 욕구이다. 희망은 개인의 긍정적인 힘을 작동시키는 조용한 모터이다. 우리가 희망을 가질 때, 우리의 행동이 달라진다. 만일 희망이 없다면 우리는 행동을 하지 않을 지도 모른다. 희망은 실제로 우리 삶의 결과들을 바꿔준다. 한 연구를 예로 들자면, 고통스러운 자극으로부터 스스로를 구조할 수 있는 쥐들은 나중에 암세포를 주입해도 이를 극복하고 그렇지 못한 쥐들보다 현저하게 더 오래 살았다. 성인의 발달연구에서는 더 나은 미래를 믿고 교육에 투자한 사람들이 단순하게 은퇴한 사람보다 더 오래 산다는 것이 밝혀졌다.

절박한 상황에 직면했을지라도, 인간은 희망을 통해 힘을 찾고자 한다. 어쩌면 이것은 자신을 위한 희망이라기보다 다음세대를 위한 희망일지 모른다. 희망의 초점이 무엇이든 간에, 희망은 사람들이 내일의 열매를 맺기 위해 자신이 가진 힘을 사용하도록 하는데 기초가 되는 긍정적인 감정이다. 희망은 인간의 긍정적인 미래를 위해 필수적이다.

희망에 대한 가능성은 미래를 상상하는 인간의 특별한 능력에 달려있다. 희망은 우리의 미래에 대해 생각하는 능력에 기반한다. 또한 희망은 우리가 지금 참이라고 알고 있는 것보다 더 나은 무언가가 있을 가능성을 느끼는 우리의 대뇌 변연계의 능력에서 비롯된다.

희망Hoping은 바라는 것Wishing과는 다르다. 우리가 무엇인가를 바랄 때는, 우리는 수동적인 자세를 취하게 된다. 우리는 아마 무엇인가가 더 좋아지거나 나빠지는 것을 바라지만, 어떻게 그것들을 실현할 것인가에 대해서는 생각하지 않는다. 반면에 희망이라는 것은, 무엇이든지 희망하는 것을 위해 우리가 반드시 일을 해야 한다는 적극적인 방향성을 띤다.

희망은 또한 환상Fantasy이나 현실부정Denial과는 다르다. 이것은 기초와 토대가 없는 것이 아니다. 희망은 오늘날 무엇이 진실인지에 대해 정직하고, 내일 무엇이 진실이 될 것인지에 대해 생각하는 것이다. 희망은 지금 이 순간에 그곳에서 겪을 고통이나 고난을 얼버무리거나 축소하는 것이 아니다. 희망과 비탄grief은 인간의 마음에 동시에 존재할 수 있다.

희망은 어디에서 올까? 그것은 다른 사람들과의 관계에서 온다. 대부분의 기본적인 수준에서, 희망은 우리가 어릴 적 받았던 돌봄의 경험으로부터 발생한다. 유아기에는 안아주고, 돌봐주는 사랑의 손길이 필요하다. 희망은 모든 인간의 발달에 기초이다. 우리는 마침내 성공할 수 있을 것이라는 느낌을 지속적으로 경험하기 때문에, 시도하고, 시도하고, 또 시도한다. 대부분의 사람들은 걷고, 말하고, 나무에 오르고, 책을 읽고, 자전거를 타고, 차를 모는 것을 배운다. 그러나 결코 이것들을 단번에 완벽하게 익히지는 못한다. 숙달하기까지 다른 사람의 도움과 격려를 받는다. 부모는 이제 막 아장아장 걷고 있는 아기도 곧 걷게 될 뿐만 아니라 언젠가는 그 부모님보다 더 빠르게 달릴 수 있게 되리라는 것을 의심하지 않고 믿는다. 그것이 한 세대가 자연스레 다음 세대에게 물려주는 희망의 유산이다.

그러나 인간은 힘의 왜곡과 무력감처럼, 희망의 부재를 느낀다. 희망과 힘은 동전의 양면과 같다. 우리가 자율성과 우리의 운명을 통제할 능력을 부정당할 때, 우리는 희망의 부재를 경험한다. "절망하다"라는 동사는 라틴어 데스뻬라레desperare에서 유래했고, 이는 "희망이 없는 상태"을 의미한다. 무력감은 절망을 이끌고, 절망을 느끼는 것은 무력감을 느끼게 한다.

공동체의 능력이 발휘될 수 있는 곳은 인간의 삶에 필수적이다. 어려운 현실을 마주하면, 사람들은 아마 희망을 찾지 못하고, 절망에 빠져버릴 것이다. 약물중독, 알콜중독 그리고 다른 습관적이고 도피적인 행동들은 최소한 일시적으로 절망의 고통은 가려준다. 그러나 서클 혹은 만남 속에서 함께하는 경험은 정말 터널의 끝에 있는 불빛처럼 희망을 줄 것이다. 오늘날 진실인 것이 내일도 진실일 필요는 없다. 인간으로서 우리는 희망이 없을 때, 다시 희망을 살리고 길러내는 능력을 가지고 있다. 희망을 살리는 일은 다른 사람과 경험을 나누는 능력을 통해서 가능하다. 우리는 서로를 위해 희망을 나누고 길러내는 능력을 가지고 있다. 이러한 능력이 인간 공동체의 공동의 힘이고, 우리가 개별적으로 장애물을 마주함에도, 한 종족으로써 우리를 지탱시켜준다.

핵심자아에 대한 신념은 희망의 필수적인 요소이다. 이 책의 핵심 신념들은 전부 희망에 근거하고 있다. 우리 각 사람 안에 있는 희망의 능력은 절대 꺼질 수 없다. 이것은 항상 지혜롭고 선하고, 힘 있는 핵심자아 안에 있다.

II. 연습하기

모듈 1
평화형성서클 배우기
Learning the Peacemaking Process

서클이란 무엇인가?

서클이란 효과적인 그룹 의사소통, 관계 형성, 의사 결정, 갈등 해결 등을 위한 구조화된 과정이다. 이 과정은 우리가 평소 함께 모이는 방식과는 다른 새로운 공간을 창조한다. 이것은 서클 안뿐 아니라 서클 밖에서도 우리를 인도해 줄 관계성과 상호 연결에 대한 서클의 철학을 구현하고 발달시킨다.

* 왜 어린이, 청소년, 그리고 가족들이 서클방식을 사용해야 하는가?

우리가 앞서 살펴보았던 핵심 신념에 근거한다면 서클은 특히 어린이, 청소년, 가족들과 함께하기에 적절한 방식이다. 서클의 철학은 이러한 신념들과 맞닿아 있으며 서클의 구조는 어린이, 청소년, 가족들과의 관계 형성을 통해 그 신념들을 실천할 수 있는 방법을 제공한다.

서클은 다음을 위해 만들어진 의도된 공간이다:

- 참여자들이 '핵심자아Core Self'를 내어놓을 수 있도록 돕는다.
  서클은 안전하고 편안한 공간에서 자신이 누구인지를 나타낼 수 있다고 하는 신념을 기반으로 한다. 이를 기반으로 참여자들이 스스로를 세워가도록 돕는다.
- 참여자들 간의 매우 커다란 차이가 존재하는 순간에도 서클은 상호 연결성을 드러나게 한다.
- 모든 참여자가 기여할 수 있도록 확인하고 돕는다.
- 개별적이며 동시에 공동체적 지혜를 도출한다.
- 참여자들이 모든 차원정신적, 육체적, 감정적, 영적 등의 경험을 할 수 있도록 한다.
- 서클 안에서 어려운 상황이 발생하더라도, 서클은 참여자들이 서클의 가치에 근거한 행동을 할 수 있도록 이끌어준다. 서클 안에서 이러한 행동을 더 많이 연습할수록 참여자들의 삶의 다른 부분에서도 가치에 근거한 행동이 강화된다.

핵심 신념들이 당신에게 중요하게 다가온다면, 서클방식은 당신의 교육적, 사회적 활동을 위해 매우 유용한 도구가 될 수 있다.

가치와 고대 원주민들의 가르침서클의 약속에 대한 이야기

서클 구조의 기초에는 두 가지 요소가 있다. 첫째는 좋은 관계를 길러주는 가치들, 둘째는 원주민 공동체들 사이의 공통된 주요 가르침이다. 관계 지향적 가치와 고대의 가르침, 이 두 가지는 어려운 대화를 가능하게 해주는 든든한 기반이 된다. 이러한 가치들과 가르침들은 분노, 좌절, 기쁨, 고통, 진실, 갈등, 다양한 세계관, 격한 감정, 침묵, 역설 등을 모두 담아낼 수 있는 공간을 만들어 낸다.

서클의 기초를 이루는 가치를 형성하기 위해 참여자들은 그들이 느끼는 중요한 가치들이 어떠한 것들인지를 먼저 확인해야 한다. 이러한 가치들은 건강한 과정과 서클에 참여하는 모두에게 도움이 될 수 있는 결과를 가져오게 해준다. 다양한 상황의 서클에서 형성된 가치에 대한 용어는 각 그룹마다 다를 수 있지만, 그 본질적인 면에서 같다. 그리고 이러한 가치들이 서클의 주춧돌이 된다. 서클을 진행하기 위해 특정한 전략을 사용하려 할 때 그 전략이 모든 구성원들로 하여금 핵심자아의 가치에 부합하는 방향으로 나아가도록 도움을 줄 수 있는지 질문해야 한다.

서클은 모든 사람이 최고의 자기 가치best-self values를 지니고 있음을 가정한다. 그들과 상반된 가치에 근거한 습관들 속에 묻혀 핵심자아 가치들이 쉽게 보이지 않을 수도 있지만 그럼에도 그들은 분명히 존재한다. 또한 서클은 만일 안전한 공간이 주어진다면 이러한 가치들이 더 쉽게 나타날 수 있다고 가정한다. 자신의 최고의 모습내면적 초점을 표현하는 가치들은 결국 타인과의 좋은 관계외면적 초점를 발달시키는 가치들과 동일하다는 것을 알게 된다.

이러한 가치는 서클 프로세스에서 매우 중요하기 때문에 서클은 이러한 가치를 당연시 하지도 않으며 진행자 역시 그것들을 강요하지 않는다. 서클은 함께 모인 공간에서 참여자들이 지켜나가고자 하는 가치들이 무엇인지 대화할 수 있게 한다. 가치에 대한 논의는 서클 과정에서 매우 중요한 부분이다. 가치에 대한 이러한 대화는 길어질 수도 있고 또는 꽤 간단하게 끝날 수도 있다. 일반적으로 사람들은 정직, 존중, 개방성, 보살핌, 용기, 인내, 겸손 등의 가치를 이야기한다.

다루기 어려운 문제에 대해 논의하기에 앞서 이러한 가치들에 대하여 먼저 대화하는 것은 사람들이 서로 소통하는 방식을 완전히 바꿀 수 있다. 가치들이 우리 자신의 최고의 모습을 표현하기 때문에 그것들은 우리의 핵심자아가 어떠한 모습인지에 대해 알 수 있는 기회를 준다. 우리는 핵심자아를 표현하는 자신의 행동이 때때로 지지받지 못한다는 경험을 한다. 서클 공간은 우리가 어디에 있든지 우리 자신의 최고의 모습 혹은 핵심자아를 표현하는 방향으로 나아갈 수 있도록 설계되었다.

고대 원주민의 기원에서 찾을 수 있는 서클 프로세스는 몇 가지의 핵심적인 가르침을 통해 서클의 기초를 형성한다. 이러한 가르침들은 종종 우주의 작동 원리에 대한 비유적 의미를 담은 원형서클의 이미지로 표현된다. 많은 원주민들에게 서클원이란 세계가 어떻게 작동하는 가에 대한 이해방식, 즉 세계관을 담고 있는 상징이다. 아래의 가르침들은 그들의 세계관과 서클이 만들어 내는 공간에 있어서 매우 중요한 요소들이다:

- 모든 것은 상호 연결 되어있다.
- 비록 모든 것이 연결되었지만 각자의 개별성을 담고 있고 그 둘 간의 균형을 맞추는 것이 중요하다.
- 우주를 구성하는 모든 각 부분은 전체에 기여하며 동등한 가치가 있다.

서클의 기초가 되는 고대 원주민들의 가르침은 우리의 핵심 신념에서 확인했던 것들과 같은 개념이다.

서클은 어떻게 작동하는가?

- 참여자들이 원으로 앉고 가운데에는 아무런 가구도 놓지 않는 것이 좋다.
- 원의 중심에는 참여자들의 초점을 원의 중심에 맞추도록 도와주는 서클상징물centerpiece을 놓는다.
- 공간 열기:서클이라는 특별한 공간의 시작을 알리는 여는 의식opening ceremony을 한다.
- 토킹 피스talking piece라고 불리는 물체가 사람과 사람 사이에 전달되어 대화의 흐름 누가 언제 이야기하는지을 조절한다.
- 공간 닫기:서클이라는 특별한 공간의 끝을 알리는 닫는 의식closing ceremony을 한다.

서클을 구성하는 필수 요소

서클 진행자는 서클을 기획할 때 다음 요소를 사용한다. 이러한 요소들이 모두 합쳐질 때 모든 참여자들이 동등하게 서로를 존중하며 자신의 진실을 이야기 할 수 있고 또한 자신과 타인을 더욱 깊이 이해할 수 있는 기회를 갖게 된다.

- 원으로 둘러앉기
- 공간 열기
- 서클상징물
- 가치 정하기와 약속 만들기
- 토킹피스
- 성찰 질문
- 공간 닫기

원으로 둘러앉기

공간을 어떻게 사용하는지는 중요한 문제이다. 모두가 원으로 앉는 것은 매우 중요하다. 이렇게 앉는 방식은 모두가 서로를 볼 수 있고 얼굴을 마주하며 모두가 자기책임을 다할 수 있게 해준다. 또한 서클은 편 가르는 분위기를 만들지 않으면서 공동의 문제에 대하여 초점을 맞출 수 있게 한다. 서클은 동등함과 연결을 강조한다. 원 가운데에 아무런 가구도 놓지 않는 것은 서로를 향한 완전한 참여와 개방을 돕는다. 테이블을 치우는 것이 때때로 사람들에게 불편함을 느끼게 할 수도 있지만 어려운 문제를 논의할 때 우리가 흔히 해왔던 방식에서 벗어난 공간을 만드는 것은 중요하다. 작은 몸짓 언어 하나까지도 다른 모두에게 전달 될 수 있기 때문에 서클은 서로에 대한 책임감을 증진시킨다.

공간 열기Opening ceremony

서클은 신성한 공간을 만드는 의미로 공간 열기/공간 닫기를 한다. 공간 열기를 하면서 참여자들은 그들이 일반적으로 해왔던 모임/회의와는 다른 방식으로 서로에게 다가갈 수 있음을 배운다. 서클의 시작과 끝을 명확하게 표시하는 것은 매우 중요하다. 서클은 그동안 참여자들이 자신과 타인의 핵심자아 사이에 거리를 만들기 위해 썼던 가면과 보호 장치들을 벗어낼 수 있도록 초대한다.

서클을 여는 의식은 참여자들이 집중할 수 있도록 도와주며 서클에 온전히 참여할 수 있도록 하고, 상호 연결성을 확인하며 관련 없는 생각들을 지우고 핵심자아가 가지는 가치에 집중할 수 있도록 해준다.

서클상징물Centerpiece

서클 진행자는 서클상징물을 사용하여 참여자들이 마음과 마음으로 서로 말하고 들을 수 있도록 도와주는 중심점을 만들어 준다. 서클상징물은 보통 서클 중앙의 열린 공간 바닥에 놓인다. 일반적으로 받침이 될 천이나 매트를 놓는다. 서클상징물로는 핵심자아가 가지는 가치들이나 서클 프로세스의 기초적 원리, 혹은 그룹의 공유된 비전을 표현할 수 있는 물건들이 쓰인다.

서클상징물은 서클에 나타난 그룹의 문화 뿐 아니라 각 개인 구성원들의 상징물도 포함시켜 전체를 포용하는 것을 강조한다. 중앙에 무엇을 놓든지 따뜻함, 환대, 포용을 나타내야하며, 서클 프로세스를 받치고 있는 가치들을 강화해야한다. 진행자는 놓을 물건을 선택할 때 각별한 주의를 기울여서, 서클에 참여한 누군가를 소외시킬 수 있는 상징물은 놓지 않아야 한다.

시간이 지나면서 서클상징물은 서클의 전체와 개인을 더 많이 표현하게 된다. 예를 들어, 처음에는 천과 꽃으로만 서클상징물을 꾸민다고 해보자. 서클에 참여하는 사람들에게 자신의 삶에 중요한 점을 표현하는 물건을 가지고 오도록 할 수 있다. 서로의 중요한 가치를 이야기 하는 동안 참여자들은 자신이 생각한 가치를 종이에 적은 뒤 원의 가운데에 놓는다. 이어지는 순서에서 참여자들은 자신들이 놓은 것들을 나누고 그것들의 의미를 설명한다. 그렇게 되면, 처음 원의 중앙에는 천과 꽃만 있었지만 이제는 참여자들이 가져다 놓은 가치와 물건들도 함께 놓이게 된다.

모든 참여자들이 참여한 서클상징물은 풍성한 다양성, 공통점, 연결성을 나타내는 강력한 상징이 된다.

가치 정하기와 약속 만들기

서클 참여자들은 두 가지 방식으로 자신의 공간을 마련하는 일에 중요한 역할을 한다. 첫째, 그들에게 중요하며 대화의 자리에 불러오고 싶은 가치들을 논의함으로써 서클 공간의 기반을 마련한다.

둘째, 참여자들은 서클에 참여하는 동안 지켜야 할 약속을 함께 만든다. 여기서 약속이란 참여자들이 어떠한 방식으로 서클 대화를 진행해 나갈 지에 대해 서로 동의한 사항을 의미한다. 약속은 참여자들이 진실을 이야기 할 수 있는 안전한 공간을 만들어 준다. 이것은 엄격한 제한사항이 아니다. 약속은 서클에서 서로에게 기대하는 행동들에 대해 생각나게 해주는 도구이다. 이것은 참여자에게 일방적으로 강요되는 것이 아니라 서클의 동의과정을 통해 채택된 것이다. 참여자들은 약속을 함께 만들고 동의하며 그것들을 지켜나가기 위해 서로를 돕는다.

토킹피스 Talking piece

서클은 토킹피스를 사용하여 참여자들의 대화를 조절한다. 토킹피스는 서클을 돌며 참여자들의 손에서 손으로 전달된다. 토킹피스는 가지고 있는 사람만이 이야기를 한다. 토킹피스는 말하는 사람이 방해받지 않고 이야기하게 해주며 듣는 사람은 자신이 해야 할 응답에 대해 생각하지 않고 오롯이 듣는 행동에만 집중하게 해준다. 토킹피스는 충실한 감정표현을 돕고 깊은 성찰을 가능하게 하며 여유롭게 이야기하게 해준다.

토킹피스는 모두가 이야기 할 수 있는 공평한 기회를 주며 이는 모든 참여자가 전체에게 기여할 수 있는 중요한 것을 지니고 있음을 뜻한다. 토킹피스가 사람들의 손에서 손으로 전달되면서, 참여자들 사이에서의 연결고리가 생긴다. 참여자들은 강제로 이야기 하지 않으며 원하지 않을 때에는 토킹피스를 옆으로 넘겨주면 된다. 넘겨주기 전 잠시 토킹피스를 쥐고 침묵의 시간을 가져도 좋다.

토킹피스는 진행자의 부담을 덜어주며 참여자 모두에게 그 역할을 배분한다. 진행자는 토킹피스 없이도 말할 수 있지만 전체 과정의 온전한 상태를 유지해야 할 필요한 순간에만 말한다. 가능하다면 토킹피스는 전체 그룹에게 중요한 의미가 있는 것을 나타낼 수 있는 물건으로 한다. 토킹피스가 더 깊은 의미를 가질수록 참여자들이 서클 프로세스에 더 많은 존중감을 갖게 되며 핵심자아에 근접한 모습으로 더욱 진솔하게 이야기 할 수 있다. 토킹피스가 소개될 때에는 그룹에 지니는 의미나 관련된 이야기를 공유하는 것도 좋다.

성찰 질문Guiding questions

서클은 매 나눔round을 시작할 때마다 서클의 주요 관심사에 대한 대화를 촉진하는 질문이나 주제를 사용한다. 서클의 모든 구성원은 각 라운드에서, 성찰 질문이나 주제에 대해 답할 기회를 갖는다. 이러한 질문들은 표면적인 응답을 넘어서는 수준의 논의를 이끌어내기 위해 정교하게 고안된다.

효과적인 질문들은 다음의 사항들을 고려한다:

- 참여자들이 자신의 생생한 경험에서 나오는 이야기를 할 수 있도록 한다.
- 참여자들이 자신의 삶의 이야기를 공유하도록 초대한다.
- 사실보다는 감정과 영향에 초점을 맞춘다.
- 참여자의 초점을 과거의 어렵고 고통스러웠던 사건에서 어려운 상황을 개선시키기 위해, 현재에는 무엇을 할 수 있을 지에 대한 논의로 옮길 수 있도록 돕는다.

성찰 질문이 다른 사람이나 그룹에 대한 공격으로 연결되어서는 안 된다. '너' 진술문 보다 '나' 진술문을 사용하도록 참여자들에게 요청하는 것이 도움이 된다.

공간 닫기Closing ceremony

공간 닫기에서는 서클이 보여준 노력에 대한 감사를 표현한다. 그리고 참석한 모든 사람의 상호 연결성을 확인한다. 서클을 닫는 의식은 미래에 대한 희망의 감정을 담아내고 참여자들이 각자의 삶의 자리에 돌아갈 수 있도록 준비시킨다. 공간 열기/공간 닫기는 각 그룹의 특징에 맞추어 고안된다.

예를 들어, 서클을 닫는 의식은 문화적 표현의 기회를 제공한다. 계속적으로 만나는 그룹의 경우, 참여자들은 그룹을 위해 공간 열기/공간 닫기를 직접 만들 수 있다.

진행자의 역할Role of the Keeper

서클 지킴이keeper라고 종종 불리는 서클의 진행자는 각 참여자들이 상대에 대한 존중을 지키면서도 자신을 정직하게 드러내며 말할 수 있는 안전한 공동의 공간을 창출하고 유지할 수 있도록 도와준다. 진행자는 참여자들의 가치와 약속들을 확인하고 토킹피스의 적절한 사용을 지원함으로써 그룹을 인도한다. 질문을 던지거나 주제에 대한 제안을 함으로써 진행자는 그룹의 성찰을 돕는다. 이와 동시에 공동 공간의 상태도 점검한다.

진행자는 그룹에 의해 제기된 문제를 통제하지 않으며, 또는 특정한 결과를 도출하려는 방향으로 그룹을 이끌지 않는다. 진행자의 역할은 존중과 안전의 공간을 우선적으로 만든 뒤 그 만들어진 공간과 함께 하려는 작업에 대한 책임감을 참여자들과 함께 공유하는 것이다. 진행자는 서클의 모든 구성원의 복지에 신경써야한다. 진행자는 동떨어진 위치에서 그들을 돌보는 것이 아니라 서클의 동등한 한 명의 참여자로서 그들을 돌본다.

진행자는 서클의 순서를 조정하고, 모든 서클 구성원의 관심과 욕구에 주의한다. 시간과 장소를 정하고, 사람들을 서클로 초대하고, 모든 구성원들을 준비시키고, 토킹피스와 서클상징물을 선정하고, 열고 닫는 의식을 계획하고, 진행 질문 몇 가지를 구성해오는 것 등이 이에 포함될 것이다. 진행자는 서클의 물리적 요소들을 선정할 때 참여자들을 포함시킬 수도 있다:

- 누군가에게 토킹피스를 가지고 오라고 초대하기
- 참여자들이 선택할 수 있도록 다양한 토킹피스를 제공하기
- 공간 열기/공간 닫기를 책임질 참여자 초대하기
- 서클상징물로 사용 될 수 있는 물건을 가지고 오거나 만들도록 초대하기

서클에서의 도전 상황Challenges in circle

어려운 순간을 관리하기 위해서는 휴식시간을 갖는 것도 도움이 된다. 휴식시간 동안 진행자는 어려움을 겪는 것처럼 보이는 사람에게 다가가 '마음의 연결' check-in을 시도 할 수 있다. 휴식이 끝나면 대화를 재개하기 전에 처음 나누었던 가치와 약속 등을 참여자들이 점검하도록 요청한다.

토킹피스가 한 번 돌고 다시 진행자에게 돌아왔을 때 어디서부터 다시 서클을 시작해야 할지 모호하다면 "저는 우리가 지금 어떤 방향으로 나아가야 할지 잘 모르겠습니다," 라고 말하고 토킹

피스를 넘겨주어도 괜찮다. 종종 그룹의 다른 누군가가 좋은 생각을 가지고 있기 때문이다. 이러한 기술은 리더십이라는 것이 서클 공동의 책임이라는 것을 참여자들에게 보여줄 수 있는 기회이다.

서클이 진행되는 동안 진행자는 종종 앞으로 서클이 어떻게 진행 될지 모르겠는 불안감에 빠지기도 한다. 이는 '완벽함' 을 기대하기에 발생되는 문제이다. 그런데 이때 진행자는 서클참여자들에 도움을 요청해도 괜찮다. 서클을 반드시 '올바르게' 그 말이 어떤 의미든지 간에 끝내지 않아도 괜찮다. 진행자에게 더욱 중요한 것은 서클이 제대로 작동하지 않을 때 참여자들이 진행자에게 그 사실을 알려줄 수 있는 안전한 공간을 만드는 것이다. 이때 진행자에게는 피드백에 대한 개방성과 겸손함이 요구된다. 모든 참여자들이 중요하게 생각하는 가치의 기반 아래 구성된 서클은 매우 강력하여 실수나 불확실함을 충분히 감당할 수 있다.

진행자가 생각하기에 처음에는 최선의 것이 아니라고 보였던 것들이 나중에는 실제로 참여자들에게 의미 있게 다가가는 경우가 있다. 진행자는 서클의 요소를 신뢰해도 좋다.

제 위치에서 작동하기만 한다면, 결국 서클은 그룹의 문제와 관련된 적절한 방향으로 나아간다.

서클의 구체적 사항들 계획하기 Planning the Specifics of the Circle

진행자는 다음의 질문에 답변하며 서클을 위한 계획을 수립한다:

- 누가 서클에 참여할 것인가?
- 언제 하는가?
- 어디서 하는가?
- 토킹피스는 무엇으로 할 것인가?

- 서클상징물은 무엇으로 할 것인가?
- 공간 열기에서는 무엇을 할 것인가?
- 서클의 가치를 창출하기 위해 어떤 질문을 사용할 것인가?
- 마음연결하기나 자기 소개를 위한 질문을 어떤 것으로 할 것인가?
- 문제에 대한 논의로 들어가기에 앞서 더 많은 관계구축의 필요성이 있는가? 만일 그렇다면, 어떠한 방식으로 관계구축을 견고히 할 수 있는가?
- 주요 사항에 대한 대화를 시작하기 위해 어떤 질문을 할 수 있는가?
- 만일 그룹이 문제에 대해 충분히 깊은 대화를 하지 못할 때 어떠한 추가 질문을 할 수 있는가?
- 공간 닫기는 무엇을 할 것인가?

사회복지사와 교육가가 서클 연습을 시작할 수 있도록 돕기 위해 이 안내서는 다양한 '모델 서클'을 제공한다. 이러한 모델 서클들은 위 목록의 후반부에 나온 질문에 대한 구체적인 답변을 포함하고 있다.

서클 진행을 위한 진행자의 자체준비 Self-Preparation for Keeping a Circle

자체준비에는 두 가지 측면이 있다:

1. 개별 서클 시작하기 전에 하는 준비
2. 서클 유지하기에 도움이 되는 자질을 키워주는 습관을 지속적으로 개발

1. 구체적 서클의 시작 전 자체준비는 다음과 같다:

- 충분한 휴식을 취한다.
- 적당량의 음식을 섭취한다.

- 자기 자신에게 집중한다.
- 다른 방해요소로부터 마음을 정리한다.
- 핸드폰, 전자기기 등의 전원을 끈다.
- 서클이 시작하기 전 장소에 도착하여 긴장을 풀 시간을 갖는다.
- 깊게 심호흡하고 가능한 한 긴장을 푼다.

심호흡하기, 산책하기, 음악 듣기, 혹은 혼자만의 조용한 시간 갖기 등은 모두 마음을 정돈하도록 도움을 주는 좋은 방법이다. 진행자는 자신에게 가장 잘 맞는 방법을 찾아야한다.

2. 서클 유지하기에 도움이 되는 자질을 키워주는 습관 개발하기

개인적 성장을 위해 노력한다: 지속적인 내면 성찰을 한다. 자신의 핵심 신념과 서클의 원칙에 위배되는 생각과 행동을 정기적으로 점검한다. 서클로 모이기 전, 중심을 바로 잡고 내면의 평화를 키울 수 있는 시간을 갖는다.

자기-이해: 자신을 파악한다. 우리는 모두 스스로를 당황하게 할 특정한 무언가를 가지고 있다. 우리는 모두 어떤 특정한 문제나 성격에 의해 화가 날 수 있는 자신만의 내력을 가지고 있다. 나를 화나게 하는 것들을 알아차리고 그것이 서클 진행자로서 어떻게 영향을 미칠지에 대해 생각한다. 아마도 나는 목소리가 크고 활기찬 사람들과의 시간을 보내는 것에 힘들어할 수 있다. 또는 어떤 특정한 문제에 대해 논의할 때 더 이상 내가 객관적일 수 없도록 만드는 나만의 사건이 있을 수도 있다. 나의 행동양식, 경향, 취약성 등을 파악하고 이것들이 서클을 유지할 때 방해요소로 작동되지 않을 수 있는 방법을 찾는다.

자기-관리: 서클을 진행하는 것은 감정적으로 지칠 수 있는 작업이다. 적절한 방식으로 스스로를 돌본다. 자기관리를 할 때 기본적 측면에 대한 균형 잡힌 관리를 시도 한다:

- **육체적**:운동, 잘 먹기, 충분한 잠

- **정서적**:자신의 감정에 대해 탐구해보고 일기쓰기, 혹은 친구들과 시간을 보내는 것을 통해 그 감정을 경험하기
- **영적**:명상이나 다른 영적 수행에 참여하기
- **정신적**:독서, 퍼즐, 창의적 예술 활동, 혹은 자신이 좋아하는 모든 것을 통해 자신의 정신을 자극시킬 방법을 찾는다. 그러나 자신의 서클 경험을 지나치게 분석하는 것은 피한다.

서클 프로세스의 실천적 적용

서클이 도움이 될 수 있는 어려운 상황에는 어떠한 것들이 있는가? 서클은 사회복지사와 교육가의 책임과 관련되어 생겨나는 다양한 필요를 충족시킬 수 있다. 예를 들어, 서클은 효과적인 의사소통, 관계구축 지원, 개인적 통찰의 확대, 생활 습관 변화의 촉진 등을 이끌어낼 수 있다. 사회복지사와 교육가들에게 유용하다고 입증된 서클 적용의 예로는 다음이 있다:

- 정서를 읽어내는 능력을 개발하는 서클
- 가족의 지지와 책임감을 증가시키는 서클
- 가족, 거주지, 교실에서의 관계구축을 돕는 서클
- 공동 작업이나 공동의 흥미로 모인 사람들 사이에서의 마음연결하기 서클
- 건강한 관계를 탐구하는 서클
- 가족 내에서 생겨나는 일들에서 안전의 신호를 확인하는 서클
- 가족 의사 결정 및 문제해결을 위한 서클
- 가르침과 배움을 위한 서클
- 치유를 위한 서클
- 직원들을 지지하고, 어려운 일들을 계획하고 진행시키기 위한 서클

서클의 고유한 유형에 따라 그 서클의 단계와 구성요소의 중요성이 상대적으로 결정된다.

다른 형태의 서클을 결합하기

서클은 다른 많은 형태의 대화나 활동들과 함께 사용될 수 있다. 다른 기술들과 서클을 결합하려 할 때 우리는 다른 대화법에 서클 프로세스를 '입히는' 방식이 가장 효과적임을 발견했다. 다시 말해, 다른 기술을 사용하기 위한 하나의 틀로써 서클 프로세스를 사용한다는 의미이다.

구체적으로 말하자면, 공간 열기, 마음연결하기, 토킹피스로 대화하기 등을 통해 서클 형태를 구축한다. 그러고 난 뒤 토킹피스의 사용을 잠시 중단하고 자유 토론을 하거나 진행자의 주도로 이루어지는 대화의 시간을 가질 수 있다. 또는 토킹피스를 중단하고 참여자들이 에세이 쓰기, 미술, 음악, 움직임, 또는 다양한 운동 등을 참여하도록 할 수도 있다. 자유 토론이나 활동이 마칠 때 쯤 토킹피스를 다시 활용하여 그 활동들을 통해 떠오른 생각들을 서클로 나눌 수 있다. 또한 토킹피스를 마지막에 성찰 나눔에서 사용할 수도 있다. 이 안내서에 나오는 모델 서클 중 다수가 서클과는 관련 없는 활동들이 서클과 결합된 형태이다.

일반적으로 토킹피스는 즉각적 개입의 형태를 허용하기 위해 잠시 동안 보류될 수 있다. 브레인스토밍을 하는 시간이 좋은 예이다. 일련의 자유 토론이 끝난 후 토킹피스를 다시 사용하는 것은 매우 중요하다. 왜냐하면 토킹피스가 모든 목소리를 참여시킬 수 있기 때문이다. 토킹피스는 자극되는 상황을 경험한 이후 귀중한 성찰의 시간을 마련해준다.

대부분의 그룹에서 소수의 사람들이 자유 토론 시간을 주도한다. **만일 토킹피스가 자유 토론으로 인해 너무 오래 지연된다면 소수가 대화를 지배하는 상황이 발생하게 되고 그러면 더 이상 서클의 경험은 없어지게 된다.** 토킹피스는 모두가 대화의 과정에 책임감 있게 참여할 수 있도록 효과적으로 이끌어준다. 토킹피스가 없다면 진행자는 반드시 어떠한 식으로든 대화를 더 많이 통제하게 될 것이고 이는 구성원들의 대화에 대한 책임감 수준을 감소시킬 것이다.

서클과 다른 프로세스와의 차이점

서클이 다른 프로세스와 결합될 수 있지만 서클에는 일반적인 대화 방식, 혹은 갈등 해결 과정과는 구별되는 몇 가지 독특한 특징들이 있다. 핵심 문제를 의논하기 전 먼저 관계를 형성해야 한다는 서클의 철학은 서클 프로세스의 매우 의도적이며 중요한 전략이다. 서클은 그룹이 관계 구축을 위한 몇 가지 작업들을 수행하기 전까지 민감한 문제에 대한 대화를 고의적으로 지연시킨다. 질문으로 시작되는 '마음연결하기' 는 사람들이 무언가 자신에 대해 공유할 수 있도록 초대한다.

뒤이어 참여자들이 생각하는 중요한 가치와 안전함을 느낄 수 있는 공간을 위해 필요한 '약속 만들기' 가 이어진다. 또한 까다로운 주요 쟁점 사항을 논의하기에 앞서 그것과는 크게 관련이 없는 주제에 대해 이야기 하는 순서도 마련된다.

이러한 관계 형성 부분은 서클의 참여자들 사이에 더욱 깊은 상호 인식을 가능하게 한다. 그들은 각자의 인생 여정이 서로 다름에도 불구하고 비슷한 경험이나 기대, 두려움, 꿈, 희망 등을 공유하고 있다는 것을 발견한다. 서클의 이러한 시작은 참여자들이 서로에 대해 가지고 있었던 기존의 선입견assumptions들을 다시금 생각해 볼 수 있는 자리를 마련한다.

함께 약속을 만드는 것은 참여자들 개개인이 가진 차이가 있음에도 공통의 기반을 찾는 경험을 할 수 있도록 한다. 서클은 의도적으로 '문제 상황에 바로 직면하지 않는다.' 그룹의 공유된 공간과 연결의 경험을 만들어 내기 위해 시간을 갖는 것은 정서적인 안전을 더욱 느끼게끔 한다. 그것은 한층 더 깊은 진실의 이야기, 깊어진 자기탐구, 서로에게 배울 수 있는 많은 기회를 가능하게 한다. 또한 그것은 모든 참여자들이 가진 인간성에 대한 상호 인식을 촉진시킨다.

서클 프로세스에서 균형잡기

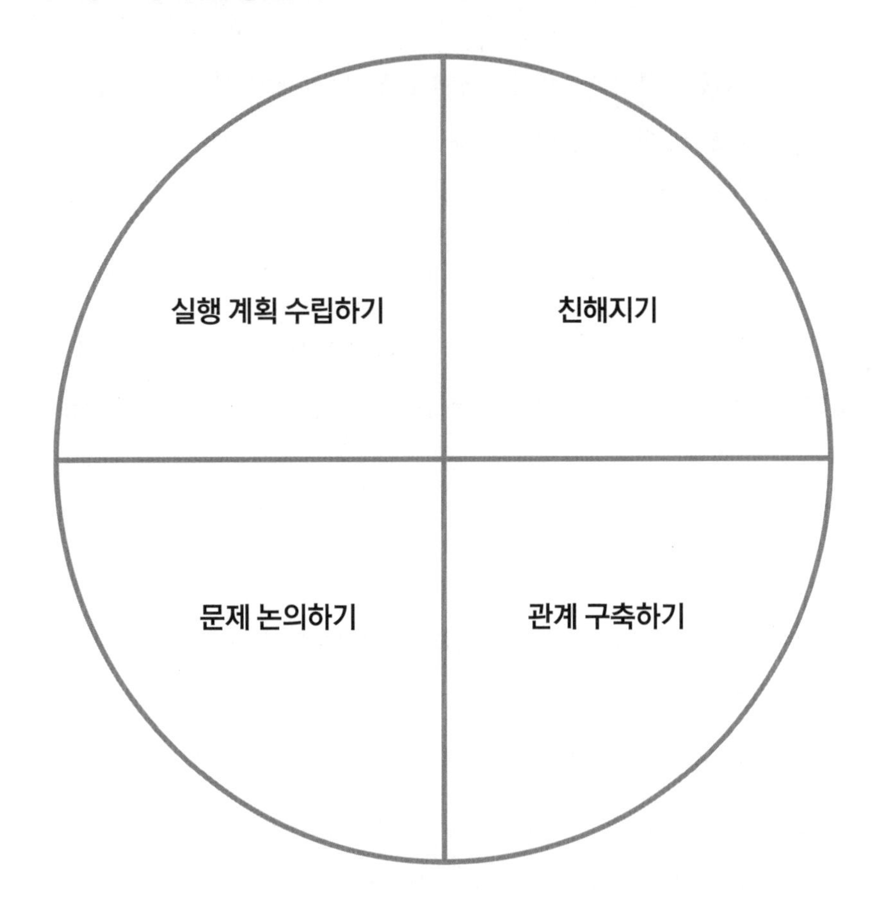

이 다이어그램은 서클에서 관계 형성의 중요성을 보여준다. 서클 프로세스는 크게 네 가지 부분으로 균등하게 구성되는데, 각 요소는 원주민들에 의해 널리 사용되는 치유의 바퀴Medicine Wheel라는 틀에 기반 한다. 치유의 바퀴가 주는 한 가지 교훈은 네 가지 요소가 반드시 균형 있게 작동해야 한다는 것이다. 이는 서클로 이루어지는 대화라면 서로를 알아가고 관계를 형성하기 위해 쓰이는 시간이 문제 상황을 탐구하고 실행 계획을 수립하기 위해 쓰이는 시간과 비슷해야 한다는 것을 의미한다.

서클과 일반적인 그룹 활동은 어떠한 점이 다른가?

대부분의 그룹 활동의 특징은 진행자의 통제와 책임에 따라 결정된다. 이와 반대로 서클의 몇 가지 특징은 진행자의 권한을 줄여, 진행자를 서클의 다른 참여자들과 동등한 수준의 한 참여자로 만든다. 이것은 자연스레 참여자 모두에게 대화과정의 진행에 대한 권한과 책임감이 주어진다는 것을 의미한다. 서클은 진행자의 권한을 몇 가지 방식으로 최소화 한다.

- 가장 뚜렷한 차이점은 토킹피스의 사용이다. 토킹피스는 누가 언제 말할 지를 결정함으로써 대화를 조정한다. 토킹피스의 사용 자체가 논의의 흐름을 관리하는 진행자의 책임을 극적으로 감소시킨다.
- 참여자들이 공동으로 약속을 정하기 때문에 대화의 약속은 서클 구성원들에 의한 것이다. 이 또한 약속을 부과하는 사람으로서의 진행자의 역할을 감소시킨다.
- 진행자는 서클의 다른 구성원들과 같이 대화에 참여하여 토킹피스가 자신에게 돌아 왔을 때 자신의 삶의 경험과 관점을 나눈다. 진행자는 자신을 "다른 사람들 위에" 군림하는 역할로써의 시도를 하지 않는다.
- 서클은 어떤 과제를 수행하는 개념이 아니다. 또한 참여자들이 자신이 말한 내용이나 그 내용의 질적 수준을 판단 받는 곳도 아니다. 이와 대조적으로 청소년 그룹을 지도하는 많은 일반적인 진행자들은 참여자들의 참여도를 평가해야만 한다.
- 서클은 미리 정해진 결과의 방향으로 참여자들을 이끌려하지 않는다. 서클은 가치에 따라 움직이는 것이지, 특정 결과에 의해서 움직여지지 않는다.

서클의 개요

우리는 다음의 개요를 통해 서클의 세부사항을 보여줌으로써 구체적인 예시를 제시하고 창조적인 사고를 촉진시키려 한다. 이러한 설명이 하나의 규범으로서 이해되지 않기를 바란다. 서클은 엄격한 과정이 아니다. 순간에 대응하는 것은 언제나 중요하며 때로는 서클 참여자들의 필요에 따라 당신이 미리 계획해 놓은 순서를 따르지 못할 수도 있다. 그럼에도 불구하고 진행자로서 하나의 개요를 숙지하는 것은 유용할 수 있다.

환영하기 서클에 온 모두를 환영한다. 참여에 감사인사를 한다. 공유된 공간에서 함께 작업할 수 있도록 마음을 써준 것에 대한 감사를 표현한다.

공간 열기:서클을 여는 의식은 서클의 시간과 공간을 일상생활로부터 구별해준다. 공간 열기는 참여자들이 어떻게 함께할 수 있을지에 대한 분위기를 설정해준다. 진행자는 참여자들이 자신의 중심을 세우고 핵심 가치를 기억하며, 부정적 에너지를 정화시키고 낙관적인 마음으로 모두의 존재를 존중해줄 수 있도록 공간 열기를 계획한다. 진행자는 서클을 여는 의식 한 가지를 선정하여 그룹을 인도한다. "부록 1:공간 열기/공간 닫기' 에 예시 목록이 있다.

서클상징물 설명하기:서클상징물을 두었다면 참여자들에게 원의 중앙에 있는 물건을 확인시키고 왜 그것을 두었는지 설명한다.

토킹피스 설명하기:토킹피스는 서클 프로세스의 핵심적인 요소임을 설명한다. 토킹피스는 모든 참여자들이 깊은 진실의 공간에서부터 함께 말하고 들을 수 있는 공간을 창출한다. 토킹피스를

듣고 있는 사람은 방해받지 않고 이야기 할 수 있으며 다른 모든 사람들은 대답이나 질문을 하지 않고 듣는다. 토킹피스는 원을 돌며 옆으로 전달될 것이다. 토킹피스를 가지고 있는 사람만이 말한다. 물론 말하지 않고 토킹피스를 넘겨주는 것도 언제나 가능하다. 진행자는 대화 과정을 진행함에 있어 필요하다면 토킹피스 없이도 말할 수 있다. 특별한 이유를 가진 토킹피스를 선택했다면 그 이유를 반드시 설명한다.

서클의 목적 말하기: 참여자들에게 서클의 목적을 상기시킨다.

들어가기/마음연결하기: 진행자는 모두가 토킹피스를 돌리며 현재의 안부를 말하고 들을 수 있는 시간을 갖게 될 것이라고 말한다. 만약 참여자들이 서로 아는 사이가 아니라면 자신을 소개할 수 있도록 초대한다. 이때 진행자가 먼저 이야기하는 것이 좋다. 그러면 참여자들이 자신의 차례에 이야기할 때 진행자의 것을 본보기로 삼을 수 있다. 그래서 진행자는 진솔해야 한다. 토킹피스를 돌리며 "오늘의 기분은 어떻습니까?" "혹시 우리가 당신의 상태에 대해 알아야 할 중요한 것이 있나요?" 등을 묻는다. 이때 참여자들이 자신에 대한 이야기를 나눌 수 있는 질문을 통해 참여자들이 서로에 대해 더 알아갈 수 있도록 하는 것이 좋다. '부록 4:서클을 위한 간단한 질문들'에 있는 '친해지기'란에 몇 가지 가능한 질문들을 제공하였다. 만일 서로 알고 있는 그룹이면 '부록 3:마음연결하기를 위한 여러 가지 조언'을 통해 몇 가지 아이디어를 얻을 수도 있을 것이다.

가치 정하기와 약속 만들기: 서클을 시작하기 전, 각 자리에 펜과 종이, 그리고 종이 받침대를 놓는다. 참여자들에게 자신이 진실로 말하고 들을 수 있는 안전한 공간을 만들기 위해 중요하다고 느끼는 가치를 떠올려보도록 한다. 토킹피스를 돌려 그들이 선택한 가치가 무엇인지, 왜 그것이 중요한지에 대해 설명하고, 그들이 종이에 적은 가치를 원의 중앙에 놓을 수 있도록 초대한다. 여기에서도 마찬가지로 진행자가 먼저 자신의 것을 나누어 다른 참여자들이 응답의 모델로 참고할 수 있도록 하는 것은 도움이 된다.

중요한 가치들을 함께 공유한 뒤 서클의 약속을 정한다. 서클의 약속은 참여자들이 직접 서클에서 서로에게 어떻게 행동해야 할지에 대해 정하고 동의하는 과정이다. 서클의 약속을 통해 서로의 기대가 명확해지고 공동의 기반이 갖추어진다. 또한 이를 통해 사람들이 자신의 진솔한 이야기를 하고, 선의의 방식으로 다른 사람들과 연결되며 모두를 존중하는 안전한 공간을 만들게 된다. 토킹피스를 돌리면서 참여자들이 서클에 참여할 때 중요한 한 가지의 동의사항에는 어떤 것이 있는지 묻는다.

'자신의 이야기하기I-message' 혹은 '몸짓 언어 존중하기' 등의 약속이 있을 수 있다. 종이나 차트에 제안된 약속들을 적는다. 토킹피스가 모두에게 한 번 씩 돌아간 뒤 목록을 읽어준다. 토킹피스를 돌려 참여자들이 제안된 약속들을 수용하는지 표현할 수 있도록 초대한다. 만일 누군가가 반대한다면 그 반대 사항에 대한 이유를 듣고, 제안한 사람이 그 약속을 제안한 의도 또한 다시 듣는다. 모두가 수용할 수 있는 문구를 찾아내기 위해 노력한다.

약속만들기를 위한 대화는 서로의 다른 의견이나 관점을 존중의 방식으로 해결해 나갈 수 있도록 해주는 좋은 연습이 될 것이다. 지속적인 서클 모임을 갖는 그룹에서는 첫 서클에서 만들어진 가치와 약속들이 그 이후의 서클에서도 유지된다. 어떠한 방식으로든 애초의 가치와 약속들을 상기시키는 것은 유용하다. 종종 진행자들은 제안된 가치들이 적힌 종이를 서클상징물 주위에 놓아 참여자들이 그것을 지속적으로 기억할 수 있게 한다.

나눔 Storytelling :서클에서는 참여자들이 자신의 삶의 경험에서 나온 이야기를 할 수 있는 시간을 마련하는 것이 매우 중요하다. 그렇게 함으로써 그들은 서로에 대한 이해를 높이고 공감대를 형성할 수 있다. 이야기는 종종 사람들이 서로에 대해 가지고 있는 고정 관념이나 선입견을 깨트린다. 이렇게 만들어진 열린 이해의 공간은 그들이 이후에 민감한 문제를 논의할 때 훨씬 더 서로를 명확히 들을 수 있도록 만들어 준다. '부록 4:서클을 위한 간단한 질문들'에 이 순서를 위한 아이디어가 제시되어 있다. 진행자는 일반적으로 본인이 먼저 자신의 이야기를 나눈다.

서클의 주제 탐구하기: 서클의 목적인 문제 상황이나 주제를 탐구하기 위해 진행자는 이에 적절한 질문을 하고 토킹피스를 돌린다. 이 순서에서 진행자는 주로 마지막에 이야기한다. '부록 4: 서클을 위한 간단한 질문들'을 통해 진행자들이 대화를 시작할 수 있도록 도와주는 질문들을 참고한다.

또 다른 방식으로, 진행자는 참여자들이 주제에 대한 각자의 생각이나 느낌을 떠올릴 수 있도록 도와주는 활동을 참여하도록 인도한다. 활동을 한 뒤 해당 주제에 대한 성찰 뿐 아니라 그들이 이제 막 경험한 것에 대한 성찰을 이끌어 낼 수 있도록 여러 번 돌아가며 이야기를 나눈다. 이러한 과정을 통해 참여자들이 공유한 지혜를 모아준 것에 대한 감사의 인사를 한다. 진행자는 진정한 마음으로 말하고 듣는 것에는 많은 용기가 필요하다는 점을 이야기 한다.

성찰 나눔: 토킹피스를 돌리며 그날의 서클에 대한 참여자의 생각을 나누도록 초대한다. 혹은 서클을 마치며 그들이 현재 느끼고 있는 감정을 요약해 줄 한 단어를 말하도록 인도한다. 이때는 진행자가 마지막에 이야기하는 것이 좋다.

감사하기: 참여에 대한 감사의 인사를 한다. 또한 모두가 평화롭게 서로를 이해하기 위해 노력해 준 것에 대해 감사한다.

공간 닫기: 닫는 의식으로 서클을 인도한다. '부록 1:공간 열기/공간 닫기'의 예시를 참고할 수 있다.

준비물: 개요를 보면서 서클에 가지고 갈 준비물에는 어떠한 것들이 있는지 살펴본다. 보통의 준비물에는 가치를 적을 수 있는 종이 접시, 매직펜, 서클상징물, 토킹피스, 읽을 거리 혹은 다른 공간 열기를 위한 준비물, 그리고 당신이 계획한 서클 개요 등이 있다.

서클 이후 관리

서클이 끝난 후 관리는 서클 프로세스의 매우 중요한 부분이다. 진행자는 다음의 후속 임무의 책임을 지니고 있다:

- 서클의 경험을 통해 배운 점들을 공동 진행자와 함께 철저히 복기하고 추가적인 마음연결이 필요한 참여자가 있는지 평가하기
- 서클 과정에서 스트레스를 받거나 기분이 상한 참여자가 있는지 확인하기
- 그룹이 다시 만날 필요가 있다면 추가 서클을 계획하기
- 서클에서 참여자에게 했던 약속사항 이행하기

모델 서클 사용하기

여기서 제시한 모델 서클들은 서클 프로세스에 대한 친밀함과 편안함을 형성할 목적으로 고안되었다. 또한 감정적이고 어려운 문제들을 추후의 서클에서 논의할 때 참여자들이 이 모델을 통해 쌓은 튼튼한 관계가 도움이 될 것이다. 진행자는 모델 서클에서 자신에게 적합한 것을 선택할 수 있다.

모델 서클을 발판으로 삼아 자신만의 서클을 시작할 수 있다. 모델 서클은 규범적인 것이 아니며 진행자의 직관과 상상력을 촉진시키기 위한 것이다. 진행자는 공간 열기, 공간 닫기, 또는 사용할 질문 등을 바꿀 수 있고 다른 서클 모델들의 다양한 활동들을 조합할 수도 있다. 또한 서클이 진행되면서 그룹에서 자연스럽게 떠오르는 완전히 다른 논의의 방식을 따라갈 수도 있다. 서클 프로세스는 융통성이 매우 뛰어나기에 특정 그룹이나 상황에 적응하여 변형될 수 있다.

그러나 서클 프로세스에는 이러한 융통성을 지지해 주는 고정된 기반사항들이 있다. 이것들은 변하지 않는다.

- 어떤 일이 벌어지든지에 관계없이 모두를 존엄과 존중의 마음으로 대하는 약속

- 공간 열기/공간 닫기의 사용
- 대부분의 논의과정에서 토킹피스를 사용하며 서클의 처음과 끝은 항상 사용하기
- 진행자 역시 서클의 한 구성원으로서의 참여

부록 1,2,3,4에는 공간 열기/공간 닫기를 위한 조언, 마음연결하기를 위한 조언들, 서클 위한 간단한 질문들이들이 추가적으로 포함되어있다.

서클에서 가치 세우기를 위한 조언

서클의 기초가 되는 가치는 다양한 방식으로 세워질 수 있다. 서클에서 공유될 가치를 확인하는 방법들 중 가장 많이 쓰이며 간단한 방식은 다음과 같다:

서클을 시작하기 전, 각 자리에 펜, 종이 또는 종이 접시를 놓는다. 참여자들에게 자신이 진실로 말하고 들을 수 있는 안전한 공간을 만들기 위해 중요하다고 느끼는 가치를 떠올려보도록 한다. 종이에 자신이 생각한 가치를 적도록 요청한다. 토킹피스를 돌려 그들이 선택한 가치가 무엇인지, 왜 그것이 중요한지에 대해 설명한 뒤 그들이 종이에 적은 가치를 원의 중앙에 놓을 수 있도록 초대한다. 진행자가 먼저 자신의 것을 나눈다. 글을 쓰지 못하는 사람이 서클에 있다면 참여자들이 이야기하는 것을 진행자가 직접 종이에 적도록 한다.

지속적으로 한 그룹이 서클로 만난다면 '가치 세우기' 작업만을 위한 온전한 하나의 서클을 경험하는 것도 좋다. 청소년을 위한 종합적인 가치 활동을 위해 다음에 이어지는 가치 서클Values Circle을 참고한다.

또 다른 '가치 세우기 제안

토킹피스를 사용하여 1번 질문을 한 뒤 돌아가며 한번씩 이야기를 나눈다. 그 뒤 2번 질문으로 또 한 차례 돌아가며 이야기를 나눈다. 참여자들이 중요하게 생각하는 가치들을 필기한다.

1. 여러분이 생각하는 이상적인 세상가정/학급/직장은 무엇인가? 그 세상에서는 사람들이 서로를 어떻게 대하는가?
2. 현재 이곳에서는 여러분을 어떻게 대해주기를 원하는가?

두 차례의 서클을 돌고 난 뒤, 참여자들이 이야기한 가치들을 종이에 적어 원의 중앙 주변에 놓는다.

Tip *청소년과 작업한 한 진행자는 청소년들이 가치를 떠올려내는 작업을 어려워한다는 사실을 발견했다. 그녀는 주머니가 달린 봉투를 전시해 놓았다. 각 주머니 속에는 특정한 가치가 적힌 여러 장의 카드가 있었다. 그녀는 주머니에 그 가치의 정의를 적어놓았다. 청소년들에게 그들에게, 가장 중요한 5개의 가치를 선정하여 그 가치의 카드를 한 장씩 뽑을 수 있도록 하였다. 그 뒤 다시 서클로 돌아와 토킹피스를 돌리며 각자가 선택한 가치를 공유하고 왜 그 가치가 자신에게 중요한지 설명하도록 하였다.*

아동을 위한 가치 세우기Values Exercise for Children

어떤 경우에는 가치를 세우고 난 뒤 특정한 가치, 예를 들어 존중이나 정직 등에 대한 서클을 한 차례 더 하는 것이 중요하다. 돌아가며 이야기를 하는 동안 참여자들은 가치를 바라보는 사람들의 다양한 방식을 확인하고 그들이 어떻게 그 가치를 경험했는지에 대해 배우게 될 것이다. 가치에 초점을 맞춘 서클은 사람들이 서로에게 무엇을 기대하는지에 대한 인식을 높일 것이다.

만일 그 그룹이 한 번 이상 만난다면 첫 모임에서 결정된 가치를 뒤따르는 모든 서클마다 가지고 가서 원의 가운데 주변에 놓는다. 지속적으로 만나는 그룹에게는 그룹이 세운 가치 목록을 정기적으로 다시 논의하는 시간이 중요하다. 토킹피스를 사용하여 다음의 방식으로 대화를 진행 시킬 수 있다:

- 참여자들이 현재 자신의 삶에 특히 중요하게 다가오는 하나의 가치를 선정하게 한 뒤 왜 그것이 그렇게 중요한지에 대해 서클 구성원들에게 나눌 수 있도록 초대한다.
- 참여자들에게 다른 사람들이 삶에서 잘 지켜나가고 있는 특정한 가치의 경험을 나눌 수 있도록 초대한다.
- 자신이 현재의 삶에서 적용하기 위해 노력하는 가치를 한 가지 선정하여 이야기하도록 한다.

상황이 어렵거나 복잡할수록 더 많은 시간을 할애해서 사람들이 원하는 가치에 대해 이야기해야하며 이는 서로의 교류를 더욱 깊게 만들어 줄 것이다. 때로는 서클이 필요한 범위를 넘어서는 가치를 세우는 것도 적절하다. 진행자는 참여자들이 단순히 서클 내에서만이 아닌 자신의 가족, 그룹 홈, 직장, 혹은 학급에서 맺는 다양한 관계의 기초를 형성시켜줄 가치들은 어떠한 것들이 있는지 탐구해 볼 수 있는 기회를 마련할 수 있다.

서클의 기본틀

목적: 서클을 하는 이유는 무엇인가?

준비물: 서클을 위해 필요한 준비물은 무엇인가?

환영하기 서클에 온 모두를 환영한다.

공간 열기 서클을 어떻게 시작할 것인가?

서클의 시작에서 이것이 의도된 공간임을 알리는 일은 언제나 중요하다. 책에 제안된 공간 열기가 적합하지 않다면 상황과 환경에 맞는 적합한 공간 열기를 찾아도 좋다.

토킹피스 소개하기 만일 참여자들이 서클에 처음으로 참여하는 것이라면, 토킹피스의 작동원리를 설명한다. 이는 기존 참여자들에게 토킹피스의 역할을 상기시켜주는데에도 도움이 된다.

토킹피스를 가능한 많이 사용하는 것이 좋다. 브레인 스토밍이나 다른 활동을 하는 시간에는 토킹피스의 사용을 보류할 수 있다. 그러나 토킹피스가 전체 서클에 중요하게 사용되지 않는다면 서클의 진실성을 훼손될 수 있다.

자기 소개 및 마음연결하기 토킹피스를 사용하여, 처음 만난 그룹은 자기 소개를 하고, 이미 서클로 만났던 그룹은 마음연결하기를 하도록 초대한다. 이때 진행자가 먼저 이야기하는 것이 좋다.

마음연결하기에서는 진행자가 먼저 이야기를 나눈다. 그러면 참여자들은 자신의 순서에서 진행자의 것을 참고할 수 있다. 따라서 진행자는 자신의 이야기를 진솔하게 나누도록 한다. 토킹피스를 돌리며 "오늘의 기분은 어떻습니까?" "혹시 우리가 당신의 상태에 대해 알아야할 중요한 것이 있나요? "등을 묻는다. 때로는 이 순서에서 참여자들이 서로에 대해 더욱 잘 알 수 있도록 자신에 대한 이야기를 하게 만드는 질문을 하는 것도 유용하다.

가치 정하기와 약속 만들기 토킹피스를 돌리면서 참여자들이 서클에 참여할 때 그들이 지켜야 할 중요한 한 가지 동의사항에는 어떤 것이 있을 지 묻는다. 큰 종이전지에 제안된 약속들을 적는다.

그룹이 한번 약속을 정하고 나면 또 다시 약속을 정하기 위한 노력을 반복할 필요는 없다. 그룹은 자신들이 정한 약속을 간직하고 벽에 붙여놓을 수도 있다. 그러나 매번 서클을 시작할 때 그 약속에 대해 여전히 동의하는지, 혹은 수정/추가제안이 있는지 확인하는 것은 중요하다.

서클의 주요 주제/활동 탐구하기 모임의 목적인 어떤 주제나 문제 상황을 탐구하기 위해 진행자는 그와 관련된 적절한 질문이나 활동을 준비한 뒤 토킹피스를 돌린다. 이 때 진행자는 일반적으로 마지막에 이야기한다.

활동을 한 뒤 주제에 대한 성찰 뿐 아니라 그들이 이제 막 경험한 것에 대한 성찰을 이끌어 낼 수 있도록 여러 번 토킹피스를 돌린다. 과정을 통해 참여자들이 공유한 지혜를 모아준 것에 대한 감사의 인사를 한다. 진행자는 진정한 마음으로 말하고 듣는 것이 많은 용기를 필요로 한다는 점을 이야기한다.

성찰 나눔: 서클을 닫기 위해 참여자들에게 서클에 대한 자신의 생각을 나눌 수 있도록 토킹피스를

돌려 참여를 초대한다.

시간이 충분하지 않거나, 그룹에 사람이 많다면 서클을 마치며 참여자들에게 현재 느끼는 감정을 한 단어로 요약하여 말할 수 있도록 요청해도 된다. 진행자가 마지막에 나눌 것을 제안한다.

공간 닫기: 서클을 닫기 위해 준비한 계획은 무엇인가?

의도된 공간으로서의 서클의 끝을 알리는 것은 중요하다. 만일 제안된 서클을 닫는 의식이 이 서클과 어울리지 않는다면 적합한 다른 닫는 의식을 찾거나 생각해본다.

서클에 참여하고 함께해준 것에 대한 감사의 인사를 한다.

1-1 가치 서클

목적: 참여자들의 핵심 가치 파악하기, 핵심자아에 대한 인식/인정하기.

준비물: 서클상징물, 토킹피스, 종이와 필기구

서클의 시작에서 이것이 의도된 공간임을 알리는 일은 언제나 중요하다. 책에 제안된 공간 열기가 적합하지 않다면 상황과 환경에 맞는 적합한 공간 열기를 찾아도 좋다.

환영하기 서클에 온 모두를 환영한다.

공간 열기: 아래의 '넓은 하늘 명상Big Sky Meditation'을 읽는다. 호흡 명상으로 시작하고, 그 뒤 넓은 하늘 명상으로 들어간다.

넓은 하늘 명상

잠시 동안 호흡에 집중한 뒤 넓고 청명한 하늘을 떠올립니다.
아무것도 보이지 않는 끝없이 펼쳐진 넓고 열린 공간을 떠올려봅니다.
텅 빈 공간은 조용하고 평화로워요. 그 곳엔 나무도, 집도, 사람도 없습니다. 넓은 하늘의 침묵을 깰 그 어떤 소리도 없습니다. 수 천 킬로를 가도 보이는 것은 넓고 열린 파란 하늘뿐입니다. 이제 여러분의 마음도 바로 그 광활하고 평화롭고 조용한 하늘과 같다고 생각해봅니다.

때때로 그 넓은 하늘에는 작은 구름이 머리 위로 떠다니기도 합니다. 물론 그 구름이

보이긴 하지만 광활한 하늘에 비하면 아주 조그마한 것에 불과해요. 그 구름은 열린 공간을 지나 점점 더 작아지고 희미해지다가 결국엔 소멸합니다. 이제 여러분 자신이 바로 그 넓은 하늘이라 생각해보세요. 작은 구름처럼 이런 저런 생각들이 머리에 떠오를 겁니다. 그러나 그 생각들은 영원히 머무르지 않아요. 갑자기 떠올랐을 때처럼 곧 사라질 거예요.

어떤 일이 벌어지든 광활하게 펼쳐진 조용한 하늘은 여전히 그대로입니다. 명상 도중에 어떤 소리가 들릴 수도 있어요. 그러나 그런 소리 역시 곧 없어질 구름과 같습니다. 생각, 추억, 혹은 대단한 아이디어들이 떠오를 수도 있지만 이 역시 큰 문제는 아닙니다. 스스로에게 그저 '또 다른 작은 구름이 떠 있구나.' 라고 말하고 다시 여러분의 호흡에 집중하여 넓은 하늘의 고요와 평화로 돌아갑니다.

때때로 우리는 넓은 하늘 속에서 우리의 생각을 읽습니다. 우리는 조용하고 넓게 열린 공간을 보고 싶은 마음에 고개를 들지만 폭풍우와 어둠만을 볼 때가 있어요. 그렇지만 이것 역시 그저 환영일 뿐입니다. 그 구름 위에는 똑같이 넓은 하늘이 존재합니다. 청명하고, 끝없이 펼쳐진 빛으로 가득 채워진 하늘만이 존재하죠.

구름이 잠시 동안 넓은 하늘을 가릴 수는 있어도 결국 그 위에는 완벽한 고요의 넓은 하늘이 존재합니다. 지금처럼 하루를 보내면서 여러분을 감싸고 있는 그 넓은 하늘을 기억할 시간을 따로 마련합니다. 무언가 여러분을 귀찮게 하거나 화나게 하는 일이 생긴다면 청명하고 조용하고 광활한 하늘을 떠올리고 여러분 앞에 놓인 그 어떤 상황도 조율할 수 있다는 느낌이 들 때까지 그 이미지에 머물러 봅니다.

자, 이제 여러분이 깨달은 것들을 이 공간으로 초대해봅니다. 눈을 감고 있다면 준비가 되었다고 느꼈을 때 눈을 뜨셔도 좋아요. 주위를 둘러보고 이 공간과 이 공간에 있는 사람들이 누구인지 알아차립니다. 여러분 모두를 환영합니다.

- Power Source

토킹피스를 가능한 많이 사용하는 것이 좋다. 브레인 스토밍이나 다른 활동을 하는 시간에는 토킹피스의 사용을 보류할 수 있다. 그러나 토킹피스가 전체 서클에 중요하게 사용되지 않는다면 서클의 진실성을 훼손될 수 있다.

토킹피스 소개하기:토킹피스가 어떻게 작동하는지 설명한다.

자기 소개 및 마음연결하기:토킹피스를 사용하여, 처음 만난 그룹은 자기 소개를 하고, 이미 서클로 만났던 그룹은 마음연결하기를 하도록 초대한다. 이때 진행자가 먼저 이야기하는 것이 좋다. 부록 3, 4의 질문들을 참고할 수 있다.

주요 활동 공동의 가치를 발견하기

건강한 공동체의 기반이 되는 가치를 소개한다. 공동의 가치를 결정하기 위해 우리는 먼저 개인의 가치를 탐구해야한다. 이어지는 활동은 개인의 가치로부터 그룹의 공동가치에 이르도록 도와준다.

참여자들에게 다음을 읽어준다:

여러분에게, 여러분보다 나이가 조금 더 많은 두 명의 형제와 7살의 동생이 있다고 상상해 봅니다. 어느 날 할아버지가 본인이 운전하시기에 연로하시니 여러분과 형제들 중에 누가 차를 관리할 지 결정하라고 말씀하셨습니다.

여러분은 그 차를 계속 사용할 수도 있고 팔아서 더 좋은 아파트로 이사를 가거나 여행을 가거나 새로운 비디오게임을 살 수도 있습니다. 그런데 여러분과 형제들은 차를 어떻게 해야 할 지에 대한 생각이 다릅니다. 그래서 여러분과 형제들이 함께 모여 어떻게 할지 이야기해 보기로 하였습니다. 7살의 막내 동생도 그 자리에서 함께 합니다. 이러한 상황 속에서 여러분의 행동이 동생에게 어떻게 비춰지기를 바라시나요? 7살의 동생이 당신의 행동을 어떻게 묘사하기를 원하시나요?

진행 방식:

1. 각 참여자들에게 형제들과 이야기할 때 자신이 진실되게 할 수 있는 행동들을 적게 한다. 다 적었다면, '어떠한 가치가 자신의 행동을 인도하기를 소망하는가?'를 떠올려 행동 목록 옆에 적게 한다. 5-10분 정도의 시간을 준다. 이 활동은 해결책을 찾아내기 위한 것이 아님을 강조한다. 이 활동은 자신이 동생에게 어떠한 본보기가 되고 싶은 지를 알아내는 것이다.
2. 두 명씩 파트너를 정해 자신들의 목록을 공유하고, 두 명이 모두 동의하는 하나의 특징 목록을 만들도록 요청한다. 필요에 따라 5-10분 정도의 시간을 준다.
3. 이번엔 네 명씩 팀을 만들어 자신들의 목록을 공유하고 네 명 모두가 동의하는 하나의 목록을 작성하도록 한다. 10분에서 15분 정도의 시간을 준다.
4. 전체 서클로 모인다. 각 그룹이 자신들이 만든 목록을 발표하도록 한다. 한 곳에 모두가 말한 사항을 합하여 하나의 목록으로 기록한다. 이를 빠르게 진행하도록 한다.
5. 전체 목록을 읽어준다. 목록에 기재된 가치들이 바로 우리가 갈등상황에서 어떻게 행동하고 싶어 하는지에 대한 결과임을 주지시킨다. 열린 대화 형식을 사용하여 참여자들에게 질문이 있는지 혹은 다른 그룹에서 나온 가치들 중 의미를 명료화해야 할 것이 있는지 물어본다. 만약 있다면 진행자는 그 가치를 이야기했던 그룹에게 정확한 설명을 요청한다.
6. 전체 그룹이 모든 목록에 동의하는지, 질문이 있는지, 아니면 동의하지 않는 부분이 있는지에 대해 물어보고, 발생되는 안건에 대해 탐구한다. 목록에 적힌 용어의 의미를 살피고 그 개념에 대해 동의하는지 결정할 수 있도록 그룹에게 확인한다. 전체 그룹이 그 용어의 의미를 탐구하고 모든 관점에서도 수용될 수 있는 공동의 기반이나 언어가 있는지 찾는다. 그러나 특정한 하나의 관점으로만 설득하는 형식의 과정이 되지 않도록 주의한다. 어떠한 단어나 문구에 동의하지 못하는 구성원이 한 명이라도 있다면 그 단어를 다른 색으로 표시하고 그 가치가 몇 사람에게는 중요하지만 모두에게는 그렇지 않다는 것을 확인한다. 이러한 과정을 거친다면 나머

지 목록은 전체의 그룹이 공유하는 가치 목록으로 남게 될 것이다. 여기서 공유된 가치들은 좋은 관계의 기초가 된다.

이 목록은 우리가 어떻게 하면 자신 최고의 모습 혹은 핵심자아를 표현할 수 있을지를 설명해준다. 서클의 의도는 사람들이 어디서든 자신의 최고의 모습으로 나아갈 수 있도록 돕는 것이다. 이 목록이 다른 사람이나 자신을 판단하기 위해 사용되어서는 안 된다. 이것은 우리가 지향하는 비전을 보여준다.

나눔 1: "일상 속 당신의 행동들에 이러한 가치들이 나타나고 있는가?"

나눔 2: "일상 속에서 이러한 가치를 실천할 수 있는가?" "가능하다면 그 이유는? 그렇지 않다면 그 이유는?"

나눔 3: 모여진 가치 목록들 중에서 자신의 삶속에서 실천하고 싶은 가치 한 가지를 선정하고 왜 그 가치가 중요한지 이야기한다.

성찰 나눔: 마지막으로 토킹피스를 한 번 더 돌리며 참여자들에게 서클에 대한 자신의 생각을 나눌 수 있도록 초대한다. 시간이 충분하지 않거나, 그룹에 사람이 많다면 서클을 마치며 참여자들에게 현재 느끼는 감정을 한 단어로 요약하여 말할 수 있도록 요청해도 된다. 진행자가 마지막에 나눌 것을 제안한다.

의도된 공간으로서의 서클의 끝을 알리는 것은 중요하다. 만일 제안된 서클을 닫는 의식이 이 서클과 어울리지 않는다면 적합한 다른 닫는 의식을 찾거나 생각해본다.

공간 닫기: 마더 테레사의 글을 읽는다.

사람들은 흔히 비이성적이며 논리적이지도 않고 이기적이다.

그래도 그들을 용서하라.

당신이 사람들을 친절하게 대하면 사람들은 당신이 다른 속셈을 숨기고 있다고 의심할 것이다.

그래도 사람들에게 친절하게 대하라.

당신이 정직하면 사람들은 그대를 속여서 마음 아프게 할 것이다.

그래도 정직하게 살아라.

당신이 행복한 삶을 산다면 사람들은 당신을 시샘할 것이다.

그래도 행복하게 살아라.

오늘 당신이 사람들에게 선행을 해도 사람들은 내일이면 그것을 다 잊어버릴 것이다.

그래도 선행을 하라.

당신이 가진 모든 것을 세상에 아낌없이 베풀어도 세상은 결코 충분하다고 말하지 않을 것이다.

그래도 세상을 향해 아낌없이 베풀라.

서클에 와서 참여해준 것에 대한 감사의 인사를 한다.

***참고:**이 그룹이 다시 만난다면, 만들어진 가치 목록을 이어지는 서클에 가지고 간다.

1-2 약속만들기 서클

목적: 공동체 구성원들이 어떻게 서로를 대하고 상호작용할 것인지에 대한 동의를 이끌어내기 위한 서클이다. 함께 생활하거나 정기적으로 모임을 갖는 그룹에게 약속만들기는 특히 유용하다.

준비물 서클상징물, 토킹피스, 손 모양 종이, 전지, 매직펜, 색연필.

서클의 시작에서 이것이 의도된 공간임을 알리는 일은 언제나 중요하다. 책에 제안된 공간 열기가 적합하지 않다면 상황과 환경에 맞는 적합한 공간 열기를 찾아도 좋다.

환영하기 서클에 온 모두를 환영한다.

공간 열기 다음을 읽는다.

호흡 알아차림 *Mindful Breathing*

편안한 장소를 찾아 앉습니다. 자리를 찾아 앉으셨다면 눈을 감아주세요.
눈을 감고 싶지 않다면 가볍게 집중할 수 있는 아무 곳이나 초점을 맞춥니다. - 그 곳은 여러분이 앉은 곳의 맞은 편 식탁, 바닥, 벽 등이 될 수 있어요.
이제 네 번 깊이 숨을 쉬겠습니다. 호흡을 들이마시고, 내뱉을 때 가슴이 올라가고 내려감을 느낍니다. 숨을 들이마실 때마다 조용하고 평화로운 감정을 들이마신다고 상상합니다. 숨을 내 뱉으면서 여러분 몸의 모든 스트레스를 밖으로 보냅니다. 어깨를 이완

시키고 부드럽게 만들어줍니다. 눈과 얼굴의 긴장을 이완시키고 부드럽게 합니다. 전체 몸의 스트레스를 호흡과 함께 밖으로 보냅니다.

계속해서 호흡하며 그저 숨쉬기에만 집중합니다. 몸에서 숨을 따르는 곳은 코입니다. 코를 통해 공기가 들어갈 때의 느낌이 어떤지 주목해봅니다. 아마도 들이마실 때의 공기가 뱉을 때의 공기보다 더 따듯할 거예요. 호흡을 뱉으면서 숨을 따라갑니다.

숨 쉴 때 인식되는 또 다른 신체부위는 배입니다. 마치 농구공을 잡듯이 때로는 배 위에 손을 부드럽게 올리는 것은 도움이 됩니다. 숨을 들이 마시고 공기가 폐를 채울 때 배가 얼마나 부풀어오르는지 알아차립니다. 숨을 내쉴 때는 마치 농구공의 바람이 빠지듯이 가슴과 배가 가라앉는 것을 느끼게 됩니다. 숨이 자연스레 나왔다가 들어가도록 합니다.

숨을 크게 쉬거나 보통의 숨쉬기를 하기 위해 노력할 필요는 없어요. 그저 신체의 자연스러운 숨쉬기 리듬을 관찰해 봅니다. 숨을 바꾸지 않는 것이 우리가 해야 할 일입니다. 이미 벌어지고 있는 일에 집중하기만 하면 됩니다.

조용하게 앉아 숨을 쉴 때 자연스럽게 산만함을 느낄 거예요. 이러한 방해가 일어날 때마다 다시 숨 쉬는 것에 부드럽게 여러분의 관심을 옮겨놓기만 하면 됩니다. 만일 방해되는 소리를 듣는다면 스스로에게 "소리가 들리는 구나."라고 말하고 다시 숨 쉬는 일로 돌아오면 됩니다. 다시 말하지만 우리가 호흡 알아차리기 명상을 하는 동안 여러분은 여러 차례 산만해질 겁니다. 모두 자연스러운 일이니 괜찮습니다. 그런 방해가 일어남을 알아차릴 때 다시 숨 쉬는 일로 돌아옵니다.

참여자들이 몇 분간 앉아서 조용히 숨 쉬도록 한 뒤 그들의 의식이 다시 서클로 돌아오

기 위해 매번 숨을 쉴 때 10부터 1까지 거꾸로 조용하게 셀 수 있도록 한다.

- Power Source

토킹피스를 가능한 많이 사용하는 것이 좋다. 브레인 스토밍이나 다른 활동을 하는 시간에는 토킹피스의 사용을 보류할 수 있다. 그러나 토킹피스가 전체 서클에 중요하게 사용되지 않는다면 서클의 진실성을 훼손될 수 있다.

토킹피스 소개하기:토킹피스가 어떻게 작동하는지 설명한다.

자기 소개 및 마음연결하기:토킹피스를 사용하여, 처음 만난 그룹은 자기 소개를 하고, 이미 서클로 만났던 그룹은 마음연결하기를 하도록 초대한다. 이때 진행자가 먼저 이야기하는 것이 좋다. 부록 3, 4의 질문들을 참고할 수 있다.

주요 활동

이 활동을 하기 위해 전지의 중간에 큰 원을 하나 그려넣는다.

각 참여자들은 손 모양의 종이를 한 장씩 가지고 간 뒤 손바닥에 자신의 이름을 적는다. 각 손가락에는 자신이 최고의 모습일 때를 표현하는 특징을 적도록 한다.

나눔 1:각자가 적은 것을 나누고, 자신의 손 모양 종이를 전지 안에 그려진 큰 원 주위에 붙인다.

나눔 2:"우리 안에 어떤 약속들이 있다면 자신의 최고의 모습이 나올 수 있는가?" 에 대해 묻는다. 전지의 큰 원 안에, 나온 이야기들을 적는다.

나눔 3:모두에게 이 약속들이 괜찮은지 물어본다. 만일 참여자들이 어떤 사항에 대해 반대 한다면 그 이유를 들어보고 그 사항을 제안한 사람에게 제안한 의도를 다시 한 번 확인한다. 그 제안사항의 의도를 존중하면서 모두에게 수용될 수 있는 언어를 찾기 위해 협력한다. 만일 합의에 다다르지 못한다면 그 특정한 약속을 누군가에게는 중요하지만 모두의 합의를 얻는 사항은 아닌 것으로서 구분 지어 놓는다.

이러한 동의사항들이 그룹의 약속이 되고 그들이 모일 때는 언제나 약속을 지켜야 함을 설명한다. 약속은 우리가 지키기 위해 노력하는 것이지 우리가 언제나 완벽하게 지킬 수 있다는 의미는 아님을 이해한다. 합의된 동의사항들을 다음 서클에도 사용하거나 공동의 장소에 게시할 수 있다. 이 약속들은 서클 밖의 생활에서도 행동의 기준점이 될 수 있다.

나눔 4: "어떤 약속이 가장 지키기 쉬운가?" "어떤 것이 가장 지키기 어려운가? 그 이유는?"

성찰 나눔: 마지막으로 토킹피스를 한 번 더 돌리며 참여자들에게 서클에 대한 자신의 생각을 나눌 수 있도록 초대한다. 시간이 충분하지 않거나, 그룹에 사람이 많다면 서클을 마치며 참여자들에게 현재 느끼는 감정을 한 단어로 요약하여 말할 수 있도록 요청해도 된다. 진행자가 마지막에 나눌 것을 제안한다.

의도된 공간으로서의 서클의 끝을 알리는 것은 중요하다. 만일 제안된 서클을 닫는 의식이 이 서클과 어울리지 않는다면 적합한 다른 닫는 의식을 찾거나 생각해본다.

공간 닫기:

우리는 이것을 "약속의 그물망"이라고 부른다. 모두 서클로 선다. 한 사람이 털실공을 잡고 시작한다. 그 사람이 실의 끝부분을 잡은 뒤 정해진 약속 중 한 가지를 지키겠다는 약속을 한다. 이제 서클의 다른 사람에게 그 털실공을 넘겨준다. 각 사람이 자신의 약속을 한 뒤 아직 말하지 않는 사람에게 공을 넘겨준다. 모두가 한 가지의 약속을 할 때까지 계속 한다. 활동이 끝나면 공동의 약속을 기반으로 한 연결의 그물망이 만들어 질 것이다.

서클에 와서 참여해준 것에 대한 감사의 인사를 한다.

***참고**:이 그룹이 다시 만난다면, 만들어진 가치 목록을 이어지는 서클에 가지고 간다.

1-3 더 나은 세상 만들기 서클

목적: 우리가 어려움을 당할 때에도 계속 앞으로 나아갈 수 있도록 격려하기 위한 서클이다. 그리고 각 개개인보다 더 위대한 하나의 목적으로 우리가 서로 연결되어 있음을 인식시키기 위한 서클이다.

준비물: 서클상징물, 토킹피스, 매직펜, 조각으로 자른 색지, 음악

준비: 각 자리에 펜과 종이를 놓아둔다.

서클의 시작에서 이것이 의도된 공간임을 알리는 일은 언제나 중요하다. 책에 제안된 공간 열기가 적합하지 않다면 상황과 환경에 맞는 적합한 공간 열기를 찾아도 좋다.

환영하기 서클에 온 모두를 환영한다.

공간 열기: 유리상자의 '아름다운 세상'이나 god의 '촛불 하나'를 함께 듣는다..

아름다운 세상

문득 외롭다 느낄땐 하늘을 봐요

같은 태양 아래 있어요 우린 하나에요

마주치는 눈빛으로 만들어가요

나즈막히 함께 불러요 사랑의 노래를

작은 가슴 가슴마다 고운 사랑 모아

우리 함께 만들어봐요 아름다운 세상

혼자선 이룰 수 없죠 세상 무엇도

마주 잡은 두 손으로 사랑을 키워요

함께 있기에 아름다운 안개꽃처럼

서로를 곱게 감싸줘요 모두 여기 모여

작은 가슴 가슴마다 고운 사랑 모아

우리 함께 만들어봐요 아름다운 세상

작은 가슴 가슴마다 고운 사랑 모아

우리 함께 만들어봐요 아름다운 세상

작은 가슴 가슴마다 고운 사랑 모아

우리 함께 만들어봐요 아름다운 세상

촛불 하나

세상엔 우리들 보다 가지지 못한 어려운 친구들이 많습니다

지금도 힘들어하고 있을 그 친구들을 위해 이 노래를 부릅니다. 힘내라 얘들아

왜 이렇게 사는게 힘들기만 한지, 누가 인생이 아름답다고 말한건지

태어났을 때부터 삶이 내게 준 건 끝없이 이겨내야 했던 고난들 뿐인걸

그럴때마다 나는 거울 속에 나에게 물어봤지, 뭘 잘못했지

도대체 내가 무얼 잘못했길래 내게만 이래, 달라질 것 같지 않아

내일 또 모레 하지만, 그러면 안돼 주저앉으면 안돼, 세상이 주는대로 그저 주어진 대로

이렇게 불공평한 세상이주는대로 그저 받기만 하면 모든 것은 그대로

싸울텐가 포기할텐가 주어진 운명에 굴복하고 말텐가

세상 앞에 고개 숙이지마라 기죽지 마라

그리고 우릴 봐라, 지치고 힘들 땐 내게 기대. 언제나 네 곁에 서 있을게

혼자라는 생각이 들지 않게 내가 너의 손잡아 줄게

너무 어두워 길이 보이지 않아 내게 있는 건 성냥 하나와 촛불 하나

이 작은 촛불 하나 가지고 무얼 하나 촛불하나 켠다고 어둠이 달아나나

저 멀리 보이는 화려한 불빛 어둠속에서 발버둥치는 나의 이 몸짓

불빛향해서 저 빛을 향해서 날고싶어도 날 수 없는 나의 날개짓

하지만 그렇지 않아 작은 촛불하나 켜보면 달라지는 게 너무나도 많아

아무것도 업다고 믿었던 내 주위엔 또 다른 초 하나가 놓여져 있었기에

불을 밝히니 촛불이 두 개가 되고 그 불빛으로 다른 초를 또 찾고

세 개가 되고 네 개가 되고 어둠은 사라져가고

지치고 힘들 땐 내게 기대 언제나 네 곁에 서 있을게

혼자라는 생각이 들지 않게 내가 너의 손잡아 줄게

기억하니 아버님없이 마침내 우리는 해냈어 그건 바로 나의 어릴 적 얘기였어

사실이었어 참 힘들었어 하지만 거기서 난 포기하지 않았어

꿈을 잃지 않고 용기를 잃지 않고 계속 노력하다 보니 결국 여기까지 왔고

이제 너희들에게 말해 주고 싶어 너희도 할 수 있어

지치고 힘들 땐 내게 기대 언제나 네 곁에 서 있을게

혼자라는 생각이 들지 않게 내가 너의 손잡아 줄게

토킹피스를 가능한 많이 사용하는 것이 좋다. 브레인 스토밍이나 다른 활동을 하는 시간에는 토킹피스의 사용을 보류할 수 있다. 그러나 토킹피스가 전체 서클에 중요하게 사용되지 않는다면 서클의 진실성을 훼손될 수 있다.

토킹피스 소개하기: 토킹피스가 어떻게 작동하는지 설명한다.

자기 소개 및 마음연결하기: 토킹피스를 사용하여, 처음 만난 그룹은 자기 소개를 하고, 이미 서클로 만났던 그룹은 마음연결하기를 하도록 초대한다. 이때 진행자가 먼저 이야기하는 것이 좋다. 부록 3, 4의 질문들을 참고할 수 있다.

가치 정하기와 약속 만들기:

이전에 만났던 그룹이라면, 전에 만들었던 가치와 약속을 참여자들과 함께 점검한다. 처음 만나는 그룹이라면, '평화형성서클 배우기'의 끝부분에 나온 '서클에서 가치 세우기를 위한 조언'의 기술 중 하나를 사용하여 가치의 기초를 다진다. '부록 4. 서클을 위한 간단한 질문들'에 나온 제안사항들도 참고할 수 있다. 중요한 가치를 확인한 후 참여자들에게 서클에 참여할 때 중요하다고 생각하는 약속들을 말할 수 있도록 요청함으로써 서클의 약속을 정한다. 모두가 볼 수 있는 곳에 약속을 기록하여 놓는다.

주요 활동

참여자들에게 누구를 위하여 더 좋은 세상을 만들고 싶은지 떠올리게 한다. 누군가는 많은 수의 사람을 떠올릴 수도 있다. 어쩌면 모두를 위해 좋은 세상을 만들고 싶어 하는 참여자가 있을 수도 있다. 하지만 그 중에서도 특별히 더 그런 마음이 들게 하는 한 사람을 떠올리고 그 사람의 이름을 종이에 적도록 한다.

나눔 1: 자신이 선택한 사람의 이름과 그 사람에 대한 이야기를 공유할 수 있도록 한다. 원한다면 패스할 수 있다. 이야기가 끝나면 그 사람의 이름이 적힌 종이를 원의 가운데에 놓는다.

나눔 2: 큰 일은 아니어도 세상을 더 나은 곳으로 만들었던 과거의 경험이 있는지 공유한다.

나눔 3: 각자가 작성한 그 특정한 사람을 대신하여, 자신이 다음 한 주 동안 더 나은 세상을 만들기 위해 기여할 수 있는 것이 무엇인지 이야기 나눈다.

성찰 나눔: 마지막으로 토킹피스를 한 번 더 돌리며 참여자들에게 서클에 대한 자신의 생각을 나눌

수 있도록 초대한다. 시간이 충분하지 않거나, 그룹에 사람이 많다면 서클을 마치며 참여자들에게 현재 느끼는 감정을 한 단어로 요약하여 말할 수 있도록 요청해도 된다. 진행자가 마지막에 나눌 것을 제안한다.

의도된 공간으로서의 서클의 끝을 알리는 것은 중요하다. 만일 제안된 서클을 닫는 의식이 이 서클과 어울리지 않는다면 적합한 다른 닫는 의식을 찾거나 생각해본다.

공간 닫기: 호흡 명상을 위한 준비를 한다.

편안한 장소를 찾아 앉습니다.
자리를 찾아 앉으셨다면 눈을 감아주세요.
눈을 감고 싶지 않다면 가볍게 집중할 수 있는 아무 곳이나 초점을 맞춥니다.
그 곳은 여러분이 앉은 곳의 맞은 편 식탁, 바닥, 벽 등이 될 수 있어요.
이제 숨을 깊이 들이 쉬고 천천히 내쉽니다.(천천히 이 과정을 네 번 반복한다.)
여러분이 서클에 적어 놓았던 사람을 떠올립니다.(잠시 멈춤)

그 사람이 미소 짓고 있으며 행복하다고 상상합니다. (잠시 멈춤)

여러분 스스로가 그 사람에게 힘이 되고 응원자가 됨을 느낍니다. 그 사람을 위해 세상을 더 나은 곳으로 만드는 강력한 힘이 여러분 안에 있음을 느껴봅니다. 숨을 깊이 들이 쉬고 천천히 내쉽니다 (천천히 이 과정을 두 번 반복한다)

이제 눈을 뜨고 이 공간으로 다시 초점을 맞춥니다.

사람들의 이름을 서로 나눠 준 것에 감사한다. 서클의 좋은 기운이 이 사람들을 감싸고 있으며 우리 모두 함께 더 나은 세상을 위해 기여할 수 있음을 이야기한다. 어려운 일이 있을 때에도 우리가 여전히 누군가를 위해 세상을 더 나은 곳을 만들고 싶어 한다는 것을 기억한다면 도움이 될 것이다.

서클에 와서 참여해준 것에 대한 감사의 인사를 한다.

1-4 안전한 공간 만들기 서클

목적: 사람들이 어떠한 조건에서 자신의 핵심자아와 연결 될 수 있는지 확인한다.

준비물: 서클상징물, 토킹피스, 그릴 수 있는 종이, 매직펜, 크레파스

서클의 시작에서 이것이 의도된 공간임을 알리는 일은 언제나 중요하다. 책에 제안된 공간 열기가 적합하지 않다면 상황과 환경에 맞는 적합한 공간 열기를 찾아도 좋다.

환영하기 서클에 온 모두를 환영한다.

공간 열기:

안식처 : 있는 그대로의 모 습이 수용되는 공간

편안하게 자리를 고쳐 앉습니다. 괜찮다면 눈을 감아주세요. 눈을 감고 싶지 않다면 여러분이 가볍게 집중할 수 있는 곳 아무 곳이나 초점을 맞춥니다. - 그 곳은 여러분 앉은 곳 맞은편의 식탁, 바닥, 벽 등이 될 수 있습니다.- 이제 네 번 깊이 호흡합니다. 숨을 들이마시고 내뱉을 때 가슴이 올라가고 내려감을 느낍니다. 숨을 들이 마실 때마다 조용하고 평화로운 감정을 들이마신다고 상상합니다. 이제 숨을 내뱉으면서 몸의 모든 스트레스를 숨과 함께 밖으로 보냅니다. 어깨의 긴장을 이완시키고 부드럽게 합니다. 눈과 얼굴도 이완시키고 부드럽게 만들어주세요. 명상을 하면서 중간에 자연스레 산만해질 수도 있습니다. 그럴 때마다 여러분의 관심을 호흡으로 다시 부드럽게 돌려놓습니다.

이제 이 공간을 둘러싼 벽이 있다고 상상해봅니다. 이 벽은 완벽히 안전한, 여러분을 위한 특별한 공간을 만들어줄 거예요. 이 벽은 여러분을 편안하게 하고 각자 자신이 가진 최고의 모습을

보여주기 위해 필요한 모든 것들을 제공합니다. 여러분이 원하는대로 이 벽의 높이를 조절할 수 있습니다. 이것은 여러분만의 벽이고, 특별공간입니다. 이 안전한 공간으로 가기 위해서는 단 하나의 크고 무거운 문이 있는데 그 문은 잠겨있어요. 그러나 여러분이 열쇠를 쥐고 있죠.

여러분은 원하는 대로 문을 통과해 오고 갈 수 있습니다. 다른 사람을 초대할 수도 있고, 혼자 있을 수도 있습니다. 열쇠는 여러분에게 있으니까요.

이제 이 장소가 주는 편안함과 안전함을 즐겨봅니다. 조용하고 부드러운 소리 뿐 아니라 빛이 이 특별한 공간을 감싸고 있음을 느끼고 그것들을 즐겨보세요. 무언가를 더하거나 변화시키고 싶다면 그 역시 여러분의 뜻대로 할 수 있어요. 모든 두려움, 걱정, 염려를 버릴 수 있습니다. 여러분의 공간에 존재하는 좋은 것들에만 집중합니다. 여러분의 안식처가 바로 이 곳입니다.

주변을 살펴보고 안식처에 존재하는 모든 아름다움을 관찰합니다. 여러분이 있는 지금 이 공간으로 원할 때에는 언제든지 돌아올 수 있음을 기억합니다. 이곳은 아름답고 편안하며 진정으로 각자 자신의 최고의 모습으로 존재할 수 있는 공간입니다.

자 이제 열쇠를 집어 그 문으로 걸어갈 시간입니다. 여러분이 이 곳을 나가고 문을 잠그면 다시 올 때까지 이 안식처는 현재의 모습 그대로 남아 있을 거예요.

이제 조금씩 몸을 움직입니다. 눈을 뜰 준비가 되면 스트레칭을 하고 다시 서클로 돌아옵니다.

토킹피스를 가능한 많이 사용하는 것이 좋다. 브레인 스토밍이나 다른 활동을 하는 시간에는 토킹피스의 사용을 보류할 수 있다. 그러나 토킹피스가 전체 서클에 중요하게 사용되지 않는다면 서클의 진실성을 훼손될 수 있다.

토킹피스 소개하기: 토킹피스가 어떻게 작동하는지 설명한다.

자기 소개 및 마음연결하기: 토킹피스를 사용하여, 처음 만난 그룹은 자기 소개를 하고, 이미 서클로

만났던 그룹은 마음연결하기를 하도록 초대한다. 이때 진행자가 먼저 이야기하는 것이 좋다. 부록 3, 4의 질문들을 참고할 수 있다.

참여자들이 가치 정하기와 약속 만들기에 참여하도록 하는 것은 서클의 안전한 공간을 구축하기 위해 매우 중요하다. 서클의 전체구성원들은 이 과정을 통해 안전한 공간을 유지하는 것에 대한 책임을 갖게 된다.

가치 정하기와 약속 만들기:

이전에 만났던 그룹이라면, 전에 만들었던 가치와 약속을 참여자들과 함께 점검한다. 처음 만나는 그룹이라면, '평화형성서클 배우기' 의 끝부분에 나온 '서클에서 가치 세우기를 위한 ㅊ 기술 중 하나를 사용하여 가치의 기초를 다진다. '부록 4. 서클을 위한 간단한 질문들' 에 나온 제안사항들도 참고할 수 있다. 중요한 가치를 확인한 후 참여자들에게 서클에 참여할 때 중요하다고 생각하는 약속들을 말할 수 있도록 요청함으로써 서클의 약속을 정한다. 모두가 볼 수 있는 곳에 약속을 기록하여 놓는다.

주요 활동

참여자들에게 다음과 같이 말한다.

"깊게 숨을 다시 들이쉬고 괜찮다면 눈을 감습니다. 여러분 그대로의 모습으로 완전히 수용될 수 있는 공간을 상상합니다. 여러분이 그 어떤 판단도 받지 않고 자기 본연의 모습이 될 수 있는 공간에서 쉬고 있음을 상상합니다.

여러분 주변에 누가 있으며 무엇이 있는지 알아차립니다. 당신이 보는 것, 느끼는 것, 듣는 것, 냄새 맡는 것과 맛보는 것을 알아차립니다. 그 장소가 마음에 그려진다면 주어진 미술 재료를 사용하여 당신의 마음속에 있는 그 장소를 표현해 봅니다."

15분의 시간을 준 뒤 전체 서클로 모인다.

나눔 1:참여자들에게 자신이 만든 작품을 소개한 뒤 원의 가운데에 놓을 수 있도록 초대한다.

나눔 2:"활동을 하면서 자신에 대해 무엇을 배웠으며, 자신에게 어떤 필요needs가 있다는 것을 알게 되었나요?

나눔 3:"자기 본연의 모습이 되는 공간을 만들기 위해 무엇을 할 수 있습니까?

성찰 나눔:마지막으로 토킹피스를 한 번 더 돌리며 참여자들에게 서클에 대한 자신의 생각을 나눌 수 있도록 초대한다. 시간이 충분하지 않거나, 그룹에 사람이 많다면 서클을 마치며 참여자들에게 현재 느끼는 감정을 한 단어로 요약하여 말할 수 있도록 요청해도 된다. 진행자가 마지막에 나눌 것을 제안한다.

의도된 공간으로서의 서클의 끝을 알리는 것은 중요하다. 만일 제안된 서클을 닫는 의식이 이 서클과 어울리지 않는다면 적합한 다른 닫는 의식을 찾거나 생각해본다.

공간 닫기

신뢰의 서클:조용히 앉아서 숨겨져 있던 영혼이 떠오르기를 기다리기

우리의 영혼은 야생동물처럼 거칠고 회복력이 있으며, 기지와 요령이 있고 자족할 수 있다:영혼은 거친 공간에서 어떻게 생존해야 할지를 알고 있다. 내가 우울증을 앓고 있을 때 이러한 사실을 알게 되었다.
죽을 것만 같던 그 어둠 속에서 내가 늘 의지하던 능력들은 무너졌다. 나의 이성도 쓸모없었다. 나의 감정은 죽은 것과 다름없었다. 나의 의지는 무력했다. 나의 자아는 부서졌다. 그러나 때때로 저 깊은 내면의 광야에서 죽음을 갈망할 때조차 살아남는 방법을 알고 있는 무언가가 존재하고 있음을 느낄 수 있었다. 그것은 바로 나의 거칠고 끈질긴 영혼이었다.

영혼은 거칠지만 또한 두려움이 많다. 야생동물처럼 영혼도 다른 사람들이 많은 곳이면 우거진 덤불 속의 안전한 공간을 찾는다. 야생동물이 보고 싶다면 우리는 요란한 소리를 내며 그 숲속으로 들어가서 나오라고 소리치는 것이 전혀 도움이 되지 않는다는 것을 알고 있다. 그러나 우리가 조용히 그 덤불속으로 들어가서 나무 밑동에 차분하게 앉아 대지와 함께 숨을 쉬고 주변 사물과 묻혀 갈 때 우리가 찾던 그 야생동물이 얼굴을 들어낼지도 모른다. 아주 잠깐 그저 힐끗 보게 될 지도 모른다. 그러나 그 잠깐의 시간 자체로 이미 충분한 선물이다.

불행히도 우리가 속한 문화의 공동체는 종종 사람들이 그 덤불에 함께 요란하게 달려가 그 영혼을 겁주어 도망가게 한다. 교회에서부터 학교까지, 설교와 수업, 주장과 논쟁, 요구와 선포, 훈계와 조언 등에 이르기까지 우리는 보통 독창적이고 야생적인 모든 것을 숨어버리 게 만드는 방식으로 행동한다. 이러한 조건들 속에서 지성, 감성, 의지와 자아는 출현할 수 있지만 영혼은 숨는다. 우리는 영혼의 모든 것들, 예를 들어 존중의 관계, 선한 의도, 희망 등을 겁주어 도망가게 한다.

신뢰의 서클은 '그 덤불 속' 에 조용히 앉아 서로 그 두려워하는 영혼이 떠오르기를 기다릴 줄 아는 사람들이 모인 공간이다.… 그러한 공간에서 우리는 자유롭게 자신의 진실을 듣고 우리를 기쁨에 이르게 하는 것들을 경험하며, 자신의 실수에 대해 자성하게 되고 변화를 위한 위험도 감수하게 된다. 그 결과가 어떻든지 상관없이 우리가 수용될 수 있음을 지각하면서.

파커 파머, 『다시 집으로 가는 길』

서클에 와서 참여해준 것에 대한 감사의 인사를 한다.

1-5 우리의 뿌리와 가지를 탐구하는 서클

목적: 우리의 정체성을 형성하는 영향력에 대한 자기인식을 높여주는 서클이다. 또한 새로운 방식으로 참여자들이 서로를 알아가는 것에 도움을 주기 위한 서클이다.

준비물: 서클상징물, 토킹피스, 종이와 펜, 크레파스나 색연필, 드럼 2-3개, 그리고 다양한 타악기

서클의 시작에서 이것이 의도된 공간임을 알리는 일은 언제나 중요하다. 책에 제안된 공간 열기가 적합하지 않다면 상황과 환경에 맞는 적합한 공간 열기를 찾아도 좋다.

환영하기 **서클에 온 모두를 환영한다.**

공간 열기: 여유 있는 속도로 아래의 기본 명상문을 읽는다.

편안한 장소를 찾아 앉습니다. 마땅한 장소를 찾아 앉으셨다면 눈을 감습니다. 눈을 감고 싶지 않다면 여러분이 가볍게 집중할 수 있는 아무 곳에 초점을 맞춥니다. 그곳은 여러분의 앉은 곳 맞은편의 식탁, 바닥, 벽 등이 될 수 있습니다. 이제 네 번 깊게 호흡합니다. 숨을 들이마시고 내뱉을 때 가슴이 올라가고 내려감을 느낍니다. 숨을 들이마실 때마다 조용하고 평화로운 감정을 들이마신다고 상상합니다. 숨을 내뱉으면서 여러분 몸의 모든 스트레스를 호흡과 함께 밖으로 내보냅니다. 어깨의 긴장을 이완시키고 부드럽게 만들어주세요. 마찬가지로 눈과 미간을 이완시키고 부드럽게 합니다.

명상은 그저 호흡에 집중하는 것입니다. 몸에서 호흡을 따르는 곳은 코입니다. 코를 통해 공기가 들어갈 때 느낌이 어떤지 주목해봅니다. 아마도 들이마실 때의 공기보다 내뱉을 때의 공기가

따듯할 거예요. 숨을 뱉으면서 천천히 호흡을 따라갑니다.

숨 쉴 때 인식되는 또 다른 신체부위는 배입니다. 마치 농구공을 잡듯이 때로는 배 위에 손을 부드럽게 올리는 것은 도움이 됩니다. 숨을 들이마시고 공기가 폐를 채울 때 배가 얼마나 팽창하는지 알아차려봅니다. 숨을 내 쉴 때 농구공의 바람이 빠지듯이 가슴과 배가 가라앉는 것을 느낄 수 있어요. 숨이 자연스레 나왔다가 들어가도록 합니다. 숨을 크게 쉬거나 보통의 숨쉬기를 하기 위해 노력할 필요가 없어요. 그저 신체의 자연스러운 숨쉬기 리듬을 관찰하기만 하면 됩니다. 호흡을 바꾸지 않는 것이 여러분이 할 일입니다. 이미 벌어지고 있는 일에 집중하기만 하면 됩니다.

조용하게 앉아 숨을 쉴 때 자연스럽게 산만함을 느낄 수 있어요. 이것은 그저 뇌가 작동하는 방식일 뿐입니다. 그럴 때마다 다시 호흡에 부드럽게 관심을 옮겨놓기만 하면 됩니다. 만일 방해되는 소리가 들린다면 스스로에게 '소리가 들리는구나' 라고 말하고 다시 호흡으로 돌아오면 됩니다. 아마도 호흡 알아차리기 명상을 하는 동안 여러 차례 산만해 질 수 있어요. 모두 자연스러운 일이니 괜찮습니다. 방해가 일어남을 알아차릴 때 다시 호흡으로 돌아옵니다.

준비가 되었다면 천천히 눈을 뜨고 다시 공간으로 의식을 되돌립니다. 우리 모두가 이 곳에 앉아 있어요.

토킹피스를 가능한 많이 사용하는 것이 좋다. 브레인 스토밍이나 다른 활동을 하는 시간에는 토킹피스의 사용을 보류할 수 있다. 그러나 토킹피스가 전체 서클에 중요하게 사용되지 않는다면 서클의 진실성을 훼손될 수 있다.

토킹피스 소개하기: 토킹피스가 어떻게 작동하는지 설명한다.

자기 소개 및 마음연결하기: 토킹피스를 사용하여, 처음 만난 그룹은 자기 소개를 하고, 이미 서클로

만났던 그룹은 마음연결하기를 하도록 초대한다. 이때 진행자가 먼저 이야기하는 것이 좋다. 부록 3, 4의 질문들을 참고할 수 있다.

참여자들이 가치 정하기와 약속 만들기에 참여하도록 하는 것은 서클의 안전한 공간을 구축하기 위해 매우 중요하다. 서클의 전체구성원들은 이 과정을 통해 안전한 공간을 유지하는 것에 대한 책임을 갖게 된다.

가치 정하기와 약속 만들기:

이전에 만났던 그룹이라면, 전에 만들었던 가치와 약속을 참여자들과 함께 점검한다. 처음 만나는 그룹이라면, '평화형성서클 배우기' 의 끝부분에 나온 '서클에서 가치 세우기를 위한 조언' 의 기술 중 하나를 사용하여 가치의 기초를 다진다. '부록 4. 서클을 위한 간단한 질문들' 에 나온 제안사항들도 참고할 수 있다. 중요한 가치를 확인한 후 참여자들에게 서클에 참여할 때 중요하다고 생각하는 약속들을 말할 수 있도록 요청함으로써 서클의 약속을 정한다. 모두가 볼 수 있는 곳에 약속을 기록하여 놓는다.

주요 활동

참여자들에게 나무를 그리도록 요청한다. 뿌리와 몸통, 그리고 가지를 포함한 나무를 그린다.

나눔 1: 나무의 뿌리는 그들이 어디에서부터 왔는지를 표현하는 것이다.

"당신은 어디에서 왔습니까?"

뿌리부분에 질문에 대한 대답을 다양한 방식으로 적도록 한다. 얼마간의 시간을 준 뒤 각자 뿌리에 적은 것들을 공유하도록 초대한다.

나눔 2: 나무의 몸통은 현재 그들의 모습이다.

"당신은 지금 어디에 있습니까?"

몸통부분에 질문에 대한 대답을 적는다. 얼마간의 시간을 준 뒤 각자적은 것들을 나눈다.

나눔 3: 나뭇가지들은 그들이 5년 후 원하는 모습이다.

"5년 뒤에 어디에 있고 싶습니까?"

나뭇가지에 질문에 대한 대답을 적는다. 얼마간의 시간을 준 뒤 각자 적은 것들을 나눈다.

나눔 4: 참여자들이 그린 나무가 어떤 종류인지 자유롭게 나눈다.

질문을 어려워하는 참여자가 있다면, 진행자가 직접 그린 나무를 보여주며 이해를 돕는다.

성찰 나눔: 마지막으로 토킹피스를 한 번 더 돌리며 참여자들에게 서클에 대한 자신의 생각을 나눌 수 있도록 초대한다. 시간이 충분하지 않거나, 그룹에 사람이 많다면 서클을 마치며 참여자들에게 현재 느끼는 감정을 한 단어로 요약하여 말할 수 있도록 요청해도 된다. 진행자가 마지막에 나눌 것을 제안한다.

의도된 공간으로서의 서클의 끝을 알리는 것은 중요하다. 만일 제안된 서클을 닫는 의식이 이 서클과 어울리지 않는다면 적합한 다른 닫는 의식을 찾거나 생각해본다.

공간 닫기: 리듬서클

모두에게 준비한 드럼이나 타악기를 나눠준다. 타악기 대신 자신의 손바닥이나 다리를 칠 수도 있다. 그들의 악기로 동시에 모두가 자신이 원하는 리듬을 마음껏 만들어 보도록 초대한다. 조화로운 소리가 날 수도, 각자 자신의 것에 소리에만 집중하게 될지도 모른다. 자연스럽게 끝날 때까지 활동을 지속한다.

서클에 와서 참여해준 것에 대한 감사의 인사를 한다.

1-6 관계 형성 서클

목적: 서클의 구성원들이 서로에 대해 더 잘 알게 되고 신뢰를 형성하도록 돕기 위해.

준비물: 서클상징물, 토킹피스, 도화지, 매직펜, 크레파스

서클의 시작에서 이것이 의도된 공간임을 알리는 일은 언제나 중요하다. 책에 제안된 공간 열기가 적합하지 않다면 상황과 환경에 맞는 적합한 공간 열기를 찾아도 좋다.

환영하기 서클에 온 모두를 환영한다.

공간 열기: 이름, 동작, 기억하기

모두가 서클로 선다. 첫 번째 사람이 자신의 이름을 말하며 어떠한 동작을 취한다. 그 옆에 있는 사람은 첫 번째 사람의 이름과 동작을 반복한 뒤 자신의 이름과 동작을 표현한다. 세 번째 사람은 앞 선 두 사람의 이름과 동작을 반복한 뒤 자신의 이름과 동작을 표현한다.

모두가 자신을 소개할 때 까지 계속 한다. 누군가 도움이 필요하다면 얼마든지 도움을 요청할 수 있고 서클의 구성원들이 도울 수 있음을 이야기한다. 마지막으로 첫 번째 했던 사람은 모두의 이름과 동작을 반복한다.

토킹피스를 가능한 많이 사용하는 것이 좋다. 브레인 스토밍이나 다른 활동을 하는 시간에는 토킹피스의 사용을 보류할 수 있다. 그러나 토킹피스가 전체 서클에 중요하게 사용되지 않는다면 서클의 진실성을 훼손될 수 있다.

토킹피스 소개하기:토킹피스가 어떻게 작동하는지 설명한다.

자기 소개 및 마음연결하기:토킹피스를 사용하여, 처음 만난 그룹은 자기 소개를 하고, 이미 서클로 만났던 그룹은 마음연결하기를 하도록 초대한다. 이때 진행자가 먼저 이야기하는 것이 좋다. 부록 3, 4의 질문들을 참고할 수 있다.

참여자들이 가치 정하기와 약속 만들기에 참여하도록 하는 것은 서클의 안전한 공간을 구축하기 위해 매우 중요하다. 서클의 전체구성원들은 이 과정을 통해 안전한 공간을 유지하는 것에 대한 책임을 갖게 된다.

가치 정하기와 약속 만들기:

이전에 만났던 그룹이라면, 전에 만들었던 가치와 약속을 참여자들과 함께 점검한다. 처음 만나는 그룹이라면, '평화형성서클 배우기' 의 끝부분에 나온 '서클에서 가치 세우기를 위한 조언' 의 기술 중 하나를 사용하여 가치의 기초를 다진다. '부록 4. 서클을 위한 간단한 질문들' 에 나온 제안사항들도 참고할 수 있다. 중요한 가치를 확인한 후 참여자들에게 서클에 참여할 때 중요하다고 생각하는 약속들을 말할 수 있도록 요청함으로써 서클의 약속을 정한다. 모두가 볼 수 있는 곳에 약속을 기록하여 놓는다.

주요 활동

각 참여자들에게 5분의 시간을 준 뒤 '다른 이들이 자신에 대해 알았으면 하는 것들' 에 대해 그리게 한다. 두 명씩 짝을 지어 5-10분 정도의 시간동안 자신의 그림에 대해 나눈다. 이야기를 마치면 전체서클로 모인다.

나눔 1:자신의 그림을 서클의 모든 사람에게 나눈다. 진행자가 처음 시작하여 모델이 되어준다. 진행자가 자신의 그림에 대해 이야기 한 후 서클의 중앙에 그림을 놓고 다른 참여자들 역시 같은 방식으로 하도록 초대한다.

나눔 2: "그렇다면, 당신의 가족공동체, 이웃, 학교, 문화에 대해 당신이 소중하게 생각하는 것은 무엇인가요? 왜 그런가요?"

나눔 3: "다른 참여자에 대해서 새롭게 알게되었거나, 흥미롭고 인상 깊게 다가온 것이 있다면 무엇이었나요?"

성찰 나눔: 마지막으로 토킹피스를 한 번 더 돌리며 참여자들에게 서클에 대한 자신의 생각을 나눌 수 있도록 초대한다. 시간이 충분하지 않거나, 그룹에 사람이 많다면 서클을 마치며 참여자들에게 현재 느끼는 감정을 한 단어로 요약하여 말할 수 있도록 요청해도 된다. 진행자가 마지막에 나눌 것을 제안한다.

의도된 공간으로서의 서클의 끝을 알리는 것은 중요하다. 만일 제안된 서클을 닫는 의식이 이 서클과 어울리지 않는다면 적합한 다른 닫는 의식을 찾거나 생각해본다.

공간 닫기: 우리는 이를 '폭풍우' 라고 부른다.

진행자는 자신의 손으로 허벅지를 두드리며 시작한다. 그 다음 사람이 그 동작을 따라하고 그 다음 참여자도 순서대로 따라한다. 그 동작이 다시 진행자에게로 돌아오면 진행자는 허벅지를 두드리는 행위를 멈추고 이번엔 발을 쿵쿵 구른다. 그 옆의 참여자도 진행자의 변화된 행동을 따라한다. 그 다음 참여자들도 순서대로 앞 사람의 변화된 행동을 따라한다. 그 동작이 다시 진행자에게 돌아오면 진행자는 발 구르기를 멈추고 자신의 손을 가슴 앞에서 위 아래로 문지르기 시작한다. 마찬가지로 서클을 돌며 한 명씩 이 동작을 따라한다. 다시 진행자에게 돌아오면 진행자는 손 문지르기를 멈추고 다시 발 구르는 동작을 취한다. 그 동작이 다시 원으로 돌아간다. 이번에는 진행자가 다시 허벅지를 두드리는 동작을 한다. 그 동작이 다시 진행자에게 돌아오면 진행자는 조용히 동작을 멈춘다. 서클의 참여자들도 자신의 앞 사람을 따라 동작을 멈추고 모두는 조용히 앉게 된다.

서클에 와서 참여해준 것에 대한 감사의 인사를 한다.

1-7 우리 자신과 서로를 알아가는 서클

목적: 일상생활에서는 쉽게 경험할 수 없는 차원의 경청과 관계 형성, 그리고 서로를 알아가는 연습을 하기 위한 서클이다. 그리고 자신의 삶의 이야기를 말하는 것을 연습하기 위한 서클이다.

준비물: 서클상징물, 토킹피스, 종이나 종이접시, 매직펜이나 크레파스

서클의 시작에서 이것이 의도된 공간임을 알리는 일은 언제나 중요하다. 책에 제안된 공간 열기가 적합하지 않다면 상황과 환경에 맞는 적합한 공간 열기를 찾아도 좋다.

환영하기 서클에 온 모두를 환영한다.

공간 열기:이름 파도

첫 번째 참여자가 자신의 이름을 이야기하며 어떤 동작을 한다. 서클로 돌아가면서 한 명씩 그 이름을 말하며 동작을 따라하여 파도처럼 이어지게 한다. 다시 첫 번째 참여자에게로 돌아올 때까지 파도는 계속된다. 옆에 있는 참여자가 자신의 이름을 말하며 동작을 취한다. 마찬가지로 그 이름과 동작이 파도로 이어진다. 모두에게 자신을 소개할 기회가 돌아갈 때까지 계속한다. 진행자는 가장 먼저 시작하여 본보기가 되어준다.

토킹피스를 가능한 많이 사용하는 것이 좋다. 브레인 스토밍이나 다른 활동을 하는 시간에는 토킹피스의 사용을 보류할 수 있다. 그러나 토킹피스가 전체 서클에 중요하게 사용되지 않는다면 서클의 진실성을 훼손될 수 있다.

토킹피스 소개하기: 토킹피스가 어떻게 작동하는지 설명한다.

자기 소개 및 마음연결하기: 토킹피스를 사용하여, 처음 만난 그룹은 자기 소개를 하고, 이미 서클로 만났던 그룹은 마음연결하기를 하도록 초대한다. 이때 진행자가 먼저 이야기하는 것이 좋다. 부록 3, 4의 질문들을 참고할 수 있다.

참여자들이 가치 정하기와 약속 만들기에 참여하도록 하는 것은 서클의 안전한 공간을 구축하기 위해 매우 중요하다. 서클의 전체구성원들은 이 과정을 통해 안전한 공간을 유지하는 것에 대한 책임을 갖게 된다.

가치 정하기와 약속 만들기:

이전에 만났던 그룹이라면, 전에 만들었던 가치와 약속을 참여자들과 함께 점검한다. 처음 만나는 그룹이라면, '평화형성서클 배우기' 의 끝부분에 나온 '서클에서 가치 세우기를 위한 조언' 의 기술 중 하나를 사용하여 가치의 기초를 다진다. '부록 4. 서클을 위한 간단한 질문들' 에 나온 제안사항들도 참고할 수 있다. 중요한 가치를 확인한 후 참여자들에게 서클에 참여할 때 중요하다고 생각하는 약속들을 말할 수 있도록 요청함으로써 서클의 약속을 정한다. 모두가 볼 수 있는 곳에 약속을 기록하여 놓는다.

주요 활동: 동심원 서클

참여자들에게 돌아가면서 숫자 1과 2를 반복하여 외치도록 한다. 2번인 참여자들은 자신의 의자를 옮겨 자신의 왼쪽 사람을 마주보도록 위치하여 '서로를 마주보는 동심원의 형태' 가 되게 한다. 부록 4의 '친해지기' 섹션의 질문 목록에서 하나의 질문을 택한 뒤 각자 질문에 대해 생각할 시간을 준다. 생각이 끝나면 1번인 참여자들에게 그 질문에 대한 답을 할 수 있도록 초대한다. 1번인 참여자들만 이야기 하고 2번인 참여자들은 듣는다. 듣는 사람들은 말이나 질문을 할 수 없고 오로지 들을 수만 있음을 강조한다.

1분 30초가 지난 뒤 종을 울리고 이번엔 역할을 바꾸어 똑같은 질문에 2번이 말하게 하고 1번이 듣는 사람이 되도록 한다. 1분 30초 뒤 종을 울리고 2번 참여자들에게 오른쪽으로 한 칸씩 이동하게 하여 다른 참여자와 짝을 지을 수 있도록 한다. 다른 질문을 주고 각각 똑같은 방식으로 질문에 답하며 이야기할 수 있도록 한다. 끝난 뒤 2번 참여자들에게 한 번 더 오른쪽으로 이동하여 새로운 짝을 만나도록 한다. 참여자들이 처음 자신의 자리로 되돌아 올 때까지 계속 한다. 2번인 참여자들에게 의자를 옮겨 이제 다시 큰 원으로 돌아갈 수 있도록 한다.

나눔 1: "활동에 참여한 소감이 어떠한가?"

나눔 2: "활동 중에 기대하지 못했던 서로 간의 연결고리나 예상치 못했던 경험을 한 적이 있는가?"

성찰 나눔: 마지막으로 토킹피스를 한 번 더 돌리며 참여자들에게 서클에 대한 자신의 생각을 나눌 수 있도록 초대한다. 시간이 충분하지 않거나, 그룹에 사람이 많다면 서클을 마치며 참여자들에게 현재 느끼는 감정을 한 단어로 요약하여 말할 수 있도록 요청해도 된다. 진행자가 마지막에 나눌 것을 제안한다.

의도된 공간으로서의 서클의 끝을 알리는 것은 중요하다. 만일 제안된 서클을 닫는 의식이 이 서클과 어울리지 않는다면 적합한 다른 닫는 의식을 찾거나 생각해본다.

공간 닫기:

> *"우리는 모두 다른 삶의 길을 택하지만 어디로 가든지*
> *어디에나 존재하는 서로의 모습을 확인한다."*
>
> \- 팀 맥그로우 (Time McGraw)

서클에 와서 참여해준 것에 대한 감사의 인사를 한다.

모듈 2
감정 활용 능력 향상하기와 명상연습
Developing Emotional Literacy & Mindfulness

모듈 2에 담긴 모델 서클들은 모듈1에서 다룬 피스메이킹서클의 형식 안에서, 감정 활용 능력을 향상하도록 도와준다. 이 모델 서클들은 참여자들이 서클 안에서 '핵심자아' 를 인지 할 수 있도록 디자인되었다. 또, 일상생활에서 일어나는 감정들을 알아차려 다룰 수 있을 것이다.

우리는 진행자가 감정 활용 능력 향상하기의 모델서클을 사용하기 전에, 먼저 평화형성서클 자체에 친숙하고 편안해지기를 권한다. 서클에서 따뜻하고 수용적인 문화를 구축하는 것은 안전한 공간을 만드는 데 핵심 요소이다.

우리는 참여자들이 서로를 알고, 참여자들 안에 가치를 공유하고 발전시키는 시간을 가지기를 권한다. 모듈 2의 서클들이 이에 도움이 될 것이다. 이것들은 그룹의 정체성과 유대감을 형성하는 데 도움을 준다.

우리가 모듈 2에서 연습할 '중요한 과제'는 무엇인가?

이 모듈에서 **첫 번째 목표**는, 참여자들에게 그들 안에 존재하는 '핵심자아' 에 대한 개념을 소개하는 것이다. 일곱 가지 핵심 신념 중 첫 번째 신념을 기억해보자, 모든 사람의 내면에는 선하고 지혜롭고 강한 '핵심자아' 가 있다. *Power Source* 저자의 말처럼, 우리가 '핵심자아' 에 초점을 둔다는 것은 마치 라디오 채널의 주파수를 맞추는 것과 같다고 생각하면 된다. "우리가 채널을 맞추는 사이에 오직 잡음만 들릴 때도 있지만, 그럼에도 우리가 찾는 그 채널은 우리가 자신을 찾아주기를 기다리며 그저 그 자리에 있다. 잡음이 아무리 시끄러워도 그 끝에는 결정적으로 맑은 자아의 목소리가 있다."

처음에 소개되는 두 모델서클은 우리가 누구인지에 대한 신념을 탐구하도록 도와주고, 우리 스스로를 볼 수 있는 다른 시각을 제공한다.

세 번째 모델서클은 '전등갓이 아닌 빛을 보기' 라고 불린다. 이 모델서클은 참여자들이 다른 이들의 '핵심자아' 를 보는 연습을 도와준다. 심지어 그들의 행동이 '핵심자아' 를 반영하고 있지 않을 때에도 그들이 화내고, 거만하고, 불쾌하게 하고, 무심하게 행동할지라도 '핵심자아' 는 그들 안에 있다. 이 모델은 존재하는 것과 행동하는 것을 분리시킨다. 우리의 실재는 우리가 행동하는 것과 다르다. '전등갓이 아닌 빛을 보기' 서클을 통해 얻을 수 있는 숨겨진 선물은 우리가 다른 사람의 '핵심자아' 를 보려고 노력할수록, 우리 자신의 '핵심자아' 와 더 많이 연결된다는 것이다.

두 번째 목표는 명상하기와 이완을 위한 기술을 연습하는 것이다. 일곱 가지 핵심 신념 중 여섯 번째 신념을 기억해보자, 인간은 통합적 존재다. 이것은 우리가 인지 능력을 발달시키는 것뿐만 아니라 지식과 지혜의 원천으로써 우리자신을 사용함으로 배우고 성장한다는 것을 의미한다. 명상, 요가, 그리고 다른 운동들을 연습하는 것은 성공적인 삶을 위해 우리에게 필요한 기술들을 습득하는 또 다른 방법이다. 이것은 우리의 삶에 변화를 가져오는 또 다른 방법이다. 체육관에 가서 근육을 만들고 신진대사를 증가시키는 것과 같이 이러한 연습 역시 자신의 변화를 가져올 것이다. 단지 명상을 실천하는 것만으로도 우리는 더 차분해지고, 더 편안해지고, 더 참을성 있게 되고, 감정을 더 잘 다스릴 수 있게 된다.

세 번째 목표는 감정 활용 능력을 키우는 것이다. 다섯, 여섯 번째 모델서클은 반복적으로 연습할 수 있는 쉽고 재미있는 방법이다. 많은 사람들은 자신의 감정 상태를 모른다. 대신에 그들은 그 행동의 기초가 되는 감정을 의식하지 않고 행동하는 경향이 있다. 우리의 행동을 긍정적으로 변화시키기 위한 첫 번째 단계는 우리의 행동 기저에 있는 감정을 파악하는 습관을 기르는 것이다. '감정 고르기 서클' 과 '마음의 날씨 확인하기 서클' 은 우리의 감정 어휘를 넓히는 연습으로, 서클 안팎에서 시도할 수 있다. 이 서클들은 인간의 존중, 주목, 안전 그리고 사랑에 대한 욕구를 인식하도록 돕는다. 또한 이 서클들은 이러한 욕구가 충족되었을 때 느끼는 감정과 충족되지 않을 때 느끼는 감정에 대한 감수성을 발달시킨다. 이러한 인식을 발전시키는 것도 감성지능의 한 부분이다. 이러한 연습을 통해서 감정 활용 능력이 키워진다. 감정 활용 능력을 다루는 모듈 2는 감정적 도전과제를 다루는 모듈 3과 4를 위한 탄탄한 기반을 제공한다.

진행자에게 도움이 될 만한 내용

『사회감수성 학습』*Power Source*의 저자는 진행자가 다른 사람을 돕기 위해 할 수 있는 가장 중요한 것은 "진행자 자신이 충분히 연습하는 것" 이라고 말한다. 진행자가 자신의 감정을 더 알기 위해 노력하고 명상과 휴식을 연습하는 시간을 가질수록 서클에서 다른 이들과 이러한 연습을 함께 나눌 수 있게 될 것이다. 전문가나 숙련된 사람이 될 필요는 없다. 단지 열린 마음과 의지를 가지고 있으면 된다. 진행자로서 당신은 다른 참여자들의 롤 모델이다. 의식적으로든 아니든 우리는 말하는 것보다는 실천하는 것으로 다른 이들을 이끈다.

특히 다른 사람의 핵심자아를 보는 방법을 배우는 데 있어서 더욱 그렇다. 다른 사람의 행동에서 핵심자아가 분명하게 드러나지 않을 때에도 다른 사람의 핵심자아를 볼 수 있어야 한다. 특별히 집단 안에서 어려운 행동들을 다루는 것은 간단치 않은 일이다. 감정을 다루는 것이 어려울 수 있고, 서클에 방해가 될 수 있는 비정상적인 행위나 회피의 행동 등이 일어날 수도 있다. 모든 참여자들을 위해 안전한 공간을 유지하는 일은 진행자의 중요한 책임이기 때문에 진행자로서 문제를 야기하는 사람에게 서클로부터 휴식을 취하라고 권할 필요가 있다. 그러나 그들을 다시 서클로 초대하고 환영하는 것이 중요하다. 이는 당신이 진행자로서 '전등갓이 아닌 빛을 바라보는' 연습을 할 수 있는 기회이다. 즉, 참여자가 참여자들의 진정한 욕구를 보는 연습을 하게 되는 기회인 것이다.

로빈과 베스 카사르잔(Robin and Beth Casarjisan)이 말한 것처럼,

> "우리는 참여자들이 매시간 자신의 잠재 능력과 가능성을 새롭게 보도록 함으로써, 그들이 가지고 있는 힘을 일깨우는 기회를 갖도록 돕는다."

진행자에게 마지막으로 당부하고 싶은 것은 서클로 모두가 함께 하는 방식이 중요하다는 것이다. 예를 들어, 마음의 날씨를 말하거나, "나는 진정 누구인가?" 라는 질문에 대해 답을 할 때, 진행자가 자신의 것을 먼저 나누는 것이 도움이 된다. 이는 참여자들이 모방하기 용이하다. 때에 따라 당신이 마지막으로 말하는 것이 도움이 될 수도 있다. 토킹피스는 모두에게 공정하게 말할 기회를 주기 때문에 편안하게 나누는 것이 중요하다. 진행자의 책임은 서클의 안전한 공간에서 자신의 이야기를 나누면서 확장시키는 것이다.

2-1 진정한 나 찾기 서클

목적: 더 깊은 자아 성찰을 증진시키고, 자기 인식을 향상시킨다.

준비물: 서클상징물, 토킹피스, 작은 동물 인형들, 유인물, 필기구

서클의 시작에서 이것이 의도된 공간임을 알리는 일은 언제나 중요하다. 책에 제안된 공간 열기가 적합하지 않다면 상황과 환경에 맞는 적합한 공간 열기를 찾아도 좋다.

환영하기 서클에 온 모두를 환영한다.

공간 열기:그룹 저글링

열린 공간이 가능하다면 모든 참여자들이 서클로 서 있도록 하거나, 공간이 여의치 않다면 의자에 있도록 초대한다. 모두에게 한 손을 내밀도록 부탁하자. 조그만 동물 인형을 진행자의 옆에 있는 사람에게 주고, 받은 사람은 그룹 안의 다른 사람의 이름을 부르고 동물 인형을 그 사람에게 던진다. 동물 인형을 받은 사람은 다시 다른 사람의 이름을 부르고 동물 인형을 그 사람에게 던진다. 모든 사람의 이름이 불릴 수 있게 골고루 진행한다. 이름이 불렸으면 손을 내리게 하고 이름이 불리지 않은 사람에게 던지게 한다. 참여자들이 동물 인형을 누구에게 던졌는지 기억해서 그대로 그 패턴을 반복하도록 한다.

첫 번째로 모든 사람이 동물 인형 던지며 이름 부르는 것은 패턴을 하는 것이다. 마지막으로 동물 인형을 받은 사람은 처음 동물을 던진 사람에게 던지게 한다. 참여자들은 순서대로 빠르게 반복한다. 던지기 전에 이름을 부르는 것이 중요하다는 것을 강조한다. 한 동물 인형으로 몇 사

람을 거쳤다면 처음 던진 사람이 추가로 동물 인형을 던진다. 4~7가지 동물인형이 서클 안에서 날아다니도록 한다. 일정시간동안 진행한다.

어느 정도 시간이 되었을 때, "휴식"을 외친다. 모든 사람들이 어디에 있던 멈춘다. 그러면 역방향의 순서로 던진다. 동물 인형을 던져준 사람에게 다시 되돌려 던지는 것이다. 일정시간 진행한 후, 진행자는 참여자들에게 전체서클로 돌아오기를 초대한다. 토킹스틱을 돌려서 어떤 느낌이었는지 성찰하는 시간을 가져도 좋다. 진행자는 일상생활에서 쳇바퀴 돌듯 바쁘게 살아가는 것이 동물 인형을 던지며 저글링한 것과 같다고 말한다. 이 활동을 통해 참여자들이 새로운 환경에서 긴장된 분위기를 즐겁게 전환시켜서 편안하게 서클로 초대된다.

토킹피스를 가능한 많이 사용하는 것이 좋다. 브레인 스토밍이나 다른 활동을 하는 시간에는 토킹피스의 사용을 보류할 수 있다. 그러나 토킹피스가 전체 서클에 중요하게 사용되지 않는다면 서클의 진실성을 훼손될 수 있다.

토킹피스 소개하기: 토킹피스가 어떻게 작동하는지 설명한다.

자기 소개 및 마음연결하기: 토킹피스를 사용하여, 처음 만난 그룹은 자기 소개를 하고, 이미 서클로 만났던 그룹은 마음연결하기를 하도록 초대한다. 이때 진행자가 먼저 이야기하는 것이 좋다. 부록 3, 4의 질문들을 참고할 수 있다.

참여자들이 가치 정하기와 약속 만들기에 참여하도록 하는 것은 서클의 안전한 공간을 구축하기 위해 매우 중요하다. 서클의 전체구성원들은 이 과정을 통해 안전한 공간을 유지하는 것에 대한 책임을 갖게 된다.

가치 정하기와 약속 만들기:

이전에 만났던 그룹이라면, 전에 만들었던 가치와 약속을 참여자들과 함께 점검한다. 처음 만나는 그룹이라면, '평화형성서클 배우기' 의 끝부분에 나온 '서클에서 가치 세우기를 위한 조언' 의 기술 중 하나를 사용하여 가치의 기초를 다진다. '부록 4. 서클을 위한 간단한 질문들' 에 나온 제안사항들도 참고할 수 있다. 중요한 가치를 확인한 후 참여자들에게 서클에 참여할 때 중요하다고 생각하는 약속들을 말할 수 있도록 요청함으로써 서클의 약속을 정한다. 모두가 볼 수 있는 곳에 약속을 기록하여 놓는다.

주요 활동

유인물을 서클의 모든 참여자에게 나누어준다. 모든 참여자은 유인물의 빈 공간을 채운다. 질문은 참여자들이 일상적으로 생각했던 것보다 더 넓은 사고를 할 수 있도록 확장시켜주므로 의도적으로 반복해서 말한다. 참여자들이 자신의 내면의 소리에 집중할 수 있도록 침묵하면서 작성하도록 한다. 충분한 공간이 있다면 서클이 아닌 다른 공간에서 집중하여 작성할 수 있도록 한다. 10-15분 동안 참여자들이 유인물을 작성할 시간을 준 뒤 전체 서클로 모인다. 유인물을 작성하면서 느낀 점이 무엇인지에 대해 토킹피스를 돌리며 나누도록 한다.

나눔 1: "다른 참여자들이 보면 놀랄만한 항목은 무엇이고, 왜 그런가?"

나눔 2: "가장 기분이 좋게 만들었던 항목은 무엇이고, 왜 그런가?"

나눔 3: "작성한 답 중에 '항상 그렇다' 고 생각하는 것과 '가끔' 그렇다고 생각하는 것에는 어떤 것이 있는가?

나눔 4: "자신에 대해 전에 발견하지 못했는데, 새롭게 알게 된 것이나 배운 것이 있다면?"

성찰 나눔: 마지막으로 토킹피스를 한 번 더 돌리며 참여자들에게 서클에 대한 자신의 생각을 나눌 수 있도록 초대한다. 시간이 충분하지 않거나, 그룹에 사람이 많다면 서클을 마치며 참여자들에게 현재 느끼는 감정을 한 단어로 요약하여 말할 수 있도록 요청해도 된다. 진행자가 마지막에 나눌 것을 제안한다.

의도된 공간으로서의 서클의 끝을 알리는 것은 중요하다. 만일 제안된 서클을 닫는 의식이 이 서클과 어울리지 않는다면 적합한 다른 닫는 의식을 찾거나 생각해본다.

공간 닫기:

아래의 것 중 하나를 읽거나 노래를 듣는다.

1. 메리 올리버Mary Oliver가 쓴 "기러기Wild Geese"

착해지지 않아도 돼.
무릎으로 기어다니지 않아도 돼.
사막 건너 백 마일, 후회 따윈 없어.
몸속에 사는 부드러운 동물,
사랑하는 것을 그냥 사랑하게 내버려두면 돼.
절망을 말해보렴, 너의. 그럼 나의 절망을 말할 테니.
그러면 세계는 굴러가는 거야.
그러면 태양과 비의 맑은 자갈들은
풍경을 가로질러 움직이는 거야.
대초원들과 깊은 숲들,
산들과 강들 너머까지.
그러면 기러기들, 맑고 푸른 공기 드높이,

다시 집으로 날아가는 거야.

네가 누구든, 얼마나 외롭든,

너는 상상하는 대로 세계를 볼 수 있어.

기러기들, 너를 소리쳐 부르잖아, 꽥꽥거리며 달뜬 목소리로-

네가 있어야할 곳은 이 세상 모든 것들

그 한가운데라고.

2. 방탄소년단의 'Answer : Love Myself'

눈을 뜬다 어둠 속 나, 심장이 뛰는 소리 낯설 때

마주 본다 거울 속 너, 겁먹은 눈빛 해묵은 질문

어쩌면 누군가를 사랑하는 것보다 더 어려운 게 나 자신을 사랑하는 거야

솔직히 인정할 건 인정하자. 니가 내린 잣대들은 너에게 더 엄격하단 걸

니 삶 속의 굵은 나이테 그 또한 너의 일부, 너이기에 이제는 나 자신을 용서하자 버리기엔

우리 인생은 길어. 미로 속에선 날 믿어. 겨울이 지나면 다시 봄은 오는 거야.

차가운 밤의 시선 초라한 날 감추려 몹시 뒤척였지만

저 수많은 별을 맞기 위해 난 떨어졌던가 저 수천 개 찬란한 화살의 과녁은 나 하나

Eh, you've shown me I have reasons. I should love myself, ah huh.

내 숨 내 걸어온 길 전부로 답해

어제의 나 오늘의 나 내일의 나. 빠짐없이 남김없이 모두 다 나

정답은 없을지도 몰라. 어쩜 이것도 답은 아닌 거야

그저 날 사랑하는 일조차 누구의 허락이 필요했던 거야

난 지금도 나를 또 찾고 있어. But 더는 죽고 싶지가 않은 걸

… 생략

3. 한보리의 노래 '달팽이의 노래'을 듣거나 가사를 읽는다.

난 천천히 갈테야 어둔 밤 반딧불 찾아갈거야

살아숨쉬는 푸르른 꿈에 몸을 낮추어서 입맞출거야

난 천천히 갈테야 이마엔 빛나는 등불을 켜고

아주 낮은곳 희망을 위해 가슴에 따뜻한 노래를 품고

난 천천히 갈테야 두손엔 가득 꽃씨를 들고

메마른 땅에 꽃을 심으러 쉬지 않고 천천히 걸을거야

난 천천히 갈테야 풀꽃들에게 다가갈테야

세상의 작고 여린 것들과 다정하게 눈맞출거야 후렴

꽃과 새와 바람과 나무 풀잎에 이슬까지 다만날꺼야

은빛의 길하나 단정히내며 천천히 갈거야

4. 더 온전한 인간이 되기 위해서

나는 우리가 어떤 관용의 손길로 더 온전한 사람이 된다고 믿는다. 우리는 우리 내면의 고통을 끄집어 내는 것보다 다른 사람에게 손길을 내밀어야 한다. 온전한 인간이 되기 위해서 우리는 어떤 상황일지라도 우리의 마음을 끊임없이 열 필요가 있다. 나는 고통스럽고 불안이 엄습할 때와 다른 인간에게 받은 견딜 수 없는 비극들 때문에 눈물이 앞을 가릴 때에도 내 마음을 열기 위한 시도를 멈추지 않는다.

내 경험에 비춰보면 나는 내가 관대하고 열린 마음을 가지고 있을 때 내 자신을 더 사랑하고 있다는 것을 알아챘다. 나는 내가 다른 사람을 두려워하거나 화를 내는 내 자신을 사랑하지 않는다. 세상에는 나를 화나게 하고 두렵게 만드는 사람들이 많이 있다. 그러나 나는 그 감정에 두려움으로 대하지 않을 것이다. 그런 상황에서 나는 온전한 인간이 되고 싶다. 나는 내 자신에 대해

관대해 질 때 더 온전한 인간이 된다. 이것이 온전한 인간이 되는 것에 대한 나의 정의이다.

-마가렛 위슬리(Margaret J. Wheatley),

5. 만약 내 자신에 대해 모르고 있었다면, 나는 살아남기 위해 타인의 환상적인 삶을 집어 삼켜버렸을 것이다.

-오드르 로드(Audre Lorde)

6. 정호승의 시 '강물'

그대로 두어라. 흐르는 것이 물이다.
사랑의 용서도 용서함도 구하지 말고
청춘도 청춘의 돌무덤도 돌아보지 말고
그대로 두어라 흐르는 것이 길이다
흐느끼는 푸른 댓잎 하나
날카로운 붉은 난초잎 하나
강의 중심을 향해 흘러가면 그뿐
그동안 강물을 가로막고 있었던 것은
내가 아니었다 절망이었다
그동안 나를 가로막고 있었던 것은
강물이 아니었다 희망이었다

서클에 와서 참여해준 것에 대한 감사의 인사를 한다.

나는 진정 누구인가?

만약 누군가가 당신에게 자신을 설명해보라고 한다면,

당신은 스스로를 뭐라고 말 할 수 있나요?

나는 ______________________________ 다.

나는 ______________________________ 다.

나는 ______________________________ 다.

나는 ______________________________ 다.

나는 ______________________________ 다.

나는 ______________________________ 다.

나는 ______________________________ 다.

2-2 핵심자아 탐구 서클

목적: 선하고, 지혜롭고, 강한 자신에 대해 탐구한다.

준비물: 서클상징물초, 별 모양의 물건들 등, 토킹피스, 유인물, 필기도구

서클의 시작에서 이것이 의도된 공간임을 알리는 일은 언제나 중요하다. 책에 제안된 공간 열기가 적합하지 않다면 상황과 환경에 맞는 적합한 공간 열기를 찾아도 좋다.

환영하기 **서클에 온 모두를 환영한다.**

공간 열기: 다음을 읽으며 침묵명상으로 초대한다.

편안한 장소를 찾아 앉습니다. 마땅한 장소를 찾아 앉으셨다면 눈을 감습니다. 눈을 감고 싶지 않다면 여러분이 가볍게 집중할 수 있는 아무 곳에 초점을 맞춥니다. - 그곳은 여러분의 앉은 곳 맞은편의 식탁, 바닥, 벽 등이 될 수 있습니다. 이제 네 번 깊게 호흡합니다. 숨을 들이마시고 내뱉을 때 가슴이 올라가고 내려감을 느낍니다. 숨을 들이마실 때마다 조용하고 평화로운 감정을 들이마신다고 상상합니다. 숨을 내뱉으면서 여러분 몸의 모든 스트레스를 호흡과 함께 밖으로 내보냅니다. 어깨의 긴장을 이완시키고 부드럽게 만들어주세요. 마찬가지로 눈과 미간을 이완시키고 부드럽게 합니다.

명상은 그저 호흡에 집중하는 것입니다. 몸에서 호흡을 따르는 곳은 코입니다. 코를 통해 공기가 들어갈 때 느낌이 어떤지 주목해봅니다. 아마도 들이마실 때의 공기보다 내뱉을 때의 공기가 따듯할 거예요. 숨을 뱉으면서 천천히 호흡을 따라갑니다.

손을 무릎이나 배에 편안히 올려놓습니다. 숨을 천천히 들이 쉴 때, 숨이 몸 안으로 어떻게 퍼지는지 느껴봅니다. 숨을 내 쉴 때 긴장하고 있거나 스트레스가 있다면 몸 밖으로 내 보내세요.

준비가 되었다면 여러분이 사람들로부터 멀리 떨어진 큰 산이 되었다고 상상해 봅니다. 그 먼 거리에서 여러분은 거인과 같이 커져서 하늘에 가까워졌습니다. 여러분은 눈이나 얼음으로 덮혀있는 산이 될 수도 있지요. 또는 여러분의 대지에서 빽빽하게 나무, 가지, 생명력이 살아나는 울창한 숲이 우거진 곳이 될 수도 있어요. 모래와 바위들로 뒤덮힌 사막의 산이 될 수도 있지요. 여러분은 고대의 장엄한 알고 있는 어떤 산이든 원하는대로 보일 수 있지요. 깊게 숨을 들이 쉴 때 뿌리는 더 깊이 내려서 어떤 것도 여러분을 움직일 수 없어요. 여러분의 위에는 별들이 가득히 수 놓은 그곳에서 수 천년동안 여러분은 평온하고 평화롭게 쉬고 있어요. 여러분은 친구하나 없지만 외롭지 않아요.

어느 날 산과 주변에 많은 변화가 있었어요. 날은 어두워지지만, 여러분은 여전히 그곳에 있지요. 기온이 서서히 떨어지면서 여름에서 겨울로 달라졌어요. 그러나 여러분에게 영향을 미치지 않아요. 비바람이 머물다가 가지요. 동물들은 집을 만들어요. 동물들은 음식과 쉴 곳을 찾아 돌아다니고, 여러분은 마치 하루를 창조하는 신처럼 요동하지 않고 위대하게 서 있어요. 여러분의 산에서 생존하는 만물은 땅만 보지만 여러분은 지구 밖 저 높이 올라가 있어요. 여러분은 저 멀리 보지요.

어떤 일이 그 산에서 일어난다하더라도 여러분은 언제나 그 자리에 있어요. 그 강직함은 여러분의 존재 그 자체에서부터 오지요. 때로는 하루가 지나고 해가 간다하더라도 여러분은 거기에 있어요.

하루가 지나고 나서, 여러분이 굉장히 장엄한 산이 된다고 상상해 봅니다. 작은 문제가 온다 하더라도 그 큰 산은 아무런 영향을 받지 않아요. 어떤 일이 일어난다 해도 산과 같이 생각해 보세요.

토킹피스를 가능한 많이 사용하는 것이 좋다. 브레인 스토밍이나 다른 활동을 하는 시간에는 토킹피스의 사용을 보류할 수 있다. 그러나 토킹피스가 전체 서클에 중요하게 사용되지 않는다면 서클의 진실성을 훼손될 수 있다.

토킹피스 소개하기: 토킹피스가 어떻게 작동하는지 설명한다.

자기 소개 및 마음연결하기: 토킹피스를 사용하여, 처음 만난 그룹은 자기 소개를 하고, 이미 서클로 만났던 그룹은 마음연결하기를 하도록 초대한다. 이때 진행자가 먼저 이야기하는 것이 좋다. 부록 3, 4의 질문들을 참고할 수 있다.

참여자들이 가치 정하기와 약속 만들기에 참여하도록 하는 것은 서클의 안전한 공간을 구축하기 위해 매우 중요하다. 서클의 전체구성원들은 이 과정을 통해 안전한 공간을 유지하는 것에 대한 책임을 갖게 된다.

가치 정하기와 약속 만들기:

이전에 만났던 그룹이라면, 전에 만들었던 가치와 약속을 참여자들과 함께 점검한다. 처음 만나는 그룹이라면, '평화형성서클 배우기' 의 끝부분에 나온 '서클에서 가치 세우기를 위한 조언' 의 기술 중 하나를 사용하여 가치의 기초를 다진다. '부록 4. 서클을 위한 간단한 질문들' 에 나온 제안사항들도 참고할 수 있다. 중요한 가치를 확인한 후 참여자들에게 서클에 참여할 때 중요하다고 생각하는 약속들을 말할 수 있도록 요청함으로써 서클의 약속을 정한다. 모두가 볼 수 있는 곳에 약속을 기록하여 놓는다.

주요 활동 핵심자아에 대한 소개

어떤 상황이라도 모든 사람의 핵심자아는 지혜롭고, 선하고, 사랑스럽고, 평화롭고 변하지 않는다.

참여자들에게 '핵심자아' 는 우리가 문화, 감정, 다른 사람이 정의내리는 것보다 깊이 있는 것이라고 말한다. '핵심자아' 는 내면에 존재하는 모든 사람의 본성이다. 우리는 때로 '핵심자아' 로부터 분리되지만, 그것은 항상 그 자리에 있다. 어떤 것도 '핵심자아' 를 변화시킬 수 없다. 그것은 선하고, 지혜롭고, 사랑스럽고 강하다. 때로 표면적으로 드러난 행동이나 표정으로 감춰질 수 있지만 그것은 항상 그 자리에 있다. '핵심자아' 는 절대 변하지 않는다.

유인물을 나눠준다. 별의 중앙에 '핵심자아' 라고 생각하는 것을 적도록 한다.
명상을 하면서 생각난 이미지나 단어를 적어도 좋다.

별의 모서리들에 '핵심자아' 는 아니지만 자신을 둘러싸고 있는 것들을 적도록 한다.

나눔 1: "자신의 내면에 참자아를 볼 때 어떤 느낌이었나요? 또는 핵심자아라는 것을 느낀 순간은 언제인가요?"
우리는 '핵심자아' 와 우리 자신을 분리해서 생각한다고 설명한다.
나눔 2: "무엇이 자신을 핵심자아와 분리시킨다고 생각하나요?"
나눔 3: "핵심자아와 분리 될 때, 자신의 핵심자아와의 연결이 끊어지지 않도록 하려면 무엇을 할 수 있을까요?"

성찰 나눔: 마지막으로 토킹피스를 한 번 더 돌리며 참여자들에게 서클에 대한 자신의 생각을 나눌 수 있도록 초대한다. 시간이 충분하지 않거나, 그룹에 사람이 많다면 서클을 마치며 참여자들에게 현재 느끼는 감정을 한 단어로 요약하여 말할 수 있도록 요청해도 된다. 진행자가 마지막에 나눌 것을 제안한다.

의도된 공간으로서의 서클의 끝을 알리는 것은 중요하다. 만일 제안된 서클을 닫는 의식이 이 서클과 어울리지 않는다면 적합한 다른 닫는 의식을 찾거나 생각해본다.

공간 닫기:

당신은 온 우주의 사랑을 받을 자격이 있다. 당신 보다 당신을 더 돌보아 줄 누군가를 찾아 볼 수도 있지만, 그 사람은 존재하지 않는다. 그 누구보다 온 우주에서 당신을 사랑하고 돌보아줄 사람은 바로 당신 자신이다.

- 부처

서클에 와서 참여해준 것에 대한 감사의 인사를 한다.

2-3 전등갓이 아닌 빛 보기 서클

목적: 참여자들이 핵심자아를 알아채는 훈련을 하도록 돕기

준비물: 서클상징물, 토킹피스, 유인물

서클의 시작에서 이것이 의도된 공간임을 알리는 일은 언제나 중요하다. 책에 제안된 공간 열기가 적합하지 않다면 상황과 환경에 맞는 적합한 공간 열기를 찾아도 좋다.

환영하기 서클에 온 모두를 환영한다.

공간 열기

온 마음을 다해 살기

온 마음을 다해 살기는 가치 있는 곳에 우리의 삶을 참여시키는 것이다. 이는 내가 그동안 무엇을 했고 내게 얼마나 많은 것이 남아 있는지와 상관없이, 아침에 일어나서 "나는 충분하다." 고 생각할 수 있는 용기, 연민, 연결성을 기르는 것을 의미한다. 잠자리에 들 때, 나는 여전히 불완전하고, 약하며, 때로는 겁이 날 것이다. 하지만 그렇다고 해서 내가 용감하고, 사랑과 소속감을 가질 자격이 있다는 사실이 바뀌지는 않는다.

-브레네 브라운, 『나는 불완전한 나를 사랑한다』

훌륭한 스승을 만났던 사람은 "스승들은 내가 발견할 수 없는 무언가를 본다." 라고 말했다.

- 파커 파머, 『다시 집으로 가는 길』

토킹피스를 가능한 많이 사용하는 것이 좋다. 브레인 스토밍이나 다른 활동을 하는 시간에는 토킹피스의 사용을 보류할 수 있다. 그러나 토킹피스가 전체 서클에 중요하게 사용되지 않는다면 서클의 진실성을 훼손될 수 있다.

토킹피스 소개하기:토킹피스가 어떻게 작동하는지 설명한다.

자기 소개 및 마음연결하기:토킹피스를 사용하여, 처음 만난 그룹은 자기 소개를 하고, 이미 서클로 만났던 그룹은 마음연결하기를 하도록 초대한다. 이때 진행자가 먼저 이야기하는 것이 좋다. 부록 3, 4의 질문들을 참고할 수 있다.

참여자들이 가치 정하기와 약속 만들기에 참여하도록 하는 것은 서클의 안전한 공간을 구축하기 위해 매우 중요하다. 서클의 전체구성원들은 이 과정을 통해 안전한 공간을 유지하는 것에 대한 책임을 갖게 된다.

가치 정하기와 약속 만들기:

이전에 만났던 그룹이라면, 전에 만들었던 가치와 약속을 참여자들과 함께 점검한다. 처음 만나는 그룹이라면, '평화형성서클 배우기' 의 끝부분에 나온 '서클에서 가치 세우기를 위한 조언' 의 기술 중 하나를 사용하여 가치의 기초를 다진다.

'부록 4. 서클을 위한 간단한 질문들' 에 나온 제안사항들도 참고할 수 있다. 중요한 가치를 확인한 후 참여자들에게 서클에 참여할 때 중요하다고 생각하는 약속들을 말할 수 있도록 요청함으로써 서클의 약속을 정한다. 모두가 볼 수 있는 곳에 약속을 기록하여 놓는다.

주요 활동

참여자들에게 우리 내면에 "판단하는 기계judgment machine"와 같은 것이 있다고 설명한다. 우리는 사람을 보고 자동적으로 멋지거나, 좋거나, 짓궂거나, 불쾌하거나, 똑똑하거나 우둔하다고 판단한다. 만나본적 없는 사람들의 겉모습, 행동, 태도에 대해서도 슈퍼마켓, 지하철, 복도 등에서 판단한다. 우리가 무의식적으로 얼마나 많은 판단을 하고 있는지 우리는 알지 못한다. 그러나 동시에 우리는 각 사람이 지혜롭고, 좋고, 에너지가 넘치는 고유한 자아를 가지고 있다는 것도 알고 있다. 그렇다면 과연 우리는 각 개인의 선함을 보는 법을 배울 수 있을까?

이 활동의 목적은 상호관계 속에서 자신의 '핵심자아'를 발견하는 연습을 하는 것이다. 첫 번째 단계에서는 우리가 타인의 작은 것들에 얼마나 초점을 맞추고 있는지 알게 된다. 우리는 사소한 것이 그 사람의 전부인양 말을 만들어 낸다. 이를 전등갓이라고 부른다. 사람의 겉모양이나, 그 사람이 어떤 차를 운전하거나, 어떤 상황에서 어떤 행동을 하는 지와 같은 겉으로 보이는 덫으로 판단하는 것이다. 우리는 종종 전등갓이 그 사람의 전부인 것처럼 생각한다.

우리는 두 번째 단계에서 의식적으로 전등갓 대신에 빛을 보는 연습을 한다. 이 활동에 감춰진 이점은 다른 이의 '핵심자아'를 많이 볼수록 자신의 진정한 '핵심자아'와 더 많이 연결될 수 있다는 것이다. 다른 사람의 빛을 인정할수록 자신의 내면의 빛을 더욱 긍정하게 된다.

유인물을 참여자들에게 나눠준다. 10-15분 동안 작성할 시간을 준다.

나눔 1: "당신은 내면의 판단기계" 대체적으로 다른 사람들을 어떻게 보는지를 살펴봄으로써 무엇을 배웠나요? 다른 사람을 판단할 때 당신은 무엇을 느끼나요?"

나눔 2: "다른 사람이 보이는 행동과 상관없이, 당신이 다른 사람들의 '핵심자아'를 보기 위해 노력할 때, 어떤 느낌이 들었나요?" "다른 사람들의 '핵심자아'를 상상할 수 있나요? 당신은 당신의 '핵심자아'를 상상하는 것에 대해 어떻게 느꼈나요?"

나눔 3: "다른 사람들의 내면을 보는 과정을 통해 무엇을 얻었다고 생각하나요?" "일상생활에서 이와 같은 연습을 한다면, 어떤 부분이 도움이 될까요?" "일상생활에서 이 연습을 하기 위해 무엇이 필요할까요?"

성찰 나눔: 마지막으로 토킹피스를 한 번 더 돌리며 참여자들에게 서클에 대한 자신의 생각을 나눌 수 있도록 초대한다. 시간이 충분하지 않거나, 그룹에 사람이 많다면 서클을 마치며 참여자들에게 현재 느끼는 감정을 한 단어로 요약하여 말할 수 있도록 요청해도 된다. 진행자가 마지막에 나눌 것을 제안한다.

의도된 공간으로서의 서클의 끝을 알리는 것은 중요하다. 만일 제안된 서클을 닫는 의식이 이 서클과 어울리지 않는다면 적합한 다른 닫는 의식을 찾거나 생각해본다.

공간 닫기:

1. 뿔도마뱀을 예로 들어 이야기해보자.

당신이 자신이 사막에 사는 뿔도마뱀보다 나은 존재라고 생각한다면, 당신은 영원히 뿔도마뱀의 목소리를 들을 수 없을 것이다. 당신이 영원히 뜨거운 태양 아래 앉아 있는다고 해도 말이다.

-버드 베일러(Byrd Baylor), *The Other Way to Listen*

2. 증오로부터의 자유

내가 그를 증오하는 것으로부터 벗어나기 위해 다음과 같이 질문을 했다.

"내 아들, 폴을 죽인 이 남자에 대해 알려주세요." 나는 이 남자의 인생에 대해 궁금해 하기 시작했다. 나는 이 남자가 그렇게 하기까지 그에게 영향을 미친 요소가 몇 가지 있다는 것을 알고 있었다.

내가 교도소의 피해자와 가해자 대화 모임에서 피해자 측으로 참석했을 때, 앞서 말한 생각이 불현 듯 떠올랐었다. 나는 다른 참여자의 말을 들으면서도, 가해자들을 보고 있었다. 그 모임에서 나는 마지막 발언자였고, 말을 하기위해 자리에서 일어났을 때, 그곳에 빨간 머리의 젊은 남자가 있는 것을 보았다. 그는 마치 내 아들 폴처럼 보였다. 그는 희망이 없고, 외롭고, 고통이 가득 찬 눈으로 나를 바라보고 있었다. 나는 그를 쳐다보며 생각했다. "만일 그가 내 아들 폴이었다면…?"

나는 그 인간쓰레기 같은 사람들과 찰스가 지옥에서 영원히 있기를 바란다는 내용으로 준비한 이야기를 하는 대신, 그를 바라보았고, 순간 마치 내가 그의 어머니가 된 것만 같았다. 나는 그들을 내 아들 대하듯이 말하기 시작했다. 내가 이야기를 마쳤을 때, 분위기는 마치 종교집회현장 같았다. 그들은 다 일어났다. 맨 앞줄에 앉은 키가 아주 큰 청년이 눈물을 흘리며 나에게 말했다. "저의 어머니 같아요." 그에게 나의 진심이 전달 된 것 같았다. 내 삶의 전환점이 된 사건이다. 사실 나는 그러려고 간 것은 아니었다. 나는 그런 의도로 그곳에 간 게 아니었다. 그런데 나는 "제가 여기에 다시 올 수 있나요?"라고 말했다. 그 때가 1994년이었다. 이후 나는 여전히 교도소를 가고 있다. 교도소에 가면 갈수록 더 가고 싶다.

지난 10월 주 박람회에 가서 온 몸에 타투를 한 남성이 다가와 "교도소에서 당신의 강의를 들은 적 있어요."라고 말했다. 우리는 눈물을 머금고 박람회장 안에 서 있었고, 그는 "이 사람은 제 아니에요. 저는 영웅이 되었어요. 당신이 나를 다르게 만들어주었어요. 어느 누구도 내 삶이 달라질 수 있다고 말하지 않았어요."라고 말했다.

토마스 앤 하인즈(Thomas Ann Hines)

서클에 와서 참여해준 것에 대한 감사의 인사를 한다.

전등갓이 아닌 빛 보기

서클에 오면서 만났던 세 명을 떠올려요. 전혀 알지 못하고, 말을 섞어보지 않은 사람이어도 괜찮아요. 버스 옆 자리에 앉았던 사람이어도 좋고, 카페에 종업원이어도 좋고, 길거리에서 스쳤던 사람이어도 좋아요. 그 사람에 대해 설명해 볼까요? 당신이 그 사람에 대해 판단하게 만든 근거를 적어봐요.

판단근거

사람 1 ______________________________

사람 2 ______________________________

사람 3 ______________________________

지금은 각 사람의 내면의 자아를 마음속에 그려볼까요? 그 사람들이 선하고, 지혜롭고 에너지가 넘치는 사람이라고 보기위해 노력하고 그 사람들이 지나가고 있다고 상상해보아요. 어떻게 느껴지나요? 여러분 자신을 위해 마음속에 그려 본 것을 바탕으로 다음의 질문에 답을 써 보세요. 저는 대개 다른 사람을 있는 그대로 볼 때 다음과 같이 느낍니다.

1. 제가 다른 사람을 볼 때 느끼는 방식은 대개

____

____ 합니다.

2. 제가 다른 사람의 핵심자아를 보는 연습을 하며, 제 자신에 대해 배우게 된 것은

____

____ 입니다.

2-4 명상 소개 서클

목적: 참여자들에게 명상을 소개하고 일상에서 명상하기를 권유하기

준비물: 서클상징물, 토킹피스, 명상 영상과 이를 보여줄 장비

서클의 시작에서 이것이 의도된 공간임을 알리는 일은 언제나 중요하다. 책에 제안된 공간 열기가 적합하지 않다면 상황과 환경에 맞는 적합한 공간 열기를 찾아도 좋다.

환영하기 서클에 온 모두를 환영한다.

공간 열기: 참여자들을 침묵으로 앉도록 초대한다. 침묵에 머무르면서, 참여자들에게 외부에서 들리는 소리에 집중하도록 초대한다. 잠깐의 시간을 준다. 이번에는 자신의 내면에서 어떤 소리가 들리는지 묻는다. 잠깐의 시간을 준다.

침묵에 머무는 동안 몸이 어떻게 느끼는지 알아채도록 부탁한다. 잠깐의 시간을 준다. 침묵에 머무는 동안 어떤 단어들이 떠올랐는지 생각해보도록 한다. 토킹피스를 돌리면서, 침묵 속에서 떠오른 단어들을 나누도록 초대한다.

토킹피스를 가능한 많이 사용하는 것이 좋다. 브레인 스토밍이나 다른 활동을 하는 시간에는 토킹피스의 사용을 보류할 수 있다. 그러나 토킹피스가 전체 서클에 중요하게 사용되지 않는다면 서클의 진실성을 훼손될 수 있다.

토킹피스 소개하기: 토킹피스가 어떻게 작동하는지 설명한다.

자기 소개 및 마음연결하기: 토킹피스를 사용하여, 처음 만난 그룹은 자기 소개를 하고, 이미 서클로 만났던 그룹은 마음연결하기를 하도록 초대한다. 이때 진행자가 먼저 이야기하는 것이 좋다. 부록 3, 4의 질문들을 참고할 수 있다.

참여자들이 가치 정하기와 약속 만들기에 참여하도록 하는 것은 서클의 안전한 공간을 구축하기 위해 매우 중요하다. 서클의 전체구성원들은 이 과정을 통해 안전한 공간을 유지하는 것에 대한 책임을 갖게 된다.

가치 정하기와 약속 만들기:

이전에 만났던 그룹이라면, 전에 만들었던 가치와 약속을 참여자들과 함께 점검한다. 처음 만나는 그룹이라면, '평화형성서클 배우기' 의 끝부분에 나온 '서클에서 가치 세우기를 위한 조언' 의 기술 중 하나를 사용하여 가치의 기초를 다진다. '부록 4. 서클을 위한 간단한 질문들' 에 나온 제안사항들도 참고할 수 있다. 중요한 가치를 확인한 후 참여자들에게 서클에 참여할 때 중요하다고 생각하는 약속들을 말할 수 있도록 요청함으로써 서클의 약속을 정한다. 모두가 볼 수 있는 곳에 약속을 기록하여 놓는다.

주요 활동

명상 영상[1]을 보여준다.

나눔 1: "영상에 대해 어떻게 생각하나요?"

나눔 2: "명상에 대해 어떻게 생각하나요? 그것이 당신에게 가치가 있는 일이라고 생각하나요? 매일 명상을 할 수 있을 것 같나요?"

나눔 3: "비디오나 명상에 대해서 추가적인 생각이 있다면 무엇인가요?"

성찰 나눔: 마지막으로 토킹피스를 한 번 더 돌리며 참여자들에게 서클에 대한 자신의 생각을 나눌 수 있도록 초대한다. 시간이 충분하지 않거나, 그룹에 사람이 많다면 서클을 마치며 참여자들에게 현재 느끼는 감정을 한 단어로 요약하여 말할 수 있도록 요청해도 된다. 진행자가 마지막에 나눌 것을 제안한다.

의도된 공간으로서의 서클의 끝을 알리는 것은 중요하다. 만일 제안된 서클을 닫는 의식이 이 서클과 어울리지 않는다면 적합한 다른 닫는 의식을 찾거나 생각해본다.

공간 닫기: "저를 진정시켜 주세요."

저를 진정시켜 주세요.

마음을 진정시키려고 할 때 심장은 쉽게 뛰지요.

영원한 시간의 상상 속에서 잰 걸음으로 진정시켜요.

혼돈 속에 있을 때, 평온한 언덕으로 안내해주세요.

---

1) (역주) 저자는 www.Lionheart.org 의 명상영상을 추천하고 있으나, 역자들은 한국 독자들의 정확한 이해를 위해서 일반 인터넷에 있는 명상관련영상을 추천한다. ("명상동영상" "명상하는 법" 등으로 검색하여 알맞은 영상을 선택한다)

신경과 근육이 긴장했을 때 제 영혼의 노래로 평온하게 해주세요.

도와주세요.

저에게 기적과 같이 평온한 휴식을 있다고요.

일 분의 기적과 같은 휴식을 통해 꽃을 보고, 친구와 대화하고,

강아지를 쓰다듬고, 좋은 책을 읽을 수 있다는 것을 알려주세요.

제가 제 뿌리 깊이 박혀있는 가치를 알 수 있도록 보내주시고,

제 삶의 운명과 같은 멘토와 같이 영향을 받을 수 있다고 저를 진정시켜주세요.

-키스톤(Kistone)

서클에 와서 참여해준 것에 대한 감사의 인사를 한다.

2-5 감정 고르기 서클

목적: 다양한 감정에서 자신의 감정을 구분하고, 타자에게 비슷한 감정을 표현하며 공감능력을 발달한다.

준비물: 서클상징물, 토킹피스, 감정 카드, 큰 종이, 상자

사전준비: 서클을 닫을 때 사용하기 위해 카드나 종이에 다양한 감정을 적는다.

서클의 시작에서 이것이 의도된 공간임을 알리는 일은 언제나 중요하다. 책에 제안된 공간 열기가 적합하지 않다면 상황과 환경에 맞는 적합한 공간 열기를 찾아도 좋다.

환영하기 서클에 온 모두를 환영한다.

공간 열기: 아래의 내용을 읽으며 진행합니다.

"눈을 감고, 숨을 크게 들이쉽니다. 눈을 감는 것이 어색하다면 바닥이나 마주하고 있는 벽에 시선을 고정해요. 눈과 귀를 이완시켜보세요. 계속 크게 숨을 들이쉬고, 천천히 내 쉬어요. 숨을 내쉬는 소리에 집중해요. 들이쉬고 천천히 내쉬면서 자신의 숨소리를 들어봅니다. 멈춤 *계속해서 숨소리를 들어보세요.* 멈춤

온전히 내 숨소리에 집중하여 들어봅니다. 멈춤 *몸에 힘을 주었다가 이완시킵니다. 어깨와 목의 긴장을 이완시킵니다. 숨을 내 쉴 때 발과 다리에 힘을 빼 보세요. 심장박동 소리를 들어보세요. 심장박동의 리듬을 느껴봅니다. 긴장을 풀면 심장박동은 천천히 뛸 거예요. 심장박동 소리를 느*

껴보세요. 멈춤 *다시 크게 들이쉬고 천천히 어깨, 팔, 등과 다른 곳의 긴장도 풀어요. 이제 머리로 이동해요. 머릿속에서 어떤 소리가 들리는지 들어보세요.* 멈춤 *계속해서 들어봅니다.* 멈춤

다시 호흡에 집중합니다. 들이쉬고 내쉬는 호흡에 주의를 기울입니다. 이제 다시 주의를 돌려 우리가 함께 있는 공간으로 돌아옵니다. 당신의 왼쪽과 오른쪽에 누가 있는지 알아챕니다. 멈춤

자신의 내면과 외부의 공간을 알아채보세요. 서클에 오신 여러분을 환영해요.

토킹피스를 가능한 많이 사용하는 것이 좋다. 브레인 스토밍이나 다른 활동을 하는 시간에는 토킹피스의 사용을 보류할 수 있다. 그러나 토킹피스가 전체 서클에 중요하게 사용되지 않는다면 서클의 진실성을 훼손될 수 있다.

토킹피스 소개하기: 토킹피스가 어떻게 작동하는지 설명한다.

자기 소개 및 마음연결하기: 토킹피스를 사용하여, 처음 만난 그룹은 자기 소개를 하고, 이미 서클로 만났던 그룹은 마음연결하기를 하도록 초대한다. 이때 진행자가 먼저 이야기하는 것이 좋다. 부록 3, 4의 질문들을 참고할 수 있다.

참여자들이 가치 정하기와 약속 만들기에 참여하도록 하는 것은 서클의 안전한 공간을 구축하기 위해 매우 중요하다. 서클의 전체구성원들은 이 과정을 통해 안전한 공간을 유지하는 것에 대한 책임을 갖게 된다.

가치 정하기와 약속 만들기:

이전에 만났던 그룹이라면, 전에 만들었던 가치와 약속을 참여자들과 함께 점검한다. 처음 만나는 그룹이라면, '평화형성서클 배우기' 의 끝부분에 나온 '서클에서 가치 세우기를 위한 조언' 의 기술 중 하나를 사용하여 가치의 기초를 다진다. '부록 4. 서클을 위한 간단한 질문들' 에 나온 제안사항들도 참고할 수 있다. 중요한 가치를 확인한 후 참여자들에게 서클에 참여할 때 중요하다고 생각하는 약속들을 말할 수 있도록 요청함으로써 서클의 약속을 정한다. 모두가 볼 수 있는 곳에 약속을 기록하여 놓는다.

주요 활동

나눔 1: 참여자들에게 "감정이란 무엇인가? 예를 들면 어떤 것들이 있는가?" 그리고 큰 종이에 그들이 말한 감정들을 적는다.

준비한 감정 카드를 상자에 넣어 돌린다. 카드에는 긍정적인 감정도 있고 부정적인 감정도 있어야 한다. 참여자들이 카드를 하나씩 뽑도록 한다. 모든 참여자들이 자신이 뽑은 감정을 이해했는지 확인한다.

나눔 2: "언제 그러한 감정을 느꼈나요?"

"어떠한 상황에서 그 감정을 느꼈고, 그때 몸은 어떻게 반응했는가?" 진행자가 마지막으로 말한다.

나눔 3: 앞서 말한 경험과 관련하여 계속 이야기를 나눈다.

"시간이 지나면서 감정이 변하였나요?"

"만약 다른 사람들도 같은 사건을 경험했다면, 그들도 그 경험에 대해 비슷하게 느꼈을까요?"

"지금 그 사건을 떠올린다면 어떤 감정이 느껴지나요?"

"그 때 경험했던 감정이 당시 행동에 영향을 미쳤었나요?"

*추가적인 질문:오늘 다른 사람들의 감정에 대한 이야기를 들으면서 무엇을 배웠나요?

성찰 나눔:마지막으로 토킹피스를 한 번 더 돌리며 참여자들에게 서클에 대한 자신의 생각을 나눌 수 있도록 초대한다. 시간이 충분하지 않거나, 그룹에 사람이 많다면 서클을 마치며 참여자들에게 현재 느끼는 감정을 한 단어로 요약하여 말할 수 있도록 요청해도 된다. 진행자가 마지막에 나눌 것을 제안한다.

의도된 공간으로서의 서클의 끝을 알리는 것은 중요하다. 만일 제안된 서클을 닫는 의식이 이 서클과 어울리지 않는다면 적합한 다른 닫는 의식을 찾거나 생각해본다.

공간 닫기:

모든 사람들을 자리에 서서 손을 하늘 위로 높이 들고 숨을 들이 마시도록 초대하자. 팔을 아래로 떨어뜨리면서 숨을 내쉬자. 슬픈 감정을 소리를 내지 않고 온 몸으로 보여주도록 초대하자. 잠시 머무르도록 한다. 슬픈 감정을 표현하던 것에서 서서히 호기심을 나타내는 감정을 온 몸으로 표현하도록 초대하자무언. 호기심을 나타내는 감정에서 서서히 화난 감정을 온 몸으로 표현하도록 초대하자. 화난 감정에서 흥분한 감정을 온 몸으로 나타내도록 초대하자. 온 몸을 흔들면서 깊이 쉬고, 긴장을 이완하면서, 부정적인 감정을 털어내도록 초대하자.

서클에 함께 해 준 모든 사람에게 감사를 표현한다.

감정카드 _ 예시

놀란	화난	귀찮은	괴로운
불안한	감사하는	창피한	지루한
평온한	속이는	유쾌한	혼란스러운
걱정스러운	실망스러운	무례한	매우 불안해하는
초초해하는	공허한	열광적인	흥분된
지친	놀란	기쁜	고마워하는
죄책감이 드는	행복한	무련한	영광스러운
희망찬	기분이	상한	무시당한
겁을 내는	고립된	질투하는	만족스러운
버려진	외로운	미친	비참한
불안한	제압당한	고통스러운	평화로운
기뻐하는	자랑스러운	거절당한	이완된
안도하는	후화하는	존경하는	멍청한
긴장된	피곤한	황홀한	이해하는
걱정하는			

2-6 마음의 날씨 확인하기 서클

목적: 참여자가 자신의 행동에 내제된 감정과 생각을 더 잘 알아차리도록 돕는다. 또한 참여자들이 자신의 감정을 알아차리고, 이에 이름 붙이고, 조절하는 능력을 향상시킨다.

준비물: 서클상징물, 토킹피스, 유인물

서클의 시작에서 이것이 의도된 공간임을 알리는 일은 언제나 중요하다. 책에 제안된 공간 열기가 적합하지 않다면 상황과 환경에 맞는 적합한 공간 열기를 찾아도 좋다.

환영하기 서클에 온 모두를 환영한다.

공간 열기: 아래의 '넓은 하늘 명상Big Sky Meditation'을 읽는다: 호흡 명상으로 시작하고, 그 뒤 넓은 하늘 명상으로 들어간다.

잠시 동안 호흡에 집중한 뒤 넓고 청명한 하늘을 떠올립니다.

아무것도 보이지 않는 끝없이 펼쳐진 넓고 열린 공간을 떠올려봅니다.

텅 빈 공간은 조용하고 평화로워요. 그 곳엔 나무도, 집도, 사람도 없습니다. 넓은 하늘의 침묵을 깰 그 어떤 소리도 없습니다. 수 천 킬로를 가도 보이는 것은 넓고 열린 파란 하늘뿐입니다. 이제 여러분의 마음도 바로 그 광활하고 평화롭고 조용한 하늘과 같다고 생각해봅니다.

때때로 그 넓은 하늘에는 작은 구름이 머리 위로 떠다니기도 합니다. 물론 그 구름이 보이긴 하지만 광활한 하늘에 비하면 아주 조그마한 것에 불과해요. 그 구름은 열린 공

간을 지나 점점 더 작아지고 희미해지다가 결국엔 소멸합니다. 이제 여러분 자신이 바로 그 넓은 하늘이라 생각해보세요. 작은 구름처럼 이런 저런 생각들이 머리에 떠오를 겁니다. 그러나 그 생각들은 영원히 머무르지 않아요. 갑자기 떠올랐을 때처럼 곧 사라질 거예요.

어떤 일이 벌어지든 광활하게 펼쳐진 조용한 하늘은 여전히 그대로입니다. 명상 도중에 어떤 소리가 들릴 수도 있어요. 그러나 그런 소리 역시 곧 없어질 구름과 같습니다. 생각, 추억, 혹은 대단한 아이디어들이 떠오를 수도 있지만 이 역시 큰 문제는 아닙니다. 스스로에게 그저 '또 다른 작은 구름이 떠 있구나.' 라고 말하고 다시 여러분의 호흡에 집중하여 넓은 하늘의 고요와 평화로 돌아갑니다.

때때로 우리는 넓은 하늘 속에서 우리의 생각을 읽습니다. 우리는 조용하고 넓게 열린 공간을 보고 싶은 마음에 고개를 들지만 폭풍우와 어둠만을 볼 때가 있어요. 그렇지만 이것 역시 그저 환영일 뿐입니다. 그 구름 위에는 똑같이 넓은 하늘이 존재합니다. 청명하고, 끝없이 펼쳐진 빛으로 가득 채워진 하늘만이 존재하죠.

구름이 잠시 동안 넓은 하늘을 가릴 수는 있어도 결국 그 위에는 완벽한 고요의 넓은 하늘이 존재합니다. 지금처럼 하루를 보내면서 여러분을 감싸고 있는 그 넓은 하늘을 기억할 시간을 따로 마련합니다. 무언가 여러분을 귀찮게 하거나 화나게 하는 일이 생긴다면 청명하고 조용하고 광활한 하늘을 떠올리고 여러분 앞에 놓인 그 어떤 상황도 조율할 수 있다는 느낌이 들 때까지 그 이미지에 머물러 봅니다.

자, 이제 여러분이 깨달은 것들을 이 공간으로 초대해봅니다. 눈을 감고 있다면 준비가 되었다고 느꼈을 때 눈을 뜨셔도 좋아요. 주위를 둘러보고 이 공간과 이 공간에 있는 사람들이 누구인지 알아차립니다. 여러분 모두를 환영합니다.

- Power Source

토킹피스를 가능한 많이 사용하는 것이 좋다. 브레인 스토밍이나 다른 활동을 하는 시간에는 토킹피스의 사용을 보류할 수 있다. 그러나 토킹피스가 전체 서클에 중요하게 사용되지 않는다면 서클의 진실성을 훼손될 수 있다.

토킹피스 소개하기:토킹피스가 어떻게 작동하는지 설명한다.

자기 소개 및 마음연결하기:토킹피스를 사용하여, 처음 만난 그룹은 자기 소개를 하고, 이미 서클로 만났던 그룹은 마음연결하기를 하도록 초대한다. 이때 진행자가 먼저 이야기하는 것이 좋다. 부록 3, 4의 질문들을 참고할 수 있다.

참여자들이 가치 정하기와 약속 만들기에 참여하도록 하는 것은 서클의 안전한 공간을 구축하기 위해 매우 중요하다. 서클의 전체구성원들은 이 과정을 통해 안전한 공간을 유지하는 것에 대한 책임을 갖게 된다.

가치 정하기와 약속 만들기:

이전에 만났던 그룹이라면, 전에 만들었던 가치와 약속을 참여자들과 함께 점검한다. 처음 만나는 그룹이라면, '평화형성서클 배우기' 의 끝부분에 나온 '서클에서 가치 세우기를 위한 조언' 의 기술 중 하나를 사용하여 가치의 기초를 다진다. '부록 4. 서클을 위한 간단한 질문들' 에 나온 제안사항들도 참고할 수 있다. 중요한 가치를 확인한 후 참여자들에게 서클에 참여할 때 중요하다고 생각하는 약속들을 말할 수 있도록 요청함으로써 서클의 약속을 정한다. 모두가 볼 수 있는 곳에 약속을 기록하여 놓는다.

주요 활동

아래의 내용을 읽으면서 활동을 시작한다.

"여러분들은 오늘 이곳에 오기 전에도 아마 꽤 많은 사람들을 상대했을 거예요. 그러는 동안에 여러분들은 아마 긍정적인 경험을 했을 수도 있고 불쾌한 경험을 했을지도 모릅니다. 우리의 일상에서는 자신의 감정에 대해 생각하거나 기억하는 습관을 가지기 쉽지 않아요. 그러나 우리의 행동에 가장 큰 영향을 주는 것은 행동 이면에 있는 감정이에요. 그래서 우리는 우리의 행동을 조절하기 위해서 먼저 자신의 행동 이면에 어떤 감정이 있는지를 봐야해요. 그래서 우리는 '마음의 날씨 확인하기' 를 하려고 해요."

진행자를 포함한 모두가 '마음의 날씨 확인하기' 유인물을 받는다.

참여자들이 유인물에 있는 감정들을 다 이해했는지 확인하고, 모른다면 설명한다.

참여자들이 유인물을 적게 한다. 완성할 수 있는 충분한 시간을 준다.

나눔 1: "유인물을 적는 것이 어떻게 다가오나요?", "특정한 상황과 관련된 감정과 생각들을 발견할 수 있었나요?"

나눔 2: 참여자들이 확인한 감정들에 대해 나눈다.

나눔 3: "그러한 상황에서 몸의 감각은 어떠했나요? 그 상황에 대한 반응은 어떠했나요?"

나눔 4: "우리가 뭔가 다르게 행동한다면 우리의 마음의 날씨에 변화가 생길 것 같은가요?"

성찰 나눔: 마지막으로 토킹피스를 한 번 더 돌리며 참여자들에게 서클에 대한 자신의 생각을 나눌 수 있도록 초대한다. 시간이 충분하지 않거나, 그룹에 사람이 많다면 서클을 마치며 참여자들

에게 현재 느끼는 감정을 한 단어로 요약하여 말할 수 있도록 요청해도 된다. 진행자가 마지막에 나눌 것을 제안한다.

의도된 공간으로서의 서클의 끝을 알리는 것은 중요하다. 만일 제안된 서클을 닫는 의식이 이 서클과 어울리지 않는다면 적합한 다른 닫는 의식을 찾거나 생각해본다.

공간 닫기:

마지막 유인물을 나눠준다. 유인물 첫 번째 빈 공간에 부정적이거나 두려운 감정을 적도록 한다. 참여자들이 적은 것을 시처럼 읽도록 토킹피스를 돌린다. 진행자가 먼저 시작한다.

서클에 와서 참여해준 것에 대한 감사의 인사를 한다.

공감 닫기 자료

나는 ______________________________를 선택할 수 있다.

부정적인 감정이나 두려움과 관련된 감정의 이름을 적는다. 예) 화, 좌절, 불안….

또는 나는 평화를 선택할 수 있다.

또는 사랑, 인내, 연민, 이해

선택은 나에게 달려있다.

나는 오늘 모든 것을 흘려보내고,

온전히 나 자신이 되고,

평온하고 명확하게 알아차릴 것이다.

이것이 세상을 다르게 보는 방법이다.

마음의 날씨 확인하기

1. 오늘의 '마음의 날씨' 감정가 어떤지 알려주세요.

2. 오늘 무슨 일이 있었나요? 구체적으로 적어보세요. 사람, 장소, 활동, 사건, 생각, 날씨 등 경험한 것은 무엇이든 적어주세요.

3. 어떤 감정이 일어났나요? 그 일 이면에 어떤 감정을 느끼고 있었나요? 그 단어에 밑줄을 치거나 동그라미를 그려서 감정을 살펴봐요.

버림받은	유치한	초조한	희망적인	쇠약한
후회하는	유쾌해진	전투적인	공허한	감정이 상한
미친	침착하지 못한	화난	혼란스러운	샘나는
무시받는	비참한	슬픈	성가신	모욕적인
분노한	간섭받는	신경질적인	무서운	근심하는
염려스러운	흥분된	감동받은	불쾌한	멍청한
창피한	맥을 못 추는	고갈된	무심한	무례함
심술궂은	쓰라린	좌절한	열광적인	격노한
압도당한	말랑한	행복이 넘치는	환희에 찬	소름이 끼치는
불안정한	아픈	긴장된	우울한	열망하는
지친	영향을 받은	공포	곤란한	지겨운
실망한	어리석은	벌벌떠는	시달린	불안정한
부담스러운	권위가 떨어진	섬뜩한	고립된	기뻐하는
마음이 상한	평온한	단절된	기쁘게 생각하는	질투나는
압박받은	연약한	유능한	심란한	가책받는
즐거운	자랑스러운	지긋지긋한	교활한	방해받은
행복한	버려진	거절당한	걱정스러운	신명나는
초조해하는	무능한	외로운	안심한	

4. 어떤 생각이 일어났나요?

5. 어떤 몸의 감각이나 신체적 반응을 경험했나요?

근육 긴장	저림	불면증	머리아픈
피로	몽롱하게 보이는	땀 흘리는	극도로 흥분된
눈물 젖은	숨쉬지 곤란한	피곤한	신체적인 고통
가슴 떨리는	소화가 안되는	몸에 열이 나거나 차가워지는	
따끔거리는	몸이 아픈	혈압이 올라가는	

그 외에 느낀 다른 감각들이 있다면?

6. 여러분은 어떻게 반응했나요?

7. 당신이 겪게 된 그 상황에서 본질적인 문제는 무엇이었나요?

다음의 문장을 완성하세요.

문제는 ______________________________ 입니다.

보다 본질적인 문제는 ______________________________ 입니다.

그보다 더 본질적인 문제는 ______________________________ 입니다.

문장을 완성할 수 있는 만큼 적어내려갑니다. 마음의 문을 열고, 깊이 살펴봅니다. 그리고 용기를 가지고 시간을 내서 이 작업을 해내고 있는 자신을 칭찬해주세요.

8. 그 당시에 조금이라도 다르게 할 수 있었나요? 만약 그렇다면, 무엇인가요?

9. 이 과정을 통해 무엇을 배웠나요?

2-7 청소년의 감정-욕구 찾기 서클

목적: 청소년의 건강한 발달과 관련된 욕구를 찾고 청소년들이 자신의 충족되지 않은 욕구와 삶의 부정적인 감정 사이의 관계를 확인하도록 돕는다.

준비물: 서클상징물, 토킹피스, 감정/욕구 유인물, 필기구, 전지

서클의 시작에서 이것이 의도된 공간임을 알리는 일은 언제나 중요하다. 책에 제안된 공간 열기가 적합하지 않다면 상황과 환경에 맞는 적합한 공간 열기를 찾아도 좋다.

환영하기 서클에 온 모두를 환영한다.

공간 열기:욕구에 대한 치유의 바퀴

치유의 바퀴the Medicine Wheel는 네 개의 면으로 나누어져 있다. 각 분면은 인간의 기본 신체적, 감정적, 정신적, 영적 욕구를 나타낸다. 조용한 곳에 앉아서 긴장을 풀고, 눈을 감거나 편안한 곳을 바라본다. 자연스럽게 숨을 들이쉬고 내쉰다. 호흡을 할 때마다 치유의 바퀴의 한 분면에 해당하는 욕구를 상상한다. 각 분면을 상상할 때마다 세 번씩 호흡하면서 그 해당하는 욕구가 채워진 자신의 모습을 상상한다.

토킹피스를 가능한 많이 사용하는 것이 좋다. 브레인 스토밍이나 다른 활동을 하는 시간에는 토킹피스의 사용을 보류할 수 있다. 그러나 토킹피스가 전체 서클에 중요하게 사용되지 않는다면 서클의 진실성을 훼손될 수 있다.

토킹피스 소개하기: 토킹피스가 어떻게 작동하는지 설명한다.

자기 소개 및 마음연결하기: 토킹피스를 사용하여, 처음 만난 그룹은 자기 소개를 하고, 이미 서클로 만났던 그룹은 마음연결하기를 하도록 초대한다. 이때 진행자가 먼저 이야기하는 것이 좋다. 부록 3, 4의 질문들을 참고할 수 있다.

참여자들이 가치 정하기와 약속 만들기에 참여하도록 하는 것은 서클의 안전한 공간을 구축하기 위해 매우 중요하다. 서클의 전체구성원들은 이 과정을 통해 안전한 공간을 유지하는 것에 대한 책임을 갖게 된다.

가치 정하기와 약속 만들기:

이전에 만났던 그룹이라면, 전에 만들었던 가치와 약속을 참여자들과 함께 점검한다. 처음 만나는 그룹이라면, '평화형성서클 배우기' 의 끝부분에 나온 '서클에서 가치 세우기를 위한 조언' 의 기술 중 하나를 사용하여 가치의 기초를 다진다. '부록 4. 서클을 위한 간단한 질문들' 에 나온 제안사항들도 참고할 수 있다. 중요한 가치를 확인한 후 참여자들에게 서클에 참여할 때 중요하다고 생각하는 약속들을 말할 수 있도록 요청함으로써 서클의 약속을 정한다. 모두가 볼 수 있는 곳에 약속을 기록하여 놓는다.

주요 활동

나눔 1: "청소년들이 건강한 어른으로 성장하기 위해 필요한 것은 무엇일까요?"

진행자는 전지에 모든 참여자들이 말한 모든 것을 '욕구' 란을 만들어 모든 참여자들이 말한 내용을 모두 받아적는다. 모든 사람들이 이야기하고 나면, 적은 목록을 읽어준다. 더 추가할 내용이 있는지 묻고 필요하다면 토킹피스를 한 바퀴 더 돌린다.

나눔 2: "만일 여러분들이 어렸을 때, 여기에 적힌 것들을 충족하지 못했다면, 어떤 느낌이었을까요?" 전지에 '욕구가 충족되지 않았을 때의 감정'을 받아 적도록 한다. 모두가 이야기하고 나면, 적은 리스트를 다시 읽는다. 더 넣을 것이 있다면 추가로 토킹피스를 돌린다. 충족되지 않은 욕구는 종종 부정적인 감정을 유발한다는 것을 설명한다. 우리는 종종 감정 밑에 놓여있는 충족되지 않은 욕구를 인식하지 못한 채 감정에 사로잡혀 있다.

감정-욕구 유인물을 나눠준 후, 참여자들에게 우리가 함께 만든 감정 목록 중에 그들이 과거에 가져본 적이 있거나 지금 가지고 있는 감정을 찾아 적도록 한다. 그리고 그 감정들 아래에 충족되지 않은 욕구에는 무엇이 있는지 적도록 한다.

나눔 3: 참여자들에게 그들이 가지고 있는 감정이나 과거에 느꼈던 감정에 대해서 나누고 그 감정의 근원이 될 수 있는 충족되지 않은 욕구에 대해서 나눠보도록 초대한다.

나눔 4: 참여자들에게 최근에 그들의 삶에서 충족되지 않은 욕구를 하나 확인하도록 하고 그 욕구가 충족될 수 있는 건강한 방법에 대해서 생각하게 한다.

나눔 5: 청소년들의 욕구와 감정에 대하여 더 이야기 하고 싶은 것 있다면 나누도록 한다.

성찰 나눔: 마지막으로 토킹피스를 한 번 더 돌리며 참여자들에게 서클에 대한 자신의 생각을 나눌 수 있도록 초대한다. 시간이 충분하지 않거나, 그룹에 사람이 많다면 서클을 마치며 참여자들에게 현재 느끼는 감정을 한 단어로 요약하여 말할 수 있도록 요청해도 된다. 진행자가 마지막에 나눌 것을 제안한다.

의도된 공간으로서의 서클의 끝을 알리는 것은 중요하다. 만일 제안된 서클을 닫는 의식이 이 서클과 어울리지 않는다면 적합한 다른 닫는 의식을 찾거나 생각해본다.

공간 닫기:

어린이들은 어떤가요?

아프리카에 가장 전설적인 부족 중에서 마사이족만큼 지적이고 두려움이 없는 용사를 가진 부족은 없다. 우리는 마사이 전사들의 인사말로부터 놀라운 배움을 얻을 수 있다. 그들의 전통적인 인사는 '카서기안 인제라Kassergian Ingera' 로 뜻은 "그리고 어린이들은 어떤가요?" 이다.

여전히 마사이족 사이에서 행하는 인사로 마사이족은 항상 어린이들의 평온함을 가치롭게 여긴다. 심지어 전사들이 자녀를 가지고 있지 않더라도, "모든 어린이는 괜찮아요." 라고 답한다. 그것은 '삶이 괜찮다' 라는 의미이다. 비록 가난한 사람들은 자신의 자녀들을 잘 돌볼 수 없는 어려운 일상을 살고 있음에도 말이다.

우리가 이 인사를 한다면, 어린이들의 복지에 대한 우리의 인식에 어떤 영향을 미치게 될까? 만일 우리가 일상에서 이렇게 인사를 시작하고, 하루에도 열 두 번 이상씩 서로에게 표현한다면 우리의 문화는 어떻게 바뀔까? 우리나라에서 어린이들을 위한 문화는 어떻게 바뀔 수 있을까?

만일 모든 성인들이부모이든지 부모가 아니든지 일상에서 똑같이 책임을 느끼고, 우리 마을, 도시, 나라의 어린이들을 돌본다면, 어떻게 될까? 모두가 아무 걱정 없이 "우리 아이들은 좋아요. 모든 어린이들은 괜찮아요." 라고 말한다면, 어떻게 될까?

만약 대통령에게 기자회견장이나 공식 석상에서, "대통령님 그런데 어린이들은 어떤가요?" 라고 묻는다면 어떨까? 만약 시장이나 도지사에게, "시장님 그런데 어린이들은 어떤가요? 괜찮나요?" 라는 질문을 한다면 어떨까? 흥미로운 답을 듣게 되지 않을까?

-페드릭 오 네일(Rev. Dr. Patrick T. O' Neill) 목사의 연설문 중에서

서클에 와서 참여해준 것에 대한 감사의 인사를 한다.

감정	욕구

Ⅲ. 적용하기

모듈 3
삶의 불공평함 다루기:트라우마 & 회복력
Dealing With Life's Unfairness:Trauma & Resilience

사회 복지 혜택을 받고 있는 대부분의 가족과 젊은이는 자신의 과거에서 어떤 형태로든 개인의 트라우마를 경험했다. 그렇게 트라우마는 종종 그들을 고통의 현장에서 사회 복지의 장으로 이끈다. 단도직입적으로 말하면, 트라우마는 핵심자아로부터 우리를 분리시킨다. 트라우마가 우리 자신을 핵심자아로부터 단절시키고 있지만, 만일 우리가 핵심자아에 다가가려고 노력한다면 우리는 핵심자아 다시 연결될 수 있다. 그러나 우리는 트라우마가 삶에서 우리에게 끼치는 영향을 모른다. 그래서 우선 트라우마가 무엇인지 알아야 한다. 트라우마를 이해할 때 비로소 우리 자신에게 회복력이 있다는 사실과 트라우마로부터 치유할 수 있는 방식을 선택하는 방법들에 대해 이해할 수 있기 때문이다. 트라우마에 대한 의식, 트라우마와 회복력을 위한 전략들은 가족들과 젊은이들로 하여금 삶에서 트라우마에 건강하게 반응하도록 이끌어준다.

트라우마란 무엇인가?

*The Youth STAR Youth Handbook*은 트라우마를 다음과 같이 정의한다. "트라우마는 어떤 일이 벌어져 비정상적인 충격, 고통, 피해가 발생했을 경우, 그 일이 지나간 뒤에도 우리의 느낌을 압도하는 깊은 상처이다." 트라우마는 급작스러운 상실이나 구체적인 사건들과 관련된 피해의 결과이거나, 인간의 기본적 욕구에 미치지 못할 때 생기는 만성적인 질환이다.

모든 인간은 신체적, 감정적, 정신적 그리고 영적으로 그들의 기본적 욕구를 충족 받을 만한 가치가 있다. 그리고 이 욕구들은 우리와 가장 가까운 사람들을 믿는 것, 그리고 그들이 우리를 지지하고 돌보고 우리의 가치를 확인시켜주기를 바라는 것을 포함한다. 이 기본적 욕구들이 충족되지 못했을 때, 희망, 낙관론, 개인의 가치에 대한 감각, 소속감 등이 손상된다. 충족되지 않는 욕구의 트라우마는 대체적으로 감추어져 있으며, 그 영향을 받는 당사자 또는 교사나 사회복지사 같이 그 당사자와 관계되는 다른 사람들에게도 인식되지 않을 수 있다.

무엇이 트라우마를 야기하는가?

- 사고재해
- 자연재해
- 전쟁
- 갑작스러운 상실가정, 사랑하는 이, 친구
- 사회적 착취
- 심각한 질병
- 성적학대
- 집단폭행
- 계속되는 굴욕 상황
- 계속되는 괴롭힘, 음주나 약물 오 남용 혹은 방치

무섭거나 충격적인 모든 사건이 트라우마를 유발하는 것은 아니다. 트라우마는 스트레스나 수치심과는 다르다. 예를 들어, 스트레스는 우리가 기대했던 모든 일들을 할 시간이 없을 때나, 또는 시험을 준비하거나 면접을 보는 상황에서 생길 수 있다.

이것들은 일반적인 삶의 경험들이지 트라우마가 아니다. 비통함이 트라우마의 필수요소이긴 해도 비탄의 모든 원천이 트라우마는 아니다. 조부모님의 죽음 같은 우리가 겪는 몇몇의 상실은 인생에서 겪는 평범한 것들이다.

트라우마는 인생의 자연 질서를 벗어난 것이다. 트라우마는 본질적으로 불공평하다. 트라우마는 당연한 것이 아니다. 왜냐하면 그것은 우리 삶의 예상 범위 밖에 있으며, 인생의 의미를 향한 우리의 내적구조에 깊은 충격을 주기 때문이다. 트라우마는 일종의 배신이며, 깊은 수준에서 안전, 보안, 그리고 예측 가능성에 대한 우리의 감각을 해친다. 트라우마는 우리 앞에 놓인 인생의 길들과 협상할 수 있는 우리의 능력에 대한 스스로의 신뢰를 흔든다. 우리의 핵심자아로부터 우리를 단절시키는 것은 바로 이 충격의 강도와 깊이에서 비롯된다.

트라우마는 어떻게 우리에게 영향을 미치는가?

트라우마로 인해 많은 사람들은 자신의 느낌, 생각, 행동양상에 대해 신체 정신적인 변화를 경험한다.

- **느낌** : 슬픔, 화남, 죄책감, 감정의 폭발, 감정 조절능력 상실, 복수에 대한 환상.
- **생각** : 집중 곤란, 서투른 문제 해결, 그 사건에 사로잡히거나 회피.
- **신체적** : 증상:나약함, 구토, 식욕변화, 수면장애, 얕은 호흡, 두통
- **정신적 증상** : 의미상실, 신에 대한 의심, 무관심, 부정, 공허, 다른 이를 신뢰하기 어려움
- **행동 양상** : 잦고 빈번한 갈등, 휴식 불능, 혼자되기를 선택하기, 약물남용, 폭력

트라우마로 인한 느낌, 생각, 행동의 변화들은 대체적으로 우리 모두에게 해롭다. 우리의 느낌, 생각, 그리고 행동의 해로운 변화들은 우리가 우리의 핵심자아로부터 단절된 데에서 오는 결과이다. 핵심자아는 절대 다른 이들을 해치지도, 해치기를 요구하지도 않는다.

우리가 트라우마를 무시한다면 어떤 일이 일어나는가?

트라우마에 대한 몸의 반응은 많은 내적 에너지를 발생시킨다. 그 에너지는 종종 몸에 무의식적으로 갇혀 있고, 몇 년 동안이나 몸 안에 내재되어 있다. 사회 복지 현장에서 맞닥뜨리는 트라우마

중 흔히 볼 수 있는 아동학대나 방치와 같이 누적되는 트라우마는 더 많은 시간이 지나면서 고립된 에너지를 만들어낸다. 만약 그 에너지가 생산적이거나 건강한 방법으로 풀리지 않는다면 빈번하게 자기 자신을 향한 피해나 다른 이들을 향한 피해로 드러날 것이다. '행동의 외부화acting-out' 는 잠재적인 트라우마 에너지가 다른 이들을 공격하도록 만든다. '행동의 내면화acting-in' 는 잠재적인 트라우마 에너지가 우리 자신을 공격하도록 만든다.

행동의 내면화	행동의 외부화
• 술과 마약 남용 • 과로 • 폭식 • 우울. 슬픔, 희망없음 • 감각의 마비, 불안감, 자기비난, 수치 • 고통, 두통, 허약해짐, 등등	• 법에 대항 • 공격적, 비난, 화냄 • 확고부동, 편협 • 타인 공감에 대한 무능력 • 고 위험성 행동, 약물 남용 혹은 부적절한 성행위 • 약자를 괴롭히기 • 반복되는 갈등

'행동의 내면화' 와 '행동의 외부화' 는 핵심자아로부터 단절된 모습을 분명하게 보여준다. 행동의 내면화와 행동의 외부화는 원래의 트라우마로부터 시작된 피해를 반복시킨다. 모든 트라우마의 행위적 신호의 밑바탕에는 종종 깊고, 인지되지 않은 수치심이 존재한다. 수치심은 우리를 핵심자아로부터 단절시키는 가장 강력한 감정 중 하나이다. 수치심은 깊은 무가치함을 수반한다. 핵심자아는 언제나 가치 있다. '행동의 내면화' 와 '행동의 외부화' 는 잠재적으로 갇혀 있는 트라우마 에너지의 결과이고, 트라우마에 대한 인식과 인지는 그 행동양상들을 변화시킬 수 있는 첫 번째 지점이다.

회복탄력성

회복탄력성은 힘든 시기를 직면할 때에도 잘 적응할 수 있도록 하는 능력이다. 회복탄력성은 나무가 폭풍을 만나도 파괴되지 않고 휘어지듯이 역경에 부러지지 않고 구부러질 수 있는 능력이다. 트라우마에 대해 이야기할 때 회복탄력성은 트라우마적 경험들을 극복, 대처하고 그로부터 배워야 하는 개인과 공동체의 수용능력이다. 우리가 트라우마 사건을 경험한다고 해서 긴 기간 동안 부정적인 영향을 받을 필요는 없다. 대개의 경우, 우리가 우리 내적 힘과 지혜, 그리고 우리의 공동체로부터 오는 지지에 의지할 때 성공적으로 회복될 수 있다. 우리 각자는 회복할 수 있는 잠재력을 지니고 있다. 우리는 고난의 경험을 극복할 수 있고, 이로 인해 성장을 경험할 수도 있다.

핵심자아를 이해하는 것과 그것에 연결되는 것은 회복에 있어서 가장 중요한 부분 중 하나이다. 이 때 비탄에 잠기는 것은 치유의 중요한 부분 중 하나이다. 비탄은 상실이나 아픔의 고통을 인정하기와 내재화된 고통의 에너지를 풀어주기를 포함한다. 비탄은 대체적으로 일정기간 동안 여러 가지 형태로 발생한다. 트라우마의 영향을 겪고 있는 사람들은 그들의 고통, 역경의 근원을 알아차리지 못할 수 있으며, 결과적으로 슬퍼할 필요성조차 인식하지 못할 수 있다. 건강한 비통함 프로세스는 우리의 힘과 회복탄력성을 더해주고, 핵심자아와의 연결고리를 열어준다.

트라우마 회복 돕기

트라우마의 피해자의 회복을 돕는 방법들 중에는 치료요법이나 치료법도 아니고, 치료 전문기술에 기초하지도 않은 것들이 많이 있다. 트라우마 회복의 가장 중요한 요소 중 하나는 동료애이다. 피해자들에게 필요한 것은 인내력을 가지고 그들에게 "숨어, 피해, 아니면 고쳐"라는 말 없이 그들의 고통을 기꺼이 바라봐 줄 사람들, 이야기를 들어 주며 믿어주고, 트라우마를 진지하게 받아들여 줄 사람들이다. 이것은 일반적인 인간의 공감수용력에 대한 것으로 다른 사람의 슬픔과 고통을 목격해주는 것 뿐 아니라, 그들이 그들 자신의 고통을 볼 수 있도록 도와주는 것을 이야기한다. 이 동료애는 트라우마 피해자들의 두 가지 기본 욕구와 만난다. 트라우마를 겪은 사람들은 그들이 겪은 트라우마에 대해 이야기 할 기회와 그들이 받은 상처, 불공평함에 대해 인정받을 기회를 필요로 한다. 또한 그들은 공동체와 다시 연결되어야 하는데, 그 이유는 트라우마가 대략적으로 다른 이들에 대한 믿음과 신뢰를 약화시키기 때문이다.

서클 프로세스의 모든 참여자는 트라우마 의식으로의 여행과 회복적 탄력의 과정에서 서로에게 동반자가 되어준다. 이 연습은 자신의 삶 속에서 자신의 수준과 속도대로 트라우마를 시험하고자 하며 또한 트라우마로 인해 단절되었을지도 모르는 핵심자아의 힘을 되찾기 위해 일하는 서클의 참여자에게 기회를 제공한다. 그들은 서로를 위한 증인이 되어준다. 이로 인해 트라우마로부터 치유 받고 그들의 핵심자아에 연결될 수 있다.

몇 가지 트라우마의 반응들은 일반 사람들의 도움으로는 충분하지 않을 만큼 꽤 심각해서 전문적인 조정이 필요하다. 그래서 서클을 열 때, 부득이하게 집중적인 개입이 필요한 경우, 이를 위해 전문기관의 정보를 알아두는 것이 중요하다.

트라우마를 치료하는 일은 트라우마를 손상의 경험에 대한 충분한 애도와 트라우마에 대한 인식, 알아차림, 인지로부터 시작된다. 이것은 핵심자아는 절대 트라우마로 인해 줄어들지 않는다는 인식과 깨달음을 통해 계속된다. 나의 핵심자아와 다른 이들의 핵심자아를 다시 연결한다면, 트라우마로 인한 해로운 행동을 치유하고 변화시키는 쪽으로 더 나아가게 해준다. 다음의 모델서클들과 그 안에 포함되어 있는 연습들은 치유의 길로 가는 여행의 기회를 제공한다.

* 이 교육과정 자료는 이스턴 매노나이트 대학교의 정의와 평화구축을 위한 센터의 프로젝트인 Youth STAR의 작업으로 이루어졌습니다. 더 많은 정보가 필요하면 www.emu.edu/star를 방문해보십시오.

3-1 내 삶의 불공평함 나누기 서클

목적: 참여자들이 그들 삶에서 스스로가 만들어내지 않은 장애혹은 어려움를 인식하고 인정하여 스스로 명확한 선택을 하도록 도와주어, 삶 속에서 겪는 불공평함에서 오는 부정적인 영향을 줄인다.

준비물: 서클상징물, 토킹피스, 종이, 펜 혹은 마커, 유인물

***참고:**이번 서클에서는 공간 열기를 위해 원의 중심 공간이 사용되기 때문에 공간 열기가 끝나기 전까지는 서클상징물을 설치하지 않는다.

서클의 시작에서 이것이 의도된 공간임을 알리는 일은 언제나 중요하다. 책에 제안된 공간 열기가 적합하지 않다면 상황과 환경에 맞는 적합한 공간 열기를 찾아도 좋다.

환영하기 서클에 온 모두를 환영한다.

공간 열기:

참여자들에게 우리가 인간 조각상을 만들 것이라고 설명한다. 조각을 시작할 지원자를 초청한다. 초대된 사람은 서클의 중앙에 자세를 잡고 조각 작업이 끝날 때까지 그 자세를 유지하게 한다. 처음 시작한 사람으로부터 시계 방향으로 서클이 돌아가는데, 각 참여자들은 자신의 차례가 되면 한 명씩 중앙으로 가서 자신의 몸을 이용해 중앙에 있는 인간 조각상의 일부분이 되고, 서클이 끝날 때까지 그 자세를 유지한다. 조각이 완성되어 참여자들이 심호흡을 하고나면, 그들이 함께 만든 작품이 그들 각자가 만든 개개인의 조각 이상의 무언가라는 것을 알아차리게

된다. 참여자들을 또 한 번의 심호흡으로 초대한 뒤 서클로 돌아가 앉도록 한다. 서클의 중앙에 서클상징물을 놓는다.

토킹피스를 가능한 많이 사용하는 것이 좋다. 브레인 스토밍이나 다른 활동을 하는 시간에는 토킹피스의 사용을 보류할 수 있다. 그러나 토킹피스가 전체 서클에 중요하게 사용되지 않는다면 서클의 진실성을 훼손될 수 있다.

토킹피스 소개하기: 토킹피스가 어떻게 작동하는지 설명한다.

자기 소개 및 마음연결하기: 토킹피스를 사용하여, 처음 만난 그룹은 자기 소개를 하고, 이미 서클로 만났던 그룹은 마음연결하기를 하도록 초대한다. 이때 진행자가 먼저 이야기하는 것이 좋다. 부록 3, 4의 질문들을 참고할 수 있다.

참여자들이 가치 정하기와 약속 만들기에 참여하도록 하는 것은 서클의 안전한 공간을 구축하기 위해 매우 중요하다. 서클의 전체구성원들은 이 과정을 통해 안전한 공간을 유지하는 것에 대한 책임을 갖게 된다.

가치 정하기와 약속 만들기:

이전에 만났던 그룹이라면, 전에 만들었던 가치와 약속을 참여자들과 함께 점검한다. 처음 만나는 그룹이라면, '평화형성서클 배우기' 의 끝부분에 나온 '서클에서 가치 세우기를 위한 조언' 의 기술 중 하나를 사용하여 가치의 기초를 다진다. '부록 4. 서클을 위한 간단한 질문들' 에 나온 제안사항들도 참고할 수 있다. 중요한 가치를 확인한 후 참여자들에게 서클에 참여할 때 중요하다고 생각하는 약속들을 말할 수 있도록 요청함으로써 서클의 약속을 정한다. 모두가 볼 수 있는 곳에 약속을 기록하여 놓는다.

주요 활동

나눔: '공평함'이 참여자 개인에게 어떤 의미인지 질문하고, 토킹피스를 돌린다. 공유된 주요 아이디어들은 적어 놓는다.

설명하기: '기본욕구 목록' 유인물을 나누어 준다. '인간의 기본적 욕구는 보편적이며, 모든 사람은 이러한 욕구를 충족시킬 자격이 있다.'는 사실을 알려준다. 이러한 욕구를 가지지 못한다면 불공평한 것이다.

작업하기: A4 용지에 왼쪽에서 오른쪽으로 선을 긋고 왼쪽에는 0 오른쪽에는 10이라고 쓴다. 참여자들에게 욕구목록을 보고, 그들 자신의 삶에 대해 생각해보기를 요청한다.

- 욕구들은 지금까지 어느 정도 충족되었는가?
- 그들에게 삶이 얼마나 불공평했는가?

참여자들이 스스로 불공평함의 정도를 표시해보도록 요청한다. 공평함:0, 불공평함:10

나눔 1: "여러분의 삶에서 불공평함을 인식했을 때는 언제였나요? 그 때의 느낌은 어떠했나요?"
나눔 2: "불공평함이 여러분의 삶에 어떤 영향을 주었나요?"
나눔 3: "여러분의 행동이 각자 삶의 불공평함을 더 나아지게 하던가요? 아니면 더 악화시켰나요?"
나눔 4: "여러분의 부모님이나 보호자가 여러분의 욕구를 충족시켜주었나요?"
나눔 5: "불공평을 균형 있게 해결해주는데 도움이 되었던 욕구들에는 무엇이 있었나요?"

성찰 나눔: 마지막으로 토킹피스를 한 번 더 돌리며 참여자들에게 서클에 대한 자신의 생각을 나눌 수 있도록 초대한다. 시간이 충분하지 않거나, 그룹에 사람이 많다면 서클을 마치며 참여자들에게 현재 느끼는 감정을 한 단어로 요약하여 말할 수 있도록 요청해도 된다. 진행자가 마지막에 나눌 것을 제안한다.

의도된 공간으로서의 서클의 끝을 알리는 것은 중요하다. 만일 제안된 서클을 닫는 의식이 이 서클과 어울리지 않는다면 적합한 다른 닫는 의식을 찾거나 생각해본다.

공간 닫기: 토킹피스를 돌리며, 각 참여자의 왼쪽에 있는 사람에게 감사한 것을 이야기 한다.

다음의 시를 읽는다.

그는 원을 그려 그 밖으로 나를 내쫓았다.
이단자, 배신자, 조롱받을 자라고 부르며...
그러나 나와 사랑이 가진 지혜는 이것을 이겼다.
우리는 더 큰 원을 그려 그의 원을 감싸 안았다.

- 에드윈 마크햄(Edwin Markham), "Outwitted"

서클에 와서 참여해준 것에 대한 감사의 인사를 한다.

기본 욕구 목록

자율성

- 자신의 꿈, 목표, 가치를 선택하기
- 자신의 꿈, 목표, 가치를 실현하기 위한 계획을 세우기

축하

- 성취된 꿈과 삶의 창조를 축하하기
- 사랑하는 사람, 꿈 등의 상실을 기념하기애도

진정성

- 진실
- 창의성
- 의미
- 자아존중

상호의존

- 수용
- 감사
- 친밀함
- 공동체
- 배려
- 삶을 풍성하게 하기삶에 기여하는 것을 주는 방식으로 자신의 영향력을 행사하기
- 정서적 안전
- 공감
- 정직우리의 한계로부터 배움을 가능하게 해주는 힘을 부여해주는 정직함
- 사랑
- 안정

- 존중
- 지지
- 신뢰
- 이해
- 따뜻함

신체적 돌봄

- 공기
- 음식
- 움직임, 운동
- 삶을 위협하는 것들로부터의 보호:바이러스, 박테리아, 곤충, 인간
- 휴식
- 성적 표현
- 안식처
- 접촉
- 물

놀이

영적 교감

- 아름다움
- 조화
- 영감
- 질서
- 평화

-마셀 로젠버그(Marshall Rosenberg), 비폭력대화센터

3-2 어린시절의 나와 만나기 서클

목적: 어린 아이를 갖고 싶지 않아하는 참여자들이 자신의 어린 시절을 돌아보면서 그들이 왜 아이를 경험하고 싶지 않은지를 알 수 있도록 돕기 위해

준비물: 서클상징물, 토킹피스, 유인물

서클의 시작에서 이것이 의도된 공간임을 알리는 일은 언제나 중요하다. 책에 제안된 공간 열기가 적합하지 않다면 상황과 환경에 맞는 적합한 공간 열기를 찾아도 좋다.

환영하기 서클에 온 모두를 환영한다.

공간 열기:

당신의 아이들은 당신의 아이들이 아닙니다.
그들은 스스로의 삶을 갈망하는 아들들이요, 딸들입니다.
그들은 당신을 통해 태어났으나, 당신에게서 온 것은 아닙니다.
그리고 그들이 당신과 함께 있다 해도, 당신에게 속한 존재는 아닙니다.

그들에게 당신의 사랑을 줄 수는 있지만, 당신의 생각을 안길 수는 없습니다.
그들에겐 자신만의 생각이 있기 때문입니다.
당신은 그들의 육체에 집을 줄 수 있지만, 영혼의 집은 되어줄 수 없습니다.
당신은 꿈에서조차 가볼 수 없는,

미래의 집에 이미 그들의 영혼이 살고 있기 때문이죠.

당신은 아이들처럼 되려고 노력할 수 있지만,

당신을 닮도록 강요하지 않아야 합니다.

삶은 뒤로 가지 않으며, 어제를 위해 기다리지도 않기 때문입니다.

당신은 활이며, 당신의 아이들은 그 활에서 날아가는 화살과 같습니다.

그렇기에 활 쏘는 이는 무한의 길에 놓인 과녁을 겨누고,

그 화살이 빠르고 멀리 나아가도록 온 힘을 다해 당신을 구부려 당기는 것입니다.

그러니, 활 쏘는 이의 손에 구부러지는 활이 됨을 기뻐하십시오.

그 분은 날아가는 화살을 사랑하듯이 또 흔들리지 않는 활도 사랑하나니...

- 칼릴 지브란

토킹피스를 가능한 많이 사용하는 것이 좋다. 브레인 스토밍이나 다른 활동을 하는 시간에는 토킹피스의 사용을 보류할 수 있다. 그러나 토킹피스가 전체 서클에 중요하게 사용되지 않는다면 서클의 진실성을 훼손될 수 있다.

토킹피스 소개하기: 토킹피스가 어떻게 작동하는지 설명한다.

자기 소개 및 마음연결하기: 토킹피스를 사용하여, 처음 만난 그룹은 자기 소개를 하고, 이미 서클로 만났던 그룹은 마음연결하기를 하도록 초대한다. 이때 진행자가 먼저 이야기하는 것이 좋다. 부록 3, 4의 질문들을 참고할 수 있다.

참여자들이 가치 정하기와 약속 만들기에 참여하도록 하는 것은 서클의 안전한 공간을 구축하기 위해 매우 중요하다. 서클의 전체구성원들은 이 과정을 통해 안전한 공간을 유지하는 것에 대한 책임을 갖게 된다.

가치 정하기와 약속 만들기:

이전에 만났던 그룹이라면, 전에 만들었던 가치와 약속을 참여자들과 함께 점검한다. 처음 만나는 그룹이라면, '평화형성서클 배우기' 의 끝부분에 나온 '서클에서 가치 세우기를 위한 조언' 의 기술 중 하나를 사용하여 가치의 기초를 다진다. '부록 4. 서클을 위한 간단한 질문들' 에 나온 제안사항들도 참고할 수 있다. 중요한 가치를 확인한 후 참여자들에게 서클에 참여할 때 중요하다고 생각하는 약속들을 말할 수 있도록 요청함으로써 서클의 약속을 정한다. 모두가 볼 수 있는 곳에 약속을 기록하여 놓는다.

주요 활동

모든 참여자에게 유인물을 나누어 준다진행자 포함. 각 참여자에게 유인물의 빈칸을 채우도록 요청한다. 참여자들이 빈 칸을 완성하도록 충분한 시간을 준다.

나눔 1: 참여자들이 적은 것의 일부를 나눈다.

나눔 2: "추가로 나눌 것이 있나요? 나누어진 이야기에 대해 응답 할 이야기가 있나요?"

설명하기: 참여자들에게 비록 그들이 아이들로서 경험하고 싶지 않은 것들을 경험한 과거가 있을지라도, 그것이 그들의 핵심자아를 손상시키지 않는 다는 것을 상기시켜준다. 핵심자아는 여전히 선하고, 지혜롭고, 강하다.

나눔 3: 참여자들에게 자신의 내면 아이를 들여다보기를 요청한다. 그들이 자신의 내면 아이를 위해 긍정적으로 할 수 있는 것들 중에 하나를 목록에서 찾아 나누도록 요청한다. 자신의 내면 아이를 위해 긍정적으로 무엇인가를 할 수 있다면, 여러분의 아이들을 위해서도 같은 것을 더 잘 할 수 있을 것이다.

성찰 나눔: 마지막으로 토킹피스를 한 번 더 돌리며 참여자들에게 서클에 대한 자신의 생각을 나눌 수 있도록 초대한다. 시간이 충분하지 않거나, 그룹에 사람이 많다면 서클을 마치며 참여자들에게 현재 느끼는 감정을 한 단어로 요약하여 말할 수 있도록 요청해도 된다. 진행자가 마지막에 나눌 것을 제안한다.

의도된 공간으로서의 서클의 끝을 알리는 것은 중요하다. 만일 제안된 서클을 닫는 의식이 이 서클과 어울리지 않는다면 적합한 다른 닫는 의식을 찾거나 생각해본다.

공간 닫기:

다음의 시를 읽는다.

당신의 아이들에게 꼭 가르쳐주세요.

자신들의 발밑 땅은 우리 선조들의 재라는 것을.

그래서 우리가 땅을 존중해야 한다는 것을.

그 땅은 우리 가족의 삶과 함께 풍부해진다는 것을 아이들에게 말해 주세요.

우리의 아이들에게 우리가 가지고 있는 생각을 가르쳐주세요.

땅이 곧 우리의 어머니라고 말이죠.

그 땅에 안 좋은 일이 닥치더라도, 또 그 땅의 아들들과 딸들에게 안 좋은 일이 닥치더라도 말이에요.

우리가 아는 건 단지 이것 뿐. 땅이 우리에게 속한 것이 아니라, 우리가 땅에 속한 것이라 는 것.

모든 것은 다 연결되어 있어요. 마치 한 가족이 하나의 피로 연결되어 있듯이.

우리는 삶의 그물을 스스로 짤 수 없어요.

생명의 그물을 좌초시키는 존재에 불과해요.

우리가 그물에 하는 모든 것은 바로 우리 스스로를 위해 하는 것.

모든 것은 다 연결되어 있으니까요.

- 시애틀 추장(Chief Seattle)

서클에 와서 참여해준 것에 대한 감사의 인사를 한다.

유인물

어린 시절의 나와 내 아이 만나기

나는 절대 나의 아이가 내가 느꼈던 ________________ 을/를 느끼는 것을 원하지 않는다.

나는 절대 나의 아이가 내가 보았던 ________________ 을/를 보는 것을 원하지 않는다.

나는 절대 나의 아이가 나처럼 ____________________ 이/가 되기를 원하지 않는다.

나는 절대 나의 아이가 내가 그에게/그녀에게

________________________________ 을/를 안 해줬다고 생각하기를 원하지 않는다.

나는 절대 나의 아이가 ____________________________ 없이 자라기를 원하지 않는다.

나는 절대 나의 아이가 꼭 ______________________ 을/를 해야 하기를 원하지 않는다.

나는 절대 나의 아이에게 __________________________ 하고 싶지 않다.

나는 나의 아이가 ____________________________ 이라고 느끼며 자라기를 원한다.

나는 나의 아이가 ________________________ 을/를 갖기를 원한다.

나는 나의 아이가 _________________________ 을/를 알기를 원한다.

3-3 제스의 이야기 서클

목적: 가정에서의 불공평한 상황이 어린 아이에게 주는 영향을 설명한다.

준비물: 서클상징물, 토킹피스, 마라카스, 행동의 내면화/행동의 외부화 목록을 적은 전지

서클의 시작에서 이것이 의도된 공간임을 알리는 일은 언제나 중요하다. 책에 제안된 공간 열기가 적합하지 않다면 상황과 환경에 맞는 적합한 공간 열기를 찾아도 좋다.

환영하기 서클에 온 모두를 환영한다.

공간 열기:

진행자는 자신이 서클의 각 참여자 사이의 공기를 상쾌하게 하는 데에 마라카스를 사용하겠다고 말한다. 진행자는 시계 방향으로 각 참여자 앞에 서서 마라카스를 한 쪽으로는 참여자의 머리 위로, 그 다음엔 그 사람의 다른 한 쪽 밑으로 흔든다. 그런 다음 곧바로 참여자의 가슴 앞에서 한 번 흔든다. 이러한 의식을 모두에게 반복하고, 서클의 참여자 중 한 명에게 진행자를 위해 해주기를 요청한다. 혹은 오프닝 내내 모두가 돌아가면서 마라카스 의식을 하도록 진행 할 수도 있다.

토킹피스를 가능한 많이 사용하는 것이 좋다. 브레인 스토밍이나 다른 활동을 하는 시간에는 토킹피스의 사용을 보류할 수 있다. 그러나 토킹피스가 전체 서클에 중요하게 사용되지 않는다면 서클의 진실성을 훼손될 수 있다.

토킹피스 소개하기: 토킹피스가 어떻게 작동하는지 설명한다.

자기 소개 및 마음연결하기: 토킹피스를 사용하여, 처음 만난 그룹은 자기 소개를 하고, 이미 서클로 만났던 그룹은 마음연결하기를 하도록 초대한다. 이때 진행자가 먼저 이야기하는 것이 좋다. 부록 3, 4의 질문들을 참고할 수 있다.

참여자들이 가치 정하기와 약속 만들기에 참여하도록 하는 것은 서클의 안전한 공간을 구축하기 위해 매우 중요하다. 서클의 전체구성원들은 이 과정을 통해 안전한 공간을 유지하는 것에 대한 책임을 갖게 된다.

가치 정하기와 약속 만들기:

이전에 만났던 그룹이라면, 전에 만들었던 가치와 약속을 참여자들과 함께 점검한다. 처음 만나는 그룹이라면, '평화형성서클 배우기' 의 끝부분에 나온 '서클에서 가치 세우기를 위한 조언' 의 기술 중 하나를 사용하여 가치의 기초를 다진다. '부록 4. 서클을 위한 간단한 질문들' 에 나온 제안사항들도 참고할 수 있다. 중요한 가치를 확인한 후 참여자들에게 서클에 참여할 때 중요하다고 생각하는 약속들을 말할 수 있도록 요청함으로써 서클의 약속을 정한다. 모두가 볼 수 있는 곳에 약속을 기록하여 놓는다.

주요 활동

***Power Source*에 수록된, 17살 제스의 이야기를 읽는다.**

우리 집에는 수많은 마약과 술이 있었다. 나의 양아버지는 언제나 술집에 드나들었고, 엄마는 그 술집에서 일했다. 그들은 대략 새벽 3시 즈음 집에 들어와 몸싸움을 벌였다. 누구든 이 일에 대해 비난할 사람이 있을까. 엄마와 그녀의 남편 사이의 싸움으로 언제나 마약과 술들이 사방으로 뒤덮었다. 가끔 엄마는 부엌칼로 그녀의 남편을 위협하기도 했다. 일주일에 3-4번은 그랬다. 양아버지의 가족은 모두 과거에 문제를 일으켰고, 감옥이나 길거리에서 자라났다.

나는 가출을 끝내고 집으로 들어와, 양아버지에게 코카인과 마리화나를 팔았다. 나는 엄마가 코카인에 빠져들도록 돕기도 했다. 그들은 나에게 사랑을 보여주지 않았고, 나도 그 땐 "누가 신경이나 쓰겠어?" 라고 생각하며 내 방에서 돈을 벌었다. 그러나 문제는 이것이었다. 내가 스스로를 쓰레기라고 느끼기 시작한 것이다. 나는 무언가 잘못되었음을 알았다. 그러나 그 느낌을 무시했다. 그때부터 나와 양아버지는 야구 방망이와 칼이 난무하는 격렬한 싸움을 벌이곤 했다. 나의 부모님이 중독자라는 사실은 나에게 큰 분노를 일으켰다. 실제로 그 때부터 내 인생은 엉망이 되었다. 나에겐 사랑이 없었다. 찢기고 우울해지는 느낌이 들었다. 나는 내 삶의 방향에 대한 아무런 감각도 느낄 수 없었다.

나눔 1: "제스는 자신의 상황에 대해 어떤 감정을 가졌나요?"
나눔 2: "제스는 어떤 '행동의 내면화' 혹은 '행동의 외부화'를 보였나요?"
나눔 3: "제스에게 충족되지 못한 욕구에는 어떤 것들이 있었나요?"
나눔 4: "제스의 이야기를 들었을 때 어떤 감정을 느꼈나요?"
나눔 5: "그의 이야기가 여러분에게 주는 의미는 무엇인가요?"

성찰 나눔: 마지막으로 토킹피스를 한 번 더 돌리며 참여자들에게 서클에 대한 자신의 생각을 나눌 수 있도록 초대한다. 시간이 충분하지 않거나, 그룹에 사람이 많다면 서클을 마치며 참여자들에게 현재 느끼는 감정을 한 단어로 요약하여 말할 수 있도록 요청해도 된다. 진행자가 마지막에 나눌 것을 제안한다.

의도된 공간으로서의 서클의 끝을 알리는 것은 중요하다. 만일 제안된 서클을 닫는 의식이 이 서클과 어울리지 않는다면 적합한 다른 닫는 의식을 찾거나 생각해본다.

공간 닫기:

모두 일어서서 팔을 높게 뻗었다가 아래로 흔들며 허리를 굽힌 후, 척추 한 마디씩 시간을 두고 천천히 일어설 수 있도록 초대한다. 그 후, 각자의 몸을 자유롭게 흔든다. 몸이 충분히 풀렸다면, 그들의 몸이 편안해지도록 깊은 숨을 들이키기를 초대한다.

서클에 와서 참여해준 것에 대한 감사의 인사를 한다.

3-4 상실에 대처하기 서클

목적: 참여자들의 삶에서 상실된 것들과 그것들이 우리 삶에 주는 영향을 확인한다.

준비물: 서클상징물, 토킹피스, 퍼즐, 그림 그릴 재료종이, 마커, 크레파스, 색연필 등, 유인물, 행동의 내면화/행동의 외부화 목록이 적힌 차트나 유인물

준비: 인간의 기본욕구 목록을 가지고 공간 열기에서 사용할 큰 퍼즐을 만든다. 두꺼운 종이나 하드보드지 혹은 폼 보드 같은 종이 위에, 욕구 목록에 있는 인간의 기본 욕구들을 나선형 혹은 두 단으로 나누어 적는다. 종이를 꾸미거나 이미지를 추가해도 좋다. 보드에 적힌 욕구들을 퍼즐 조각으로 자른다. 적어도 서클의 참여자 한 명당 한 조각씩은 돌아갈 수 있도록 한다.

서클의 시작에서 이것이 의도된 공간임을 알리는 일은 언제나 중요하다. 책에 제안된 공간 열기가 적합하지 않다면 상황과 환경에 맞는 적합한 공간 열기를 찾아도 좋다.

환영하기 서클에 온 모두를 환영한다.

공간 열기:

모든 퍼즐조각을 주머니에 담는다. 참여자들이 순서대로 주머니에서 하나의 퍼즐 조각을 꺼내 갖도록 한다. 서클을 한 바퀴 다 돌고도 남는 조각이 있다면, 진행자가 갖거나 추가로 원하는 이에게 나누어 주어도 좋다. 토킹피스를 돌리며, 참여자에게 자신이 들고 있는 퍼즐조각이 무엇인지, 그리고 퍼즐이 무엇에 대해 말하는 것인지 생각해서 묘사해보도록 요청한다. 모두가 이야기를 나누고 난 후, 참여자 모두가 가운데로 모여서 함께 퍼즐을 맞춰본다. 퍼즐이 완성되면 모두가 퍼즐의 이미지와 글을 읽을 수 있도록 잠시 시간을 준 후, 자기 자리로 돌아온다. 공간 열기

를 한 후, 서클상징물을 펴즐 위에 놓는다.

토킹피스를 가능한 많이 사용하는 것이 좋다. 브레인 스토밍이나 다른 활동을 하는 시간에는 토킹피스의 사용을 보류할 수 있다. 그러나 토킹피스가 전체 서클에 중요하게 사용되지 않는다면 서클의 진실성을 훼손될 수 있다.

토킹피스 소개하기: 토킹피스가 어떻게 작동하는지 설명한다.

자기 소개 및 마음연결하기: 토킹피스를 사용하여, 처음 만난 그룹은 자기 소개를 하고, 이미 서클로 만났던 그룹은 마음연결하기를 하도록 초대한다. 이때 진행자가 먼저 이야기하는 것이 좋다. 부록 3, 4의 질문들을 참고할 수 있다.

참여자들이 가치 정하기와 약속 만들기에 참여하도록 하는 것은 서클의 안전한 공간을 구축하기 위해 매우 중요하다. 서클의 전체구성원들은 이 과정을 통해 안전한 공간을 유지하는 것에 대한 책임을 갖게 된다.

가치 정하기와 약속 만들기:

이전에 만났던 그룹이라면, 전에 만들었던 가치와 약속을 참여자들과 함께 점검한다. 처음 만나는 그룹이라면, '평화형성서클 배우기' 의 끝부분에 나온 '서클에서 가치 세우기를 위한 조언' 의 기술 중 하나를 사용하여 가치의 기초를 다진다. '부록 4. 서클을 위한 간단한 질문들' 에 나온 제안사항들도 참고할 수 있다. 중요한 가치를 확인한 후 참여자들에게 서클에 참여할 때 중요하다고 생각하는 약속들을 말할 수 있도록 요청함으로써 서클의 약속을 정한다. 모두가 볼 수 있는 곳에 약속을 기록하여 놓는다.

주요 활동

"어린이들이 경험할 수도 있는 상실" 유인물과 행동의 내면화/외부화 목록이 적혀 있는 유인물을 나눠준다. 참여자들에게 그들의 삶에서 느낀 주된 상실감이 무엇인지 확인하도록 요청한다. 그 내용이 목록에 적혀있지 않아도 괜찮다. 그리고 그 상실감에 대해 그림이나 이미지로 그려서 표현하도록 한다.

나눔 1: 자신이 그린 그림을 보여주고, 삶에서 느낀 상실감과 그에 대한 느낌들을 설명하도록 요청한다.

나눔 2: "나의 감정들 이면에 어떤 충족되지 않은 욕구가 있는가?"

나눔 3: "나는 과거에, 상실에 대해 '행동의 내면화 혹은 '행동의 외부화' 중 어떤 것에 의존했는가?"

나눔 4: "나의 욕구가 충족 될 수 있는 보다 건강한 방법은 무엇인가?"

성찰 나눔: 마지막으로 토킹피스를 한 번 더 돌리며 참여자들에게 서클에 대한 자신의 생각을 나눌 수 있도록 초대한다. 시간이 충분하지 않거나, 그룹에 사람이 많다면 서클을 마치며 참여자들에게 현재 느끼는 감정을 한 단어로 요약하여 말할 수 있도록 요청해도 된다. 진행자가 마지막에 나눌 것을 제안한다.

의도된 공간으로서의 서클의 끝을 알리는 것은 중요하다. 만일 제안된 서클을 닫는 의식이 이 서클과 어울리지 않는다면 적합한 다른 닫는 의식을 찾거나 생각해본다.

공간 닫기:

다음의 안내를 따른다.

3-4번 깊고 편안하게 호흡합니다. 숨을 내뱉고 다시 숨을 들이쉬는 그 사이에 여러분 삶의 모든

시끄러운 것들과 문제들이 여러분의 몸으로부터 빠져나갑니다. 이제 여러분에게 남겨진 것들은 여러분이 가진 핵심자아의 조용함, 침착함, 평화로움입니다. 사이

이 침착한 에너지의 중심이 여러분의 몸, 심장 근처에 있다고 상상해봅니다. 그것은 마치 밝은 빛이 몸 깊숙한 곳에서 빛나고 있는 것과 같습니다. 숨을 내쉴 때, 그 빛이 더욱 밝아짐을 느낍니다. 숨을 마시고 내뱉는 각 순간에 그 빛은 더욱 강해지고, 마치 햇빛처럼 찬란해집니다. 여러분이 삶에서 마주하는 데 많은 어려움을 겪었던 그 문제들은 그 빛을 끌 수 없습니다. 사실 이 힘겨운 투쟁들은 여러분을 더욱 지혜롭고 강하게 만들었습니다. 이 모든 문제들이 그 빛을 더욱 빛나고 강하게 만들었습니다.

훗날 여러분이 어려운 상황이나 고통스러운 문제를 마주하게 된다면, 언제나 여러분 안에 있는 그 빛을 기억하세요. 이 평화로운 에너지가 여러분을 침착하게 만드는 데에, 여러분이 긍정적인 선택을 할 수 있도록 인도하는데 도움을 주도록 허락하세요. 어떻게 지금까지 스스로 더 강해지고 강인해져왔는지 생각해 보세요. 여러분의 지혜와 능력의 부분으로 이 힘을 바라보세요. 이제 여러분 스스로 삶의 과제들을 이미 가지고 있는 이 힘을 사용해 대처해 나갈 수 있을 거예요.

- Power Source

서클에 와서 참여해준 것에 대한 감사의 인사를 한다.

어린이들이 경험하게 되는 상실

- 부모님이 자신을 버리고 떠난 경험이 있거나, 부모님이 누구인지 아예 모르는 경험
- 부모님이 이혼하신 경험
- 부모님이 돌아가신 경험
- 집에서 쫓겨나 보육 시설에 있었거나 입양된 경험
- 질병의 고통으로 인해 활동에 관련된 다른 아이들이 자신을 구성원으로서 거부했던 경험; 건강을 잃은 경우
- 이사를 자주 다녀서 전학을 계속 가고 새로운 친구들을 계속해서 사귀어야 했던 경험; 안정성과 안정감을 잃은 경우
- 불안전한 학교에 들어간 경험, 혹은 자신의 미래를 위한 교육하는 학교에 들어가 지 못한 경험
- 부모님이 마약과 술에 중독되어 그들로부터 주목, 사랑, 지지를 받지 못한 경험
- 위험한 생활환경에서 자라났기에 안전하게 있지 못하고 밖으로 나가 친구들과 어울리게 되 는 경우; 자유를 잃은 경우
- 자신의 지역에서 친구나 아는 사람이 폭행으로 인해 사망한 경험
- 신체적으로 학대를 당했거나, 아동 성추행 및 성추행을 당한 경험. 이것은 자아 존중감의 상실로 이어진다. 즉, 당신에겐 개인적인 경계가 존중받을 권리가 있다는 뜻이다. 당신의 자존감과 존경심이 상하게 되기도 한다. 당신은 어쩌면 '전체'에 대한 감각을 잃었거 나, 당신이 부서지고, 상처를 받는다고 느낄 지도 모른다.
- 구치소나 주거 치료 센터에 갇혀 있던 경험. 이곳에서는 당신이 스스로를 위해 할 수 있는 많은 선택권을 잃는다. 언제 먹는지, 어디로 가는지, 심지어 언제 씻는 지까지도.
- 당신의 긍정적이고 건설적인 미래에 대한 신념이나 믿음을 상실한 경험. 많은 것들이 과거에 일어났던 것들과 다른 길로 갈 수 있다는 희망을 잃는 것.
- 이 세상에서 벌어지는 일들이 자신에게 불공평하게 작용되었던 경험이나 갑자기 일어난 일 들이 불공평하거나 무정하게 느껴진 경험.

행동의 내면화, 행동의 외부화 목록

폭력과 트라우마가 청소년에게 영향을 미칠 때 *Youth Handbook*을 각색함

행동의 내면화:	행동의 외부화:
• 술과 마약 남용	• 법에 대항
• 과로	• 공격적, 비난, 화냄
• 폭식	• 확고부동, 편협
• 우울, 슬픔, 희망없음	• 타인 공감에 대한 무능력
• 감각의 마비, 불안감, 자기비난, 수치	• 고 위험성 행동,
• 고통, 두통, 허약해짐,	• 약물 남용 혹은 부적절한 성행위
• 등등	• 약자를 괴롭히기
	• 반복되는 갈등

3-5 나의 트라우마 이해하기 서클

목적: 자신의 인생 경험이나 다른 사람들의 관찰에 기반을 둔 어린 시절 트라우마에 관한 지혜를 알아내고 이를 인정한다.

준비물: 서클상징물, 토킹피스, 인덱스 카드, 필기구, 종이

서클의 시작에서 이것이 의도된 공간임을 알리는 일은 언제나 중요하다. 책에 제안된 공간 열기가 적합하지 않다면 상황과 환경에 맞는 적합한 공간 열기를 찾아도 좋다.

환영하기 서클에 온 모두를 환영한다.

공간 열기:

인덱스 카드를 나누어 준다. 각 참여자에게 카드 한 면에 "힘strength"을 상징하는 단어 혹은 문장을 하나 적도록 요청한다. 그 단어는 그들이 가지고 있거나 가지고 싶어 하는 힘, 혹은 그들이 존경하는 다른 누군가가 가진 힘이 될 수도 있다.

예를 들면 다음과 같다:용기. 힘. 나는 다른 이에 대한 동정심을 가지고 있다. 인내력, 나는 단호하다. 무언가를 마음으로 결정하면 그것을 끈질기게 이어나간다. 나는 생활력이 강하다. 감수성이 풍부하다. 나는 다른 이들에게 공감을 잘한다. 힘든 시기를 겪는 사람들을 잘 이해한다.

한 사람이 자신의 카드를 큰 소리로 읽고 그 카드를 옆 사람이 지닐 수 있도록 건네준다. 카드를 받은 사람은 자신이 가지고 있던 원래 카드를 읽고 같은 방식으로 자신의 카드를 옆 사람이 지닐 수 있도록 건네준다. 다음 사람도 마찬가지로 자신의 원래 카드를 읽고 옆 사람에게 전달하

는 방식으로 서클이 한 번 돌 때 까지 계속한다. 각 사람은 그들이 원래 가지고 있는 힘이 적혀 있는 카드를 다른 사람이 갖게 함으로써 그들의 힘을 공유하게 된다. 서클의 크기에 따라 한 번 더 시도할 수 있다.

토킹피스를 가능한 많이 사용하는 것이 좋다. 브레인 스토밍이나 다른 활동을 하는 시간에는 토킹피스의 사용을 보류할 수 있다. 그러나 토킹피스가 전체 서클에 중요하게 사용되지 않는다면 서클의 진실성을 훼손될 수 있다.

토킹피스 소개하기: 토킹피스가 어떻게 작동하는지 설명한다.

자기 소개 및 마음연결하기: 토킹피스를 사용하여, 처음 만난 그룹은 자기 소개를 하고, 이미 서클로 만났던 그룹은 마음연결하기를 하도록 초대한다. 이때 진행자가 먼저 이야기하는 것이 좋다. 부록 3, 4의 질문들을 참고할 수 있다.

참여자들이 가치 정하기와 약속 만들기에 참여하도록 하는 것은 서클의 안전한 공간을 구축하기 위해 매우 중요하다. 서클의 전체구성원들은 이 과정을 통해 안전한 공간을 유지하는 것에 대한 책임을 갖게 된다.

가치 정하기와 약속 만들기:

이전에 만났던 그룹이라면, 전에 만들었던 가치와 약속을 참여자들과 함께 점검한다. 처음 만나는 그룹이라면, '평화형성서클 배우기' 의 끝부분에 나온 '서클에서 가치 세우기를 위한 조언' 의 기술 중 하나를 사용하여 가치의 기초를 다진다. '부록 4. 서클을 위한 간단한 질문들' 에 나온 제안사항들도 참고할 수 있다. 중요한 가치를 확인한 후 참여자들에게 서클에 참여할 때 중요하다고 생각하는 약속들을 말할 수 있도록 요청함으로써 서클의 약속을 정한다. 모두가 볼 수 있는 곳에 약속을 기록하여 놓는다.

주요 활동

다음에 나오는 트라우마에 대한 정의를 잘 보이는 곳에 붙인다.

"트라우마는 깊은 상처이다. 그것은 어떤 일이 일어났을 때, 그 일에 대한 비정상적인 충격, 고통, 그리고 그 해로움이 그 일 이후에도 계속해서 우리를 압도하는 감정이다."

참여자들에게 다음의 정의를 읽게 하고, 자신의 트라우마에 관련된 몇 가지 예들을 나눌 수 있도록 요청한다. 무섭거나 화나게 하는 모든 사건들이 트라우마를 분명하고 명확하게 해 준다. 트라우마는 스트레스와 같지 않다. 스트레스는 시험을 보거나 면접을 보는 상황에서 생길 수 있으나, 그런 일들은 평범한 것들이다.

참여자들이 한 장의 종이에 자신이나 자신이 아는 누군가가 스트레스를 겪었던 경험에 대해 적도록 하고, 그 다음에는 자신이나 아는 누군가가 트라우마를 겪었던 경험에 대해 적도록 요청한다. 트라우마를 경험한 것이 어땠는지? 트라우마를 겪고 있는 사람을 아는 것은 어떠한지? 등등 트라우마로부터 야기된 것들에 대해 에세이를 적어보도록 요청한다. 참여자들이 글을 적을 수 있는 충분한 시간을 준다.

나눔 1: "스트레스를 많이 받는 상황들이나 트라우마를 받을 정도로 충격적인 상황들이 있다면 어떻게 하겠습니까?"

나눔 2: "트라우마를 경험하는 것은 어떤 느낌인가요?"

나눔 3: "트라우마가 누군가에게 미치는 영향에 대해 더 생각나는 것이 있나요?"

나눔 5: 참여자들에게 '우리는 모두 우리 삶의 경험으로부터 지혜를 가지고 있다' 고 말한 뒤, 토킹 피스를 돌리며, 그들 나름의 인생 경험을 바탕으로 트라우마에 관해 자기보다 젊은 세대와 공유하고 싶은, 그들이 가지고 있는 지혜는 어떤 것인지 묻는다.

성찰 나눔: 마지막으로 토킹피스를 한 번 더 돌리며 참여자들에게 서클에 대한 자신의 생각을 나눌 수 있도록 초대한다. 시간이 충분하지 않거나, 그룹에 사람이 많다면 서클을 마치며 참여자들에게 현재 느끼는 감정을 한 단어로 요약하여 말할 수 있도록 요청해도 된다. 진행자가 마지막에 나눌 것을 제안한다.

의도된 공간으로서의 서클의 끝을 알리는 것은 중요하다. 만일 제안된 서클을 닫는 의식이 이 서클과 어울리지 않는다면 적합한 다른 닫는 의식을 찾거나 생각해본다.

공간 닫기:

당신은 새로운 규칙을 생각해야 합니다

누군가는 이 여정을 금고를 여는 과정이라고 묘사했습니다. 당신에게는 금고를 열 암호가 있었지만, 그 암호는 작동하지 않았어요. 그것은 낡은 방식이었기 때문이지요. 여기 아직 잘 모르는 새로운 길이 있어요. 이제 새로운 방식을 생각해야 해요. 나는 인생의 몇 가지 다른 것들을 사용해 나의 삶을 다시 세웠어요. 나는 살아 있다는 것에 전율을 느껴요. 그리고 절대적으로 나의 인생에 행복을 느껴요. 무서울 정도로... 나는 계속해서 더 좋은 단어를 사용하여 축복하기를 원해요. 그것이 내가 원하는 방법이에요.

이제 삶은 나를 진실로 격려해주는 여행이에요. 나는 가장 강력한 트라우마 조차도 낫게 해 주는 놀라운 능력을 가진 사람들로부터 나 자신-그리고 내 주변의 다른 것들-에 대해 많은 것을 배웠어요. 무척 대단한 일이죠. 절대 다시 이것을 통과하고 싶진 않아요. 그렇지만 진정으로 이런 기회를 가진 것에 감사해요. 나에게는 정말 끔찍하고 잔인한 일이 내 욕실에서 일어났었죠.

엘렌 할버트, 강간, 살인 미수 생존자

From Howard Zehr, *Transcending: Reflections of Crime Victims*

외상 후 성장 Post-traumatic growth-PTG

1980년 5월의 어느 화창한 토요일 오후, 13살의 캐리 라이트너가 차에 치여 공중으로 내던져졌다. 그녀는 캘리포니아에 위치한 페어 옥스의 그녀의 집에서 단지 두 블록 떨어진 교회의 축제에 가기 위해 걷고 있었고, 운전자는 멈추지 않았다. 이후 캐리의 엄마인 캔디스는 그가 이미 취한 상태였고, 이전의 뺑소니 음주운전에 대해 보석금을 낸 상태라는 걸 알게 되었다. 캔디스의 딸인 캐리는 결국 5달 후 죽게 되었다. 캔디스는 음주 운전 반대 어머니회Mothers Against Drunk Drivers-MADD 성명을 발표하면서 의회에서 기자 회견을 열었다. 그 이후로 33년 동안, 비영리단체를 공공으로 지지하는 활동을 통해 30만 명이 넘는 사람들의 생명을 구하는 것을 도왔다.

이 이야기들은 모두 사람들이 충격, 비극 혹은 트라우마의 결과로 더 강해지고 창조적이고 더 의미 있는 삶을 살게 되는 외상 후 성장, 혹은 PTG라고 부르는 것의 실례이다. 그들은 단지 회복되는 것에서 그치는 것이 아니라 아주 의미 있게도 그들이 이전에 겪었던 그 어느 때 이상으로 높게 비상한다.

어떤 면에서 PTG라는 용어는 감정 혹은 의사를 표현하는 전문적인 언어이며, 이는 잘 보이는 곳에 숨어있는 무언가를 알아차릴 수 있도록 한다. 트라우마가 가진 잠재력은 우리를 긍정적인 길로 인도한다.

오레곤 주, 포틀랜드의 조지아 폭스 대학교에서 외상 반응 협회Trauma Response Institute를 총괄하는 심리학 박사 안나 베라디Anna A. Berardi는 다음과 같이 말한다. "정신 건강 전문가들은 무엇이 잘못 되었는지 보려고만 하는 긴 역사를 가지고 있습니다. 그러나 만약 누군가가 '힘든 일을 겪은 뒤 다른 부분에서 더 강해진다거나 지혜로워지고, 더 큰 연민을 갖게 된 적이 있나요?' 라고 물어본다면 우리 중 대다수가 그렇다고 대답할 것입니다. 그것이 바로 인간이 어려움의 결과로 성장한다는 것이 이상하지 않다는 말에 대한 강력한 증거죠."

'PTG는 새로운 줄임말 그 이상이다.' 라고 영국, 노팅엄의 회복력과 성장Resilience and Growth,

트라우마 센터Center for Trauma의 공동책임자인 스테판 요셉 박사는 말한다. 또「What Doesn't Kill Us:The New Psychology of Posttraumatic Growth」의 저자는 "트라우마가 필연적으로 손상을 일으키고, 우리의 삶을 작동하지 못하게 한다는 특별한 관념에 대한 우리의 생각을 바꿀 필요가 있다"고 말한다.

셸리 레빗(Shelley Levitt), "The Science of Post-Traumatic Growth," *Live Happy*

서클에 와서 참여해준 것에 대한 감사의 인사를 한다.

3-6 비탄의 가면 서클

목적: 자연스러운 비탄의 감정을 고취시키고, 가면으로 가려져 있을 지도 모르는 비탄의 감정들을 알아차린다.

준비물: 서클상징물, 토킹피스, 유인물, 종이접시, 전지, 밝은 색 두꺼운 종이, 매직, 털뭉치, 가위, 풀, 펀치, 여러 가지 그림 도구들

서클의 시작에서 이것이 의도된 공간임을 알리는 일은 언제나 중요하다. 책에 제안된 공간 열기가 적합하지 않다면 상황과 환경에 맞는 적합한 공간 열기를 찾아도 좋다.

환영하기 서클에 온 모두를 환영한다.

공간 열기:

매리의 일기에서 발췌한 "Healing Song"

… 당신이 노래하는 것을 들었어요-

당신의 불이 빛나는 것을 보았어요-

나는 몹시 지치고, 흙투성이가 된 상태로 살금살금 기어갔죠.

당신의 원 안으로

당신은 나에게 양분을 주고.

나를 씻겨주었어요.

나를 받아들여주고 감싸 안아주었어요.

당신은 치유의 노래를 불렀어요.

내 마음 속의 무딘 불씨가 어두운 공허함에 휩싸여 터져버릴 때까지.

당신은 내게 용기를 주었어요.

다시 마을로 달려갈 수 있도록

치유의 노래를 부를 수 있도록

어둠 속에서 불이 될 수 있도록

토킹피스를 가능한 많이 사용하는 것이 좋다. 브레인 스토밍이나 다른 활동을 하는 시간에는 토킹피스의 사용을 보류할 수 있다. 그러나 토킹피스가 전체 서클에 중요하게 사용되지 않는다면 서클의 진실성을 훼손될 수 있다.

토킹피스 소개하기: 토킹피스가 어떻게 작동하는지 설명한다.

자기 소개 및 마음연결하기: 토킹피스를 사용하여, 처음 만난 그룹은 자기 소개를 하고, 이미 서클로 만났던 그룹은 마음연결하기를 하도록 초대한다. 이때 진행자가 먼저 이야기하는 것이 좋다. 부록 3, 4의 질문들을 참고할 수 있다.

참여자들이 가치 정하기와 약속 만들기에 참여하도록 하는 것은 서클의 안전한 공간을 구축하기 위해 매우 중요하다. 서클의 전체구성원들은 이 과정을 통해 안전한 공간을 유지하는 것에 대한 책임을 갖게 된다.

가치 정하기와 약속 만들기:

이전에 만났던 그룹이라면, 전에 만들었던 가치와 약속을 참여자들과 함께 점검한다. 처음 만나는 그룹이라면, '평화형성서클 배우기' 의 끝부분에 나온 '서클에서 가치 세우기를 위한 조언' 의 기술 중 하나를 사용하여 가치의 기초를 다진다. '부록 4. 서클을 위한 간단한 질문들' 에 나온 제안사항들도 참고할 수 있다. 중요한 가치를 확인한 후 참여자들에게 서클에 참여할 때 중요하다고 생각하는 약속들을 말할 수 있도록 요청함으로써 서클의 약속을 정한다. 모두가 볼 수 있는 곳에 약속을 기록하여 놓는다.

주요 활동

참여자들에게 "비탄, 깊은 고뇌슬픔, 비통" 등의 단어가 무엇을 뜻하는지 생각나는 대로 이야기 해보도록 요청한다. 나오는 대답들을 전지나 화이트보드에 적는다.

나눔 1: "비탄을 이루고 있는 감정에는 무엇이 있나요?" 진행자는 참여자들로부터 나오는 대답들을 전지에 적고 모두가 차례로 이야기 한 후, 진행자가 적은 목록을 읽는다.

설명하기: "가끔 우리는 우리의 비탄한 감정들을 '가면' 뒤로 숨깁니다. 우리는 종종 화난 행동, 가혹함, 혹은 거친 행동으로 인해 손상된 감정들을 숨기려고 합니다. 여기 사람들이 가끔 쓰는 가면들이 있습니다."

작업하기: 유인물을 나눠준다. 각 참여자에게 그들이 비탄을 숨길 때 사용하는 가면에는 어떤 것들이 있는지 선택하게 한다. 그리고 목록에 그들이 쓰는 가면이 없다면, 목록 외의 다른 것들을 묘사할 수 있도록 초대한다. 가면을 만들 때, 그림 도구들을 사용할 수도 있다. 그들이 평소 가면을 쓸 때의 느낌, 태도, 감정을 반영하여 묘사할 수 있게 한다. 그들이 가면 만들기를 마치면, 전체 서클로 초대한다.

나눔 2: 가면을 통해 보인 감정에 대해 말하고, 그들이 생각하기에 어떤 감정들이 그들을 가리고 있었는지 이야기 하도록 요청한다.

나눔 3: "가면을 썼을 때 여러분은 어떻게 행동하나요?"

나눔 4: "가면을 벗고 속에 있는 진짜 감정을 보는 것이 자신에게 어떤 도움을 주던가요?"

성찰 나눔: 마지막으로 토킹피스를 한 번 더 돌리며 참여자들에게 서클에 대한 자신의 생각을 나눌 수 있도록 초대한다. 시간이 충분하지 않거나, 그룹에 사람이 많다면 서클을 마치며 참여자들에게 현재 느끼는 감정을 한 단어로 요약하여 말할 수 있도록 요청해도 된다. 진행자가 마지막에 나눌 것을 제안한다.

의도된 공간으로서의 서클의 끝을 알리는 것은 중요하다. 만일 제안된 서클을 닫는 의식이 이 서클과 어울리지 않는다면 적합한 다른 닫는 의식을 찾거나 생각해본다.

공간 닫기:

내가 말하지 않은 것을 들어 주세요.

나에게 속지 마세요.
내가 쓰고 있는 얼굴에 속지 마세요.
나는 가면을 써요, 수 천 개의 가면을...
그 가면들은 내가 벗기 두려워하는 것이지만,
그것들 중 그 무엇도 나는 아니에요.

무엇인 척 하는 것은 제 2의 본성이 되어버린 나의 기술,
그러나 속지 말아요.
신을 위해서라도 속지 마세요.
내가 안전한 상태에 있는 듯한 인상을 주면서,
나의 안팎으로 햇살이 따사롭게 비치고 평온으로 가득하다 말할 때,

나의 이름은 자신감, 나의 방침은 냉철함이라고 자랑할 때,
수면은 잔잔하고, 내가 모든 상황을 주관하고 있다고 말하며,
내게는 아무 도움도 필요치 않다고 말할 때에도,
나를 믿지 말아주세요.
나의 표면이 잔잔해 보여도 그것은 나의 가면,
시시각각 변하고 시시각각 숨긴답니다.
내면에는 만족함이 없답니다.
내면에는 늘 혼란과 두려움과 외로움이 있답니다.

나는 그것을 숨기고, 누구도 알기를 원치 않아요.

나는 나의 연약함과 두려움이 드러날까 봐 고통스러워하죠,
그것이 바로 내가 미친 듯이 가면 뒤로,
무표정한 궤변적인 얼굴 뒤로 숨어,
아닌 척 가장하면서,
꿰뚫어 보는 시선을 피하려는 이유입니다.

그러나 사실은 그러한 시선이 나의 구원,
나의 유일한 희망임을 나는 알아요.
그러한 시선 뒤에 수용이 있고,
수용 뒤에는 사랑이 있기 때문이죠.

그것이 나를 나 자신으로부터,
나 자신이 만든 감옥으로부터,
내가 그렇게도 고통스럽게 마주 서 있는 장벽으로부터,

나를 해방시키는 유일한 처방이죠.

그러나 나는 그것을 감히, 두려움 때문에 이야기하지 못합니다.

나는 당신의 시선 뒤에 용납이 따르지 않고,

그 뒤에 사랑이 따라오지 않을까 봐 두렵습니다.

나는 당신이 나를 배려해 주지 않고, 사람을 죽게 만드는 비웃음으로,

나를 죽일까 봐 두렵답니다.

나는 마음속 깊이 내가 아무것도 아니며, 좋은 점도 별로 없음을 두려워하며,

또 당신이 그것을 알고 나를 거부할까 두려워한답니다.

그래서 나는 게임을, 절망적인 겉치레 게임을 하는데,

밖으로는 확신 있는 듯한 표정을 짓고,

안으로는 떨고 있는 어린아이로 산답니다.

겉은 화려하나 속은 공허한 가장 행렬이 그렇게 시작되고,

나는 인생의 선두로 나서지요.

나는 당신에게 피상적 대화의 공허한 음조로 어리석게 말하지요.

나는 당신에게, 사실은 아무것도 아닌 모든 것을 말하고,

나의 모든 것, 곧 내 안에서 절규하고 있는 것들은 아무것도 말하지 않지요.

그러므로 내가 일상적인 것들을 말할 때,

나의 언어에 속지 말아 주세요.

주의해 들어주세요, 내가 말하지 않는 것들을,

내가 말할 수 있기를 원하는 것들,

그러나 내가 말로 표현할 수 없는 것들을.

나는 숨기기를 원치 않아요.

나는 피상적인 속임수 놀이를 즐거워하지 않습니다.

나는 그 놀이를 그치고 싶어요.

나는 순수해지고 싶고, 자발적이고 싶고, 자신을 찾고 싶은데,

그러기 위해서 당신이 도와주세요.

당신은 당신의 손을, 비록 당신 눈에 내가 그것을 원치 않는 것처럼 보일지라도,

내게 뻗어 주세요.

오직 당신만이 나의 눈에서,

숨 쉬는 시체의 멍한 응시를 제하여 줄 수 있어요.

오직 당신만이 나를 생명으로 불러 줄 수 있어요.

당신이 친절하고 부드럽게 대해 주고 격려해 줄 때마다,

당신이 진정한 관심으로 이해해 줄 때마다,

나의 마음은 날개를 키웁니다.

아주 작은 날개지만,

그것은 진짜 날개지요!

나를 만져 주심을 통해 나로 감각케 만드는 당신의 능력으로,

당신은 생명을 내게 불어넣을 수 있어요.

나는 당신이 이러한 사실을 알기를 바라고 있답니다.

당신이 그렇게 하기로 선택만 한다면,

당신이 내게 얼마나 중요한 분이 될 수 있는지,

당신이 어떻게 내게 창조자가 -하나님께 성실한 창조자가- 될 수 있는지

나라는 존재의 창조자가 될 수 있는지를 알기 바라요.

당신이 선택만 한다면,

당신만이 홀로 나의 가면을 벗겨 줄 수 있고,

당신만이 홀로 나를. 고통과 불확실성의 흑암으로부터

나의 고독한 감옥으로부터 해방시킬 수 있습니다.

제발 그렇게 해 주세요.

나를 그냥 지나쳐 가지 말아 주세요.

내가 당신께 쉬운 존재는 아니겠지만.

자신이 무가치하다고 확신하며 지낸 오랜 시간들이, 튼튼한 담을 쌓게 했습니다.

당신이 가까이 올수록

나는 더욱 눈이 멀어져 당신을 역습하게 됩니다.

분노, 인간에 대하여 책에 무엇이라고 미화해서 쓰여있건,

나는 종종 분노에 사로잡힙니다.

나는 어리석게도 내가 간청해서라도 얻어야 할 바로 그것으로 대항하여 싸웁니다.

그러나 나는, 사랑은 튼튼한 담보다 더 강하다는 말을 들으며,

그 말에 나의 희망을 둡니다.

어린아이는 아주 예민하니,

당신의 강하면서도

부드러운 손으로

제발 저 담들을 허물어 주세요.

내가 누구인지. 궁금하시죠?

나는 당신이 이미 잘 알고 있는 사람,

당신이 만나는 모든 남자,

당신이 만나는 모든 여자랍니다.

찰스. C. 핀(Charles C. Finn), *Please Hear What I' m Not Saying*

서클에 와서 참여해준 것에 대한 감사의 인사를 한다.

***저자 추천**

Tear Soup:*A Recipe for Healing After Loss*,

:상실 이후의 치유를 위한 레시피, PatSchwiebert and Chuck DeKlyen. Taylor Bills의 아름다운 삽화들과 함께 비탄에 빠진 사람들을 위한 몇 가지 팁과 지지자들, 그리고 일부 자료 정보도 들어 있다.

가면

여기 사람들이 가끔 사용하는 가면의 목록이 있습니다. 이것들은 보통 우리가 덮으려고 시도하는, 경험하고 싶지 않은 느낌들을 반영합니다. 다음의 가면들 중 어떤 것들이 친숙한가요?

- 화난-가면
- 모든 것을 알고 있다-가면
- 아무 신경 안 써-가면
- 갱스터조폭-가면
- 광대-가면
- 마약중독자-가면
- 나쁜 소년/소녀-가면
- 패배자-가면
- 아무 상관 없어-가면
- 외톨이-가면
- 멍한, 몽롱한-가면
- 흥분한 혹은 과잉행동-가면

당신은 언제 이 가면을 사용하나요?

3-7 회복탄력성 서클

목적: 참여자들로 하여금 고난, 역경으로부터 왔을지도 모르는 개인의 힘에 대한 의식을 고취시키고, 그들의 삶 속에서 도전들의 결과로 얻게 된 자신의 고유한 힘이 무엇인지 명확하게 할 수 있도록 돕는다.

준비물: 서클상징물, 토킹피스

서클의 시작에서 이것이 의도된 공간임을 알리는 일은 언제나 중요하다. 책에 제안된 공간 열기가 적합하지 않다면 상황과 환경에 맞는 적합한 공간 열기를 찾아도 좋다.

환영하기 서클에 온 모두를 환영한다.

공간 열기:다음의 명상을 따라한다.

*편안하게 앉을 수 있는 장소를 찾습니다. 의자에 등과 다리를 대고 그 상태로 등과 다리의 감각을 느껴봅니다. 발바닥을 땅에 붙이고 다리의 감각을 편안하게 느낍니다. 손을 편안하게 무릎에 올려 놓거나, 배를 감싸는 것이 더 좋다면 그렇게 합니다. 이제 네 번 깊이 숨을 쉽니다. 호흡을 들이마실 때, 조용하고 평화로운 감정이 당신의 몸 안에 함께 들어간다고 느낍니다. 숨을 내뱉을 때, 숨과 함께 몸의 모든 스트레스와 긴장감이 떠나가고 있다고 상상합니다.*잠시 멈춤

준비가 되었다면 여러분이 사람들로부터 멀리 떨어진 큰 산이 되었다고 상상해 봅니다. 그 먼 거리에서 여러분은 거인과 같이 커져서 하늘에 가까워졌습니다. 여러분은 눈이나 얼음으로 덮혀있는 산이 될 수도 있지요. 또는 여러분의 대지에서 빽빽하게 나무, 가지, 생명력이 살아나는

울창한 숲이 우거진 곳이 될 수도 있어요. 모래와 바위들로 뒤덮힌 사막의 산이 될 수도 있지요.

여러분은 고대의 장엄한 알고 있는 어떤 산이든 원하는데로 보일 수 있지요. 깊게 숨을 들이 쉴 때 뿌리는 더 깊이 내려서 어떤 것도 여러분을 움직일 수 없어요. 여러분의 위에는 별들이 가득히 수 놓은 그곳에서 수 천년동안 여러분은 평온하고 평화롭게 쉬고 있었어요. 여러분은 친구하나 없지만 외롭지 않아요.

어느 날 산과 주변에 많은 변화가 있었어요. 날은 어두워지지만, 여러분은 여전히 그곳에 있지요. 기온이 서서히 떨어지면서 여름에서 겨울로 달라졌어요. 그러나 여러분에게 영향을 미치지 않아요. 비바람이 머물다가 가지요. 동물들이 집을 만들어요. 동물들은 음식과 쉴 곳을 찾아 돌아다니고, 여러분은 마치 하루를 창조하는 신처럼 요동하지 않고 위대하게 서 있어요. 여러분의 산에서 생존하는 만물은 땅만 보지만 여러분은 지구 밖 저 높이 올라가 있어요. 여러분은 저 멀리 보지요.

어떤 일이 그 산에서 일어난다 하더라도 여러분은 언제나 그 자리에 있어요. 그 강직함은 여러분의 존재 그 자체에서부터 오지요. 때로는 하루가 지나고 해가 간다하더라도 여러분은 거기에 있어요.

하루가 지나고 나서, 여러분이 굉장히 장엄한 산이 된다고 상상해 봅니다. 작은 문제들이 온다 하더라도 그것들은 큰 산을 흔들 힘이 없어요. 어떤 일이 일어난다 해도 산과 같이 바라보세요. 그저 바라보세요. 산이 그러하듯이 ….

토킹피스를 가능한 많이 사용하는 것이 좋다. 브레인 스토밍이나 다른 활동을 하는 시간에는 토킹피스의 사용을 보류할 수 있다. 그러나 토킹피스가 전체 서클에 중요하게 사용되지 않는다면 서클의 진실성을 훼손될 수 있다.

토킹피스 소개하기: 토킹피스가 어떻게 작동하는지 설명한다.

자기 소개 및 마음연결하기: 토킹피스를 사용하여, 처음 만난 그룹은 자기 소개를 하고, 이미 서클로 만났던 그룹은 마음연결하기를 하도록 초대한다. 이때 진행자가 먼저 이야기하는 것이 좋다. 부록 3, 4의 질문들을 참고할 수 있다.

참여자들이 가치 정하기와 약속 만들기에 참여하도록 하는 것은 서클의 안전한 공간을 구축하기 위해 매우 중요하다. 서클의 전체구성원들은 이 과정을 통해 안전한 공간을 유지하는 것에 대한 책임을 갖게 된다.

가치 정하기와 약속 만들기:

이전에 만났던 그룹이라면, 전에 만들었던 가치와 약속을 참여자들과 함께 점검한다. 처음 만나는 그룹이라면, '평화형성서클 배우기' 의 끝부분에 나온 '서클에서 가치 세우기를 위한 조언' 의 기술 중 하나를 사용하여 가치의 기초를 다진다. '부록 4. 서클을 위한 간단한 질문들' 에 나온 제안사항들도 참고할 수 있다. 중요한 가치를 확인한 후 참여자들에게 서클에 참여할 때 중요하다고 생각하는 약속들을 말할 수 있도록 요청함으로써 서클의 약속을 정한다. 모두가 볼 수 있는 곳에 약속을 기록하여 놓는다.

주요 활동 참여자들에게 다음과 같이 말한다.

"때로는 힘들었던 어린 시절이 우리를 더욱 강한 사람으로 만들어주곤 합니다. 만약 당신이 이전에 이와 같은 생각을 해 본 적이 없다면, 몇 분 정도 시간을 두고 당신이 어떤 일을 겪었으며, 그로 인해 당신이 얼마나 강한 사람인지에 대해 생각해봅니다."

다음의 예문을 읽는다.

안토니는 엄마가 일 하시는 시간 동안 늘 혼자 남겨졌었다. 그의 아버지는 사진을 찍기 위해 대부분의 시간을 밖에서 보냈다. 아무도 그를 위해 음식을 만들어 주거나, 뒷정리

를 해주지 않았다. 그의 엄마는 밤에 집에 들어와선 지저분해진 집을 보면 화를 냈을 뿐이다. 그는 가끔 장도 봐야 했다. 안토니가 숙제를 하다가 모르는 부분이 있으면 친구들이나 선생님에게 묻거나, 혹은 혼자 해결해야 했다.

나눔 1:"안토니가 그가 처한 상황으로 인해 발전시킬 수 있는 강점이나 긍정적인 면은 어떤 것인가요?" 진행자가 마지막에 나눈다. 참여자들이 추천한 힘의 내용들을 정리해서 적는다.

다음의 다른 예문를 읽는다:

마이클의 엄마는 그가 13살이던 해에 죽었다. 처음에 그는 세상을 향해 화를 냈다. 그는 그의 할머니와 함께 살기 위해 오래된 친구들과 학교를 두고 떠나야 했다. 그는 엄마를 무척이나 그리워했고 그것은 견디기 어려운 일이었다. 시간이 흐르면서, 그의 고통은 점점 나아졌다. 그는 여전히 엄마에 대해 많이 생각하지만, 이제는 엄마를 떠올릴 때, 그렇게 많이 슬퍼하지는 않는다. 마이클은 아직 살아야 할 날이 많다는 것을 깨달았다. 그가 엄마의 죽음 이후의 모든 기간을 떠올릴 때, 그는 스스로도 자신이 얼마나 강한지에 대해 놀라곤 한다.

나눔 2:"마이클이 처한 상황으로 인해 그가 더 강해진 이유가 무엇인가요?"

나눔 3:"안토니와 마이클의 삶 속에서 통과해야만 했던 힘든 상황들로 인해 그들이 갖게 된 강점은 어떤 것인가요?"

나눔 4:"우리의 힘든 상황이 어떻게 개인의 강점이나 또 다른 방법으로 전환될 수 있을까요?" 예를 들어, 어떻게 레몬으로부터 레모네이드를 만들 수 있는지

성찰 나눔:마지막으로 토킹피스를 한 번 더 돌리며 참여자들에게 서클에 대한 자신의 생각을 나눌 수 있도록 초대한다. 시간이 충분하지 않거나, 그룹에 사람이 많다면 서클을 마치며 참여자들에게 현재 느끼는 감정을 한 단어로 요약하여 말할 수 있도록 요청해도 된다. 진행자가 마지막에 나눌 것을 제안한다.

의도된 공간으로서의 서클의 끝을 알리는 것은 중요하다. 만일 제안된 서클을 닫는 의식이 이 서클과 어울리지 않는다면 적합한 다른 닫는 의식을 찾거나 생각해본다.

공간 닫기:

그들이 분투할 수 있도록 도와라.

그들이 넘어갈 수 있도록 도와라.

그들이 미래를 가질 수 있도록 도와라.

그들이 자신의 인생을 살 수 있도록 도와라.

그들이 미소 지을 수 있도록 도와라.

- 샤데이(SADE)가 부른 'Feel No Pain' (아프지않아)

서클에 와서 참여해준 것에 대한 감사의 인사를 한다.

3-8 가정에서의 좋은 경험 나누기 서클

목적: 만족스러운 삶을 만들어 가는 데에 있어서 지혜와 힘의 원천이 되는 어린 시절의 긍정적인 면에 관심과 초점을 맞춘다.

준비물: 서클상징물, 토킹피스, 그림 그릴 재료들판지, 가위, 풀, 매직, 스티커, 실뭉치, 면봉 등

서클의 시작에서 이것이 의도된 공간임을 알리는 일은 언제나 중요하다. 책에 제안된 공간 열기가 적합하지 않다면 상황과 환경에 맞는 적합한 공간 열기를 찾아도 좋다.

환영하기 서클에 온 모두를 환영한다.

공간 열기:

여유로운 속도로 다음의 글을 읽으며 마음에 그려본다.

숨을 깊게 쉽니다. 계속해서 가장 편안한 방법으로 깊고 천천히 숨을 쉽니다. 두 눈을 감아도 좋고, 부드럽게 바닥이나 벽을 응시해도 좋습니다. 숨이 들어오고 나가는 것에 주목합니다. 숨을 내뱉을 때, 몸의 긴장을 조금 더 풀어줍니다. 어깨, 목, 팔과 손, 다리와 발, 얼굴의 긴장을 천천히 풀어줍니다. 계속해서 가장 편안한 방법으로 깊고 천천히 숨을 쉽니다. 숨이 들어오고 나가는 것에 주목합니다. 이제 여러분의 핵심자아와의 연결을 느껴봅니다. 당신의 깊은 곳에 있는 선한 것, 지혜 그리고 힘에 주목합니다.

여러분이 어렸을 때 핵심자아의 안내를 받아서 했던 선행들을 떠올려 봅니다.사이 여러분이 선행을 했던 그 때 어떤 느낌이었는지에 주목해봅니다. 이제는 여러분이 최근에 선하고 지혜롭고

강한 핵심자아의 안내를 받아서 했던 어떤 일에 대해 생각해봅니다. 여러분의 현재 모습과 어린 시절의 모습 사이의 끈을 느껴봅니다. 그 끈을 통해 어린 시절의 모습으로부터 현재 모습으로 흐르고 있는 선한 기운을 느낍니다. 잠시 멈춤

이제 다시 여러분의 숨에 집중합니다. 들이쉼과 내쉼을 느낍니다. 앉아 있는 의자에 주목합니다. 그리고 방 안에 여러분과 함께 있는 다른 것들을 알아챕니다. 점차적으로 우리의 공간, 지금 이 순간으로 여러분의 의식을 가져옵니다. 준비가 되었다면 천천히 눈을 뜹니다.

토킹피스를 가능한 많이 사용하는 것이 좋다. 브레인 스토밍이나 다른 활동을 하는 시간에는 토킹피스의 사용을 보류할 수 있다. 그러나 토킹피스가 전체 서클에 중요하게 사용되지 않는다면 서클의 진실성을 훼손될 수 있다.

토킹피스 소개하기: 토킹피스가 어떻게 작동하는지 설명한다.

자기 소개 및 마음연결하기: 토킹피스를 사용하여, 처음 만난 그룹은 자기 소개를 하고, 이미 서클로 만났던 그룹은 마음연결하기를 하도록 초대한다. 이때 진행자가 먼저 이야기하는 것이 좋다. 부록 3, 4의 질문들을 참고할 수 있다.

참여자들이 가치 정하기와 약속 만들기에 참여하도록 하는 것은 서클의 안전한 공간을 구축하기 위해 매우 중요하다. 서클의 전체구성원들은 이 과정을 통해 안전한 공간을 유지하는 것에 대한 책임을 갖게 된다.

가치 정하기와 약속 만들기:

이전에 만났던 그룹이라면, 전에 만들었던 가치와 약속을 참여자들과 함께 점검한다. 처음 만나는 그룹이라면, '평화형성서클 배우기' 의 끝부분에 나온 '서클에서 가치 세우기를 위한 조언' 의 기술 중 하나를 사용하여 가치의 기초를 다진다. '부록 4. 서클을 위한 간단한 질문들' 에

나온 제안사항들도 참고할 수 있다. 중요한 가치를 확인한 후 참여자들에게 서클에 참여할 때 중요하다고 생각하는 약속들을 말할 수 있도록 요청함으로써 서클의 약속을 정한다. 모두가 볼 수 있는 곳에 약속을 기록하여 놓는다.

주요 활동

작가 조지 베일런트George Vaillant는 다음과 같이 썼다. "어린 시절에 겪는 잘 된 일은 잘못 된 일보다 훨씬 먼 미래를 예측하게 한다." 당신의 어린 시절에 좋은 결과를 얻었던 일에는 어떤 것이 있는가? 참여자들에게 그림재료를 사용하여 그들의 어린 시절에 무엇이 좋은 결과를 가져왔는지를 그림이나 이미지로 묘사하도록 한다.

나눔 1: 자신이 만든 작품을 소개하고 그 작품이 어떤 뜻을 가지고 있는지 설명한다.

나눔 2: "어린 시절에 좋은 결과를 얻었던 일들로부터 비롯된 힘이나 재능에는 어떤 것들이 있나요?"

나눔 3: "여러분이 받은 그 재능을 어떻게 이 세상과 나눌 수 있을까요?"

성찰 나눔: 마지막으로 토킹피스를 한 번 더 돌리며 참여자들에게 서클에 대한 자신의 생각을 나눌 수 있도록 초대한다. 시간이 충분하지 않거나, 그룹에 사람이 많다면 서클을 마치며 참여자들에게 현재 느끼는 감정을 한 단어로 요약하여 말할 수 있도록 요청해도 된다. 진행자가 마지막에 나눌 것을 제안한다.

의도된 공간으로서의 서클의 끝을 알리는 것은 중요하다. 만일 제안된 서클을 닫는 의식이 이 서클과 어울리지 않는다면 적합한 다른 닫는 의식을 찾거나 생각해본다.

공간 닫기:

참여자들에게 일어서기를 권한다. 시계방향으로 돌아가며 각 참여자에게 몇 가지 동작단어를 사용하지 않고을 사용하여 자신의 어린 시절에 좋은 결과를 얻었던 일과 관련한 그 누군가에게 빠르게 감사의 표현을 하도록 요청한다. 몇 번의 깊은 호흡으로 모두를 초대한 뒤, 숨을 들이 마시며 무엇이 잘 되었는지에 대해 감탄하고, 숨을 내쉬며 그 사람에게 감사를 표한다.

서클에 와서 참여해준 것에 대한 감사의 인사를 한다.

모듈 4:
사회적 상처, 손상 다루기
Dealing with Society's Harms

모듈 3에서는 개인의 삶의 환경과 경험에서 트라우마가 생긴 요인들을 알아보고 그 트라우마를 직면했을 때 회복할 수 있게 해주는 건설적인 방법들을 탐구하였다. 이번 모듈에서는 개인의 트라우마지속적인 수치심이나 생존을 위한 기본적 욕구충족 실패 등를 일으킬 수 있는 더 큰 형태의 사회적 손상에는 어떠한 것들이 있는지 살펴볼 것이다. 이러한 사회적 구조는 한 개인을 대상으로 삼는 것이 아닌, 공통의 정체성을 가진 집단을 대상으로 트라우마를 발생시킨다.

한 개인으로서 우리 모두는 고유성을 지니고 있다. 나와 정확히 똑같은 사람은 이 세상에 존재하지 않는다. 인간의 가장 신비로운 것 중 하나가 바로 이 점일 것이다. 이와 동시에 우리는 문화, 역사, 배경 등을 공유하는 사람들과 여러 공통점도 가지고 있다. 우리는 같은 음악을 듣거나, 같은 음식을 먹고, 비슷한 종류의 옷을 입고, 같은 언어를 사용한다. 또한 우리가 가진 몇 가지 특성들은 모든 인류가 공유하는 보편성을 지니고 있다. 이 책의 시작에서 우리는 모든 인간이 선하고, 지혜롭고, 강한 '핵심자아' 를 지니고 있다고 언급한바 있다. 이는 부분적으로 우리의 문화에서도 드러난다. 우리의 문화는 우리의 아름다운 일부이다.

그러나 현실 속 인간 사회는 모든 구성원들이 동등한 가치로 대우 받도록 구조화 되어있지 않다. 대신에 일부 사람들이 다른 사람들보다 더 중요하고 가치 있어 보이게 하는 위계질서가 존재한다. 지위가 높은 사람들은 그렇지 못한 사람들보다 많은 특권, 권력, 자원, 혜택을 누린다. 이러한 위계질서는 돈, 교육, 인종, 민족, 종교, 성, 나이, 성적 지향성 등 인간 정체성의 다양한 측면에 존재한다.

오늘날의 미국 사회는 이러한 사회적 가치의 순위에 따른 특권과 자격박탈이 삶의 모든 측면에 퍼져있다. 백인 중상류 남성은 특권층이다. 이것이 우리 사회에 대해 우리가 알고 있는 바이다. 예를 들어 유색인종, 노동자 계층, 불법체류자 등은 더욱 가혹한 범죄 처벌을 받기 쉽고 이들은 사법체계에서 불평등한 대상이 된다는 점을 알고 있다. 특권과 박탈은 당신이 어디에 사는지, 어떠한 직업을 가질 수 있는지, 당신이 체포될지 아닐지, 사람들이 당신에게 어떤 식으로 이야기할 지에도 영향을 미친다. 사법제도, 교육, 고용의 불평등은 끊임없이 지속되고 있다. 위계 질서에서 특권을 누리지 못하는 계층에게 일상은 수치심, 무시, 그리고 삶이 기본 욕구를 채우지 못하게 하는 엄청난 장애물로 가득 차 있다. 그러나 사회는 이러한 피해에 침묵하며, 사람들이 경험하고 있는 억압에 대해 진실을 이야기 할 수 있는 공간을 만들지 못했다.

존엄, 존중, 기본적 욕구 등이 충족되지 못한 인간의 욕구가 만성적으로 이어질 때 모듈 3에서 논의되었던 트라우마적 반응을 초래할 수 있다. 이는 사람들을 자신의 핵심자아로부터 멀어지게 하는 행동의 내면화 또는 행동의 외부화의 모습으로 이어질 수 있다. 무기력함이나 모멸감은 우리가 무언가에 침범당했을 때의 반응일 거라고 생각할 수 있지만 사실은 트라우마적 반응이다. 이러한 반응은 문제의 핵심인 '트라우마와 손상의 순환' 이 계속되지 않도록 개입을 요청한다.

이러한 사회적 구조의 피해를 인지하고, 한 사람의 삶에서 발생한 손상의 경험을 이야기할 기회를 제공하는 것은 그 사람의 회복탄력성을 촉진시키는 데 중요한 역할을 한다. 불평등이 사회적으로 체제화 되는 현상은 사람들을 종종 사법체계의 덫에 가둔다. 그렇기에 이러한 현실의 부당성에 대해 정직하게 이야기 할 수 있는 공간을 만드는 일은 중요하다. 그러한 사회적 불의와 피해가 알려지게 되면 청소년과 가족들이 어쩌면 자기 파괴적이었을지도 모르는 자신의 반응을 돌아보게 되고 그들 스스로에게 더이상의 피해가 가지 않도록 이러한 상황에 대처하는 방법들을 고려하게 될 테니 말이다.

특권층들은 종종 자신도 인식하지 못한 채 힘없는 사람들을 무시하고 그들에게 심각한 손상을 입히고 있는 사회 구조 속에서 살아가며 그러한 불평등을 고착화시키는 역할을 한다. 우리의 핵심자아는 선하고, 지혜롭고, 친절한 모습을 담고 있다는 점을 생각해볼 때, 타인을 무시하고 피해를 주는 사회적 구조에 참여하는 것은 결국 우리를 자신의 핵심자아와의 연결을 끊어지게 한다. 피부색에 근거한 우리 사회의 위계질서와 관련하여 작가 루이 로드리게즈Louis Rodrquez는 다음과 같이 적었다. "인종 문제는 결국 백인을 포함해 우리 모두를 노예화시키는 문제이다. 그것은 우리 모두가 정신적 노예상태에 갇혀있음을 말한다."

특정한 몇 명에게만 더 큰 존엄성과 가치를 부여하는 위계질서는 다른 사람들과 선한 방식으로 연결되기를 원하는 인간의 기본적 욕구를 좌절시킨다. 이러한 피해는 특권을 가지지 못한 사람들에게 가장 명확히 드러나지만 결국 특권을 지닌 사람들에게까지 피해를 미친다. 특권의 자리는 다른 사람들과 자신의 핵심자아로부터 모두 분리되는 자리이기도 하다. 특권을 지닌 사람들은 그 특권에 의해 발생된 피해를 인정할 책임이 있으며 그러한 피해를 고쳐나가고 자신들이 만든 불평등을 평등하게 바꾸어야할 책임이 있다.

특권과 권력의 문제는 매우 복잡하며 지속적으로 변화한다. 대부분의 사람들은 자신의 삶의 자리에서 권력을 갖는 공간과 그렇지 못한 공간을 모두 가지고 있다. 유색인종인 성인 남성은 백인 남성만큼은 아닐 지라도 상대적으로 유색인종인 여성이나 아이들보다는 특권을 더 누릴 것이다. 또한 특권과 권력을 행사하는 사람들이 자신들의 그러한 힘을 알아채지 못하는 경우도 매우 많다. 보통 특권을 지니지 못한 사람들이 언제 그리고 어떻게 특권과 권력이 작동하는지를 예리하게 인식한다.

주체적 인간으로서의 힘과 능력이 사회적 특권구조로 인해 좌절 될 때 우리에게는 자연스럽게 힘power에 대한 욕구가 생긴다. 다른 사람에게 피해를 입히지 않는 방식으로 개인적 힘을 경험하도록 사람들을 돕는 것은 사회적으로 무기력감을 느꼈던 경험을 건설적으로 대응할 수 있게 한다. 서클을 통해 참여자들은 존중받고 동등한 목소리를 가질 때, 그들은 건강한 개인적 힘을 경험한다. 그들의 이야기가 들려지고 존중받을 때 그들은 건강한 개인적 힘을 경험한다. 건강한 개인적 힘을 경험할 수 있는 기회를 제공한다면, 사람들이 자신의 핵심자아와 다시 연결되고, 사회적 피해로부터 받은 상처도 치유되도록 도와줄 것이다.

모듈 4에 나오는 서클 모델들은 참여자들이 이러한 위계적 사회구조의 본성을 탐구하고 이것이 자신의 삶에 미치는 영향을 묘사하며, 계층적 사회구조의 피해에 대한 자신의 반응을 살피고 이러한 상황에 대처하여 삶의 질을 향상시킬 수 있는 전략을 발달시킬 수 있도록 고안되었다.

서클은 그 어떤 사회적 위계서열에도 굴복하지 않는 핵심자아를 존중한다. 서클은 또한 다음의 세 가지 차원으로 사회적 불의와 피해에 대한 건설적 반응을 장려한다:

- 자신의 핵심자아를 이해하고 그것에 연결되도록 하여 자신이 차별의 대상인지 특권층인지에 상관없이 부당한 사회구조에 가장 효과적으로 대응할 수 있게 한다.
- 타인의 핵심자아와 연결되기를 노력하여 다른 사람의 가치를 격하시키는 사회적 차별구조를 지속시키지 않도록 한다.
- 모두의 평등, 존엄, 포용을 목표로 하는 더욱 광범위한 사회정의를 위해 노력하게 한다.

사회적 억압과 불의로 인한 피해는 거대하다. 이러한 사회구조를 치유하고 전환하는 것은 결코 쉽지 않다. 이어지는 서클 모델들은 우리가 이러한 과정을 어떻게 나아갈 수 있는지 이해하는 것에 있어서 여전히 유아적 단계에 있음을 인지하게 한다. 우리는 이제서야 우리가 가진 능력을 사용하여 이러한 피해를 되돌리고, 우리의 핵심자아를 찾고, 또한 이러한 구조를 변혁시키기 위한 시도를 시작하고 있다.

4-1 정체성의 다양한 차원 탐구하기 서클

목적: 우리 자신의 모습 중 보편적 인간이 지니고 있는 특성은 어떤 것들이 있는지, 자신이 속한 그룹이나 문화에서만 공유하는 특성에는 무엇이 있는지, 그리고 한 개인에게만 속한 고유한 특성에는 어떤 것들이 있는지에 대한 의식을 높이기 위한 서클이다. 이 서클의 또 다른 목적은 그룹 속 개개인에게는 적용되지 않지만 그 그룹의 정체성을 기반으로 다양한 가정들이 만들어지는 방식을 깨닫게 하는 것에 있다.

준비물: 서클상징물, 토킹피스, 정체성 피라미드 유인물을 준비하거나 피라미드를 그릴 전지 , 사인펜, 닫는 시가 적힌 용지들을 준비하거나 전지에 닫는 시를 적어놓기.

서클의 시작에서 이것이 의도된 공간임을 알리는 일은 언제나 중요하다. 책에 제안된 공간 열기가 적합하지 않다면 상황과 환경에 맞는 적합한 공간 열기를 찾아도 좋다.

환영하기 서클에 온 모두를 환영한다.

공간 열기:다음의 명상문을 천천히 신중하게 읽는다.

숨을 깊이 쉬세요. 깊게 그리고 천천히 편안한 방식으로 계속 호흡합니다. 눈을 감아도 좋고 바닥이나 벽을 부드럽게 응시해도 좋습니다. 여러분의 숨이 들어가고 나가는 것을 알아차립니다. 숨이 나가는 매 순간 여러분의 몸을 조금 더 이완시키세요. 어깨, 목을 쉬게 하고, 팔과 목, 다리와 발을 쉬게 하고, 얼굴을 이완시킵니다. 편안한 방식으로 계속 깊게 그리고 천천히 숨을 쉬세요. 숨이 들어오고 나가는 것을 알아차립니다. 이제 자신이 여러 개의 이어지는 원의 중심에 서 있다고 상상해봅니다.

여러분 옆에 있는 첫 번째 원은 가장 가까운 가족들과 친한 친구들입니다. 그 다음 원은 여러분의 친척과 다른 친구들입니다. 그 다음 원은 자주 마주치는 이웃이나 학교 사람들에게까지 미칩니다. 그 다음 원은 마주치기는 하지만 알지는 못하는 도시의 사람들. 그 다음 원은 우리나라의 모든 사람들을 포함합니다. 그리고 마지막 원은 전 세계 사람들을 뜻합니다. 그 모든 원들을 알아차리고 여러분이 그 모든 원들과 관계 지어짐을 봅니다. 멈춤

이제 다시 주의를 호흡으로 돌립니다. 계속해서 깊이 숨을 쉽니다. 앉아 있는 의자를 느껴보고 발밑의 바닥을 느껴봅니다. 천천히 의식을 우리가 있는 이 공간과 이 순간으로 돌립니다. 준비가 되었다면 눈을 뜹니다.

토킹피스를 가능한 많이 사용하는 것이 좋다. 브레인 스토밍이나 다른 활동을 하는 시간에는 토킹피스의 사용을 보류할 수 있다. 그러나 토킹피스가 전체 서클에 중요하게 사용되지 않는다면 서클의 진실성을 훼손될 수 있다.

토킹피스 소개하기: 토킹피스가 어떻게 작동하는지 설명한다.

자기 소개 및 마음연결하기: 토킹피스를 사용하여, 처음 만난 그룹은 자기 소개를 하고, 이미 서클로 만났던 그룹은 마음연결하기를 하도록 초대한다. 이때 진행자가 먼저 이야기하는 것이 좋다. 부록 3, 4의 질문들을 참고할 수 있다.

참여자들이 가치 정하기와 약속 만들기에 참여하도록 하는 것은 서클의 안전한 공간을 구축하기 위해 매우 중요하다. 서클의 전체구성원들은 이 과정을 통해 안전한 공간을 유지하는 것에 대한 책임을 갖게 된다.

가치 정하기와 약속 만들기:

이전에 만났던 그룹이라면, 전에 만들었던 가치와 약속을 참여자들과 함께 점검한다. 처음 만나는 그룹이라면, '평화형성서클 배우기' 의 끝부분에 나온 '서클에서 가치 세우기를 위한 조언' 의 기술 중 하나를 사용하여 가치의 기초를 다진다. '부록 4. 서클을 위한 간단한 질문들' 에 나온 제안사항들도 참고할 수 있다. 중요한 가치를 확인한 후 참여자들에게 서클에 참여할 때 중요하다고 생각하는 약속들을 말할 수 있도록 요청함으로써 서클의 약속을 정한다. 모두가 볼 수 있는 곳에 약속을 기록하여 놓는다.

주요 활동

1. 유인물을 나누어 주거나 참여자들이 유인물에 나온 피라미드 모양을 전지에 직접 그려 넣도록 한다. 진행자도 참여한다
2. 피라미드의 가장 아래층에는 참여자들이 생각하기에 모든 사람들에게 공통적으로 해당될 것이라고 생각하는 자신의 모습을 설명하는 단어들을 적도록 요청한다.
3. 자신이 속한 그룹이나 문화를 확인하여 그 그룹의 이름을 피라미드의 두 번째 층에 괄호 안에 적도록 한다. 예: 민족, 남성/여성, 청소년 등
4. 피라미드의 두 번째 층에는 모든 사람에게는 아니지만 자신이 속한 문화나 그룹의 사람들에게 공통적으로 해당되는 단어를 적도록 한다.
5. 피라미드의 꼭대기에는 그 누구에게도 없는 자신만의 고유한 성질을 나타내는 단어를 적도록 한다.

만일 참여자들이 정확히 이해하지 못 한다면 진행자의 피라미드를 예시로 보여준다.

나눔 1: 참여자들이 적은 각 층의 단어들에 대해 이야기해본다.

나눔 2: "이러한 방식으로 자신을 돌아보는 것이 어떠했나요?" "이 활동을 하고 난 뒤 자신을 보거나 이해하는 방식이 달라졌나요?"

작업하기: 자신의 피라미드 두 번째 층을 유심히 보도록 요청한다. 다른 사람들은 공통된다고 생각했지만 자신에게는 해당되지 않는 단어들을 피라미드 옆에 적도록 한다. 진행자의 피라미드를 예시로 보여준다.

나눔 3: 앞서 적은 피라미드 옆의 단어들을 돌아가며 공유한다. 나에게는 없지만 다른 이들이 적은 단어들이 나에게 해당된다고 가정했을 때 어떻게 느껴지는지 나눈다.

나눔 4: 서로의 이야기를 들으며 생겨난 생각이나 아이디어 등이 있는지 물어본다.

성찰 나눔: 마지막으로 토킹피스를 한 번 더 돌리며 참여자들에게 서클에 대한 자신의 생각을 나눌 수 있도록 초대한다. 시간이 충분하지 않거나, 그룹에 사람이 많다면 서클을 마치며 참여자들에게 현재 느끼는 감정을 한 단어로 요약하여 말할 수 있도록 요청해도 된다. 진행자가 마지막에 나눌 것을 제안한다.

의도된 공간으로서의 서클의 끝을 알리는 것은 중요하다. 만일 제안된 서클을 닫는 의식이 이 서클과 어울리지 않는다면 적합한 다른 닫는 의식을 찾거나 생각해본다.

공간 닫기: 다음의 글을 전지에 적어서 모두에게 보여주거나 종이에 복사하여 나누어준다. 모두 함께 읽도록 초대한다.

나
나는 나이다.
그리고 나는 아마 왜 그런지 모를지도 모른다.
그러나 내가 그것을 좋아한다는 것은 알고 있다.
세 번의 건배

나는 나이다

- 수스(Dr. Seuss), *Happy Birthday to You*!

또는 다음의 글을 읽는다:

원주민의 관점으로 볼 때 건강한 사람

창조세계와 영적 교감을 한 인간은 그가 다른 사람, 새, 동물, 나무, 바위, 강 등의 모든 창조세계와 관계 맺은 총합의 존재로서 인식된다. 따라서 건강한 사람이란 자신이 상호 연결의 복잡한 그물망 속의 한 구성요소임을 이해하고 그들과의 근본적 의존성을 깨닫고, 자신이 그들과의 관계에서 중요한 책임을 부여 받았음을 인식하고, 자신이 할 수 있는 한 최선을 다해 그것을 실현하려고 마음먹은 사람을 뜻한다. 이제 "자신"의 이익은 바로 "다른이" 또는 "모든 이"의 이익으로서 더욱 올바르게 이해될 것이다.

- 루퍼트 로스(Rupert Ross), *Indigenous Healing:Exploring Traditional Paths*

서클에 와서 참여해준 것에 대한 감사의 인사를 한다.

정체성 피라미드

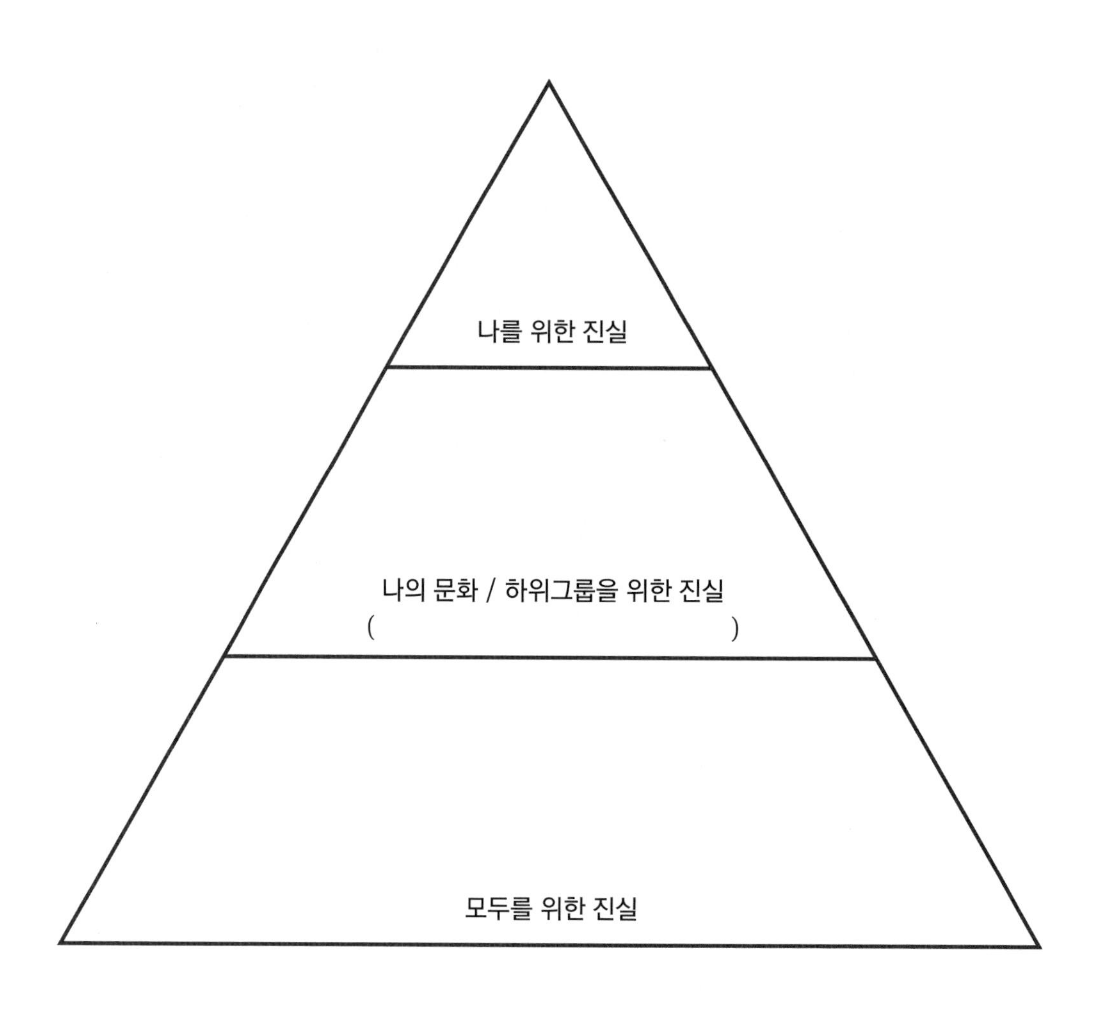

4-2 사회적 계층 이해 서클

목적: 정체성을 바탕으로 만들어진 사회적 계층에 대한 이해를 높이기 위한 서클이다. 또한 그러한 계층 구조로 인해 발생되는 피해를 깨닫게 하기 위한 서클이다. 그리고 대부분의 사람들이 각기 자신의 삶의 자리에서 특권을 누리는 위치와 그렇지 못한 위치를 동시에 경험하고 있음을 알리기 위한 서클이다.

준비물: 서클상징물, 토킹피스, 유인물, 필기구, 종이

서클의 시작에서 이것이 의도된 공간임을 알리는 일은 언제나 중요하다. 책에 제안된 공간 열기가 적합하지 않다면 상황과 환경에 맞는 적합한 공간 열기를 찾아도 좋다.

환영하기 서클에 온 모두를 환영한다.

공간 열기:다음의 명상문을 읽는다.

편안한 장소를 찾아 앉습니다. 자리를 찾아 앉으셨다면 눈을 감아주세요.

눈을 감고 싶지 않다면 가볍게 집중할 수 있는 아무 곳이나 초점을 맞춥니다. - 그 곳은 여러분이 앉은 곳의 맞은 편 식탁, 바닥, 벽 등이 될 수 있어요.

이제 네 번 깊이 숨을 쉬겠습니다. 호흡을 들이마시고, 내뱉을 때 가슴이 올라가고 내려감을 느낍니다. 숨을 들이마실 때마다 조용하고 평화로운 감정을 들이마신다고 상상합니다. 숨을 내뱉으면서 여러분 몸의 모든 스트레스를 밖으로 보냅니다. 어깨를 이완시키고 부드럽게 만들어 줍니다. 눈과 얼굴의 긴장을 이완시키고 부드럽게 합니다. 전체 몸의 스트레스를 호흡과 함께

밖으로 보냅니다.

계속해서 호흡하며 그저 숨쉬기에만 집중합니다. 몸에서 숨을 따르는 곳은 코입니다. 코를 통해 공기가 들어갈 때의 느낌이 어떤지 주목해봅니다. 아마도 들이마실 때의 공기가 뱉을 때의 공기보다 더 따듯할 거예요. 호흡을 뱉으면서 숨을 따라갑니다.

숨 쉴 때 인식되는 또 다른 신체부위는 배입니다. 마치 농구공을 잡듯이 때로는 배 위에 손을 부드럽게 올리는 것은 도움이 됩니다. 숨을 들이 마시고 공기가 폐를 채울 때 배가 얼마나 부풀어 오르는지 알아차립니다. 숨을 내쉴 때는 마치 농구공의 바람이 빠지듯이 가슴과 배가 가라앉는 것을 느끼게 됩니다. 숨이 자연스레 나왔다가 들어가도록 합니다.

숨을 크게 쉬거나 보통의 숨쉬기를 하기 위해 노력할 필요는 없어요. 그저 신체의 자연스러운 숨쉬기 리듬을 관찰해 봅니다. 숨을 바꾸지 않는 것이 우리가 해야 할 일입니다. 이미 벌어지고 있는 일에 집중하기만 하면 됩니다.

조용하게 앉아 숨을 쉴 때 자연스럽게 산만함을 느낄 거예요. 이러한 방해가 일어날 때마다 다시 숨 쉬는 것에 부드럽게 여러분의 관심을 옮겨놓기만 하면 됩니다. 만일 방해되는 소리를 듣는다면 스스로에게 "소리가 들리는 구나."라고 말하고 다시 숨 쉬는 일로 돌아오면 됩니다. 다시 말하지만 우리가 호흡 알아차리기 명상을 하는 동안 여러분은 여러 차례 산만해질 겁니다. 모두 자연스러운 일이니 괜찮습니다. 그런 방해가 일어남을 알아차릴 때 다시 숨 쉬는 일로 돌아옵니다.

천천히 이 공간으로 의식을 되돌립니다. 준비가 되었을 때 눈을 뜨고 당신 옆에 앉아있는 사람들을 알아차립니다. 서클에 있는 모두를 환영합니다.

토킹피스를 가능한 많이 사용하는 것이 좋다. 브레인 스토밍이나 다른 활동을 하는 시간에는 토킹피스의 사용을 보류할 수 있다. 그러나 토킹피스가 전체 서클에 중요하게 사용되지 않는다면 서클의 진실성을 훼손될 수 있다.

토킹피스 소개하기: 토킹피스가 어떻게 작동하는지 설명한다.

자기 소개 및 마음연결하기: 토킹피스를 사용하여, 처음 만난 그룹은 자기 소개를 하고, 이미 서클로 만났던 그룹은 마음연결하기를 하도록 초대한다. 이때 진행자가 먼저 이야기하는 것이 좋다. 부록 3, 4의 질문들을 참고할 수 있다.

참여자들이 가치 정하기와 약속 만들기에 참여하도록 하는 것은 서클의 안전한 공간을 구축하기 위해 매우 중요하다. 서클의 전체구성원들은 이 과정을 통해 안전한 공간을 유지하는 것에 대한 책임을 갖게 된다.

가치 정하기와 약속 만들기:

이전에 만났던 그룹이라면, 전에 만들었던 가치와 약속을 참여자들과 함께 점검한다. 처음 만나는 그룹이라면, '평화형성서클 배우기' 의 끝부분에 나온 '서클에서 가치 세우기를 위한 조언' 의 기술 중 하나를 사용하여 가치의 기초를 다진다. '부록 4. 서클을 위한 간단한 질문들' 에 나온 제안사항들도 참고할 수 있다. 중요한 가치를 확인한 후 참여자들에게 서클에 참여할 때 중요하다고 생각하는 약속들을 말할 수 있도록 요청함으로써 서클의 약속을 정한다. 모두가 볼 수 있는 곳에 약속을 기록하여 놓는다.

주요 활동

다음의 내용을 설명한다:

참여자들에게 그들 모두는 핵심자아를 지니고 있으며, 그 핵심자아는 삶의 어떠한 순간에도 선하고, 지혜롭고, 강하다는 것을 설명한다. 이러한 핵심자아가 모두에게 있음에도 불구하고, 몇몇 사람들이 다른 사람들보다 더 가치 있는 것처럼 계층을 만든다. 이러한 가치의 계층화는 더 낫거나 중요하다고 여겨지는 지위에 있는 사람들에게 더 많은 권력과 특권을 준다. 우리 사회는 피부색, 성별, 나이, 성적 지향성, 소득, 종교 등과 같이 다양한 정체성을 계층화 시켜놓았다.

자유 나눔 1: "피부색과 관련되어 누가 특권이나 권력을 가지고 있고, 누구는 그렇지 못한가요?"

자유 나눔 2: "성별과 관련되어 누가 특권이나 권력을 가지고 있고, 누구는 그렇지 못한가요?"

자유 나눔 3: "소득과 관련되어 누가 특권이나 권력을 가지고 있고, 누구는 그렇지 못한가요?"

작업하기: 정체성 바퀴가 그려진 유인물을 나누어준다. 바퀴의 각 부분에는 다양한 정체성 항목들이 적혀있는데, 참여자들은 그 항목에 속한 자신의 정체성이 사회적으로 높은 지위에 있거나 특권을 누리고 있다고 생각되면 '높음'라고 적고 그렇지 않다고 생각되면 '낮음'이라고 적는다.

나눔 1: "자신이 낮은 지위에 있다고 여겨지는 정체성 항목에는 어떠한 것들이 있나요? 그러한 사회적 계층구조에 의해 자신이 피해를 입은 구체적인 경험에는 무엇이 있나요?" 진행자는 가능하다면 먼저 대답하여 예시가 되어준다.

작업하기: 참여자들에게 글을 쓸 수 있는 종이를 나누어 주고 사회적 위계구조에 의해 그들이 가치절하되었을 때의 느낌을 적을 수 있도록 한다.

나눔 2: 참여자들이 적은 느낌들을 나눈다.

나눔 3: "자신이 '높음'이라고 적었던 정체성, 즉 특권을 누리고 있다고 생각되는 사회적 정체성에는 어떠한 것들이 있나요?" 만일 자신이 특권을 누릴 만한 영역을 찾는 것에 어려움을 느낀다면 그들에게 어린 동생이나 그들이 권위를 행사할만한 어린 친구들이 있는지 물어본다.

나눔 4: "이러한 특권은 정당한가요?"

나눔 5: "어떤 누군가가 가치를 인정받지 못하는 그룹에 속해 있다는 이유만으로 싫어한 경험이 있나요?" "그리고 이후에 그 사람을 좋아하게 된 경험이 있나요?"

서로 나눈 말에 대한 추가적인 응답이나 의견이 있다면 토킹피스를 돌려 이야기할 수 있도록 초대한다.

성찰 나눔: 마지막으로 토킹피스를 한 번 더 돌리며 참여자들에게 서클에 대한 자신의 생각을 나눌 수 있도록 초대한다. 시간이 충분하지 않거나, 그룹에 사람이 많다면 서클을 마치며 참여자들에게 현재 느끼는 감정을 한 단어로 요약하여 말할 수 있도록 요청해도 된다. 진행자가 마지막에 나눌 것을 제안한다.

의도된 공간으로서의 서클의 끝을 알리는 것은 중요하다. 만일 제안된 서클을 닫는 의식이 이 서클과 어울리지 않는다면 적합한 다른 닫는 의식을 찾거나 생각해본다.

공간 닫기:

선조들에 대해

우리는 모든 앞서간 선조들과 모든 미래의 후손들이 지금 우리 안에 존재하고 있음을 알고 있다. 우리는 선조들과 우리의 아이들, 그리고 그들의 아이들이 우리에게 갖는 기대 또한 알고 있다. 우리 자신의 기쁨, 평화, 자유, 조화가 동시에 우리의 선조들, 우리의 아이들, 또 그들의 아이들의 기쁨, 평화, 자유, 조화임을 알고 있다. 우리는 이해가 사랑의 근본이 됨을 알고 있다. 우리는 비난과 논쟁이 우리를 도와주기는커녕 우리 사이에 더 큰 균열만을 만든다는 것을 알고 있다. 오직 이해, 신뢰, 사랑만이 우리를 변화와 성장으로 이끌어낼 수 있다.

- 틱낫한(Thich Nhat Hanh)

서클에 와서 참여해준 것에 대한 감사의 인사를 한다.

정체성 바퀴

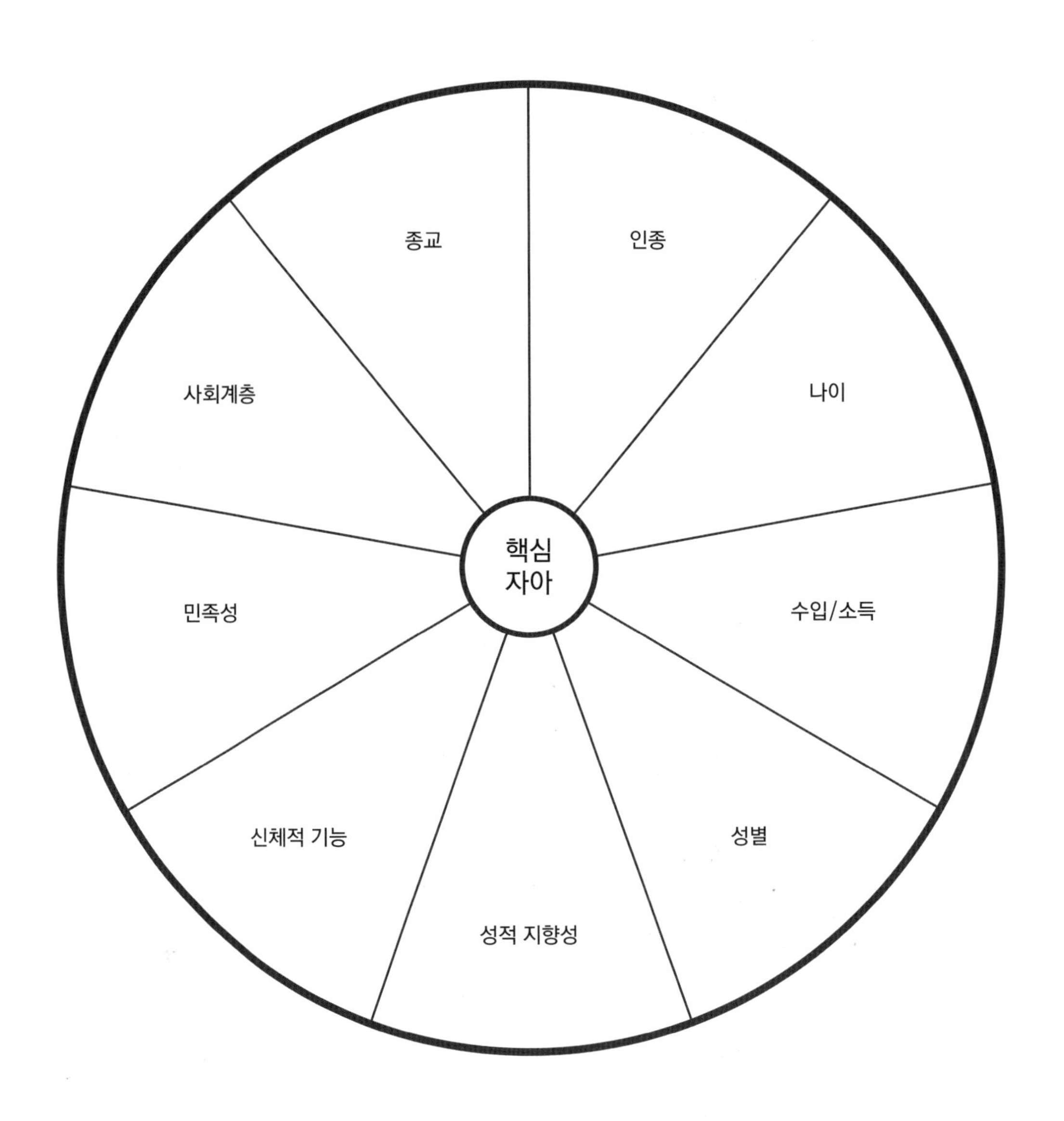

4-3 피부색이 주는 특권 서클

목적: 피부색이 주는 특권의 본질과 그 영향에 대한 인식을 높이기 위한 서클이다. 특권을 지닌 사람들과 그렇지 못한 사람들 모두에게 끼치는 특권 구조의 피해를 깨닫기 위한 서클이다.

준비물: 서클상징물, 토킹피스, 미술 도구종이, 매직펜, 실, 점토, 철사 등

서클의 시작에서 이것이 의도된 공간임을 알리는 일은 언제나 중요하다. 책에 제안된 공간 열기가 적합하지 않다면 상황과 환경에 맞는 적합한 공간 열기를 찾아도 좋다.

환영하기 서클에 온 모두를 환영한다.

공간 열기:

그러고 난 뒤 나는 모든 산들 중 가장 높은 산 위에 서 있었다.

세계의 모든 것이 바로 내 발 밑에 있었다.

내가 그곳에 서 있는 동안 나는 내가 말할 수 있는 것보다 더 많은 것을 보았고 내가 보았던 것보다 더 많은 것을 이해했다.

왜냐하면 나는 영혼에 담긴 모든 것을 신성하게 바라보았기 때문이다.

그리고 모든 것들은 마치 하나의 존재처럼 함께 살아가야 하는 것처럼 보였다.

그리고 사람들의 많은 신성한 고리들이 모여 하나의 커다란 원을 만드는 것을 보았다.

그 원은 햇빛과 별빛처럼 광대했고 그 중심에는 한 그루 커다란 꽃나무가 자라나 한 명의 엄마와 한 명의 아빠사이에서 온 모든 아이들의 쉴 곳이 되어 주었다.

그것은 매우 거룩했다.

- 블랙 엘크(Black Elk), from Neihardt, *Black Elk Speaks*.

토킹피스를 가능한 많이 사용하는 것이 좋다. 브레인 스토밍이나 다른 활동을 하는 시간에는 토킹피스의 사용을 보류할 수 있다. 그러나 토킹피스가 전체 서클에 중요하게 사용되지 않는다면 서클의 진실성을 훼손될 수 있다.

토킹피스 소개하기:토킹피스가 어떻게 작동하는지 설명한다.

자기 소개 및 마음연결하기:토킹피스를 사용하여, 처음 만난 그룹은 자기 소개를 하고, 이미 서클로 만났던 그룹은 마음연결하기를 하도록 초대한다. 이때 진행자가 먼저 이야기하는 것이 좋다. 부록 3, 4의 질문들을 참고할 수 있다.

참여자들이 가치 정하기와 약속 만들기에 참여하도록 하는 것은 서클의 안전한 공간을 구축하기 위해 매우 중요하다. 서클의 전체구성원들은 이 과정을 통해 안전한 공간을 유지하는 것에 대한 책임을 갖게 된다.

가치 정하기와 약속 만들기:

이전에 만났던 그룹이라면, 전에 만들었던 가치와 약속을 참여자들과 함께 점검한다. 처음 만나는 그룹이라면, '평화형성서클 배우기' 의 끝부분에 나온 '서클에서 가치 세우기를 위한 조언' 의 기술 중 하나를 사용하여 가치의 기초를 다진다. '부록 4. 서클을 위한 간단한 질문들' 에 나온 제안사항들도 참고할 수 있다. 중요한 가치를 확인한 후 참여자들에게 서클에 참여할 때 중요하다고 생각하는 약속들을 말할 수 있도록 요청함으로써 서클의 약속을 정한다. 모두가 볼 수 있는 곳에 약속을 기록하여 놓는다.

주요 활동

설명하기: 우리 사회의 가장 강력한 사회 계층 구조 중의 하나는 피부색과 관련된 사항이다. 밝은 색의 피부를 가진 사람들, 특히 백인이라고 불리는 사람들은 어두운 피부색을 지닌 사람들보다 더 많은 권력과 특권을 누린다. 피부색 특권이란 다른 사람들보다 더 나은 무언가가 있어서가 아니라 그저 자신의 피부가 하얗다는 이유만으로 아무런 노력 없이 얻어진 혜택이다. 몇몇 특권은 모두가 누려야할 혜택임에도 오직 특정 그룹의 사람들만이 누리고 있다. 어떤 특권은 다른 사람을 희생시킴으로서 얻어지기도 한다. 한 그룹의 사람들이 누리는 특권은 다른 그룹의 사람들에 대한 피해를 유발한다.

우리는 많은 특권들을 의식하지 못한 채 누리지만 적어도 그 특권이 유발하는 피해를 경험하는 사람들에게 그것은 생생한 현실이다. 즉, 특권을 누리는 사람들은 그러한 특권을 얻기 위해 무언가를 해야 한다는 것조차 의식하지 못한 채 그저 모두에게 주어진 일반적인 것으로 생각하기 쉽다. 이와 반대로 특권에서 배제된 사람들은 그들이 경험하는 피해에 대해 매우 민감하게 인식한다. 불평등이 명백하게 사회에 만연되어있음에도 특권을 누리는 사람들은 유색 인종이 겪는 고통을 인식하지 못한 채 행동한다. 그리고 이 사실은 유색인들에게 더 깊은 피해를 느끼게 한다. 특권이라는 것은 애초에 존재하지 않는다. 그러므로 누구의 희생도 따르지 않는 것처럼 행동하는 것도 특권의 일부이다. 이러한 형태의 특권은 특권을 가진 자들이 사회적 불균형과 피해에 대해 이야기하지 않거나 그것을 회복하려는 움직임을 보이지 않는 것에 대한 정당성을 부여한다. 예를 들어 백인들이 자신들이 누리는 특권에 대해 둔감한 것이 피해를 더욱 악화시키곤 한다.

작업하기: 참여자들에게 피부색이 주는 특권의 모습에 대해 표현할 수 있는 이미지나 그림, 조형품을 만들어 볼 수 있도록 초대한다. 15분의 시간을 주고 전체 서클로 모인다.

자유나눔1 : “자신이 만든 작품이 각자에겐 어떤 의미인가요?”

자유나눔 2 : "여러분이 볼 수 있었던 또 다른 피부색 특권의 예들에는 어떤 것들이 있나요?"

나눔 1: "피부색 특권으로 인해 유색인들이 갖는 불이익에는 어떤 것들이 있나요?"

나눔 2: "피부색 특권을 누리는 사람들' 이 갖게 되는 불이익은 어떤 것들이 있나요?"

나눔 3: "피부색 특권을 해체시키기 위해 '특권을 누리는 사람들' 이 기여할 수 있는 것에는 무엇이 있나요?"

나눔 4: "'특권을 누리는 사람들' 이 자신이 누리는 인종적 특권에 대항하여 보여준 긍정적인 행동에는 어떠한 예들이 있나요?"

다음의 인용구를 천천히 두 번 읽는다. 작가 루이 로드리게즈는 다음과 같이 썼습니다. "인종 문제는 결국 백인을 포함해 우리 모두를 노예화시키는 문제이다. 그것은 우리 모두가 정신적 노예상태에 갇혀있음을 말한다."

나눔 5: "로드리게즈의 말은 어떤 의미로 다가오나요?"

나눔 6: "추가적인 의견이나 응답이 있나요?"

성찰 나눔: 마지막으로 토킹피스를 한 번 더 돌리며 참여자들에게 서클에 대한 자신의 생각을 나눌 수 있도록 초대한다. 시간이 충분하지 않거나, 그룹에 사람이 많다면 서클을 마치며 참여자들에게 현재 느끼는 감정을 한 단어로 요약하여 말할 수 있도록 요청해도 된다. 진행자가 마지막에 나눌 것을 제안한다.

의도된 공간으로서의 서클의 끝을 알리는 것은 중요하다. 만일 제안된 서클을 닫는 의식이 이 서클과 어울리지 않는다면 적합한 다른 닫는 의식을 찾거나 생각해본다.

공간 닫기:

> *만약 당신이 나를 돕기 위해 온 것이라면 그것은 우리 모두의 시간 낭비일 뿐이다. 그러나 당신의 해방과 나의 해방이 하나로 묶여있음을 깨닫는다면 우리는 비로소 함께 나아갈 수 있다.*
>
> \- 1970년대 예술가이자 학자인 릴라 왓슨(Lilla Watson)이 참여했던 원주민 활동가 그룹, 퀸즈랜드(Queensland).

서클에 와서 참여해준 것에 대한 감사의 인사를 한다.

4-4 성별 고정관념 탐구 서클

목적: 남성과 여성에 대한 사회의 고정관념을 살펴보고 그러한 메시지들이 우리가 자신을 인식하는데 미치는 압박감을 탐구하기 위한 서클이다.

준비물: 서클상징물, 토킹피스, 젠더 박스 유인물, 필기구, 종이

서클의 시작에서 이것이 의도된 공간임을 알리는 일은 언제나 중요하다. 책에 제안된 공간 열기가 적합하지 않다면 상황과 환경에 맞는 적합한 공간 열기를 찾아도 좋다.

환영하기 서클에 온 모두를 환영한다.

공간 열기: 아래의 요가를 함께 한다.

마운틴 자세 MOUNTAIN POSE

엉덩이 너비보다 약간 좁게 두 발을 벌리고 발의 바깥 부분이 서로 평행이 되도록 섭니다. 발 아래쪽으로 무게중심을 잡아둔 상태로 의식을 다리 쪽으로 옮깁니다. 발목관절부터 시작하여 하늘 위로 쭉 뻗는 듯 한 느낌을 받습니다. 똑바로 서 있으면서도 완벽히 긴장을 풀 수 있어요. 척추의 긴장을 풀어주어 척추가 더욱 길게 늘어날 수 있도록 합니다. 양팔이 어깨에 매달려 있다는 느낌을 받을 거예요. 양 팔이 그저 달려있도록 놔두어 그저 스스로 알아서 있도록 둡니다. 어깨의 긴장을 풀고, 목과 머리가 어깨로부터 자유롭게 떠오르게 합니다. 입과 혀와 턱의 긴장을 풀어 이것이 멀리 있는 몸의 다른 부분들의 긴장도 풀어주는지 관찰합니다. 머리에는 아무런 무

게도 없다는 느낌을 줍니다. 여러분의 척추가 마치 막대 끝에 달린 헬륨풍선인 것처럼 상상해봅니다. 여러분의 몸에 조금이라도 무거움이 존재하는 곳이 있는지 마음 속으로 살펴봅니다.

여러분의 호흡을 확인합니다. 천천하게. 그리고 깊고 일정하게 호흡하세요. 매번 호흡할 때마다 척추에 전해지는 잔물결 같은 느낌을 확인합니다. 여러분의 몸이 가진 타고난 지성에 호기심을 가져보세요. 숨소리를 느끼고 그 숨소리가 여러분의 몸을 개방하고 확장하도록 돕습니다.

토킹피스를 가능한 많이 사용하는 것이 좋다. 브레인 스토밍이나 다른 활동을 하는 시간에는 토킹피스의 사용을 보류할 수 있다. 그러나 토킹피스가 전체 서클에 중요하게 사용되지 않는다면 서클의 진실성을 훼손될 수 있다.

토킹피스 소개하기: 토킹피스가 어떻게 작동하는지 설명한다.

자기 소개 및 마음연결하기: 토킹피스를 사용하여, 처음 만난 그룹은 자기 소개를 하고, 이미 서클로 만났던 그룹은 마음연결하기를 하도록 초대한다. 이때 진행자가 먼저 이야기하는 것이 좋다. 부록 3, 4의 질문들을 참고할 수 있다.

참여자들이 가치 정하기와 약속 만들기에 참여하도록 하는 것은 서클의 안전한 공간을 구축하기 위해 매우 중요하다. 서클의 전체구성원들은 이 과정을 통해 안전한 공간을 유지하는 것에 대한 책임을 갖게 된다.

가치 정하기와 약속 만들기:

이전에 만났던 그룹이라면, 전에 만들었던 가치와 약속을 참여자들과 함께 점검한다. 처음 만나는 그룹이라면, '평화형성서클 배우기' 의 끝부분에 나온 '서클에서 가치 세우기를 위한 조언' 의 기술 중 하나를 사용하여 가치의 기초를 다진다. '부록 4. 서클을 위한 간단한 질문들' 에 나온 제안사항들도 참고할 수 있다. 중요한 가치를 확인한 후 참여자들에게 서클에 참여할 때 중요하다고 생각하는 약속들을 말할 수 있도록 요청함으로써 서클의 약속을 정한다. 모두가 볼 수 있는 곳에 약속을 기록하여 놓는다.

주요 활동

작업하기 1: 먼저 각 참여자들이 개별적으로 작업을 하도록 한다. 각 참여자들에게 젠더 박스 유인물을 한 장씩 나누어 준다. 참여자들은 사회에서 말하는 남자 혹은 여자로서 당연하게 여겨지는 특징이나 성격들을 모두 각 성별 칸에 적어 넣도록 한다. 당신은 몇 가지 예를 들어 참여를 도울 수 있다. 예:소년들은 보통 "강인하고" 또는 "공격적이어야 하고" 또는 "운동신경이 뛰어나고" 또는 "울지 않아야 한다."라는 이야기를 많이 듣는다. 소녀들은 종종 "섹시하고" 또는 "친절하고" 또는 "매력적이고" 또는 "수다스러워야 한다."는 기대를 받는다.

작업하기 2: 참여자들은 각 성별에게 어울리지 않다고 생각되는 성격이나 특징들의 목록을 상자 바깥에 적는다.

작업하기 3: 참여자들이 그러한 메시지들을 어디로부터 얻게 되었는지 생각해본다. 예:부모로부터? 영화, TV, 혹은 음악으로부터? 친구들로부터?

나눔 1: 박스 안에 적은 것과 바깥쪽에 적은 것들을 나눌 수 있도록 한다.

나눔 2: "이러한 메시지들을 어디로부터 들었는가?"

작업하기 4: 참여자들에게 자신의 젠더 박스 유인물을 살펴보게 한 뒤 젠더 박스의 안쪽과 바깥쪽에 적힌 것들 중에 자신에게 해당되는 특징을 동그라미로 표시해본다. 진정한 자신의 모습을 비추어 볼 때 무엇이 상자 안에 들어가야 하고 무엇이 바깥에 있어야 하는지 성찰하도록 요청한다.

작업하기 5: "그들의 성별과 관련하여 젠더 박스의 바깥쪽에 있는 목록 중 자신에게 속하는 것이 있는지?" "그 바깥쪽에 있는 속성을 드러내지 말아야한다는 압박을 느낀 적이 있는지?" "그러한 압박감에 어떻게 대응하는지?" 에 대하여 10분정도 에세이를 적어본다.

나눔 3: "젠더 박스의 안쪽과 바깥쪽에 있는 것들 중 자신의 모습과 일치하는 것은 어떠한 것들이 있는가?"

성찰 나눔: 마지막으로 토킹피스를 한 번 더 돌리며 참여자들에게 서클에 대한 자신의 생각을 나눌 수 있도록 초대한다. 시간이 충분하지 않거나, 그룹에 사람이 많다면 서클을 마치며 참여자들에게 현재 느끼는 감정을 한 단어로 요약하여 말할 수 있도록 요청해도 된다. 진행자가 마지막에 나눌 것을 제안한다.

의도된 공간으로서의 서클의 끝을 알리는 것은 중요하다. 만일 제안된 서클을 닫는 의식이 이 서클과 어울리지 않는다면 적합한 다른 닫는 의식을 찾거나 생각해본다.

공간 닫기:

자신 속에 있는 그 소녀를 사랑하기

여성들은 사랑에 대해 이야기한다. 소녀시절부터 우리는 사랑에 관한 대화는 여자들의 이야기 주제라고 배웠다. 사랑이란 주제에 대한 우리의 강박은 첫사랑이나 첫눈에 반한 것들로 시작하지 않는다. 그 강박은 여성이 남성보다 덜 중요하며 가부장적 관점으로 우리는 한 번도 충분히 좋은 사람이었던 적이 없었다는 것을 처음으로 인식하면서 시작한다. 가부장 문화에서의 여성성은 우리를 태어난 시작부터 가치 없고 혹은 덜 가치 있는 사람으로 만들었고 이에 따라 당연히 여성으로서 우리가 사랑받을 만한 가치가 있는지 고민하는 방법을 배우게 되었다.

이것이 바로 가부장적 사고와 가치가 만연한 세상에서 여성이 배우는 첫 번째 교훈이다. 그녀는 사랑을 얻어내야만 한다. 그녀는 자격이 없다. 그녀는 사랑받기 위해 좋은 사람이 되어야만 한다. 그리고 그 좋은 사람이라는 것은 항상 외부에 있는 누군가에 의해 규정된다.

자신의 진정한 모습을 찾기 위해서 우리는 새로운 세계를 발견해야만 한다. 그 세계에서는 우리가 용기 있게 그 소녀를 다시 탄생시켜 그녀가 가치 있고, 사랑 받으며 언제나 소중한 사람으로서 환영 받을 것이다. 자신 속에 있는 그녀를 사랑하는 것은 우리를 종종 잘못된 곳에서 사랑을 찾게 만들었던 모든 상처들을 치유할 것이다.

진정한 자신을 찾기 위해 사랑을 찾는 것은 우리를 해방시킨다. 그러한 사랑을 찾기 위해 우리와 뜻을 함께 하기로 결심한 모든 여성들은 문화적 혁명에 동참하는 것이다. 그 혁명은 우리의 영혼을 회복시키고 우리의 삶 속에 존재하는 사랑의 가치와 의미를 우리가 뚜렷하게 볼 수 있도록 도와줄 것이다.

- 벨 훅스(Bell Hooks), *Communion:The Female Search for Love*.

"소년들은 남자가 될 것이다:소년시절에서부터 남자다움으로 당신의 아들을 인도하기"

소년들이 어떻게 훈련되는가? 매우 어린 나이에서부터 소년들은 "남자처럼 행동해"라는 말을 듣는다. 거칠고, 공격적이고, 뒤로 물러서지 않고, 실수도 하지 않고, 통제하고, 돌보고, 많은 성관계를 하고, 돈을 벌고, 책임감 있고, 그 어떤 감정도 보이지 않고, 울지 않아야 한다. 나는 이것을 "남자라는 상자에 갇혀서 행동하기Act Like a Man Box"라고 부르게 되었는데 왜냐하면 이는 마치 상자 안에 갇혀서 사는 것 같은 느낌을 주기 때문이다. 그것이 상자인 것을 알 수 있는 한 가지 이유는 남자아이가 어떠한 것을 그만두려고 할 때 겁쟁이, 계집아이 같은 사내, 마마보이, 계집아이, 호모, 얼간이, 불량소년, 혹은 이보다 더 불쾌한 단어들이 항상 그에게 되돌아오기 때문이다. 그러한 명칭 뒤엔 늘 싸움이 일어난다. 대부분의 남성들은 그들의 청소년시절에 자신들이 그 상자에 갇혀있음을 증명하기 위해 싸우곤 한다.…

아마도 가장 중요한 것은 우리 중 대부분이 아들에게 그들이 경험하고 있는 성 역할훈련에 대해 이야기하지 않는다는 것이다. 그러한 이야기가 그들 자신과, 여성들과, 다른 남성들에게 끼칠 결과를 지적하지도, 또 주목하지도 않는다. 우리는 그들이 그러한 사회적 훈련에 대해 비판적으로 생각할 수 있도록 하거나 그 상자에서 나오게 할 수 있는 의사소통과 문제해결 능력들을 발달시킬 수 있도록 돕지 않는다.

오늘날 소년들과 청년들이 흔히 폭력적이고, 취해있고, 무기력한 성범죄자이며, 사회문제의 원인으로만 묘사될 때 그들의 훌륭한 면모를 잊기 쉽다. 그러나 우리의 아들들을 향한 사랑과 관심, 그리고 기대를 꾸준히 모은다면 우리는 그들이 안전하고 강인하며 서로 보살피는 관계를 형성하고 그들의 가장 창조적이고 환상적인 꿈을 성취하도록 도와줄 수 있을 것이다.

- 폴 키벨(Paul Kivel), *Oakland Men' s Project.*

서클에 와서 참여해준 것에 대한 감사의 인사를 한다.

젠더 박스

남성에게 어울리지 않는 성격/특징	남성으로서 당연하게 여겨지는 성격/특징	여성으로서 당연하게 여겨지는 성격/특징	여성에게 어울리지 않는 성격/특징

모듈 5
건강한 관계 형성하기
Building Healthy Relationships

모듈 5는 젊은이들에게 건강한 관계를 구성하는 요소와 자신의 삶에서 건강한 관계를 찾고 유지하는 방법에 대해 인식하도록 돕는다. 이는 가정, 친밀한 파트너, 친구, 직장동료, 그리고 가장 중요한 자신과의 건강한 관계를 포함한다. 인간은 근본적으로 관계적인 존재이다. 우리의 삶의 질은 우리가 맺는 관계의 질에 의하여 결정된다. 우리는 관계에 의해 상처받고 위축될 수 있지만 또 관계에 의해 지지받고 성장할 수 있다. 또한 관계는 우리가 최선을 다해 행동하도록 격려한다. 이번 모듈에서 등장하는 활동들은 젊은이들이 건강하거나 건강하지 못한 관계의 특징에 대해 탐구하게 해주고, 자신의 삶에서 평생동안 긍정적인 관계를 형성하는 것에 도움을 줄 수 있는 의사소통, 공감, 문제해결 기술을 배울 수 있도록 고안되었다.

우리는 보통 자신을 대하는 모습으로 상대방을 대하기 때문에 건강한 관계는 곧 건강한 자신과의 관계로부터 시작한다. 건강한 관계를 만드는 중요한 요인은 당신의 행동이 다른 사람들에게 미치는 영향을 인식하는 것이다. 감정을 읽어냄으로서 발달하는 공감의 능력은 긍정적인 관계를 형성하고 유지하기 위한 핵심 기술 중 하나이다. 건강한 관계는 자기 자신과 타인을 대하는 태도에 있어서 책임감 있는 선택을 하는 법을 배우느냐에 달려있다.

건강한 자아를 향한 발달의 여정은 관계와 관련되어있다. 양육자가 우리를 한 개인으로 가치 있게 여겨주고, 우리의 감정에 대한 관심과 공감을 표현해주며, 우리의 행동이 타인에게 미치는 영향에 대한 지원적인 피드백을 지속적으로 제공해준다면 우리는 우리 안에 있는 공감을 위한 선천적인 능력을 개발할 수 있다. 건강한 관계 안에서 성장하지 못할 때 우리는 건강하지 못한 관계 속에서 남들에게 받았던 무시와 학대의 패턴들을 내면화 한다. 이 모듈은 자기사랑과 자기존중의 모습을 탐구하는 모델서클들로 시작한다. 우리가 본인 스스로에게 보내는 메시지는 무엇인가? 우리는 자신을 정신적, 육체적, 감정적, 영적으로 어떻게 대하고 있는가? 각 활동들은 참여자들이 자신에게 하고 있던 부정적인 습관들을 인식하게 하고 자신을 내재적 존엄과 가치를 지닌 소중한 존재로서 대할 수 있는 구체적인 방안들을 제시해준다.

의사소통은 건강한 관계를 형성하고 유지하기 위한 본질적인 기술이다. 좋은 의사소통에는 세 가지 핵심 기술이 있다:자신의 생각과 감정을 표현하기; 상대방에 대해 적극적으로 경청하기; 자신의 주장을 언제 어떻게 표현해야하는지 배우기. 평화형성서클은 효과적인 의사소통의 주요한 요소들을 연습하는 공간이다. 서클 안에서 참여자들은 자신의 감정과 생각을 표현하는 기술을 발달시키고 다른 사람들이 이야기할 때 존중으로 경청하는 방법을 배우게 된다.

친구나 친밀한 관계의 파트너를 선택하는 것도 성공적인 삶을 위한 핵심 발달 기술이다. 이 모듈은 자신의 친구와의 신뢰의 우정을 쌓기 위한 것들은 어떠한 것들이 있는 지 확인하는 것에 초점을 둔다. 우리는 또한 성생활, 친밀함, 출산 선택 등의 대한 문제를 다루는 모델 서클을 제공할 것이며, 이것들과 연관된 어려운 문제에 대해 효과적인 의사소통을 연습할 수 있는 방식을 제공한다. 성생활은 인간으로서의 우리를 보여주는 중요한 요소이다. 사회의 젊은이들은 성적인 존재로서 자신이 누구인지에 대한 다양한 메시지에 노출되어 있다. 이 모듈에 나오는 모델서클들은 이러한 메시지를 탐구해 볼 기회를 제공하고 건강하고 친밀한 관계의 발달에 방해가 되는 방식에는 어떠한 것들이 있는 지 확인한다.

5-1 나를 사랑하기 서클

목적: 자신과의 건강한 관계를 발달시켜 타인과의 건강한 관계를 형성하는 토대를 마련한다.

준비물: 서클상징물, 토킹피스, 두꺼운 종이 또는 색상지, 매직펜, 스티커, 깃털, 풀, 다른 장식재료, 필기구, 에세이 노트

서클의 시작에서 이것이 의도된 공간임을 알리는 일은 언제나 중요하다. 책에 제안된 공간 열기가 적합하지 않다면 상황과 환경에 맞는 적합한 공간 열기를 찾아도 좋다.

환영하기 서클에 온 모두를 환영한다.

공간 열기:

참여자들이 사랑과 치유의 바퀴Medicine Wheel Self Love Collage를 만들도록 초대한다. 판지를 원으로 잘라 그룹의 모든 인원이 한 개씩 갖도록 준비한다. 참여자들에게 매직을 사용하여 그 원을 4등분 하도록 요청한다. 나눠진 원의 각 부분은 자신의 4가지 영역을 나타낸다:정신적, 신체적, 정서적, 영적 자아. 참여자들은 우측 상단을 시작으로 정신적, 신체적, 정서적, 영적 자아를 적는다. 약 1분간 눈을 감고 10번의 깊고 평화로운 호흡을 하게 한 뒤 각 영역에 있어서 자신을 어떻게 돌보는 지에 대해 생각해 보도록 초대한다.

그러고 난 후 사람들은 각각의 영역을 자신이 누구인지를 의미 있게 표현해주는 방식으로 장식한다. 이 꼴라주를 마음연결하기 시간에 서로 공유한다.

토킹피스를 가능한 많이 사용하는 것이 좋다. 브레인 스토밍이나 다른 활동을 하는 시간에는 토킹피스의 사용을 보류할 수 있다. 그러나 토킹피스가 전체 서클에 중요하게 사용되지 않는다면 서클의 진실성을 훼손될 수 있다.

토킹피스 소개하기:토킹피스가 어떻게 작동하는지 설명한다.

자기 소개 및 마음연결하기:토킹피스를 사용하여, 처음 만난 그룹은 자기 소개를 하고, 이미 서클로 만났던 그룹은 마음연결하기를 하도록 초대한다. 이때 진행자가 먼저 이야기하는 것이 좋다. 부록 3, 4의 질문들을 참고할 수 있다.

참여자들이 가치 정하기와 약속 만들기에 참여하도록 하는 것은 서클의 안전한 공간을 구축하기 위해 매우 중요하다. 서클의 전체구성원들은 이 과정을 통해 안전한 공간을 유지하는 것에 대한 책임을 갖게 된다.

가치 정하기와 약속 만들기:

이전에 만났던 그룹이라면, 전에 만들었던 가치와 약속을 참여자들과 함께 점검한다. 처음 만나는 그룹이라면, '평화형성서클 배우기' 의 끝부분에 나온 '서클에서 가치 세우기를 위한 조언' 의 기술 중 하나를 사용하여 가치의 기초를 다진다. '부록 4. 서클을 위한 간단한 질문들' 에 나온 제안사항들도 참고할 수 있다. 중요한 가치를 확인한 후 참여자들에게 서클에 참여할 때 중요하다고 생각하는 약속들을 말할 수 있도록 요청함으로써 서클의 약속을 정한다. 모두가 볼 수 있는 곳에 약속을 기록하여 놓는다.

주요 활동

서클의 참여자들과 다음의 글을 함께 읽는다.

"내가 체포되어 처음으로 소년원에 보내진 것은 13세 때이다. 난 체포당하길 원했다. 나는 가족도 없었고 무언가 내가 속할 수 있는 것을 찾고 있었다. 소년원에 보내진 뒤 그곳의 교도관들과 다른 수감자들이 나의 가족이 되었다. 출소의 시간이 되었을 때 나는 그곳을 떠나기 싫었다. 이제 또 다른 나의 가족을 만들기 위해 나는 또 어디 가야하는가? 나는 그곳에 머무르기 위해 심지어 자기 파괴적인 일들도 저질렀다. 내가 결국 그곳을 떠나게 되었을 때 나는 내가 다시 돌아올 것을 알았고 그것을 기대했다. 나는 모두가 나에게 말했듯 내 미래에 대해 이렇게 생각했다. '나는 죽거나 18세가 되기 전 감옥에 다시 갇힐 거야.' 나는 내가 아무런 쓸모없는 사람이라고 생각했다. 잠을 잘 수도 없었다. 나는 팔굽혀펴기와 윗몸일으키기로 나를 최대한 강하게 만들면서 밤을 지새웠다. '감옥으로 가게 된 이후 나는 그곳에서 최고의 악질이 될 거야.' 실제로 나는 그 아이디어가 좋았다. 적어도 나는 내가 누구이며 내 미래가 어떻게 될 것인지를 안다고 느끼기 시작했다. 돌아보면 나는 내가 그 지옥 같은 나락 속으로 뛰어들기 보다는 내 자신을 그곳에서 나오게 하기 위한 충분한 자존감과 나 자신에 대한 사랑을 갖기를 원했던 것 같다."

- 조지(George), 성인 수감자

나눔 1:조지가 이야기 한 "내 자신을 지옥 같은 나락에서 나오게 하기 위한 충분한 자존감과 나 자신에 대한 사랑을 갖기를 원했던 것 같다."를 상기시키며 "나 자신을 사랑하는 것self-love"이 각자에게는 어떠한 의미인지 이야기 하도록 한다.

나눔 2:"당신 스스로를 사랑하기 위해 무엇을 해야하나요?" 라는 질문에 대한 답변을 에세이로 적도록 한다. 만약 사람들이 답변하기 어렵다면 무엇이 어려운지에 대해 작성하도록 한다.

나눔 3: "'자신을 사랑하는 것self-love'에 대해 생각하고 이야기하는 것이 어떠한 느낌으로 다가오나요?"

나눔 4: "여러분이 알고 있는 사람들 중에 건강한 자기사랑을 지닌 사람이 있나요?"

성찰 나눔: 마지막으로 토킹피스를 한 번 더 돌리며 참여자들에게 서클에 대한 자신의 생각을 나눌 수 있도록 초대한다. 시간이 충분하지 않거나, 그룹에 사람이 많다면 서클을 마치며 참여자들에게 현재 느끼는 감정을 한 단어로 요약하여 말할 수 있도록 요청해도 된다. 진행자가 마지막에 나눌 것을 제안한다.

의도된 공간으로서의 서클의 끝을 알리는 것은 중요하다. 만일 제안된 서클을 닫는 의식이 이 서클과 어울리지 않는다면 적합한 다른 닫는 의식을 찾거나 생각해본다.

공간 닫기:

자신을 좋아하기

당신이 좋아하는 누군가를 찾는 일은 값진 일이다.
그러나 당신 자신을 좋아하는 것은 더욱 중요하다.
누군가가 좋고 괜찮은 사람이라는 것을 깨닫는 일은 기분 좋은 일이다.
그러나 당신 자신을 괜찮은 사람이라고 보는 것은 필수적이다.
존경과 칭찬, 그리고 사랑을 받을만한 사람을 발견하는 일은 반가운 일이다.
그러나 당신 자신 역시 그러한 것을 받을만한 사람이라고 믿는 일은 필수적이다.
그것은 당신이 다른 누군가 속에서 살 수 없기 때문이다.
당신은 다른 누군가 속에서 스스로를 발견할 수도 없다.
당신은 다른 누군가를 통해 삶을 만들어 나갈 수도 없다.
일생동안 알게 될 모든 사람들 중에,

당신을 절대 떠나거나 잃어버리지 않을 사람은 당신 자신이다.

당신이 마주하게 될 모든 문제들에 대한 유일한 해결책은 당신 자신이다.

당신이 맞이하게 될 모든 축제의 순간에 가장 핵심적인 손님은 당신 자신이다.

당신이 갖게 될 삶의 모든 질문들에 대한 유일한 해답은 당신 자신 뿐 이다.

- 조 쿠데르(Jo Coudert), *Advice from a Failure*

서클에 와서 참여해준 것에 대한 감사의 인사를 한다.

5-2 자기 돌봄 서클

목적: 모든 차원에서의 자신을 돌보기 위해

준비물: 서클상징물, 토킹피스, A4용지, 매직펜, 필기구, 두루마리 화장지

서클의 시작에서 이것이 의도된 공간임을 알리는 일은 언제나 중요하다. 책에 제안된 공간 열기가 적합하지 않다면 상황과 환경에 맞는 적합한 공간 열기를 찾아도 좋다.

환영하기 서클에 온 모두를 환영한다.

공간 열기:

호흡이 자신을 치유하고 양육하는 중요한 자원이 될 수 있음을 설명한다. 천천히 다음의 이어지는 호흡법으로 전체 서클을 인도한다.

편안하게 앉아 원한다면 눈을 감습니다. 여러분의 몸이 텅 빈 튜브여서 숨을 들이쉴 때마다 공기가 여러분의 발과 다리를 통해 들어온다고 상상합니다. 그리고 그 공기는 여러분의 배를 지나 가슴과 등, 어깨, 목, 머리에까지 다다른다고 상상해봅니다. 계속해서 숨을 들이마시며 그 공기가 텅 빈 튜브인 여러분의 몸을 돌아다니며 모든 긴장, 스트레스, 불편한 감정들을 가져가 버리는 모습을 상상하고 느껴봅니다. 숨을 끝까지 들이 마십니다. 이제 몸을 이완시키며 정상적으로 숨을 내쉽니다. 이렇게 몇 번을 반복합니다. 매 번 숨을 내쉴 때마다 그 전보다 점점 더 긴장을 풀어봅니다.

몇 차례 호흡운동을 반복한다. 마지막 집중된 숨쉬기를 할 때 모두의 눈을 뜨게 하고 서로를 쳐

다볼 수 있도록 한다.

토킹피스를 가능한 많이 사용하는 것이 좋다. 브레인 스토밍이나 다른 활동을 하는 시간에는 토킹피스의 사용을 보류할 수 있다. 그러나 토킹피스가 전체 서클에 중요하게 사용되지 않는다면 서클의 진실성을 훼손될 수 있다.

토킹피스 소개하기: 토킹피스가 어떻게 작동하는지 설명한다.

자기 소개 및 마음연결하기: 토킹피스를 사용하여, 처음 만난 그룹은 자기 소개를 하고, 이미 서클로 만났던 그룹은 마음연결하기를 하도록 초대한다. 이때 진행자가 먼저 이야기하는 것이 좋다. 부록 3, 4의 질문들을 참고할 수 있다.

참여자들이 가치 정하기와 약속 만들기에 참여하도록 하는 것은 서클의 안전한 공간을 구축하기 위해 매우 중요하다. 서클의 전체구성원들은 이 과정을 통해 안전한 공간을 유지하는 것에 대한 책임을 갖게 된다.

가치 정하기와 약속 만들기:

이전에 만났던 그룹이라면, 전에 만들었던 가치와 약속을 참여자들과 함께 점검한다. 처음 만나는 그룹이라면, '평화형성서클 배우기' 의 끝부분에 나온 '서클에서 가치 세우기를 위한 조언' 의 기술 중 하나를 사용하여 가치의 기초를 다진다. '부록 4. 서클을 위한 간단한 질문들' 에 나온 제안사항들도 참고할 수 있다. 중요한 가치를 확인한 후 참여자들에게 서클에 참여할 때 중요하다고 생각하는 약속들을 말할 수 있도록 요청함으로써 서클의 약속을 정한다. 모두가 볼 수 있는 곳에 약속을 기록하여 놓는다.

주요 활동

종이 위에 큰 원을 그리도록 하고 사등분으로 나누고 각 영역을 '정신적', '신체적', '정서적', '영적' 인 영역으로 표시한다. 각 영역에 있어서 자신을 어떻게 돌보는 지에 대해 생각해 본 뒤 그 영역에 내용을 적도록 한다. 작성을 마쳤다면 그 네 가지 영역들 중 자신의 돌봄을 위해 더 하고 싶은 것이 있는지 생각해 보도록 한다. 각 영역에서 더 많은 자기 돌봄의 목표를 세우도록 초대한 뒤 각 영역 옆에 그 목표를 적도록 한다.

자유 나눔: 전체서클로 모인다. 참여자들에게 이 활동을 하면서 발견한 통찰, 돌봄의 목표에 대한 생각이나 느낌을 공유하도록 초대한다.

나눔 1: "자신을 돌봄에 있어서 가장 어려운 점은 무엇인가?"
나눔 2: "오늘의 활동을 통해, 당신의 삶 속에서 적용시켜 볼 수 있는 것은?"

성찰 나눔: 마지막으로 토킹피스를 한 번 더 돌리며 참여자들에게 서클에 대한 자신의 생각을 나눌 수 있도록 초대한다. 시간이 충분하지 않거나, 그룹에 사람이 많다면 서클을 마치며 참여자들에게 현재 느끼는 감정을 한 단어로 요약하여 말할 수 있도록 요청해도 된다. 진행자가 마지막에 나눌 것을 제안한다.

의도된 공간으로서의 서클의 끝을 알리는 것은 중요하다. 만일 제안된 서클을 닫는 의식이 이 서클과 어울리지 않는다면 적합한 다른 닫는 의식을 찾거나 생각해본다.

공간 닫기:

전체 서클에 두루마리 휴지를 돌리며 참여자들에게 자신이 원하는 만큼 떼어낸 후 다음 사람에게 넘겨주도록 한다. 자신이 취한 휴지를 분리시켜서 차곡차곡 쌓도록 한다. 토킹피스를 돌리며 각 참여자들이 자신의 화장지 칸 수 만큼의 자신에 대한 긍정적인 말을 할 수 있도록 한다. 자신의 신체, 정신, 감정, 영적 분야에 걸쳐 언급을 할 수 있도록 장려한다. 진행자가 가장 먼저 시작하여 다른 사람들이 참고 할 수 있도록 한다.

서클에 와서 참여해준 것에 대한 감사의 인사를 한다.

5-3 본성 탐구 서클

목적: 자연의 다양한 요소들을 비유로 사용하여 자신에 대해 배우고 이를 통해 자기인식과 자신에 대한 지식을 증진시킨다.

준비물: 서클상징물, 토킹피스, 메모지, 색지, 펜, 전지, 매직펜.

준비: 진행자는 전지에 다음의 내용을 작성한다.

> 나는 ____________________ 입니다. 자연의 요소 중 하나 - 흙, 물, 바람/공기, 불
>
> 이 요소가 가진 특징을 12가지 나열 합니다.
>
> 이 요소가 하는 일을 묘사하는 12가지의 활동이나 동사를 나열 합니다.

시 작성 예시:

나는, (이름), (자연 요소 한 가지)입니다.

나는 (특징의 목록을 적는다)라는 특징을 가지고 있습니다.

나는 (동사를 사용하여 그 요소가 특징적 활동의 목록을 적는다) 합니다.

나는, (이름), (요소)입니다.

진행자는 위의 안내를 기초로 한 자신의 시를 예시로 보여줍니다.

서클상징물을 위한 제안: 물이 담긴 그릇이나 다른 용기, 흙이 담긴 접시나 흙을 상징할 수 있는 다른 상징물, 불을 상징할 수 있는 양초나 다른 상징물, 작은 풍차나 풍향계, 혹은 바람/공기를 상징할 수 있는 다른 상징물, 이 모든 물건들을 놓을 천.

서클의 시작에서 이것이 의도된 공간임을 알리는 일은 언제나 중요하다. 책에 제안된 공간 열기가 적합하지 않다면 상황과 환경에 맞는 적합한 공간 열기를 찾아도 좋다.

환영하기 서클에 온 모두를 환영한다.

공간 열기:

참여자들이 길고 깊은 호흡을 할 수 있도록 초대한다. - 천천히 숨을 들이마시고...천천히 내뱉는다. 참여자들이 숨을 뱉으면서 그들의 턱과 목, 어깨, 팔, 다리와 발을 편하게 이완 시키도록 한다. 계속 숨을 깊이 쉴 수 있도록 요청하고 당신은 다음의 짧은 시를 읽는다.:

"모방해야 할 유일한 사람은 바로 당신 자신"

당신이 오로지 당신만을 모방할 때 당신은 당신이 누구인지 선택할 수 있고, 당신의 모습 그대로를 선택할 수 있다-이 전에 살았던 그 누구와도 똑같지 않은 단 한 사람. 그리고 당신만을 모방함으로써 당신의 마음 속 깊은 곳에 있는 것을 신뢰하는 법을 배운다.

- 제임스 밀러(James E. Miller), *The Gift of Healing Presence.*

토킹피스를 가능한 많이 사용하는 것이 좋다. 브레인 스토밍이나 다른 활동을 하는 시간에는 토킹피스의 사용을 보류할 수 있다. 그러나 토킹피스가 전체 서클에 중요하게 사용되지 않는다면 서클의 진실성을 훼손될 수 있다.

토킹피스 소개하기: 토킹피스가 어떻게 작동하는지 설명한다.

자기 소개 및 마음연결하기: 토킹피스를 사용하여, 처음 만난 그룹은 자기 소개를 하고, 이미 서클로 만났던 그룹은 마음연결하기를 하도록 초대한다. 이때 진행자가 먼저 이야기하는 것이 좋다. 부록 3, 4의 질문들을 참고할 수 있다.

참여자들이 가치 정하기와 약속 만들기에 참여하도록 하는 것은 서클의 안전한 공간을 구축하기 위해 매우 중요하다. 서클의 전체구성원들은 이 과정을 통해 안전한 공간을 유지하는 것에 대한 책임을 갖게 된다.

가치 정하기와 약속 만들기:

이전에 만났던 그룹이라면, 전에 만들었던 가치와 약속을 참여자들과 함께 점검한다. 처음 만나는 그룹이라면, '평화형성서클 배우기' 의 끝부분에 나온 '서클에서 가치 세우기를 위한 조언' 의 기술 중 하나를 사용하여 가치의 기초를 다진다. '부록 4. 서클을 위한 간단한 질문들' 에 나온 제안사항들도 참고할 수 있다. 중요한 가치를 확인한 후 참여자들에게 서클에 참여할 때 중요하다고 생각하는 약속들을 말할 수 있도록 요청함으로써 서클의 약속을 정한다. 모두가 볼 수 있는 곳에 약속을 기록하여 놓는다.

주요 활동

서클의 참여자들에게 다음을 설명한다.

4가지 요소에 대해 생각해 본다.:흙, 물, 바람/공기, 불.

당신과 가장 비슷한 요소를 선택한 뒤, "나는 ________입니다" 라고 메모지에 적는다. 그 뒤 이 요소가 지니고 있는 특징을 적어도 12가지 적는다. 예를 들어, 바람은 눈에 보이지 않고, 강력하며, 야생적이며, 예측 불가능하고, 흥미롭다. 그 다음으로 이 요소에 적용될 수 있는 적어도 12가지 이상의 활동이나 동사를 나열한다. 예를 들어, 바람은 달래어주고, 편안함을 주기도 하고, 꽃가루를 나르고, 흔들거리게 한다. 당신의 이름, 선택한 요소, 그리고 특징과 활동 목록을 사용하여 자신만의 시를 만든다. 진행자의 시를 예를 들어 공유한다.

나눔 1:돌아가며 자신의 시를 읽는다.

나눔 2: "당신의 이러한 특징들을 사용하여 당신 삶 속에 도전들을 어떻게 극복할 수 있을까?"

나눔 3: "이러한 특징들이 당신을 곤란에 빠트리게 할 상황이 있는가?"

나눔 4: "당신의 이러한 특징들을 다른 사람들을 돕는 데에 어떻게 사용할 수 있을까?"

성찰 나눔: 마지막으로 토킹피스를 한 번 더 돌리며 참여자들에게 서클에 대한 자신의 생각을 나눌 수 있도록 초대한다. 시간이 충분하지 않거나, 그룹에 사람이 많다면 서클을 마치며 참여자들에게 현재 느끼는 감정을 한 단어로 요약하여 말할 수 있도록 요청해도 된다. 진행자가 마지막에 나눌 것을 제안한다.

의도된 공간으로서의 서클의 끝을 알리는 것은 중요하다. 만일 제안된 서클을 닫는 의식이 이 서클과 어울리지 않는다면 적합한 다른 닫는 의식을 찾거나 생각해본다.

공간 닫기:

"전체성. 모든 것은 서로 연결되어있다. 우주의 모든 것은 하나의 커다란 전체의 부분이다. 모든 것은 그 이외의 것들과 연결되어있다. 그러므로 우리가 무엇인가를 이해하려 하기 위해서는 그것이 어떻게 다른 모든 것들과 연결되어 있는지를 이해할 수 있어야만 한다."

- 주디 밥(Judie Bopp), 마이클 밥(Michael Bopp),
리 브라운(Lee Brown), 필 레인(Phil Lane, Jr.), *The Sacred Tree*

서클에 와서 참여해준 것에 대한 감사의 인사를 한다.

5-4 존중 서클

목적: 존중의 가치를 더욱 깊이 있게 탐구한다.

당신에게 존중이란 어떤 의미인가? 어떻게 존중을 표현하는가? 존중을 어떻게 느끼는가?

준비물: 서클상징물, 토킹피스, 종이, 필기구

서클의 시작에서 이것이 의도된 공간임을 알리는 일은 언제나 중요하다. 책에 제안된 공간 열기가 적합하지 않다면 상황과 환경에 맞는 적합한 공간 열기를 찾아도 좋다.

환영하기 서클에 온 모두를 환영한다.

공간 열기:

참여자들에게 '존중' 이라는 단어를 넣어 짧은 시를 쓰도록 한다. 그들이 존중을 떠올릴 때 중요하거나 의미 있는 내용이 들어가도록 한다. 참여자들은 시를 창작하면서 매직펜이나 사인펜을 사용할 수 있다. 토킹피스를 돌려가며 자신의 시를 공유하고 서클의 중심에 작품을 놓는다.

토킹피스를 가능한 많이 사용하는 것이 좋다. 브레인 스토밍이나 다른 활동을 하는 시간에는 토킹피스의 사용을 보류할 수 있다. 그러나 토킹피스가 전체 서클에 중요하게 사용되지 않는다면 서클의 진실성을 훼손될 수 있다.

토킹피스 소개하기:토킹피스가 어떻게 작동하는지 설명한다.

자기 소개 및 마음연결하기: 토킹피스를 사용하여, 처음 만난 그룹은 자기 소개를 하고, 이미 서클로 만났던 그룹은 마음연결하기를 하도록 초대한다. 이때 진행자가 먼저 이야기하는 것이 좋다. 부록 3, 4의 질문들을 참고할 수 있다.

참여자들이 가치 정하기와 약속 만들기에 참여하도록 하는 것은 서클의 안전한 공간을 구축하기 위해 매우 중요하다. 서클의 전체구성원들은 이 과정을 통해 안전한 공간을 유지하는 것에 대한 책임을 갖게 된다.

가치 정하기와 약속 만들기:

이전에 만났던 그룹이라면, 전에 만들었던 가치와 약속을 참여자들과 함께 점검한다. 처음 만나는 그룹이라면, '평화형성서클 배우기' 의 끝부분에 나온 '서클에서 가치 세우기를 위한 조언' 의 기술 중 하나를 사용하여 가치의 기초를 다진다. '부록 4. 서클을 위한 간단한 질문들' 에 나온 제안사항들도 참고할 수 있다. 중요한 가치를 확인한 후 참여자들에게 서클에 참여할 때 중요하다고 생각하는 약속들을 말할 수 있도록 요청함으로써 서클의 약속을 정한다. 모두가 볼 수 있는 곳에 약속을 기록하여 놓는다.

주요 활동

진행자를 포함한 모두에게 다음의 문장에 대한 자신의 생각을 적게 한다.

1. 나는 존중에 대해 이렇게 생각한다.
2. 나는 이럴 때 존중받는다고 느낀다.
3. 나는 이렇게 다른 사람들에게 존중을 표현한다.

나눔 1: 자신들이 적은 성찰 사항들을 나눈다. 진행자가 가장 먼저 나눈다.

나눔 2: "여러분이 생각한 존중의 방식과 다른 사람이 생각하는 방식의 차이가 있나요?"

나눔 3: "여러분이 생각한 존중의 의미가 이야기를 나누면서 변한 부분이 있나요?".

나눔 4: "여러분을 존중하는 가장 중요한 방법이 무엇인가요?"

나눔 5: "여러분은 자신의 삶 속 어떠한 상황에서 존중을 받고 있다고 느끼나요?

나눔 6: "존중에 대해 더 하고 싶은 말이 있나요?"

성찰 나눔: 마지막으로 토킹피스를 한 번 더 돌리며 참여자들에게 서클에 대한 자신의 생각을 나눌 수 있도록 초대한다. 시간이 충분하지 않거나, 그룹에 사람이 많다면 서클을 마치며 참여자들에게 현재 느끼는 감정을 한 단어로 요약하여 말할 수 있도록 요청해도 된다. 진행자가 마지막에 나눌 것을 제안한다.

의도된 공간으로서의 서클의 끝을 알리는 것은 중요하다. 만일 제안된 서클을 닫는 의식이 이 서클과 어울리지 않는다면 적합한 다른 닫는 의식을 찾거나 생각해본다.

공간 닫기:

"전체성. 모든 것은 서로 연결되어있다. 우주의 모든 것은 하나의 커다란 전체의 부분이다. 모든 것은 그 이외의 것들과 연결되어있다.

그러므로 우리가 무엇인가를 이해하려 하기 위해서는 그것이 어떻게 다른 모든 것들과 연결되어 있는지를 이해할 수 있어야만 한다."

- 주디 밥(Judie Bopp), 마이클 밥(Michael Bopp),
리 브라운(Lee Brown), 필 레인(Phil Lane, Jr.), *The Sacred Tree*, 26

서클에 와서 참여해준 것에 대한 감사의 인사를 한다.

5-5 건강한 관계 탐구 서클

목적: 자신의 삶에 긍정적인 혜택을 가져다줄 관계의 요소는 어떠한 것들이 있는지 생각하도록 돕는다.

준비물: 서클상징물, 토킹피스, 종이, 필기구.

서클의 시작에서 이것이 의도된 공간임을 알리는 일은 언제나 중요하다. 책에 제안된 공간 열기가 적합하지 않다면 상황과 환경에 맞는 적합한 공간 열기를 찾아도 좋다.

환영하기 서클에 온 모두를 환영한다.

공간 열기: 다음의 '넓은 하늘 명상'을 읽는다.

숨쉬기에 초점을 둔 몇 분간의 명상으로 먼저 시작한 뒤, 넓은 하늘 명상으로 들어간다.

넓은 하늘 명상

잠시 동안 호흡에 집중한 뒤 넓고 청명한 하늘을 떠올립니다.

아무것도 보이지 않는 끝없이 펼쳐진 넓고 열린 공간을 떠올려봅니다.

텅 빈 공간은 조용하고 평화로워요. 그 곳엔 나무도, 집도, 사람도 없습니다. 넓은 하늘의 침묵을 깰 그 어떤 소리도 없습니다. 수 천 킬로를 가도 보이는 것은 넓고 열린 파란 하늘뿐입니다. 이제 여러분의 마음도 바로 그 광활하고 평화롭고 조용한 하늘과 같다고 생각해봅니다.

때때로 그 넓은 하늘에는 작은 구름이 머리 위로 떠다니기도 합니다. 물론 그 구름이

보이긴 하지만 광활한 하늘에 비하면 아주 조그마한 것에 불과해요. 그 구름은 열린 공간을 지나 점점 더 작아지고 희미해지다가 결국엔 소멸합니다. 이제 여러분 자신이 바로 그 넓은 하늘이라 생각해보세요. 작은 구름처럼 이런 저런 생각들이 머리에 떠오를 겁니다. 그러나 그 생각들은 영원히 머무르지 않아요. 갑자기 떠올랐을 때처럼 곧 사라질 거예요.

어떤 일이 벌어지든 광활하게 펼쳐진 조용한 하늘은 여전히 그대로입니다. 명상 도중에 어떤 소리가 들릴 수도 있어요. 그러나 그런 소리 역시 곧 없어질 구름과 같습니다. 생각, 추억, 혹은 대단한 아이디어들이 떠오를 수도 있지만 이 역시 큰 문제는 아닙니다. 스스로에게 그저 '또 다른 작은 구름이 떠 있구나.' 라고 말하고 다시 여러분의 호흡에 집중하여 넓은 하늘의 고요와 평화로 돌아갑니다.

때때로 우리는 넓은 하늘 속에서 우리의 생각을 읽습니다. 우리는 조용하고 넓게 열린 공간을 보고 싶은 마음에 고개를 들지만 폭풍우와 어둠만을 볼 때가 있어요. 그렇지만 이것 역시 그저 환영일 뿐입니다. 그 구름 위에는 똑같이 넓은 하늘이 존재합니다. 청명하고, 끝없이 펼쳐진 빛으로 가득 채워진 하늘만이 존재하죠.

구름이 잠시 동안 넓은 하늘을 가릴 수는 있어도 결국 그 위에는 완벽한 고요의 넓은 하늘이 존재합니다. 지금처럼 하루를 보내면서 여러분을 감싸고 있는 그 넓은 하늘을 기억할 시간을 따로 마련합니다. 무언가 여러분을 귀찮게 하거나 화나게 하는 일이 생긴다면 청명하고 조용하고 광활한 하늘을 떠올리고 여러분 앞에 놓인 그 어떤 상황도 조율할 수 있다는 느낌이 들 때까지 그 이미지에 머물러 봅니다.

자, 이제 여러분이 깨달은 것들을 이 공간으로 초대해봅니다. 눈을 감고 있다면 준비가 되었다고 느꼈을 때 눈을 뜨셔도 좋아요. 주위를 둘러보고 이 공간과 이 공간에 있는 사람들이 누구인지 알아차립니다. 여러분 모두를 환영합니다.

- Power Source

토킹피스를 가능한 많이 사용하는 것이 좋다. 브레인 스토밍이나 다른 활동을 하는 시간에는 토킹피스의 사용을 보류할 수 있다. 그러나 토킹피스가 전체 서클에 중요하게 사용되지 않는다면 서클의 진실성을 훼손될 수 있다.

토킹피스 소개하기:토킹피스가 어떻게 작동하는지 설명한다.

자기 소개 및 마음연결하기:토킹피스를 사용하여, 처음 만난 그룹은 자기 소개를 하고, 이미 서클로 만났던 그룹은 마음연결하기를 하도록 초대한다. 이때 진행자가 먼저 이야기하는 것이 좋다. 부록 3, 4의 질문들을 참고할 수 있다.

참여자들이 가치 정하기와 약속 만들기에 참여하도록 하는 것은 서클의 안전한 공간을 구축하기 위해 매우 중요하다. 서클의 전체구성원들은 이 과정을 통해 안전한 공간을 유지하는 것에 대한 책임을 갖게 된다.

가치 정하기와 약속 만들기:

이전에 만났던 그룹이라면, 전에 만들었던 가치와 약속을 참여자들과 함께 점검한다. 처음 만나는 그룹이라면, '평화형성서클 배우기' 의 끝부분에 나온 '서클에서 가치 세우기를 위한 조언' 의 기술 중 하나를 사용하여 가치의 기초를 다진다. '부록 4. 서클을 위한 간단한 질문들' 에 나온 제안사항들도 참고할 수 있다. 중요한 가치를 확인한 후 참여자들에게 서클에 참여할 때 중요하다고 생각하는 약속들을 말할 수 있도록 요청함으로써 서클의 약속을 정한다. 모두가 볼 수 있는 곳에 약속을 기록하여 놓는다.

주요 활동

작업하기: 참여자들에게 아래의 질문에 대한 응답을 3분 동안 브레인스토밍 방식으로 종이에 적도록 요청한다.

1. 나의 삶에서 만나는 사람들과의 관계 속에서 그들을 행복하고, 평화롭고, 즐겁게 하기 위해 나는 무엇을 하는가?
2. 나는 행복하고 평화롭고 즐겁게 하기 위해 다른 사람들은 무엇을 하는가?
3. 모든 사람이 자신의 목록을 적고 나면 둘 씩 짝을 지은 뒤 함께 건강한 관계를 위해 필요한 사항들의 목록을 만든다. 전체 그룹 나눔을 위해 전지에 목록을 모두 모은다.

나눔 1: 작성한 목록이 모든 종류의 관계에 상관없이 똑같이 적용되는지 물어본다. "여성과 남성 사이에서 차이가 있나요?" "부모와 자식 관계는 어떤가요?" "직장 동료와는?"

나눔 2: "삶에서 건강한 관계라고 생각하는 예를 들어본다면?"

나눔 3: "삶의 중요한 관계에 있어서 적용시킬 수 있는 한 가지 요소는 무엇이라고 생각하세요?"

성찰 나눔: 마지막으로 토킹피스를 한 번 더 돌리며 참여자들에게 서클에 대한 자신의 생각을 나눌 수 있도록 초대한다. 시간이 충분하지 않거나, 그룹에 사람이 많다면 서클을 마치며 참여자들에게 현재 느끼는 감정을 한 단어로 요약하여 말할 수 있도록 요청해도 된다. 진행자가 마지막에 나눌 것을 제안한다.

의도된 공간으로서의 서클의 끝을 알리는 것은 중요하다. 만일 제안된 서클을 닫는 의식이 이 서클과 어울리지 않는다면 적합한 다른 닫는 의식을 찾거나 생각해본다.

공간 닫기: 다음의 간단한 요가 동작으로 인도한다.

엉덩이 너비보다 약간 좁게 두 발을 벌리고 발의 바깥 부분이 서로 평행이 되도록 섭니다. 발 아래쪽으로 무게중심을 잡아둔 상태로 의식을 다리 쪽으로 옮깁니다. 발목관절부터 시작하여 하늘 위로 쭉 뻗는 듯 한 느낌을 받습니다. 똑바로 서 있으면서도 완벽히 긴장을 풀 수 있어요. 척추의 긴장을 풀어주어 척추가 더욱 길게 늘어날 수 있도록 합니다. 양팔이 어깨에 매달려 있다는 느낌을 받을 거예요. 양 팔이 그저 달려있도록 놔두어 그저 스스로 알아서 있도록 둡니다. 어깨의 긴장을 풀고, 목과 머리가 어깨로부터 자유롭게 떠오르게 합니다. 입과 혀와 턱의 긴장을 풀어 이것이 멀리 있는 몸의 다른 부분들의 긴장도 풀어주는지 관찰합니다. 머리에는 아무런 무게도 없다는 느낌을 줍니다. 여러분의 척추가 마치 막대 끝에 달린 헬륨풍선인 것처럼 상상해봅니다. 여러분의 몸에 조금이라도 무거움이 존재하는 곳이 있는지 마음 속으로 살펴봅니다.

여러분의 호흡을 확인합니다. 천천하게. 그리고 깊고 일정하게 호흡하세요. 매번 호흡할 때마다 척추에 전해지는 잔물결 같은 느낌을 확인합니다. 여러분의 몸이 가진 타고난 지성에 호기심을 가져보세요. 숨소리를 느끼고 그 숨소리가 여러분의 몸을 개방하고 확장하도록 돕습니다.

이제 몇 차례 호흡을 하면서 척추를 구부려 앞으로 몸을 접습니다. 숨을 내쉬면서 머리를 앞으로 떨어뜨립니다. 어깨도 그에 따라 움직이려 할 거예요. 무릎에 힘을 풀어 살짝 굽힙니다. 다시 한 번 숨을 내 쉴 때에는 어깨를 내리고 등 윗부분이 더욱 둥글어지게 합니다. 다시 한 번 숨을 들이 쉬면서 어깨를 더 내리고 등 윗부분이 더욱 둥글어지게 합니다. 양 팔은 수직으로 어깨에 매달려 있을 뿐입니다. 숨을 다시 내 뱉고 점차 등을 구부리며 머리와 함께 앞으로 내립니다. 구부리면서 무릎을 더욱 구부리세요. 몸을 완전히 아래로 내려놓기 위해 필요한 만큼 계속 호흡합니다.

다리에는 힘이 들어가 있지만, 상체는 그저 엉덩이에 걸쳐 매달려 있습니다. 상체가 마치 헝겊인형이 된 것이라고 상상하세요. 이제 이깨로 의식을 옮거 어깨를 완전히 이완시켜 양 팔이 느슨하게 매달리게 합니다. 목 뒷부분의 긴장을 이완시켜 머리가 바닥의 가장 가까운 방향으로 향하게 합니다.

몇 번의 호흡을 계속하면서 여러분의 움직임이 호흡과 연결되어 있음을 살펴봅니다. 숨을 들이

마시면서 몸의 중심부에서 나오는 생명력을 느낍니다. 숨을 내쉬면서 갈비뼈가 허벅지 근처로 떨어지는 걸 느껴봅니다.

일어서야 할 시점에

이제 무릎을 굽힌 채로 유지하고 몇 차례 호흡하면서 마치 각 척추뼈를 밑에서 하나씩 쌓는 것처럼 천천히 일어섭니다. 숨을 내쉬며 양 팔을 아래로 내립니다. 여러분의 발이 무게중심을 잡아줍니다. 여러분은 의식을 점차 다리로 옮겨 발목부터 시작해 하늘로 뻗는 느낌을 가져봅니다. 똑바로 서 있으면서 동시에 긴장을 풀어주세요. 여러분의 머리가 여러분의 척추라는 막대기 끝에 달린 헬륨풍선이라고 상상해봅니다. 머리가 위에 달려 있는 길고 곧게 뻗은 척추를 느껴봅니다. 다시 호흡을 알아차립니다.

양 손을 가슴 앞에 대고 서로에게 가볍게 고개를 숙여 인사합니다.

서클에 와서 참여해준 것에 대한 감사의 인사를 한다.

5-6 신뢰할 수 있는 친구 찾기 서클

목적: 신뢰할 수 있고, 우리의 삶에 좋은 영향을 끼칠 수 있는 친구를 선택하는 방법에 대해 생각해 본다.

준비물: 서클상징물, 토킹피스, 전지, A4용지, 필기구, 매직펜

서클의 시작에서 이것이 의도된 공간임을 알리는 일은 언제나 중요하다. 책에 제안된 공간 열기가 적합하지 않다면 상황과 환경에 맞는 적합한 공간 열기를 찾아도 좋다.

환영하기 서클에 온 모두를 환영한다.

공간 열기:

느긋하고 여유 있는 속도로 다음의 명상문을 읽는다.

편안하게 앉을 수 있는 자세를 취해봅니다. 괜찮다면 눈을 감고, 눈을 감기 어색하다면 부드럽게 응시할 수 있는 곳을 찾습니다. 그 곳은 바닥이나 서클의 중심이 될 수도 있습니다.

이제 여러분의 호흡에 주목하기 시작합니다. 들어왔다. 나갔다.. 여러분의 호흡을 알아차립니다. 숨을 들이마실 때 코로 들어오는 공기를 느껴보고 내 쉴 때 공기가 나가는 것에 주목합니다. 특별한 방법으로 호흡을 할 필요는 없어요. 그저 숨이 들어오고 나감을 따라갑니다.잠시 멈춤 정신이 산만해지면 다시 호흡에 주목하는 것으로 돌아오면 됩니다.

좋은 에너지를 들이마시고, 긴장은 내뱉습니다. 매번 숨을 내뱉을 때 몸의 긴장을 풀고 이완시

킬 수 있게 합니다. 숨을 들이마실 때 발을 통해 흙에서 오는 좋은 에너지를 빨아들여 머리 위까지 끌어올린다고 상상합니다. 숨을 내뱉을 때 흙에게 여러분의 좋은 에너지를 준다고 상상합니다. 계속 숨을 들이마시고 내뱉기를 반복합니다. 받아들이고 내어주고, 주고받는 순환을 통해 좋은 에너지를 공유합니다. 이것이 관계가 지닌 근본적인 순환의 방식입니다. 흙과 함께 리듬을 따라 숨을 들이마시고 내쉽니다.

이제 여러분이 매우 안전한 장소에 있다고 상상해 봅니다. 그 곳에는 여러분이 완전하게 안전함을 느끼는 1-3명의 다른 사람이 있어요. 여러분은 그들과 함께 있음이 기쁩니다. 이 사람들과 있다면 따듯하고 안전하며 매우 여유가 있는 모습이 되지요. 지금 우리가 하는 호흡은 깊고 길어요. 완전히 폐를 채웠다가 모두 다시 내보냅니다. 모여 있는 친구들을 보면서 여러분과 친구들 사이에 흐르는 에너지를 느낄 수 있어요. 각자가 모두 내어주고 받아들입니다. 여러분은 친구들과 에너지 주고받기를 반복하면서 균형감과 공정함을 느낍니다. 깊이 숨을 쉬면서 여러분과 친구들 사이에 존재하는 우정의 에너지의 역동적인 움직임을 인식해 봅니다. 함께 숨을 쉬면서 서로에 대한 완전한 수용과 존경의 경험을 합니다.

숨을 들이 마시고, 내뱉습니다. 주고받으며 안전함을 느낍니다. 여러분과 친구들 사이에 균형과 공정함이 존재합니다. 그것이 여러분에게 어떤 느낌으로 다가오는지 주목합니다. 친구들의 표현에도 주목합니다. 그 곳에 잠시 머무릅니다.

이제 호흡으로 다시 주의를 돌립니다. 숨이 들어오고, 나가고. 자연적인 흐름에 여러분의 호흡을 맡깁니다. 이제 앉아있는 의자와 발을 대고 있는 바닥에 주목합니다. 이 순간, 이 공간을 인식합니다. 눈을 감고 있었다면 준비가 되었을 때 눈을 뜹니다. 여러분과 함께 한 이 공간에 있는 모두를 알아차립니다.

토킹피스를 가능한 많이 사용하는 것이 좋다. 브레인 스토밍이나 다른 활동을 하는 시간에는 토킹피스의 사용을 보류할 수 있다. 그러나 토킹피스가 전체 서클에 중요하게 사용되지 않는다면 서클

의 진실성을 훼손될 수 있다.

토킹피스 소개하기: 토킹피스가 어떻게 작동하는지 설명한다.

자기 소개 및 마음연결하기: 토킹피스를 사용하여, 처음 만난 그룹은 자기 소개를 하고, 이미 서클로 만났던 그룹은 마음연결하기를 하도록 초대한다. 이때 진행자가 먼저 이야기하는 것이 좋다. 부록 3, 4의 질문들을 참고할 수 있다.

참여자들이 가치 정하기와 약속 만들기에 참여하도록 하는 것은 서클의 안전한 공간을 구축하기 위해 매우 중요하다. 서클의 전체구성원들은 이 과정을 통해 안전한 공간을 유지하는 것에 대한 책임을 갖게 된다.

가치 정하기와 약속 만들기:

이전에 만났던 그룹이라면, 전에 만들었던 가치와 약속을 참여자들과 함께 점검한다. 처음 만나는 그룹이라면, '평화형성서클 배우기' 의 끝부분에 나온 '서클에서 가치 세우기를 위한 조언' 의 기술 중 하나를 사용하여 가치의 기초를 다진다. '부록 4. 서클을 위한 간단한 질문들' 에 나온 제안사항들도 참고할 수 있다. 중요한 가치를 확인한 후 참여자들에게 서클에 참여할 때 중요하다고 생각하는 약속들을 말할 수 있도록 요청함으로써 서클의 약속을 정한다. 모두가 볼 수 있는 곳에 약속을 기록하여 놓는다.

주요 활동

작업하기 1: '신뢰' 라는 단어의 의미에 대해 브레인스토밍을 한다.

"여러분에게 신뢰라는 것은 어떠한 의미인가요?" 5분의 시간을 주고 자신에게 의미하는 바를 적게 한다. 전체 그룹이 볼 수 있도록 전지에 각자가 적은 모든 의미를 모아 보여준다. 이 목록에 대해 전체가 동의할 필요는 없다. 각자에게 다가오는 다양한 신뢰의 의미를 수용한다.

작업하기 2: 참여자들에게 왜 '신뢰'가 중요한지 생각해보도록 요청한다. 참여자들에게 자신의 친구를 신뢰함으로써 얻게 되는 혜택을 적어도 3가지 이상 적게 한다. 적은 내용을 전지에 모은다.

작업하기 3: 참여자들에게 자신의 친구나 이성친구가 신뢰할만한지 아닌지를 어떻게 결정하는지 생각해 보도록 한다. "누군가가 신뢰할 만한 사람이라는 것을 말해주는 작은 신호에는 어떠한 것들이 있나요?" "누군가가 신뢰하지 못할 사람이라는 것을 알려줄 수 있는 표시나 신호가 있나요?"

진행자는 예시 상황을 제공한다. 어떤 사람이 돈을 빌리면서 꼭 갚을 것이라고 이야기 한다. 신뢰하지 못할 사람의 신호로는 아마도 다시 연락을 하기로 해놓고 하지 않거나 그들이 어디에 있고 무엇을 하는지에 대해 믿음을 주지 않는 것 등이 있을 수 있다.

작업하기 4: 나온 내용들을 전지에 구분하여 적는다.

- 누군가 신뢰할 만 하다는 작은 신호
- 누군가 신뢰할 수 없게 하는 작은 신호

나눔 1: "이러한 사항들이 누군가와 친구관계를 맺거나 이성친구를 사귀 는 것을 결정할 때 도움이 될 수 있나요?" 우리는 가족이나 직장동료는 선택할 수 없지만 친구나 파트너는 선택할 수 있다. "여러분에게 신뢰할 수 없는 사람이라는 신호를 보내는 누군가와도 반드시 관계를 형성해야만 할까요?"

나눔 2: "친구 혹은 파트너로서 당신을 조금 더 신뢰할 수 있도록 당신이 할 수 있는 것에는 어떤 것이 있을까요?"

나눔 3: 신뢰할 만한 친구를 선택하는 것에 대한 각자의 경험으로부터 얻은 가장 중요한 교훈을 서로 공유하도록 요청한다.

성찰 나눔: 마지막으로 토킹피스를 한 번 더 돌리며 참여자들에게 서클에 대한 자신의 생각을 나눌 수 있도록 초대한다. 시간이 충분하지 않거나, 그룹에 사람이 많다면 서클을 마치며 참여자들에게 현재 느끼는 감정을 한 단어로 요약하여 말할 수 있도록 요청해도 된다. 진행자가 마지막에 나눌 것을 제안한다.

의도된 공간으로서의 서클의 끝을 알리는 것은 중요하다. 만일 제안된 서클을 닫는 의식이 이 서클과 어울리지 않는다면 적합한 다른 닫는 의식을 찾거나 생각해본다.

공간 닫기:

다음의 시를 읽는다:

나와 함께 걸어요

나보다 앞서 걷지 말아요,

제가 따라가지 않을거에요.

나보다 뒤쳐져 걷지 말아요,

제가 이끌지 않을거에요.

나와 함께 걸어요,

그리고 나의 친구가 되어 주세요.

- 유태인 동요 중에서

서클에 와서 참여해준 것에 대한 감사의 인사를 한다.

5-7 가족 연결 서클

목적: 가족 구성원들 사이의 존중과 이해를 강화시키고 서로를 돌본다는 것에 대한 이해를 증가시킨다.

준비물: 서클상징물, 토킹피스, 1미터 정도의 리본참여자수 만큼

사전 준비: 서클의 참여자들에게 다음 두 가지 물건을 가지고 오도록 요청한다.

- 자신이 누구인지 잘 표현해주는 물건
- 자신에게 가족이 어떠한 의미인지를 잘 표현해주는 물건 혹은 가족에 대해 잘 표현해주는 물건

서클의 시작에서 이것이 의도된 공간임을 알리는 일은 언제나 중요하다. 책에 제안된 공간 열기가 적합하지 않다면 상황과 환경에 맞는 적합한 공간 열기를 찾아도 좋다.

환영하기 서클에 온 모두를 환영한다.

공간 열기: 각 의자위에 약 1미터 길이의 리본 끈을 놓아둔다. 모두가 서서 자신의 의자에 놓인 리본을 집도록 한다 서있는 것을 힘들어하는 사람이 있다면 앉아도 좋다. 서클의 구성원들에게 가족 중친척 포함 자신을 도와줬거나 삶의 모델이 되어준 누군가가 있는지 떠올려보도록 한다. 그 사람으로부터 받은 선물은 무엇인가? 이제 시계방향으로 돌아가면서 각자 그 사람의 이름과 선물을 이야기 하고 자신의 리본을 왼쪽 옆 사람의 리본과 묶을 것이라고 설명한다. 리본이 모두 묶이게 되면 모두에게 서로 소중한 사람을 이야기해준 것에 대해 감사의 인사를 하고 그들의 선물이 항상 그들 곁에 있을 것임을 이야기한다. 모두 한 발자국 앞으로 나와 서클의

중심 주변을 리본으로 둘러쌓아 놓는다.

토킹피스를 가능한 많이 사용하는 것이 좋다. 브레인 스토밍이나 다른 활동을 하는 시간에는 토킹피스의 사용을 보류할 수 있다. 그러나 토킹피스가 전체 서클에 중요하게 사용되지 않는다면 서클의 진실성을 훼손될 수 있다.

토킹피스 소개하기: 토킹피스가 어떻게 작동하는지 설명한다.

자기 소개 및 마음연결하기: 토킹피스를 사용하여, 처음 만난 그룹은 자기 소개를 하고, 이미 서클로 만났던 그룹은 마음연결하기를 하도록 초대한다. 이때 진행자가 먼저 이야기하는 것이 좋다. 부록 3, 4의 질문들을 참고할 수 있다.

참여자들이 가치 정하기와 약속 만들기에 참여하도록 하는 것은 서클의 안전한 공간을 구축하기 위해 매우 중요하다. 서클의 전체구성원들은 이 과정을 통해 안전한 공간을 유지하는 것에 대한 책임을 갖게 된다.

가치 정하기와 약속 만들기:

이전에 만났던 그룹이라면, 전에 만들었던 가치와 약속을 참여자들과 함께 점검한다. 처음 만나는 그룹이라면, '평화형성서클 배우기' 의 끝부분에 나온 '서클에서 가치 세우기를 위한 조언' 의 기술 중 하나를 사용하여 가치의 기초를 다진다. '부록 4. 서클을 위한 간단한 질문들' 에 나온 제안사항들도 참고할 수 있다. 중요한 가치를 확인한 후 참여자들에게 서클에 참여할 때 중요하다고 생각하는 약속들을 말할 수 있도록 요청함으로써 서클의 약속을 정한다. 모두가 볼 수 있는 곳에 약속을 기록하여 놓는다.

주요 활동

나눔 1: 참여자들은 가지고 온 자신이 누구인지 잘 표현해주는 물건에 대해 이야기하고 원의 중심에 그 물건을 내려다 놓는다.

나눔 2: 참여자들은 가지고 온 자신에게 가족이 어떠한 의미인지를 잘 표현해주는 물건 혹은 가족에 대해 잘 표현해주는 물건에 대해 이야기 한 뒤 원의 중심에 그 물건을 내려다 놓는다.

나눔 3: "다른 사람의 이야기를 들으면서 어떤 감정이 들었나요?"

나눔 4: "여러분이 각자의 가족에 대해 가장 소중하게 여기는 점이 무엇인가요?"

성찰 나눔: 마지막으로 토킹피스를 한 번 더 돌리며 참여자들에게 서클에 대한 자신의 생각을 나눌 수 있도록 초대한다. 시간이 충분하지 않거나, 그룹에 사람이 많다면 서클을 마치며 참여자들에게 현재 느끼는 감정을 한 단어로 요약하여 말할 수 있도록 요청해도 된다. 진행자가 마지막에 나눌 것을 제안한다.

의도된 공간으로서의 서클의 끝을 알리는 것은 중요하다. 만일 제안된 서클을 닫는 의식이 이 서클과 어울리지 않는다면 적합한 다른 닫는 의식을 찾거나 생각해본다.

공간 닫기:

크게 심호흡을 하고 천천히 숨을 내뱉습니다. 제가 말을 하는 동안 계속 숨을 천천히 그리고 깊게 쉬십시오. 편안하다면 눈을 감아도 좋습니다. 우리 주위에 여러분의 조상, 늘 신경써주시는 조부모님, 증조부모님, 고조부모님 들이 계시다고 상상합니다. 그들이 우리를 애정과 자랑스러워하는 마음으로 지켜보고 있다고 상상합니다. 그들이 우리를 감싸고 있으며 사랑과 돌봄의 원으로 우리를 잡아주고 있습니다. 여러분의 있는 모습 그대로 그들은 여러분을 지지하고 완전히 수용합니다. 무조건적인 사랑으로 여러분을 바라볼 때 그들의 눈에서 흘러나오는 빛을 바라봅니다. 리본 끈을 잡으며 여러분이 이야기했던 가족 구성원을 기억해봅니다. 한 번 더 그 사람에

게 감사함을 표현합니다. 이제 다시 당신의 호흡에 집중합니다. 세 번 더 천천히 그리고 깊은 숨을 쉽니다. 우리가 함께 있는 이 공간으로 다시 의식을 돌려놓습니다. 조상에게 받은 그 사랑과 함께 여러분이 돌아옵니다. 그들이 여러분 안에 있는 선함을 보고 있음을 아는 채로 깊게 호흡을 합니다.

잠시 침묵한다.

서클에 와서 참여해준 것에 대한 감사의 인사를 한다.

* 참여자들이 가지고 왔던 물건을 다시 가지고 갈 수 있도록 이야기한다.

5-8 지지의 자원 확인 서클

목적: 참여자들이 자신의 삶에서 다양한 형태의 사회적 지지가 필요할 때 손을 내밀 수 있는 사람이 누구인지 확인하는 것을 돕는다.

준비물: 서클상징물, 토킹피스, 종이, 필기구, 매직펜, 사인펜, 유인물

서클의 시작에서 이것이 의도된 공간임을 알리는 일은 언제나 중요하다. 책에 제안된 공간 열기가 적합하지 않다면 상황과 환경에 맞는 적합한 공간 열기를 찾아도 좋다.

환영하기 서클에 온 모두를 환영한다.

공간 열기:

참여자들에게 '지지 혹은 지원' 으로 2행시를 지을 수 있도록 한다. 그들이 지지를 떠올릴 때 중요하거나 의미 있는 내용을 담도록 한다. 매직 펜이나 사인펜을 사용하여 시를 적는다.

토킹피스를 가능한 많이 사용하는 것이 좋다. 브레인 스토밍이나 다른 활동을 하는 시간에는 토킹피스의 사용을 보류할 수 있다. 그러나 토킹피스가 전체 서클에 중요하게 사용되지 않는다면 서클의 진실성을 훼손될 수 있다.

토킹피스 소개하기:토킹피스가 어떻게 작동하는지 설명한다.

자기 소개 및 마음연결하기:토킹피스를 사용하여, 처음 만난 그룹은 자기 소개를 하고, 이미 서클로 만났던 그룹은 마음연결하기를 하도록 초대한다. 이때 진행자가 먼저 이야기하는 것이 좋다.

부록 3, 4의 질문들을 참고할 수 있다.

참여자들이 가치 정하기와 약속 만들기에 참여하도록 하는 것은 서클의 안전한 공간을 구축하기 위해 매우 중요하다. 서클의 전체구성원들은 이 과정을 통해 안전한 공간을 유지하는 것에 대한 책임을 갖게 된다.

가치 정하기와 약속 만들기:

이전에 만났던 그룹이라면, 전에 만들었던 가치와 약속을 참여자들과 함께 점검한다. 처음 만나는 그룹이라면, '평화형성서클 배우기' 의 끝부분에 나온 '서클에서 가치 세우기를 위한 조언' 의 기술 중 하나를 사용하여 가치의 기초를 다진다. '부록 4. 서클을 위한 간단한 질문들' 에 나온 제안사항들도 참고할 수 있다. 중요한 가치를 확인한 후 참여자들에게 서클에 참여할 때 중요하다고 생각하는 약속들을 말할 수 있도록 요청함으로써 서클의 약속을 정한다. 모두가 볼 수 있는 곳에 약속을 기록하여 놓는다.

주요 활동

각자에게 유인물을 나누어 주고, 가운데에 있는 별상자에 자신의 이름을 적게 한다. 이제 다음의 4가지 질문을 한다.:

1. 의사와의 중요한 진료 일정이 잡혀있다고 가정해보자. 약속 당일 당신의 차가 고장나서 병원에 갈 수 없게 되었다. 그때 당신이 전화하면, 차를 태워줄 수 있는 사람의 명단을 적어보자.
2. 방금 당신의 이성친구**배우자, 가장 친한 친구**와 다투었거나 직장에서 최악의 날을 보냈다고 가정해보자. 당신은 좌절감이나 걱정거리를 나눌 수 있는 누군가가 필요하다. 그때 당신이 전화해서, 직장에서 있었던 문제에 대해 이야기 하거나 맘 편히 울 수 있는 사람들의 명단을 적어보자.
3. 당신의 집주인이 더 이상 당신에게 집을 세놓지 않게 되었고 가능한 빨리 당신은 새로운 거처

를 찾아야만 한다고 가정해보자. 그때 당신이 전화해서 주변에 살 수 있을 만한 공간을 알아봐 달라고 부탁할 사람들의 명단을 적어보자.

4. 당신의 두 아이와 집에 있는데 그 중 한 아이가 갑자기 아프다고 가정해보자. 그때 당신이 전화해서 아픈 아이를 병원에 데려가는 동안 집으로 와서 다른 아이를 봐 줄 수 있는 사람의 명단을 적어보자.

작업하기 1: 이제 유인물에 위의 질문에 맞는 사람들을 채워 넣는다. 빨간 매직펜을 사용하여 2번 질문 그룹에 속한 사람들과 당신 사이를 화살표로 연결한다. 초록색 매직펜으로 3번 질문의 사람들과 당신을 화살표로 연결한다. 1번은 노란색, 4번은 파란색 매직펜으로 각각 동일한 방식으로 연결한다.

작업하기 2: 목록에 있는 사람 중 가족에게는 세모, 친구에게는 네모, 직장 동료나 이웃은 원으로 표시한다. 그렇게 한 뒤 그 사람들세모, 네모, 원 상관없이간에 서로 아는 사람이 있으면 선으로 연결한다.

설명하기: 이제 사람들은 자신의 사회적 지지망 지도를 갖게 되었다. 우리 모두는 다양한 종류의 지지정서적-빨간색 펜, 정보적-초록색 펜, 실용적-파란색 펜를 필요로 한다.

나눔 1: 참여자들이 자신의 사회적 지지망에 대해 성찰하도록 한다. “당신은 정서적 지지를 받는 만큼 정보적 지지도 받고 있나요?”

나눔 2: “당신은 친구, 가족, 이웃 중에 어느 그룹의 지지를 더 많이 받고 있나요?”

나눔 3: “당신의 삶에서 지지 자원을 증가시킬 수 있는 방법에는 어떠한 것이 있을까요?”

성찰 나눔: 마지막으로 토킹피스를 한 번 더 돌리며 참여자들에게 서클에 대한 자신의 생각을 나눌 수 있도록 초대한다. 시간이 충분하지 않거나, 그룹에 사람이 많다면 서클을 마치며 참여자들에게 현재 느끼는 감정을 한 단어로 요약하여 말할 수 있도록 요청해도 된다. 진행자가 마지

막에 나눌 것을 제안한다.

의도된 공간으로서의 서클의 끝을 알리는 것은 중요하다. 만일 제안된 서클을 닫는 의식이 이 서클과 어울리지 않는다면 적합한 다른 닫는 의식을 찾거나 생각해본다.

공간 닫기:

다음 노래를 부르거나 듣고 읽을 것을 제안한다. 옥상달빛의 '수고했어 오늘도', 커피소년의 '', 페퍼톤스의 '공원여행' 중 한곡을 듣거나 함께 부르자고 제안한다.

수고했어 오늘도

세상 사람들 모두 정답을 알긴 할까. 힘든 일은 왜 한번에 일어날까
나에게 실망한 하루. 눈물이 보이기 싫어 의미 없이 밤 하늘만 바라봐
작게 열어둔 문틈 사이로 슬픔보다 더 큰 외로움이 다가와도 날
수고했어 오늘도 아무도 너의 슬픔에 관심없대도 난 늘 응원해, 수고했어 오늘도
빛이 있다고 분명 있다고 믿었던 길마저 흐릿해져 점점 더 날
수고했어 오늘도 아무도 너의 슬픔 관심없대도 난 늘 응원해, 수고했어 수고했어 수고했어 오늘도
수고했어 오늘도 아무도 너의 슬픔 관심없대도 난 늘 응원해, 수고했어 오늘도

-옥상달빛의 노래

내가 니편이 되어줄게

누가 내 맘을 위로할까. 누가 내 맘을 알아줄까.

모두가 나를 비웃는 것 같아 기댈 곳 하나 없네.

이젠 괜찮다 했었는데, 익숙해진 줄 알았는데

다시 찾아온 이 절망에, 나는 또 쓰려져 혼자 남아있네

내가 니 편이 되어줄게. 괜찮다 말해줄게. 다 잘 될 거라고 넌 빛날 거라고 넌 나에게 소중하다고

모두 끝난 것 같은 날에, 내 목소릴 기억해. 괜찮아 다 잘 될 거야 넌 나에게 가장 소중한 사람

이젠 괜찮다 했었는데, 익숙해진 줄 알았는데

다시 찾아온 이 절망에, 나는 또 쓰려져 혼자 남아있네

내가 니 편이 되어줄게. 괜찮다 말해줄게 다 잘 될 거라고 넌 빛날 거라고

넌 나에게 소중하다고, 모두 끝난 것 같은 날에 내 목소릴 기억해

괜찮아 다 잘 될 거야. 넌 나에게 가장 소중한 사람

니 편이 되어 줄게. 괜찮다 말해줄게. 다 잘 될 거라고 넌 빛날 거라고, 넌 나에게 소중하다고

끝난 것 같은 날에, 내 목소릴 기억해. 괜찮아 다 잘 될 거야

넌 나에게 가장 소중한 사람. 니 편이 되어 줄게.

-커피소년의 노래

공원여행

학교 앞 정류장을 지나 작은 횡단보돌 건너면 오른쪽 골목이 보이지?

그 길로 쭉 들어가 봐. 살짝 젖어있는 길 위로 조금 가벼워진 발걸음.

휴일 아침 맑은 공기가 많은 것을 새롭게 할거야

하낫! 둘! 셋! 넷! 씩씩하게, 더 밝게 더 경쾌하게, 둘! 둘! 셋! 넷! 튼튼하게

아주 조금 더 기운차게 널 따라오는 시원한 바람 길가에 가득한 아카시아

아무도 돌보지 않지만, 건강하게 흔들리고 있어

어느새 너의 앞엔 작은 비밀의 공원 낡은 벤치에 앉아 눈을 감고

마음 속으로 다섯을 센 뒤 고개를 들어 눈을 뜰 때, 넌 최고의 오후를 만나게 될거야.

하낫! 둘! 셋! 넷! 씩씩하게. 더 밝게 더 경쾌하게. 둘! 둘! 셋! 넷! 튼튼하게.

아주 조금 더 기운차게. 하낫! 둘! 셋! 넷! 씩씩하게.

아무 걱정 없는 것처럼. 둘! 둘! 셋! 넷! 튼튼하게 아주 조금 요란스럽게.

어때 기분이 좋아졌지? 한결 맘이 후련해졌지? 여기 숨찬 내가 보이니?

너에게로 달려가고 있어. 거봐 너 아직 그런 미소 지을 수 있잖아.

-페퍼스톤의 노래

나는 당신에게 기대고 당신은 나에게 기댄다. 그러면 우리는 괜찮아 질 것이다.

- 데이브 매튜 밴드(Dave Matthews Band)

서클에 와서 참여해준 것에 대한 감사의 인사를 한다.

지지의 자원 확인하기

1. 차로 데려다 줄 수 있는 사람들의 명단

2. 직장에서의 어려움을
이야기 할 수 있는 사람들의 명단

3. 주변에 집을 구할 수 있도록
도움을 줄 수 있는 사람들의 명단

4. 아픈 아이 한명을 병원에 데려갈 때,
남은 한 아이를 봐줄 수 있는
사람들의 명단

5-9 성sex에 대해 이야기하는 서클

목적: 성에 대한 열린 대화를 위한 공간을 만든다.

준비물: 서클상징물, 토킹피스

서클의 시작에서 이것이 의도된 공간임을 알리는 일은 언제나 중요하다. 책에 제안된 공간 열기가 적합하지 않다면 상황과 환경에 맞는 적합한 공간 열기를 찾아도 좋다.

환영하기 서클에 온 모두를 환영한다.

공간 열기:아래의 사항에서 한 가지 혹은 그 이상을 선택한다.

"성관계sex는 어디에서나 생길 수 있다. 그러나 그러한 사실이 곧 당신의 십대 자녀 역시 성관계를 했다는 것을 의미하지는 않는다. 만일 당신의 자녀가 성관계를 해본 경험이 있는지 알고 싶다면 그들에게 물어보아야 한다. 직접 물어보는 것만이 알 수 있는 유일한 방법이다. 만일 그들이 당신에게 거짓말을 하거나 당신이 듣고 싶은 대답을 한다면 그것은 그들이 당신을 실망시키지 않고 싶어서이거나… 혼나고 싶지 않아서이다."

"십대들은 도움이 필요하다. 거짓말은 하지 않겠다. 성관계는 재밌다. 우리는 성적으로 매력적이고 싶어 하고 성관계를 하고 싶어 한다. 그래 서 많은 십대들이 성생활을 하지만, 그렇다고 그것이 그들이 성관계에 대해 준비가 되어있다는 것을 의미하진 않는다. 성에 대해 이야기하거나 정보를 공유하는 것에 주저하며 말하지 않는 것이 당신의 자녀를 보호해 줄 것이라는 생각은 잘못되었다. 왜냐하면 그들이 잘못된 정보를 얻게 되었을 때 그들은 상처만 받게 될 뿐이기 때문이다. 성이라는 것은 어디에나 있고 우리는 그것을 피할 수 없다. 우리는 오직 경험함으로써 배울 수 있다."

- 베다니(Bethany), 17세, New Jersey

십대들은 지도도 없이 위험한 지역을 탐험하고 있는 중이다.

몇몇 부모들은 이해하기 힘들겠지만, 자신의 자녀를 보호한다는 관점하에 부모가 자녀들이 언제부터 성관계를 시작했는지를 정확하게 아는 것은 중요하지 않다. 중요한 점은 십대자녀가 그들 자신을 신체적, 정서적으로 보호할 수 있는 정보들을 알고, 잘못된 생각으로 위험한 결정을 하지 않게 하는 것이다,

많은 십대들은 자신이 혼자 성이나 성관계에 대한 질문, 결정, 문제들을 헤쳐나가는 것을 자연스럽게 생각한다고 말한다. 어떤 십대들은 자신의 부모를 걱정시키고 싶어 하지 않는다. 또 어떤 이들은 자신의 부모들이 이미 다른 많은 문제들로 힘들어하고 있기에 너무 많은 이야기로 그들에게 짐이 되고 싶어 하지 않는다. 또 어떤 십대들은 그들의 부모를 실망시키고 싶어 하지 않거나, 자신의 개인적 사생활에 대한 너무 많은 질문을 받기 싫어하거나, 혹은 그들의 부모가 별로 알고 싶어 하지 않을 거라고 가정하기도 한다.

많은 십대들이 성관계를 맺고 싶어한다. 왜냐하면 지금이 바로 성관계를 할 수 있는 적절한 시기이고 자신이 듣거나 본 것으로 보아 성관계는 재밌고, 모험적이고, 만족을 준다고 생각하기 때문이다. 하지만 이와 동시에 그들은 성이라는 것이 위태로운 사안이며 그들을 후회나 더 최악의 상황으로 이끌 수 있는 위험한 영역이라는 것도 이해하고 있다. 아마도 이러한 이유들로 66퍼센트에 달하는 미국 십대들이 자신의 첫 경험에 대해 후회한다고 말하는 것 같다.

- 사브리나 웨일(Sabrina Weill), *The Real Truth about Teens and Sex*.

휴식 연습

참여자들을 길고도 깊은 호흡을 할 수 있도록 초대한다-천천히 숨을 들이마시고 천천히 내뱉고. 숨을 내 뱉을 때 그들의 얼굴, 턱, 목, 어깨, 팔, 손, 다리, 발을 편히 이완시키도 록 한다.

호흡 알아차리기

편안하게 앉을 수 있는 장소를 찾는다. 찾았다면 눈을 감는다. 눈을 감고 싶지 않다면 당 신이 가볍게 집중할 수 있는 곳 아무 곳이나 초점을 맞춘다-당신 앉은 곳 맞은편 식탁, 바 닥, 벽 등이 될 것이다. 이제 네 번 깊은 숨을 쉰다. 호흡을 들이마시고 내뱉을 때 가슴의 상승과 하강을 느낀다. 숨을 들이마실 때마다 조용하고 평화로운 감정을 들이마신다고 상 상한다. 숨을 내 뱉으면서 당신 몸의 모든 스트레스를 밖으로 보낸다. 당신의 어깨를 이완 시키고 부드럽게 한다. 당신의 눈과 얼굴을 이완시키고 부드럽게 한다. 당신 전체의 몸의 스트레스를 밖으로 보낸다.

더 많은 숨을 쉬며 그저 당신의 숨쉬기에만 집중한다. 당신의 몸에서 숨을 따르는 곳은 당 신의 코이다. 당신의 코를 통해 공기가 들어갈 때의 느낌이 어떤지 주목한다. 아마도 들이 마실 때의 공기보다 뱉을 때의 공기가 따뜻할 것이다. 호흡을 뱉으면서 숨을 완벽히 따라 간다.

당신의 호흡이 자연스럽게 들어오고 나갈 수 있도록 한다. 당신은 깊은 혹은 약속적인 호흡을 하기 위해 노력할 필요는 없다. 그저 당신의 몸의 자연적인 호흡의 리듬이 발생하도 록 허락한다. 당신이 할 일은 호흡을 바꾸는 것이 아니다. 그저 이미 벌어지고 있는 것에 대해 주목하는 것 뿐이다.

토킹피스를 가능한 많이 사용하는 것이 좋다. 브레인 스토밍이나 다른 활동을 하는 시간에는 토킹피스의 사용을 보류할 수 있다. 그러나 토킹피스가 전체 서클에 중요하게 사용되지 않는다면 서클의 진실성을 훼손될 수 있다.

토킹피스 소개하기: 토킹피스가 어떻게 작동하는지 설명한다.

자기 소개 및 마음연결하기: 토킹피스를 사용하여, 처음 만난 그룹은 자기 소개를 하고, 이미 서클로 만났던 그룹은 마음연결하기를 하도록 초대한다. 이때 진행자가 먼저 이야기하는 것이 좋다. 부록 3, 4의 질문들을 참고할 수 있다.

참여자들이 가치 정하기와 약속 만들기에 참여하도록 하는 것은 서클의 안전한 공간을 구축하기 위해 매우 중요하다. 서클의 전체구성원들은 이 과정을 통해 안전한 공간을 유지하는 것에 대한 책임을 갖게 된다.

가치 정하기와 약속 만들기:

이전에 만났던 그룹이라면, 전에 만들었던 가치와 약속을 참여자들과 함께 점검한다. 처음 만나는 그룹이라면, '평화형성서클 배우기' 의 끝부분에 나온 '서클에서 가치 세우기를 위한 조언' 의 기술 중 하나를 사용하여 가치의 기초를 다진다. '부록 4. 서클을 위한 간단한 질문들' 에 나온 제안사항들도 참고할 수 있다. 중요한 가치를 확인한 후 참여자들에게 서클에 참여할 때 중요하다고 생각하는 약속들을 말할 수 있도록 요청함으로써 서클의 약속을 정한다. 모두가 볼 수 있는 곳에 약속을 기록하여 놓는다.

주요 활동

토킹피스를 사용하여 참여자들과 아래의 질문들에 대해 이야기한다.

나눔 1: "성에 대해 이야기하는 서클에 함께한 느낌이 어떠한가요?""

나눔 2: "어른들과 성에 대해 논의해 본 적이 있나요? 만약 있다면 누구와 이야기했었나요?"

나눔 3:"성에 대한 궁금증이 생길 때 누구를 찾게 되나요?"

나눔 4::"성에 대한 정보는 어디서 얻나요?"

나눔 5:"성에 대한 우리 사회의 태도는 어떠한가요?"

나눔 6:"성이 당신의 삶과 어떻게 조화를 이룰 수 있는 지에 대해 알고자 노력할 때 어른들로부터 어떠한 도움이 필요한가요?"

나눔 7:"성에 대해 어디에서도 이야기할 수 없는 상황이라면 당신이 이야기 하기 위해 필요한 것은 무엇인가요?"

추가적인 의견들이 있다면 토킹피스를 돌려 이야기한다.

성찰 나눔:마지막으로 토킹피스를 한 번 더 돌리며 참여자들에게 서클에 대한 자신의 생각을 나눌 수 있도록 초대한다. 시간이 충분하지 않거나, 그룹에 사람이 많다면 서클을 마치며 참여자들에게 현재 느끼는 감정을 한 단어로 요약하여 말할 수 있도록 요청해도 된다. 진행자가 마지막에 나눌 것을 제안한다.

의도된 공간으로서의 서클의 끝을 알리는 것은 중요하다. 만일 제안된 서클을 닫는 의식이 이 서클과 어울리지 않는다면 적합한 다른 닫는 의식을 찾거나 생각해본다.

공간 닫기: 17세 미그달리아Migdalia의 시

성(sex)은 게임이 아니야

나는 장난감이 아니야

성이란 우리가 서로를 보살피고 있다는 뜻이고

성이란 우리가 공유하고 있다는 뜻이야

우리의 몸과 마음과,

우리의 기쁨을!

서클에 와서 참여해준 것에 대한 감사의 인사를 한다.

5-10 성적 관계와 정서적 필요 탐구 서클

목적: 성적 관계를 통해 인간이 충족하고자 하는 기본적인 욕구는 무엇인지 탐구하고, 성관계를 통한 정서적 기대에 대한 인식을 증진시킨다.

준비물: 서클상징물, 토킹피스, 전지, 매직펜, A4용지참여자수만큼, 필기구, 유인물

서클의 시작에서 이것이 의도된 공간임을 알리는 일은 언제나 중요하다. 책에 제안된 공간 열기가 적합하지 않다면 상황과 환경에 맞는 적합한 공간 열기를 찾아도 좋다.

환영하기 서클에 온 모두를 환영한다.

공간 열기:

참여자들에게 서클에 참여하기 전에 미리 성에 대한 노래, 시, 랩 등을 준비해오도록 한다. 그들은 성적 관계와 정서적 필요에 대한 의미를 담고 있는 어떤 한 구절이나 아니면 전체를 선택할 수 있다.

토킹피스를 가능한 많이 사용하는 것이 좋다. 브레인 스토밍이나 다른 활동을 하는 시간에는 토킹피스의 사용을 보류할 수 있다. 그러나 토킹피스가 전체 서클에 중요하게 사용되지 않는다면 서클의 진실성을 훼손될 수 있다.

토킹피스 소개하기: 토킹피스가 어떻게 작동하는지 설명한다.

자기 소개 및 마음연결하기: 토킹피스를 사용하여, 처음 만난 그룹은 자기 소개를 하고, 이미 서클로

만났던 그룹은 마음연결하기를 하도록 초대한다. 이때 진행자가 먼저 이야기하는 것이 좋다. 부록 3, 4의 질문들을 참고할 수 있다.

참여자들이 가치 정하기와 약속 만들기에 참여하도록 하는 것은 서클의 안전한 공간을 구축하기 위해 매우 중요하다. 서클의 전체구성원들은 이 과정을 통해 안전한 공간을 유지하는 것에 대한 책임을 갖게 된다.

가치 정하기와 약속 만들기:

이전에 만났던 그룹이라면, 전에 만들었던 가치와 약속을 참여자들과 함께 점검한다. 처음 만나는 그룹이라면, '평화형성서클 배우기' 의 끝부분에 나온 '서클에서 가치 세우기를 위한 조언' 의 기술 중 하나를 사용하여 가치의 기초를 다진다. '부록 4. 서클을 위한 간단한 질문들' 에 나온 제안사항들도 참고할 수 있다. 중요한 가치를 확인한 후 참여자들에게 서클에 참여할 때 중요하다고 생각하는 약속들을 말할 수 있도록 요청함으로써 서클의 약속을 정한다. 모두가 볼 수 있는 곳에 약속을 기록하여 놓는다.

주요 활동

작업하기 1: 유인물과 A4용지를 나누어준다. 참여자들이 다음의 질문에 대한 대답을 적도록 한다.

- 사람들이 성관계를 통해 충족시키고자 하는 인간의 기본적 욕구는 무엇인가?
- 사람들이 성관계를 통해 충족시키고자 하는 정서적 욕구는 무엇인가?

나눔 1:두 질문에 대한 통찰과 응답을 나누도록 초대한다. 전지에 주요 아이디어를 적는다.

나눔 2:"성관계에 대한 우리의 기대는 어디에서부터 오는가?"

나눔 3:"우리는 바람직한 성관계의 모습에 대한 생각을 어디에서 얻는가?"

작업하기 2:참여자들의 성경험이나 그들의 친구의 경험에 대해 생각하게 한 뒤 다음의 질문에 대한 답변을 적도록 초대한다.

- 성관계가 그들이 앞서 확인했던 욕구나 기대들을 보통 충족시키는가?

나눔 4:"일반적으로 성관계가 사람들이 가진 욕구나 기대를 충족시키는가?"

나눔 5:"이러한 욕구들을 충족시킬 다른 방법들이 있는가?"

성찰 나눔:마지막으로 토킹피스를 한 번 더 돌리며 참여자들에게 서클에 대한 자신의 생각을 나눌 수 있도록 초대한다. 시간이 충분하지 않거나, 그룹에 사람이 많다면 서클을 마치며 참여자들에게 현재 느끼는 감정을 한 단어로 요약하여 말할 수 있도록 요청해도 된다. 진행자가 마지막에 나눌 것을 제안한다.

의도된 공간으로서의 서클의 끝을 알리는 것은 중요하다. 만일 제안된 서클을 닫는 의식이 이 서클과 어울리지 않는다면 적합한 다른 닫는 의식을 찾거나 생각해본다.

공간 닫기:

미리 노래를 선정하게 한 뒤 서클로 함께 모여 모두가 춤을 추면서 성에 대해 이야기 하면 서 느낄 수 있었던 약간의 긴장감을 덜어낸다.

서클에 와서 참여해준 것에 대한 감사의 인사를 한다.

욕구 목록

자율성

- 자신의 꿈, 목표, 가치를 선택하기
- 자신의 꿈, 목표, 가치를 실현하기 위한 계획을 세우기

축하

- 성취된 꿈과 삶의 창조를 축하하기
- 사랑하는 사람, 꿈 등의 상실을 기념하기애도

진정성

- 진실
- 창의성
- 의미
- 자아존중

상호의존

- 수용
- 감사
- 친밀함
- 공동체
- 심사숙고
- 삶을 풍성하게 하기
- 정서적 안전
- 공감
- 정직
- 사랑
- 안정
- 존중
- 지지
- 신뢰
- 이해
- 따뜻함

신체적 돌봄

- 공기
- 음식
- 움직임, 운동
- 삶을 위협하는 형태의 생명으로부터의 보호:바이러스, 박테리아, 곤충, 인간
- 휴식
- 성적 표현
- 안식처
- 접촉
- 물

놀이

영적 교감

- 아름다움
- 조화
- 영감
- 질서
- 평화

마샬 로젠버그(Marshall Rosenberg)
Center for Nonviolent Communication

5-11 부모 되기 선택 서클

목적: 이 서클은 젊은 사람들이 일찍 부모가 되려는 결심을 한 이유를 탐색한다.

피임을 하지 않은 무방비적 성관계를 맺는 것이 하나의 결정이듯이 아이를 낳고 기르겠다는 결정 역시 하나의 선택이다. 때때로 젊은 사람들은 그 선택을 피하려 하지만 낳고 기르지 않기로 한 결정 역시 실은 하나의 선택을 한 것이다. 이 서클의 목적은 사람들이 아이 낳는 것을 결정했을 때 그들이 충족시키고자 하는 욕구들은 어떠한 것들이 있는 지 알아보는 것이다.

준비물: 서클상징물, 토킹피스, 유인물

서클의 시작에서 이것이 의도된 공간임을 알리는 일은 언제나 중요하다. 책에 제안된 공간 열기가 적합하지 않다면 상황과 환경에 맞는 적합한 공간 열기를 찾아도 좋다.

환영하기 서클에 온 모두를 환영한다.

공간 열기:다음의 명상을 따라한다

편안한 장소를 찾아 앉습니다. 자리를 찾아 앉으셨다면 눈을 감아주세요.

눈을 감고 싶지 않다면 가볍게 집중할 수 있는 아무 곳이나 초점을 맞춥니다. 그 곳은 여러분이 앉은 곳의 맞은 편 식탁, 바닥, 벽 등이 될 수 있어요.

이제 네 번 깊이 숨을 쉬겠습니다. 호흡을 들이마시고, 내뱉을 때 가슴이 올라가고 내려감을 느낍니다. 숨을 들이마실 때마다 조용하고 평화로운 감정을 들이마신다고 상상합니다. 숨을 내

뱉으면서 여러분 몸의 모든 스트레스를 밖으로 보냅니다. 어깨를 이완시키고 부드럽게 만들어 줍니다. 눈과 얼굴의 긴장을 이완시키고 부드럽게 합니다. 전체 몸의 스트레스를 호흡과 함께 밖으로 보냅니다.

계속해서 호흡하며 그저 숨쉬기에만 집중합니다. 몸에서 숨을 따르는 곳은 코입니다. 코를 통해 공기가 들어갈 때의 느낌이 어떤지 주목해봅니다. 아마도 들이마실 때의 공기가 뱉을 때의 공기보다 더 따듯할 거예요. 호흡을 뱉으면서 숨을 따라갑니다.

숨 쉴 때 인식되는 또 다른 신체부위는 배입니다. 마치 농구공을 잡듯이 때로는 배 위에 손을 부드럽게 올리는 것은 도움이 됩니다. 숨을 들이 마시고 공기가 폐를 채울 때 배가 얼마나 부풀어 오르는지 알아차립니다. 숨을 내쉴 때는 마치 농구공의 바람이 빠지듯이 가슴과 배가 가라앉는 것을 느끼게 됩니다. 숨이 자연스레 나왔다가 들어가도록 합니다.

숨을 크게 쉬거나 보통의 숨쉬기를 하기 위해 노력할 필요는 없어요. 그저 신체의 자연스러운 숨쉬기 리듬을 관찰해 봅니다. 숨을 바꾸지 않는 것이 우리가 해야 할 일입니다. 이미 벌어지고 있는 일에 집중하기만 하면 됩니다.

조용하게 앉아 숨을 쉴 때 자연스럽게 산만함을 느낄 거예요. 이러한 방해가 일어날 때마다 다시 숨 쉬는 것에 부드럽게 여러분의 관심을 옮겨놓기만 하면 됩니다. 만일 방해되는 소리를 듣는다면 스스로에게 "소리가 들리는 구나."라고 말하고 다시 숨 쉬는 일로 돌아오면 됩니다. 다시 말하지만 우리가 호흡 알아차리기 명상을 하는 동안 여러분은 여러 차례 산만해질 겁니다. 모두 자연스러운 일이니 괜찮습니다. 그런 방해가 일어남을 알아차릴 때 다시 숨 쉬는 일로 돌아옵니다.

참여자들이 명상할 수 있도록 5분 정도의 시간을 허락한다.

토킹피스를 가능한 많이 사용하는 것이 좋다. 브레인 스토밍이나 다른 활동을 하는 시간에는 토킹피스의 사용을 보류할 수 있다. 그러나 토킹피스가 전체 서클에 중요하게 사용되지 않는다면 서클

의 진실성을 훼손될 수 있다.

토킹피스 소개하기:토킹피스가 어떻게 작동하는지 설명한다.

자기 소개 및 마음연결하기:토킹피스를 사용하여, 처음 만난 그룹은 자기 소개를 하고, 이미 서클로 만났던 그룹은 마음연결하기를 하도록 초대한다. 이때 진행자가 먼저 이야기하는 것이 좋다. 부록 3, 4의 질문들을 참고할 수 있다.

참여자들이 가치 정하기와 약속 만들기에 참여하도록 하는 것은 서클의 안전한 공간을 구축하기 위해 매우 중요하다. 서클의 전체구성원들은 이 과정을 통해 안전한 공간을 유지하는 것에 대한 책임을 갖게 된다.

가치 정하기와 약속 만들기:

이전에 만났던 그룹이라면, 전에 만들었던 가치와 약속을 참여자들과 함께 점검한다. 처음 만나는 그룹이라면, '평화형성서클 배우기' 의 끝부분에 나온 '서클에서 가치 세우기를 위한 조언' 의 기술 중 하나를 사용하여 가치의 기초를 다진다. '부록 4. 서클을 위한 간단한 질문들' 에 나온 제안사항들도 참고할 수 있다. 중요한 가치를 확인한 후 참여자들에게 서클에 참여할 때 중요하다고 생각하는 약속들을 말할 수 있도록 요청함으로써 서클의 약속을 정한다. 모두가 볼 수 있는 곳에 약속을 기록하여 놓는다.

주요 활동

작업하기 1:참여자들에게 유인물을 나눠준다. 유인물에 적힌 두 개의 에세이를 읽은 후 "에세이에서 젊은 엄마들이 아이 낳기로 결정함으로서 어떤 욕구가 충족되었나요?" 에 대한 각자의 생각을 적게 요청한다.

나눔 1:참여자들이 확인한 욕구들 중 한 가지씩 공유한다. 전지에 목록으로 기록한다.

작업하기 2:아이를 낳는 결정을 함으로써 이러한 욕구들 중 어떠한 것이 실제로 충족되었으며 어떠한 것들이 충족되지 않았는지에 대해 브레인스토밍 한다. 진행자는 전지에 적힌 욕구 중에 충족되지 않은 욕구 옆에는 체크 표시를, 실제로 충족된 욕구에는 원으로 표시한다. 진행자는 다음과 같은 예시를 제공할 수 있다.

예시: 임신 한 후 자신의 어머니로부터 많은 관심을 받아왔던 젊은 엄마에게는 명백히 관심에 대한 욕구가 있었다. 그러나 아이가 태어나고 난 뒤 그녀는 자신보다 아기가 관심의 중심에 있게 되었다는 사실을 깨달았다. 이제 그녀가 가진 관심에 대한 욕구는 엄마가 됨으로서 충족되지 않게 되었다.

작업하기 3:이제 사람들이 짝을 지어 이러한 욕구들이 채워지기 위해 부모가 되기로 결심하는 것 이외의 대체 방법들이 있는지 생각해 보도록 한다. 각각의 욕구들 옆에 그 욕구를 충족시켜줄 적어도 한두 가지의 대체 방안을 떠올리게 한다.

나눔 2:사람들이 생각하는 충족되어야 할 욕구들을 만족시켜줄 대체 방안들을 공유한다.

나눔 3:참여자들에게 그들이 생각하기에 부모가 되기로 선택할 때 중요하게 생각하는 것에는 어떠한 것들이 있는지 나누도록 한다.

성찰 나눔:마지막으로 토킹피스를 한 번 더 돌리며 참여자들에게 서클에 대한 자신의 생각을 나눌 수 있도록 초대한다. 시간이 충분하지 않거나, 그룹에 사람이 많다면 서클을 마치며 참여자들에게 현재 느끼는 감정을 한 단어로 요약하여 말할 수 있도록 요청해도 된다. 진행자가 마지막에 나눌 것을 제안한다.

의도된 공간으로서의 서클의 끝을 알리는 것은 중요하다. 만일 제안된 서클을 닫는 의식이 이 서클과 어울리지 않는다면 적합한 다른 닫는 의식을 찾거나 생각해본다.

공간 닫기:

십대 임신에 대한 최고의 피임약이자 폭력에 대한 최고의 해독제는 희망이다. 십대들은 좋은 선택을 하기 위해 미래가 성취할 만한 것이라는 느낌을 가져야 한다. 그들은 성공하기 위해 필요한 시간, 관심, 필수품 등을 제공해줄 수 있는 정도로 충분히 보호해주고 가치를 인정해 줄 수 있는 가정, 공동체, 국가가 필요할 뿐 아니라 좋은 선택을 할 수 있는 것도 필요하다. 부모는 십대들의 삶의 가장 중요한 사람들이기에 가정에 대한 자신들의 책임을 다하기 위해서는 공동체의 지지와 생계를 유지할 수 있는 직업이 필요하다.

- 마리안 라이트 에들먼(Marian Wright Edelman)

서클에 와서 참여해준 것에 대한 감사의 인사를 한다.

부모 되기를 선택하기

"내가 임신했을 때 신나고 즐거웠다. 어머니와 남자친구 같은 사람들은 내가 원하는 무엇이든 해주며 날 응석받이로 만들었다. 그들은 항상 내 감정 상태를 물어보고 내가 먹고 싶어 하는 것들을 챙겨주었다. 학교의 모든 사람도 나의 임신에 대해 물어보길 원했다. 나는 내가 특별하고 중요한 사람이라고 느꼈다. 하지만 이제 아이가 태어났고 매일매일이 똑같다. 모두가 이제 아기를 걱정하고 내가 어떻게 느끼는지에 대해서는 관심이 없다. 나는 아기가 마치 나의 삶인 것처럼 사랑하지만 이제 그 누구도 내가 어떤지에 대한 관심은 없는 것 같다."

- *Power Source Parenting*에서

아이를 낳기로 결정함으로서 이 엄마는 어떠한 욕구를 충족시킨 것처럼 보이는가?

____

____

____

이러한 욕구들이 실제로 아이를 낳고 충족되었는가?

____

____

____

이러한 욕구들이 충족되기 위한 다른 방법들이 있는가?

____

____

"부모가 되기 전 나는 내가 무언가를 성취할 수 없다고만 믿었다. 나는 끔찍한 학생이었다. 운동도 미술도 그 어느 하나 잘할 수 있는 것이 없었다. 사람들은 나를 신뢰하는 것 같지 않았고, 그래서 나는 내가 과연 어떠한 부모가 될지 매우 궁금해했었다. 그러나 이제 나는 내가 그동안 절대 알지 못했던 나의 또 다른 모습을 보고 있다. 나는 온유하고 참을성이 있으며, 내 딸을 잘 돌볼 줄 아는 엄마라는 것을 안다. 이 일은 내가 '잘 할 수 있다' 라는 것을 알려준 첫 번째 사건이고 나를 뿌듯하게 만들어준다.

- *Power Source Parenting*에서

아이를 낳기로 결정함으로서 이 엄마는 어떠한 욕구를 충족시킨 것처럼 보이는가?

____

____

____

____

이러한 욕구들이 실제로 아이를 낳고 충족되었는가?

____

____

____

____

이러한 욕구들이 충족되기 위한 다른 방법들이 있는가?

____

____

____

____

5-12 아빠 되기 탐구 서클

목적: 아버지가 되는 기쁨, 책임, 도전 등에 대해 알아보고 아버지가 되기 위한 중요한 삶의 선택에는 어떠한 것들이 있는지 확인한다.

준비물: 서클상징물, 토킹피스, 전지, 색 골판지, 잡지, 가위, 풀, 매직펜, 실, 공예 재료

서클의 시작에서 이것이 의도된 공간임을 알리는 일은 언제나 중요하다. 책에 제안된 공간 열기가 적합하지 않다면 상황과 환경에 맞는 적합한 공간 열기를 찾아도 좋다.

환영하기 서클에 온 모두를 환영한다.

공간 열기:

참여자들에게 아버지로 삼행시를 짓도록 한다. 그들이 아버지 됨을 떠올릴 때 중요하거나 의미 있는 내용을 담도록 한다. 참여자들은 매직펜이나 사인펜을 사용할 수 있다.

토킹피스를 가능한 많이 사용하는 것이 좋다. 브레인 스토밍이나 다른 활동을 하는 시간에는 토킹피스의 사용을 보류할 수 있다. 그러나 토킹피스가 전체 서클에 중요하게 사용되지 않는다면 서클의 진실성을 훼손될 수 있다.

토킹피스 소개하기:토킹피스가 어떻게 작동하는지 설명한다.

자기 소개 및 마음연결하기:토킹피스를 사용하여, 처음 만난 그룹은 자기 소개를 하고, 이미 서클로

만났던 그룹은 마음연결하기를 하도록 초대한다. 이때 진행자가 먼저 이야기하는 것이 좋다. 부록 3, 4의 질문들을 참고할 수 있다.

참여자들이 가치 정하기와 약속 만들기에 참여하도록 하는 것은 서클의 안전한 공간을 구축하기 위해 매우 중요하다. 서클의 전체구성원들은 이 과정을 통해 안전한 공간을 유지하는 것에 대한 책임을 갖게 된다.

가치 정하기와 약속 만들기:

이전에 만났던 그룹이라면, 전에 만들었던 가치와 약속을 참여자들과 함께 점검한다. 처음 만나는 그룹이라면, '평화형성서클 배우기'의 끝부분에 나온 '서클에서 가치 세우기를 위한 조언'의 기술 중 하나를 사용하여 가치의 기초를 다진다. '부록 4. 서클을 위한 간단한 질문들'에 나온 제안사항들도 참고할 수 있다. 중요한 가치를 확인한 후 참여자들에게 서클에 참여할 때 중요하다고 생각하는 약속들을 말할 수 있도록 요청함으로써 서클의 약속을 정한다. 모두가 볼 수 있는 곳에 약속을 기록하여 놓는다.

주요 활동

작업하기 1: 참여자들에게 커다란 전지를 나누어주고 각종 공예 재료, 잡지 등을 사용하여 좋은 아버지의 이미지를 표현하여 전지를 꾸미게 한다. 충분한 시간을 허락한다.

나눔 1: 전체 서클로 돌아온다. 자신들의 작품을 보여주고 좋은 아버지 상想에 대한 작품 설명을 할 수 있도록 요청한다. 이야기를 마친 후 원의 중앙에 작품을 놓는다.

자유롭게 이야기하기: 발표 후 자신과 다른이들에 대해 어떤 느낌이나 생각이 드는지 나누도록 초대한다.

작업하기 2: 전체를 세 개의 소그룹으로 나누어 각 그룹의 주제에 따라 브레인스토밍 방식으로 목록을 작성하도록 한다.

첫 번째 그룹: 아버지가 되는 것의 기쁜 점은?

두 번째 그룹: 아버지가 되는 것의 책임 사항은?

세 번째 그룹: 아버지가 되는 것의 도전 사항들, 아버지가 되는 것의 어려운 점은?

10분 정도의 시간을 준다. 전체 서클로 다시 앉아 자신들이 만든 목록을 발표한다.

나눔 2: "좋은 아버지가 되기 위한 것의 걸림돌은 무엇인가요?"
나눔 3: "좋은 아버지가 되기 위해 도움을 줄 만한 삶의 선택이나 습관들은 어떠한 것이 있나요?"
나눔 4: "좋은 아버지가 되는 것에 대한 추가적인 의견이 있나요?"

성찰 나눔: 마지막으로 토킹피스를 한 번 더 돌리며 참여자들에게 서클에 대한 자신의 생각을 나눌 수 있도록 초대한다. 시간이 충분하지 않거나, 그룹에 사람이 많다면 서클을 마치며 참여자들에게 현재 느끼는 감정을 한 단어로 요약하여 말할 수 있도록 요청해도 된다. 진행자가 마지막에 나눌 것을 제안한다.

의도된 공간으로서의 서클의 끝을 알리는 것은 중요하다. 만일 제안된 서클을 닫는 의식이 이 서클과 어울리지 않는다면 적합한 다른 닫는 의식을 찾거나 생각해본다.

공간 닫기:

할아버지,
우리의 연약함을 보세요.
모든 창조물 중에,
오로지 인간만이 신성한 길로부터 멀어져 왔네요.

우리는 서로 서로 나뉘어 분열되어 버렸고,

신성한 길 위에 걷기 위해서는

이제 다시 하나가 되어야만 함을 알고 있어요.

할아버지

우리에게 사랑, 자비, 존중을 알려주세요.

그렇게 된다면 우리는 이 지구를 살릴 수 있고,

서로를 살릴 수 있을거에요.

- 북미 인디언 원주민 우지브와족의 기도

서클에 와서 참여해준 것에 대한 감사의 인사를 한다.

모듈 6:
가족과 시스템 사이의 건강한 파트너십 만들기
Building Healthy Partnerships Between Families and Systems

지난 20여 년 동안 어린이 보호 서비스는 부족한 것을 외부에서 지원해주던 모델에서, 자신이 결정하고 힘을 기르도록 하는 관점의 모델로 전환되었다. 이 관점의 목표는 가족들을 단순한 "골치덩어리" 이상으로 보고, 그들의 이슈들을 이해하는데 가족들 자신의 능력을 사용하고 그들이 가장 관심 있는 것에 행동할 수 있도록 하는 것이다. 이러한 접근은 가족들이 자신의 문제를 스스로 다루고, 풀 수 있도록 지역과 가족 사이의 파트너십 혹은 진정한 협업을 형성하는 것에 뜻을 둔다. 이번 모듈에서는 아동복지 종사자들이 가족들과 건강한 파트너십을 형성할 수 있도록 도울 수 있는 서클을 제공한다.

가족 강화 서클은 모든 가족에게 사용될 수 있다. 우리는 가족 강화 서클을 특별히 앞으로 더 개입이 필요한 가족들과 좋은 관계를 형성하기 위해서 사용하는 첫 번째 서클로 추천한다. 이어지는 세 개의 모델서클은 순서대로 사용하도록 디자인되었다. 가족과 사회복지사 모두가 참여할 때 '메사추사츠주 아동가족부의 가족지원원칙의 관점' 을 공유하고 이러한 원칙들을 현실에서 실천으로 어떻게 만들지에 대한 지혜를 나눌 기회를 얻게 된다. 함께 원으로 둘러앉아서 가족의 문제에 대해서 보다 근본적인 개입 원칙을 논의하는 것은 가족과 사회복지사 사이의 균형 잡힌 관계를 위한 기초를 만들어준다. 또한, 사회복지사들이 자신이 개입할 때 가족들의 감정과 어떠한 전략이나 접근이 더 그들에게 도움이 될지에 대한 가치 있는 통찰을 얻게 된다.

호주에서 개발된 '안전함을 위한 약속' 이라는 접근법은 진정한 협력 관계를 구축하기 위해 디자인된 혁신적인 연습이다. 이 접근의 필수적인 부분은 어린이들의 안전을 지키면서 목적을 성취할 수 있는 가족 스스로의 전략과 이슈에 대한 가족 스스로의 평가를 함께 끌어내는 연습이다. 안전함을 위한 약속 접근법에서는 내담자와 사회복지사 사이에 형성된 신뢰관계가 긍정적인 변화의 가능성을 만드는데 핵심적이라는 깨달음에 기초하고 있다. 안전함을 위한 약속에서는 인터뷰가 가장 중요한 부분이다. 인터뷰의 질은 사회복지사와 가족사이의 진정한 파트너십을 형성하는데 핵심적인 부분이다. 이 책은 안전함을 위한 약속 인터뷰를 수행하기 위한 강력한 포맷인 평화형성서클을 제공한다. 왜냐하면, 서클이 이 접근의 기초가 되는 많은 가치들을 보강해주기 때문이다. 이 접근에서 가장 중요한 부분은 기본적으로 가족들을 향해 존중의 태도를 가지는 것이다.

이어지는 총 세 개의 모델서클 중 두 개의 모델서클6-5, 6-6은 가족과 함께 일하기 위해 안전함을 위한 약속 접근법에 기초하고 있다. 평가 서클은 미네소타의 옐로 메디신 카운티Yellow Medicine County의 가족서클프로그램의 응용된 형식에서 가져온 것이다. 이 서클은 그들의 상황을 조사하기 위해 가족과 사회복지사 모두를 초대하여 보다 균형 잡힌 관계를 형성하는 것을 시도한다. 질문을 가족들에게만 하는 것이 아니라 사회복지사에게도 한다. 가족에게는 자신의 가족에 대해서 사회복지사들에게는 자신의 조직에 대해서 묻는다. 그 공간은 사회복지서비스에 대한 그룹의 관점을 조사할 뿐 아니라 가족에 대한 그들의 관점도 조사하도록 해준다. 안전함을 위한 약속에 기초한 두 번째 서클은 마음연결하기 서클이다. 이 서클은 이전에 서클을 통해 만들어진 안전한 계획들을 살펴보고 조정하여 가족들의 변화를 위한 여행이 잘되도록 지원하기 위한 진행시스템으로써 계속해서 반복할 수 있다.

마지막 모델서클은 스텝들이 서로를 지원하는 근무환경과 문화를 만들어 서로를 붙잡아 주기 위해서 고안된 팀빌딩 모델 서클이다.

6-1 가족 세우기 서클

목적: 가족들이 긍정적인 미래를 만들기 위한 기초로써 자신의 힘을 확인하도록 돕는다.

준비물: 서클상징물, 토킹피스, 종이, 필기구, 다양한 색의 마커펜

서클의 시작에서 이것이 의도된 공간임을 알리는 일은 언제나 중요하다. 책에 제안된 공간 열기가 적합하지 않다면 상황과 환경에 맞는 적합한 공간 열기를 찾아도 좋다.

환영하기 서클에 온 모두를 환영한다.

공간 열기:아래의 명상을 읽는다.

편안한 장소를 찾아 앉습니다. 자리를 찾아 앉으셨다면 눈을 감아주세요.

눈을 감고 싶지 않다면 가볍게 집중할 수 있는 아무 곳이나 초점을 맞춥니다. - 그 곳은 여러분이 앉은 곳의 맞은 편 식탁, 바닥, 벽 등이 될 수 있어요.

이제 네 번 깊이 숨을 쉬겠습니다. 호흡을 들이마시고, 내뱉을 때 가슴이 올라가고 내려감을 느낍니다. 숨을 들이마실 때마다 조용하고 평화로운 감정을 들이마신다고 상상합니다. 숨을 내뱉으면서 여러분 몸의 모든 스트레스를 밖으로 보냅니다. 어깨를 이완시키고 부드럽게 만들어 줍니다. 눈과 얼굴의 긴장을 이완시키고 부드럽게 합니다. 전체 몸의 스트레스를 호흡과 함께 밖으로 보냅니다.

계속해서 호흡하며 그저 숨쉬기에만 집중합니다. 몸에서 숨을 따르는 곳은 코입니다. 코를 통해

공기가 들어갈 때의 느낌이 어떤지 주목해봅니다. 아마도 들이마실 때의 공기가 뱉을 때의 공기보다 더 따뜻할 거예요. 호흡을 뱉으면서 숨을 따라갑니다.

숨 쉴 때 인식되는 또 다른 신체부위는 배입니다. 마치 농구공을 잡듯이 때로는 배 위에 손을 부드럽게 올리는 것은 도움이 됩니다. 숨을 들이 마시고 공기가 폐를 채울 때 배가 얼마나 부풀어 오르는지 알아차립니다. 숨을 내쉴 때는 마치 농구공의 바람이 빠지듯이 가슴과 배가 가라앉는 것을 느끼게 됩니다. 숨이 자연스레 나왔다가 들어가도록 합니다.

숨을 크게 쉬거나 보통의 숨쉬기를 하기 위해 노력할 필요는 없어요. 그저 신체의 자연스러운 숨쉬기 리듬을 관찰해 봅니다. 숨을 바꾸지 않는 것이 우리가 해야 할 일입니다. 이미 벌어지고 있는 일에 집중하기만 하면 됩니다.

조용하게 앉아 숨을 쉴 때 자연스럽게 산만함을 느낄 거예요. 이러한 방해가 일어날 때마다 다시 숨 쉬는 것에 부드럽게 여러분의 관심을 옮겨놓기만 하면 됩니다. 만일 방해되는 소리를 듣는다면 스스로에게 "소리가 들리는 구나."라고 말하고 다시 숨 쉬는 일로 돌아오면 됩니다. 다시 말하지만 우리가 호흡 알아차리기 명상을 하는 동안 여러분은 여러 차례 산만해질 겁니다. 모두 자연스러운 일이니 괜찮습니다. 그런 방해가 일어남을 알아차릴 때 다시 숨 쉬는 일로 돌아옵니다.

토킹피스를 가능한 많이 사용하는 것이 좋다. 브레인 스토밍이나 다른 활동을 하는 시간에는 토킹피스의 사용을 보류할 수 있다. 그러나 토킹피스가 전체 서클에 중요하게 사용되지 않는다면 서클의 진실성을 훼손될 수 있다.

토킹피스 소개하기:토킹피스가 어떻게 작동하는지 설명한다.

자기 소개 및 마음연결하기:토킹피스를 사용하여, 처음 만난 그룹은 자기 소개를 하고, 이미 서클로 만났던 그룹은 마음연결하기를 하도록 초대한다. 이때 진행자가 먼저 이야기하는 것이 좋다. 부록 3, 4의 질문들을 참고할 수 있다.

참여자들이 가치 정하기와 약속 만들기에 참여하도록 하는 것은 서클의 안전한 공간을 구축하기 위해 매우 중요하다. 서클의 전체구성원들은 이 과정을 통해 안전한 공간을 유지하는 것에 대한 책임을 갖게 된다.

가치 정하기와 약속 만들기:

이전에 만났던 그룹이라면, 전에 만들었던 가치와 약속을 참여자들과 함께 점검한다. 처음 만나는 그룹이라면, '평화형성서클 배우기' 의 끝부분에 나온 '서클에서 가치 세우기를 위한 조언' 의 기술 중 하나를 사용하여 가치의 기초를 다진다. '부록 4. 서클을 위한 간단한 질문들' 에 나온 제안사항들도 참고할 수 있다. 중요한 가치를 확인한 후 참여자들에게 서클에 참여할 때 중요하다고 생각하는 약속들을 말할 수 있도록 요청함으로써 서클의 약속을 정한다. 모두가 볼 수 있는 곳에 약속을 기록하여 놓는다.

주요 활동

작업하기 1:가족구성원들에게 자신의 가족을 그림으로 그리도록 요청한다. 일반적인 그림도 괜찮고 특정한 가족회의나 여행 등을 묘사해도 된다. 토킹피스를 돌리며 각자가 자신의 그림을 설명한다.

작업하기 2:참여자들에게 자신의 그림을 다시 보고 가족그림에서 각 사람의 강점 하나씩을 찾아본다. 그리고 그림 밑에 그 강점을 적는다. 토킹피스를 돌리며 참여자들이 자신의 그림에 있는 각 사람의 강점을 말하고 이 강점의 예시를 하나 이야기하도록 요청한다.

작업하기 3:이제 다시 그림을 보고 가족 전체가 가지고 있는 강점을 1-3개 확인해보고, 그것을 그림 위에다 적도록 한다. 토킹피스를 돌려서 참여자들이 그들이 적은 가족의 장점을 공유하고 그 가족의 강점이 일상의 삶에서 그 가족을 어떻게 도와주는 지를 공유하도록 초대한다.

나눔 1:"당신 가족의 강점에 대해서 생각해보고 확인한 느낌이 어떤가요?" "당신 가족의 다른 멤버로부터 당신 가족의 개인적인 힘과 공동의 힘들에 대해서 들어본 느낌이 어떤가요?"

나눔 2:"이제 당신은 몇 가지 강점들을 확인했습니다. 당신의 가족이 가지고 있는 긍정적인 힘을 스스로 상기하기 위해서 당신이 매일 할 수 있는 것은 무엇인가요?"

성찰 나눔:마지막으로 토킹피스를 한 번 더 돌리며 참여자들에게 서클에 대한 자신의 생각을 나눌 수 있도록 초대한다. 시간이 충분하지 않거나, 그룹에 사람이 많다면 서클을 마치며 참여자들에게 현재 느끼는 감정을 한 단어로 요약하여 말할 수 있도록 요청해도 된다. 진행자가 마지막에 나눌 것을 제안한다.

의도된 공간으로서의 서클의 끝을 알리는 것은 중요하다. 만일 제안된 서클을 닫는 의식이 이 서클과 어울리지 않는다면 적합한 다른 닫는 의식을 찾거나 생각해본다.

공간 닫기:

희망

희망은 믿음을 갖는 것이다.
그것은 우리를 치유할 수 있는
정신의 힘이다.
우리를 다치게 하거나 파괴할 수 있는
그 어떤 힘보다도 뛰어난.

- 마틴 루터 킹

모두에게 서클에 와서 참여해준 것에 대해 감사를 표한다.

서클이 끝나고 할 수 있는 것들:

이어 소개하는 서클들은 개인과 가족의 강점에 대한 진짜 감정을 보강해줄 수 있다.

- 두 번째 서클은 가족들과 함께 모여서 개인적으로 가족에 대해 가장 자랑스러운 것이 무엇인지를 그려보도록 해볼 수 있다.
- 세 번째 서클의 주요 활동은 각 가족 구성원들이 바구니에서 다른 구성원의 이름을 하나 뽑고, 그 사람이 가족의 구성원으로서 가장 자랑스러운 것에 대해서 그려보도록 할 수 있다.
- 네 번째 서클의 주요 활동은 구성원들이 그들이 가진 강점 하나를 선택하고 그들의 이름과 함께 카드에 적은 후에 그 카드를 꾸밉니다. 모든 카드는 집에 전시할 수 있다.

6-2 가족과 좋은 관계 맺기 서클 1

이 서클은 가족 지원 원칙들에 기초하고 있다.

서클1이 기초하고 있는 가족지원 원칙:

- 모든 사람과 모든 가족은 힘을 가지고 있다.
- 모든 가족은 지원이 필요하고 지원을 받을만한 가치가 있다.

목적: 사회복지사와 가족들 사이의 파트너십을 형성하고 원리와 실천사이의 연결을 강화한다.

준비물: 서클상징물, 토킹피스, 종이와 펜:전지나 포스터 보드 위에 큰 글씨로 서클에서 논의될 두 가지 원칙을 적어서 원의 중앙에 놓는다. 일회용 접시, 마커펜

서클의 시작에서 이것이 의도된 공간임을 알리는 일은 언제나 중요하다. 책에 제안된 공간 열기가 적합하지 않다면 상황과 환경에 맞는 적합한 공간 열기를 찾아도 좋다.

환영하기 서클에 온 모두를 환영한다.

공간 열기:아래의 명상을 천천히 따라 읽는다.

편안한 장소를 찾아 앉습니다. 자리를 찾아 앉으셨다면 눈을 감아주세요.

눈을 감고 싶지 않다면 가볍게 집중할 수 있는 아무 곳이나 초점을 맞춥니다. - 그 곳은 여러분이 앉은 곳의 맞은 편 식탁, 바닥, 벽 등이 될 수 있어요.

이제 네 번 깊이 숨을 쉬겠습니다. 호흡을 들이마시고, 내뱉을 때 가슴이 올라가고 내려감을 느

깁니다. 숨을 들이마실 때마다 조용하고 평화로운 감정을 들이마신다고 상상합니다. 숨을 내뱉으면서 여러분 몸의 모든 스트레스를 밖으로 보냅니다. 어깨를 이완시키고 부드럽게 만들어 줍니다. 눈과 얼굴의 긴장을 이완시키고 부드럽게 합니다. 전체 몸의 스트레스를 호흡과 함께 밖으로 보냅니다.

계속해서 깊이 호흡합니다. 다음의 말을 속으로 따라하며 숨을 들이마십니다. "모든 사람들과 모든 가족들은 힘을 가지고 있다." 이제 천천히 내뱉습니다. 다시 한 번 속으로 따라하며 숨을 들이마십니다. 시작할게요. "모든 사람들과 모든 가족들은 힘을 가지고 있다." 천천히 숨을 내뱉습니다.

이번에도 들려드리는 말을 속으로 따라하며 숨을 들이마십니다. "모든 가족들에게는 지원이 필요하고 지원을 받을만한 가치가 있다." 이제 천천히 숨을 내뱉습니다. 다시 한 번, 숨을 들이마십니다. "모든 가족들에게는 지원이 필요하고 지원을 받을만한 가치가 있다." 천천히 내뱉습니다. 계속해서 깊게 호흡하며 몸을 이완시킵니다.

여러분의 몸에 주목합니다. 느낌이 어땠나요? 만일 아직 몸에 긴장된 부분이 있다면, 계속해서 깊이 호흡하며 긴장된 부분을 이완시켜줍니다.

이번에는 생각에 주목합니다. 판단 없이 생각들을 관찰합니다.

계속해서 깊이 호흡하면서 마음에 대해 주목합니다. 여러분의 마음 주변에 깊은 평화를 불어넣습니다. 깊이 호흡하며 여러분이 머물고 있는 이 공간에 주목합니다. 준비가 되면 눈을 뜹니다. 이 공간에 누가 함께 있는지 살펴봅니다. 이 곳에 오신 여러분 모두 환영합니다.

토킹피스를 가능한 많이 사용하는 것이 좋다. 브레인 스토밍이나 다른 활동을 하는 시간에는 토킹피스의 사용을 보류할 수 있다. 그러나 토킹피스가 전체 서클에 중요하게 사용되지 않는다면 서클의 진실성을 훼손될 수 있다.

토킹피스 소개하기: 토킹피스가 어떻게 작동하는지 설명한다.

자기 소개 및 마음연결하기: 토킹피스를 사용하여, 처음 만난 그룹은 자기 소개를 하고, 이미 서클로 만났던 그룹은 마음연결하기를 하도록 초대한다. 이때 진행자가 먼저 이야기하는 것이 좋다. 부록 3, 4의 질문들을 참고할 수 있다.

참여자들이 가치 정하기와 약속 만들기에 참여하도록 하는 것은 서클의 안전한 공간을 구축하기 위해 매우 중요하다. 서클의 전체구성원들은 이 과정을 통해 안전한 공간을 유지하는 것에 대한 책임을 갖게 된다.

가치 정하기와 약속 만들기:

이전에 만났던 그룹이라면, 전에 만들었던 가치와 약속을 참여자들과 함께 점검한다. 처음 만나는 그룹이라면, '평화형성서클 배우기' 의 끝부분에 나온 '서클에서 가치 세우기를 위한 조언' 의 기술 중 하나를 사용하여 가치의 기초를 다진다. '부록 4. 서클을 위한 간단한 질문들' 에 나온 제안사항들도 참고할 수 있다. 중요한 가치를 확인한 후 참여자들에게 서클에 참여할 때 중요하다고 생각하는 약속들을 말할 수 있도록 요청함으로써 서클의 약속을 정한다. 모두가 볼 수 있는 곳에 약속을 기록하여 놓는다.

주요 활동

첫 번째 원칙을 읽는다. "**모든 사람과 모든 가족은 힘을 가지고 있다.**" 참여자들이 그 원칙을 따라 읽는다.

나눔 1: "당신에게 이것이 의미하는 것은 무엇인가요?"

나눔 2: "가족으로서의 경험 혹은 사회복지사로서의 실천에서 '모든 사람들과 모든 가족들은 힘을 가지고 있다.'라고 하는 원칙을 의지하고 기억하는데 가장 도전어려움이 되는 상황은 무엇인가요?"

나눔 3:"가족으로서나 사회복지사로서 당신이 '모든 사람들과 모든 가족들은 힘을 가지고 있다.' 라는 원칙을 기억하기 위해서 상대로부터 어떤 지원이 필요한가요?"

두 번째 원칙을 읽는다. "**모든 가족들은 지원이 필요하고 지원을 받을만한 가치가 있다.**" 참여자들이 그 원칙을 따라 읽는다.

나눔 4:"당신에게 이것이 의미하는 것은 무엇입니까?"

나눔 5:"이 원칙을 생각하는데 있어 당신에게 가장 어려운 부분은 무엇입니까?"

나눔 6:"사회복지사로서 가족들이 힘이 없다고 느끼거나 지원을 받을만하지 못하고 처음 느꼈을 때가 언제인가요?" "가족으로서 혹은 가족 구성원으로서 사회복지사가 가족을 이해해주지 못하거나 동등한 파트너로 대하지 않는다고 느꼈을 때는 언제인가요?" "그 당시 상대에 대한 첫 판단에서 벗어나 의미 있는 파트너십 관계로 함께 일할 수 있었나요?"

성찰 나눔:마지막으로 토킹피스를 한 번 더 돌리며 참여자들에게 서클에 대한 자신의 생각을 나눌 수 있도록 초대한다. 시간이 충분하지 않거나, 그룹에 사람이 많다면 서클을 마치며 참여자들에게 현재 느끼는 감정을 한 단어로 요약하여 말할 수 있도록 요청해도 된다. 진행자가 마지막에 나눌 것을 제안한다.

의도된 공간으로서의 서클의 끝을 알리는 것은 중요하다. 만일 제안된 서클을 닫는 의식이 이 서클과 어울리지 않는다면 적합한 다른 닫는 의식을 찾거나 생각해본다.

공간 닫기:

아래의 짧은 글을 공유합니다.

"다른 사람에게 좋게 대하라는 것이 아니다, 다른 사람과 어떻게 함께 할지에 대해서 배우라는 것이다."

- 리디아 브룩(Rhidian Brook), *More Than Eyes Can See*.

"이 모든 것은 우리의 인간성을 되찾기 위한 시도이고, 다른 사람이 그들의 인간성을 되찾도록 돕는 일이다."

- 작자 미상

서클에 와서 참여해준 것에 대한 감사의 인사를 한다.

6-3 가족과 좋은 관계 맺기 서클 2

이 서클은 가족 지원 원칙들에 기초하고 있다.

서클2가 기초하고 있는 가족지원 원칙:

- 가족은 반드시 그들 자신의 목표와 방법들을 선택한다.
- 다양성은 우리 사회 안에서 중요한 실재이고, 가치 있는 것이다.
- 가족과 함께 일하는 실무자는 공식적인 자원과 비공식적인 자원들을 준비한다.

목적: 사회복지사와 가족들 사이의 파트너십을 형성하고 가족을 지원하는 원리와 실천사이의 연결을 강화한다.

준비물: 서클상징물, 토킹피스, 종이와 펜:서클에서 논의할 세 가지 원리를 큰 글씨로 전지에 적어서 원의 중앙에 놓는다. 서클 1에서 함께 만든 가치와 약속가치들은 원의 중앙에, 그리고 약속은 방에 게시한다. A4 1/4크기의 작은 종이와 필기구를 서클 안의 각 자리에 놓는다.

서클의 시작에서 이것이 의도된 공간임을 알리는 일은 언제나 중요하다. 책에 제안된 공간 열기가 적합하지 않다면 상황과 환경에 맞는 적합한 공간 열기를 찾아도 좋다.

환영하기 서클에 온 모두를 환영한다.

공간 열기:

참여자들에게 중앙에 위치한 가치가 적혀져 있는 종이를 보게하고, 그들이 아는 사람들 중에 그 가치들을 구현하고 있는 누군가를 떠올려보도록 요청한다. 자신의 자리에 있는 종이에 그 사람의 이름을 적어보도록 초대한다. 토킹피스를 돌리면서 자신이 적은 사람의 이름을 이야기하고 그 종이를 원의 중앙에 놓도록 한다. 진행자가 먼저 대답하여 본보기가 되어준다.

토킹피스를 가능한 많이 사용하는 것이 좋다. 브레인 스토밍이나 다른 활동을 하는 시간에는 토킹피스의 사용을 보류할 수 있다. 그러나 토킹피스가 전체 서클에 중요하게 사용되지 않는다면 서클의 진실성을 훼손될 수 있다.

토킹피스 소개하기: 토킹피스가 어떻게 작동하는지 설명한다.

자기 소개 및 마음연결하기: 토킹피스를 사용하여, 처음 만난 그룹은 자기 소개를 하고, 이미 서클로 만났던 그룹은 마음연결하기를 하도록 초대한다. 이때 진행자가 먼저 이야기하는 것이 좋다. 부록 3, 4의 질문들을 참고할 수 있다.

참여자들이 가치 정하기와 약속 만들기에 참여하도록 하는 것은 서클의 안전한 공간을 구축하기 위해 매우 중요하다. 서클의 전체구성원들은 이 과정을 통해 안전한 공간을 유지하는 것에 대한 책임을 갖게 된다.

가치 정하기와 약속 만들기:

이전에 만났던 그룹이라면, 전에 만들었던 가치와 약속을 참여자들과 함께 점검한다. 처음 만나는 그룹이라면, '평화형성서클 배우기' 의 끝부분에 나온 '서클에서 가치 세우기를 위한 조언' 의 기술 중 하나를 사용하여 가치의 기초를 다진다. '부록 4. 서클을 위한 간단한 질문들' 에 나온 제안사항들도 참고할 수 있다. 중요한 가치를 확인한 후 참여자들에게 서클에 참여할 때 중요하다고 생각하는 약속들을 말할 수 있도록 요청함으로써 서클의 약속을 정한다. 모두가 볼 수 있는 곳에 약속을 기록하여 놓는다.

주요 활동

첫 번째 원칙을 읽는다. "**가족은 반드시 그들 자신의 목표와 방법들을 선택한다.**" 참여자들이 그 원칙을 따라 읽는다.

나눔 1:"당신에게 이것이 의미하는 것은 무엇인가요?"

나눔 2:"우리가 우리의 목표를 선택할 때 어떤 변화들이 생기나요?"

나눔 3:"우리 가족이나 다른 가족으로부터 예상치 못했던 지혜를 얻었던 경험이 있나요?".

두 번째 원칙을 읽는다. "**다양성은 우리 사회 안에서 중요한 실재이고, 가치 있는 것이다.**" 그리고 참여자들이 그 원칙을 따라 읽는다.

나눔 4:"당신에게 이것이 의미하는 것은 무엇인가요?"

나눔 5:"살면서 나와 아주 달라서 내게 전혀 도움이나 배움을 줄 것 같지 않던 사람으로부터 중요한 관점이나 이해를 얻은 경험이 있나요?"

세 번째 원칙을 읽는다."**가족과 함께 일하는 실무자는 공식적인 자원과 비공식적인 자원들을 준비한다.**"

나눔 6:"당신에게 이것이 의미하는 것은 무엇인가요?"

나눔 7:"어려움을 겪고 있는 가족에게 비공식적인 지원을 통해 돕는 것이 어떤 영향을 주었나요? 이런 경험이 있나요?"

나눔 8:이 세가지 원칙에 대한 어떠한 다른 코멘트나 서클에서 공유할 수 있는 어떤 것이든 말할 수 있는 시간으로 초대한다. "오늘 다룬 세가지 원칙에 대해 추가적으로 하고 싶은 이야기가 있습니까?"

성찰 나눔: 마지막으로 토킹피스를 한 번 더 돌리며 참여자들에게 서클에 대한 자신의 생각을 나눌 수 있도록 초대한다. 시간이 충분하지 않거나, 그룹에 사람이 많다면 서클을 마치며 참여자들에게 현재 느끼는 감정을 한 단어로 요약하여 말할 수 있도록 요청해도 된다. 진행자가 마지막에 나눌 것을 제안한다.

의도된 공간으로서의 서클의 끝을 알리는 것은 중요하다. 만일 제안된 서클을 닫는 의식이 이 서클과 어울리지 않는다면 적합한 다른 닫는 의식을 찾거나 생각해본다.

공간 닫기: 모두 일어서서 요가를 할 수 있도록 이끈다.

두 손을 맞대어 가슴 앞에 모읍니다. 발을 통해 땅을 느끼고, 발에 닿은 흙땅을 통해 지구와 연결됨을 느껴봅니다. 숨을 내쉬며 허리부터 앞으로 숙여 지구에 우리의 몸을 가까이 합니다. 편안함을 위해 무릎을 구부립니다. 이제 숨을 깊이 들이마시며 똑바로 서서 하늘을 향해 두 팔을 들어 올립니다. 두 손바닥을 모두 머리 위쪽으로 올리며 시선은 머리 위를 향합니다. 숨을 내뱉으며 팔을 내리고, 두 손을 맞대어 가슴 앞에 모읍니다. 숨을 들이마시면서 팔을 바깥쪽으로 돌려 하늘 위로 올리고, 숨을 내쉬며 팔을 내리면서 다시 가슴 앞으로 모읍니다. 다시 한 번 숨을 내뱉으며 팔을 내리고, 두 손을 맞대어 가슴 앞에 모읍니다. 숨을 들이마시면서 팔을 바깥쪽으로 돌려 하늘 위로 올리고, 숨을 내쉬며 팔을 내리면서 다시 가슴 앞으로 모읍니다.

서클에 와서 참여해준 것에 대한 감사의 인사를 한다.

메모: 세 번째 서클을 위해서, 가치와 약속 그리고 이름이 적힌 종이들은 보관한다.

6-4 가족과 좋은 관계 맺기 서클 3

이 서클은 가족 지원 원칙들에 기초하고 있다.

서클3이 기초하고 있는 가족지원 원칙:

- 가족과 사회복지사는 동등하게 중요한 파트너이다.
- 가족지원법은 사회복지사와 가족 사이의 상호작용의 기준이다.

목적: 사회복지사와 가족들 사이의 파트너십을 형성하고 원리와 실천사이의 연결을 강화한다.

준비물: 서클상징물종이와 펜:서클에서 논의된 두 가지 원리를 큰 글씨로 전지에 적어서 원의 중앙에 놓는다, 토킹피스, 서클 1에서 적은 가치들은 원의 중앙에, 그리고 약속은 방에 게시한다. 서클 2에서 적은 가치를 구현하는 인물들은 서클의 중앙에 놓는다. 작품 활동 재료들색도화지, 마커펜, 풀, 가위, 실, 등등, 90cm길이의 좁은 리본을 참여자 수만큼 준비.

서클의 시작에서 이것이 의도된 공간임을 알리는 일은 언제나 중요하다. 책에 제안된 공간 열기가 적합하지 않다면 상황과 환경에 맞는 적합한 공간 열기를 찾아도 좋다.

환영하기 서클에 온 모두를 환영한다.

공간 열기:

모두가 숨을 깊게 들여 마시고, 천천히 내뱉도록 한다. 그들이 숨을 쉴 때, 숨을 뱉으면서 긴장을 풀도록 한다. 몇 번 숨을 쉬고 아래의 인용문을 읽어준다.

우리는 모두 사랑하는 사람인 동시에 파괴자이다. 우리는 모두 두려움을 느끼는 동시에 정말 깊이 신뢰할 수 있기 원한다. 이것이 우리가 겪는 모순이자 어려움이다. 우리는 반드시 우리 안에 가장 아름다운 것이 드러나도록 도와야하고, 어둠과 폭력의 힘을 전환해야한다. 나는 "이것이 나의 연약함입니다. 나는 반드시 이것에 대해 배우고 건설적인 방법으로 이것을 사용할 것입니다."라고 말할 수 있음을 배웠다.

- 장 바니에(Jean Vanier)

모두에게 함께 작업하기 위해 서클로 와준 것에 대한 감사를 전한다.

토킹피스를 가능한 많이 사용하는 것이 좋다. 브레인 스토밍이나 다른 활동을 하는 시간에는 토킹피스의 사용을 보류할 수 있다. 그러나 토킹피스가 전체 서클에 중요하게 사용되지 않는다면 서클의 진실성을 훼손될 수 있다.

토킹피스 소개하기: 토킹피스가 어떻게 작동하는지 설명한다.

자기 소개 및 마음연결하기: 토킹피스를 사용하여, 처음 만난 그룹은 자기 소개를 하고, 이미 서클로 만났던 그룹은 마음연결하기를 하도록 초대한다. 이때 진행자가 먼저 이야기하는 것이 좋다. 부록 3, 4의 질문들을 참고할 수 있다.

참여자들이 가치 정하기와 약속 만들기에 참여하도록 하는 것은 서클의 안전한 공간을 구축하기 위해 매우 중요하다. 서클의 전체구성원들은 이 과정을 통해 안전한 공간을 유지하는 것에 대한 책임을 갖게 된다.

가치 정하기와 약속 만들기:

이전에 만났던 그룹이라면, 전에 만들었던 가치와 약속을 참여자들과 함께 점검한다. 처음 만나는 그룹이라면, '평화형성서클 배우기' 의 끝부분에 나온 '서클에서 가치 세우기를 위한 조언' 의 기술 중 하나를 사용하여 가치의 기초를 다진다. '부록 4. 서클을 위한 간단한 질문들' 에 나온 제안사항들도 참고할 수 있다. 중요한 가치를 확인한 후 참여자들에게 서클에 참여할 때 중요하다고 생각하는 약속들을 말할 수 있도록 요청함으로써 서클의 약속을 정한다. 모두가 볼 수 있는 곳에 약속을 기록하여 놓는다.

주요 활동

첫 번째 원리를 읽는다. "**가족과 사회복지사는 동등하게 중요한 파트너이다.**" 그 원리를 복습한다.

작업하기 1:"가족과 사회복지사의 관계는 언제나 성공적일까요?" 참여자들에게 미술재료를 사용해서 가족과 사회복지사 사이의 건강한 파트너십에 대한 이미지를 그릴 수 있도록 초대한다. 대부분 이 작업을 마쳤을때 전체서클로 모인다. 토킹피스를 돌리면서, 그들이 만든 이미지를 공유하고 건강한 파트너십의 모습에 대해서 이야기하고, 이야기를 마치면 자신의 창작물은 원의 가운데에 놓는다.

나눔 1:동등한 기초 위에서의 파트너십에 참여할 수 있기 위해서 그들이 필요로 하는 것이 무엇인지 참여자들이 이야기하도록 묻는다.

두 번째 원리를 읽는다. "**가족지원법은 사회복지사와 가족사이의 상호작용의 기준이다.**" 그 원리를 복습한다.

작업하기 2:10분 동안 어떻게 가족지원법이 어떻게 사회복지사와 가족들 사이의 상호작용의 기준이 될 수 있는지에 대해서 적어 보도록 한다. 그리고 토킹피스를 돌리며 그들이 적은 것을 나누도록 요청한다.

나눔 2:참여자들이 어디에서 그들이 가족지원법이 가족과 일하는 사람들 사이의 상호작용의 기준이 된다고 느꼈는지에 대한 자신들의 경험을 나누도록 초대한다.

작업하기 3:모든 가족지원법다문화가족지원법, 한부모가족지원법 등을 공부한다.

- 모든 사람과 모든 가족이 힘을 가지고 있다.
- 모든 가족은 지원이 필요하고 지원을 받을만한 가치가 있다.
- 가족은 반드시 그들 자신의 목표와 방법들을 선택한다.
- 다양성은 우리 사회 안에서 중요한 실재이고, 가치 있는 것이다.
- 가족과 함께 일하는 실무자는 공식적인 자원과 비공식적인 자원들을 준비한다.
- 가족과 사회복지사는 동등하게 중요한 파트너이다.
- 가족지원법은 사회복지사와 가족 사이의 상호작용의 기준이다.

나눔 3:"실제로 이러한 원칙들을 지원하는 가족지원법의 강점은 무엇인가요?"

나눔 4:"가족지원법에서 이러한 원칙들이 온전히 시행되기 위해서는 무엇이 필요할까요?"

나눔 5:"당신은 이러한 원칙들을 기반으로 하는 실천들을 강화하기 위해서 어떠한 약속과 헌신을 할 수 있나요?"

나눔 6:"추가로 더 할 말이 있습니까?"

성찰 나눔:마지막으로 토킹피스를 한 번 더 돌리며 참여자들에게 서클에 대한 자신의 생각을 나눌 수 있도록 초대한다. 시간이 충분하지 않거나, 그룹에 사람이 많다면 서클을 마치며 참여자들에게 현재 느끼는 감정을 한 단어로 요약하여 말할 수 있도록 요청해도 된다. 진행자가 마지막에 나눌 것을 제안한다.

의도된 공간으로서의 서클의 끝을 알리는 것은 중요하다. 만일 제안된 서클을 닫는 의식이 이 서클과 어울리지 않는다면 적합한 다른 닫는 의식을 찾거나 생각해본다.

공간 닫기:

한 사람에게 한 개씩 리본을 나누어 준다. 당신의 왼쪽 사람을 향해 돈다. 당신의 리본을 그 사람의 리본에 연결하면서, 그 사람을 격려하는 말을 하나 한다. 당신이 끝나면, 당신의 왼쪽에 있는 사람이 왼쪽 사람을 향해 돌도록 초대하고, 그 옆 사람에게 리본을 묶으면서 격려의 말을 건내도록 한다. 모든 리본이 다 연결될 때 까지 이렇게 계속 옆으로 이어간다. 그리고 각 사람들은 모두 격려를 해주기도 하고 받기도 한다.

서클에 와서 참여해준 것에 대한 감사의 인사를 한다.

6-5 가족의 아동복지 평가 서클

목적: 어떤 상황이 발생했을 때 모든 이해관계자의 욕구와 자원들을 탐구하고, 그 일의 현재 상태와 긍정적인 변화의 가능성을 더 이해한다.

준비물: 서클상징물, 15-30센치의 막대기, 그 막대기를 꾸밀 수 있는 실과 가죽, 깃털, 구슬, 조개껍질, 버튼 등을 담은 바구니

서클의 시작에서 이것이 의도된 공간임을 알리는 일은 언제나 중요하다. 책에 제안된 공간 열기가 적합하지 않다면 상황과 환경에 맞는 적합한 공간 열기를 찾아도 좋다.

환영하기 서클에 온 모두를 환영한다.

공간 열기:

토킹피스의 기능이 무엇인지 설명하고, 오늘의 공간 열기는 토킹피스를 함께 만드는 것이라고 설명한다. 15-30센치의 막대기와 위에 준비한 재료들이 담긴 바구니를 전달한다. 막대기와 바구니가 전달될 때, 참여자들에게 그 막대기에 무엇인가를 첨가할것이라고 설명해준다. 작업을 하면서, 우리가 다른 사람에게 말하고 듣는 것에서 무엇이 중요하다고 생각하는지에 대해서도 이야기 나눈다.

토킹피스를 가능한 많이 사용하는 것이 좋다. 브레인 스토밍이나 다른 활동을 하는 시간에는 토킹피스의 사용을 보류할 수 있다. 그러나 토킹피스가 전체 서클에 중요하게 사용되지 않는다면 서클의 진실성을 훼손될 수 있다.

토킹피스 소개하기: 토킹피스가 어떻게 작동하는지 설명한다.

자기 소개 및 마음연결하기: 토킹피스를 사용하여, 처음 만난 그룹은 자기 소개를 하고, 이미 서클로 만났던 그룹은 마음연결하기를 하도록 초대한다. 이때 진행자가 먼저 이야기하는 것이 좋다. 부록 3, 4의 질문들을 참고할 수 있다.

참여자들이 가치 정하기와 약속 만들기에 참여하도록 하는 것은 서클의 안전한 공간을 구축하기 위해 매우 중요하다. 서클의 전체구성원들은 이 과정을 통해 안전한 공간을 유지하는 것에 대한 책임을 갖게 된다.

가치 정하기와 약속 만들기:

이전에 만났던 그룹이라면, 전에 만들었던 가치와 약속을 참여자들과 함께 점검한다. 처음 만나는 그룹이라면, '평화형성서클 배우기' 의 끝부분에 나온 '서클에서 가치 세우기를 위한 조언' 의 기술 중 하나를 사용하여 가치의 기초를 다진다. '부록 4. 서클을 위한 간단한 질문들' 에 나온 제안사항들도 참고할 수 있다. 중요한 가치를 확인한 후 참여자들에게 서클에 참여할 때 중요하다고 생각하는 약속들을 말할 수 있도록 요청함으로써 서클의 약속을 정한다. 모두가 볼 수 있는 곳에 약속을 기록하여 놓는다.

주요 활동

토킹피스를 사용해서 각 질문에 한 번씩 분리해서 진행한다.

나눔 1: 모든 참여자가 이야기 한다.

1-1 "지금 서클에 앉아있는 느낌은 무엇인가?"

1-2 "나의 개인적인 장점 혹은 재능은 무엇인가?"

1-3 “우리 가족/조직의 장점 혹은 재능은 무엇인가?”

1-4 “우리에게 지금 주어진 이 상황과 관련해서 걱정되는 것은 무엇인가?”

1-5 “다른 사람들은 우리 가족/조직에 대해 뭐라고 설명하는가?”

나눔 2:가족구성원만 대답할 수 있도록 한다.

2-1 “가족으로서 당신이 아동의 복지를 강화하기 위해서 취할 수 있는 가장 좋은 조치는 무엇인가?”

2-2 취할 수 있는 가장 좋은 조치에 대해 더 많은 아이디어를 탐구하기 위해서 가족구성원에게 토킹피스를 한번 돌린다.

나눔 3:가족 구성원이 아닌 참여자만이 대답할 수 있도록 한다.

3-1 “이 가족을 지원하기 위해서 할 수 있는 가장 좋은 조치는 무엇인가?”

3-2 이 가족들을 지원할 수 있는 가장 좋은 조치에 대해 더 많은 아이디어를 탐구하기 위해 가족 구성원이 아닌 참여자들에게 토킹피스를 한번 돌린다.

나눔 4:모든 참여자가 이야기 한다.

4-1 제안된 것 중에 무엇이 좋은 아이디어라고 생각하는가?

4-2 서클이 당신에게 도움이 되었는가?

4-3 다음 6개월 동안 당신의 가족에 대한 바람은 무엇인가?

성찰 나눔:마지막으로 토킹피스를 한 번 더 돌리며 참여자들에게 서클에 대한 자신의 생각을 나눌 수 있도록 초대한다. 시간이 충분하지 않거나, 그룹에 사람이 많다면 서클을 마치며 참여자들에게 현재 느끼는 감정을 한 단어로 요약하여 말할 수 있도록 요청해도 된다. 진행자가 마지막에 나눌 것을 제안한다.

의도된 공간으로서의 서클의 끝을 알리는 것은 중요하다. 만일 제안된 서클을 닫는 의식이 이 서클과 어울리지 않는다면 적합한 다른 닫는 의식을 찾거나 생각해본다.

공간 닫기:

토킹피스를 잡고 깊은 숨을 쉰 후에, 그들이 감사하다고 느끼는 것에 대해서 한 단어나 구절로 이야기하도록 초대하면서 토킹피스를 돌립니다.

서클에 와서 참여해준 것에 대한 감사의 인사를 한다.

이 서클은 메네소타주에 있는 옐로우 메디신 카운티(Yellow Medicine County)에서 가족 아동복지를 위한 서클과정으로 개발된 'Sings of Safety' 에서 자료제공을 받았습니다.

6-6 가족의 아동복지를 위한 마음연결하기 서클

목적: 가족의 아동복지 진행 사항을 재검토하고, 다른 수정안들이 필요한지를 결정한다.

준비: 서클상징물, 이전 서클에서 만든 토킹피스

서클의 시작에서 이것이 의도된 공간임을 알리는 일은 언제나 중요하다. 책에 제안된 공간 열기가 적합하지 않다면 상황과 환경에 맞는 적합한 공간 열기를 찾아도 좋다.

환영하기 서클에 온 모두를 환영한다.

공간 열기:

서클 구성원들에게 서클을 여는 의식에 맞는 적절한 읽을거리를 가져올 수 있도록 초대한다. 가져오기로 한 것을 잊어버린 구성원들을 위해 읽을거리를 준비해 놓는다.

토킹피스를 가능한 많이 사용하는 것이 좋다. 브레인 스토밍이나 다른 활동을 하는 시간에는 토킹피스의 사용을 보류할 수 있다. 그러나 토킹피스가 전체 서클에 중요하게 사용되지 않는다면 서클의 진실성을 훼손될 수 있다.

토킹피스 소개하기:토킹피스가 어떻게 작동하는지 설명한다.

자기 소개 및 마음연결하기:토킹피스를 사용하여, 처음 만난 그룹은 자기 소개를 하고, 이미 서클로 만났던 그룹은 마음연결하기를 하도록 초대한다. 이때 진행자가 먼저 이야기하는 것이 좋다. 부록 3, 4의 질문들을 참고할 수 있다.

참여자들이 가치 정하기와 약속 만들기에 참여하도록 하는 것은 서클의 안전한 공간을 구축하기 위해 매우 중요하다. 서클의 전체구성원들은 이 과정을 통해 안전한 공간을 유지하는 것에 대한 책임을 갖게 된다.

가치 정하기와 약속 만들기:

이전에 만났던 그룹이라면, 전에 만들었던 가치와 약속을 참여자들과 함께 점검한다. 처음 만나는 그룹이라면, '평화형성서클 배우기' 의 끝부분에 나온 '서클에서 가치 세우기를 위한 조언' 의 기술 중 하나를 사용하여 가치의 기초를 다진다. '부록 4. 서클을 위한 간단한 질문들' 에 나온 제안사항들도 참고할 수 있다. 중요한 가치를 확인한 후 참여자들에게 서클에 참여할 때 중요하다고 생각하는 약속들을 말할 수 있도록 요청함으로써 서클의 약속을 정한다. 모두가 볼 수 있는 곳에 약속을 기록하여 놓는다.

주요 활동

나눔:다음의 질문으로 실용적이고 적절한 의견이 나올 때까지 반복해서 토킹피스를 돌린다.

- "가족의 아동 복지는 잘 유지되고 있는가?"
- "가족의 아동 복지에 대해 추가적으로 더 할 말이 있는가?"
- "이 가족에 대해 당신이 가지고 있는 걱정거리는 무엇인가?"
- "그 걱정거리에 대해 떠오르는 생각들이 더 있는가?"
- "어떤 복잡한 요인들이 이 가족에게 영향을 미치는가?"
- "이 가족의 아동 복지 더 개선하기 위해 제안할 것이 있는가?"
- "다른 사람들이 말한 의견에 대한 나의 생각은 무엇인가?"
- "나는 이 가족의 복지 향상을 위해 어떻게 기여할 수 있는가?"

성찰 나눔: 마지막으로 토킹피스를 한 번 더 돌리며 참여자들에게 서클에 대한 자신의 생각을 나눌 수 있도록 초대한다. 시간이 충분하지 않거나, 그룹에 사람이 많다면 서클을 마치며 참여자들에게 현재 느끼는 감정을 한 단어로 요약하여 말할 수 있도록 요청해도 된다. 진행자가 마지막에 나눌 것을 제안한다.

의도된 공간으로서의 서클의 끝을 알리는 것은 중요하다. 만일 제안된 서클을 닫는 의식이 이 서클과 어울리지 않는다면 적합한 다른 닫는 의식을 찾거나 생각해본다.

공간 닫기:

모든 이에게 일어서서 왼 손은 손바닥을 위로, 오른 손은 손바닥을 아래로 향하게 한 뒤, 서로의 손을 잡도록 한다. 그러면 그들은 서로의 손에 연결된다. 모두에게 천천히 숨을 들이 쉬고 내쉬도록 한다. 그들이 깊게 숨을 쉬는 동안 왼 손으로는 에너지를 받고, 오른 손으로는 에너지를 주기로 생각하기를 요청한다. 모두에게 그들의 손에서 손으로 에너지가 서클을 돌고 있음을 느끼도록 요청한다. 모두에게 연결된 목표의 힘을 느껴보도록 요청한다. 그리고 이 서클의 힘에 의해 보호받고 있는, 지금 이 서클의 중심에 있는 가족의 아이들을 상상해 보도록 한다. 잠시 그 이미지를 기억하게 한다. 이곳에 와서 이 보호의 서클의 구성원이 된 모두에게 감사를 표한다. 이제 천천히 그들의 손을 편안히 놓을 수 있도록 요청한다.

서클에 와서 참여해준 것에 대한 감사의 인사를 한다.

이 서클은 메네소타주에 있는 옐로우 메디신 카운티(Yellow Medicine County)에서 가족 아동복지를 위한 서클과정으로 개발된 'Sings of Safety' 에서 자료제공을 받았습니다.

6-7 동료 관계 강화 서클

목적: 동료 사이의 관계와 공통의 목표에 대한 의식의 강화한다.

준비물: 직원들의 업무와 관련된 서클상징물예를 들어 조직 강령, 목표, 업무 도구, 업무에서 원하는 결과를 나타내는 상징, 토킹피스, 털실뭉치나 두꺼운 끈

서클의 시작에서 이것이 의도된 공간임을 알리는 일은 언제나 중요하다. 책에 제안된 공간 열기가 적합하지 않다면 상황과 환경에 맞는 적합한 공간 열기를 찾아도 좋다.

환영하기 서클에 온 모두를 환영한다.

공간 열기:

구성원들이 일어서도록 하고, 한 명에게 털실뭉치를 준다. 털실뭉치를 가지고 있는 구성원에게 이 자리에 있는 다른 사람과의 긍정적이고 즐거웠던 경험을 이야기하도록 요청하고 그 이야기가 끝나면, 실뭉치의 끝을 쥔 상태로 이야기에 등장한 그 사람에게 털실뭉치를 던지도록 요청한다. 두 번째 사람도 이와 마찬가지로 진행하도록 요청한다. 모든 이가 다 이야기를 할 때까지 위의 과정을 이어나간다. 모두의 이야기를 나누고 나면, 털실뭉치는 던진 사람으로부터 받은 사람으로 모두의 손에 연결되어 있게 된다. 그물모양이 된 줄을 천천히 바닥에 내려놓고 그 위에 서클상징물을 올려놓는다.

토킹피스를 가능한 많이 사용하는 것이 좋다. 브레인 스토밍이나 다른 활동을 하는 시간에는 토킹피스의 사용을 보류할 수 있다. 그러나 토킹피스가 전체 서클에 중요하게 사용되지 않는다면 서클

의 진실성을 훼손될 수 있다.

토킹피스 소개하기:토킹피스가 어떻게 작동하는지 설명한다.

자기 소개 및 마음연결하기:토킹피스를 사용하여, 처음 만난 그룹은 자기 소개를 하고, 이미 서클로 만났던 그룹은 마음연결하기를 하도록 초대한다. 이때 진행자가 먼저 이야기하는 것이 좋다. 부록 3, 4의 질문들을 참고할 수 있다.

참여자들이 가치 정하기와 약속 만들기에 참여하도록 하는 것은 서클의 안전한 공간을 구축하기 위해 매우 중요하다. 서클의 전체구성원들은 이 과정을 통해 안전한 공간을 유지하는 것에 대한 책임을 갖게 된다.

가치 정하기와 약속 만들기:

이전에 만났던 그룹이라면, 전에 만들었던 가치와 약속을 참여자들과 함께 점검한다. 처음 만나는 그룹이라면, '평화형성서클 배우기' 의 끝부분에 나온 '서클에서 가치 세우기를 위한 조언' 의 기술 중 하나를 사용하여 가치의 기초를 다진다. '부록 4. 서클을 위한 간단한 질문들' 에 나온 제안사항들도 참고할 수 있다. 중요한 가치를 확인한 후 참여자들에게 서클에 참여할 때 중요하다고 생각하는 약속들을 말할 수 있도록 요청함으로써 서클의 약속을 정한다. 모두가 볼 수 있는 곳에 약속을 기록하여 놓는다.

주요 활동

나눔:다음의 질문을 사용하여 실용적이고 적절한 의견이 나올 때까지 반복해서 토킹피스를 돌린다.

- "나는 현재 왜 이 직업을 선택했으며 이 일이 나에게 의미하는 것은 무엇인가?"

- “팀이 업무를 잘한다는 것은 나에게 어떤 의미인가?”
- “업무에서 나 혹은 나의 팀을 가장 어렵게 만드는 것은 무엇인가?”
- “업무를 할 때, 어떤 종류의 도움이나 지지를 받고 싶은가?”
- “내가 직업을 준비하기 위해 한 일들 외에 다른 삶의 경험은 어떤 것들이 있는가?”

성찰 나눔: 마지막으로 토킹피스를 한 번 더 돌리며 참여자들에게 서클에 대한 자신의 생각을 나눌 수 있도록 초대한다. 시간이 충분하지 않거나, 그룹에 사람이 많다면 서클을 마치며 참여자들에게 현재 느끼는 감정을 한 단어로 요약하여 말할 수 있도록 요청해도 된다. 진행자가 마지막에 나눌 것을 제안한다.

의도된 공간으로서의 서클의 끝을 알리는 것은 중요하다. 만일 제안된 서클을 닫는 의식이 이 서클과 어울리지 않는다면 적합한 다른 닫는 의식을 찾거나 생각해본다.

공간 닫기:

한 사람이 “옛날, 옛날에 한 팀이 있었어요...”로 이야기를 시작한다. 그리고 그 문장을 이어나간다. 각자가 의미 있는 문장을 덧붙여 이야기를 만들어간다. 이야기는 서클을 한 번에서 두 번 작은 서클의 경우 돌아갈 수 있도록 하고, 서클의 마지막 사람은 “이로써 오늘 이야기, 끝!“ 이라는 말과 함께 끝맺음을 한다.

서클에 와서 참여해준 것에 대한 감사의 인사를 한다.

모듈 7
희망으로 나아가기
Moving Forward with Hope

이번 모듈은 우리의 청소년, 가족, 그리고 공동체가 더 나은 미래로 나아가기 위한 것에 대해 이야기한다. 여기에 제시된 활동들은 건강한 관계, 가정, 직장, 공동체를 만드는 것에 도움을 준다. 우리가 핵심자아에 가까이 연결되어 살기위해서는 우리 모두에게 건강한 습관이 필요하다는 것이 핵심 신념 중 하나였다. 우리가 스스로 핵심자아에 가까이 연결되어 사는 방법을 배울 때, 우리는 타인가족, 친구, 이웃, 학생, 동료들도 핵심자아와 연결하도록 도울 수 있다. 평화형성서클, 마음 챙김, 감정 활용 능력 등은 모두 우리 안에 살고 있는 선한 늑대the good wolf를 키우기 위한 방법들이다.

이는 오직 연습을 통해서 배울 수 있다. 우리는 서클을 사용하여 진정한 자신의 모습을 찾는 방향으로 한 걸음씩 나아갈 수 있다. 우리는 마음 챙김명상을 통하여 차분히 우리의 내적 지혜에 연결되고 일상생활의 스트레스에 어떻게 반응할 지 선택하게 된다. 감정 활용 능력을 배우는 것은 타인과 좋은 관계를 맺는 온전하고 만족스러운 삶을 살도록 도와준다. 우리는 효과적인 의사소통 방법을 배워 욕구를 표현하는 동시에 타인의 욕구를 이해하여 모두의 욕구를 충족시킬 수 있다. 연습이 우리의 핵심신념 중 하나인 이유는, 이를 통해 우리의 희망과 꿈을 실현할 수 있기 때문이다.

이 모듈은 책에서 공유하고 있는 지식과 기술을 연습하는 것이 우리가 바라는 미래를 구축하는데 어떻게 사용되는지를 알게 한다. 개인에게 이러한 연습은 원하는 미래에 대한 긍정적인 비전을 발전시키는 것을 의미한다. 왜냐하면 우리는 미래를 만들어가기 이전에 반드시 그것을 상상해야 하기 때문이다. 이러한 연습들은 우리의 비전을 실현시킬 수 있도록 나아가기 위한 일련의 구체적 목표들을 개발하도록 쓰일 수 있으며 이러한 목표를 달성하기 위해 필요한 계획 사항들에 대한 구조화, 지지 및 안내 사항을 함께 제공해준다.

또한 자아실현self-actualization과 가족 강화family empowerment에 대한 철학을 담고있는 사회 복지 사업을 전문적으로 펼쳐 나가기 위한 전략을 제공한다. 가족을 통해 삶에서 자신이 되고 싶어 하는 모습으로의 긍정적 비전을 만들 수 있고 또한 그 비전을 위해 어떻게 협력할 것 인지에 대한 계획을 만들 수 있다. 이러한 활동들을 통해 청소년과 가족들은 자신의 감정을 더욱 잘 표현할 수 있게 되고 서로를 필요로 하게 된다. 그렇게 되면 서클 안에서든 밖에서든 서로에게 존중의 마음으로 말하고 경청하며 자신과 타인에게 있는 선함을 인식할 것이다. 서로를 지지하는 긍정적 관계의 네트워크를 발전시키고 확장시켜나가게 된다. 그리고 자신의 삶에 존재하는 트라우마를 인식하고 그것을 치유하기 위한 건강한 방법들을 모색할 것이다.

복지전문가들은 이러한 활동들이 자신의 개인적, 직접적 발달에도 동등하게 중요하다는 것을 발견하게 될 것이다. 다른 사람들이 자신의 핵심자아를 인식하도록 돕기 위해 전문가들은 반드시 먼저 그들 자신의 핵심자아와의 연결이 필요하며 감정읽기연습을 해야 한다. 이는 자신의 욕구와 감정을 효과적으로 인식하고 소통하는 것을 포함한다. 이러한 활동들은 특히 지속적으로 2차 트라우마의 위험에 노출된 힘든 직업을 가진 사람들이 자신을 돌보는 것에 특히 도움이 된다. 이러한 활동들은 또한 직업 현장에 있는 사람들이 자신의 일에 대한 비전을 개발하고 개선할 수 있도록 도와주며 청소년, 가족, 그리고 공동체와의 동등하고 협력적인 파트너십을 구축할 수 있도록 돕는다.

우리가 각 모델 서클들을 제공하는 이유는 각 개인과 그룹이 그들의 삶에서 자신들이 원하는 것에 대한 긍정적인 비전을 발전시키고 어떻게 그 비전을 위해 나아갈 수 있을지를 찾을 수 있도록 돕기 위함이다. 이것은 단순한 개인적 비전 뿐 만이 아니라 그 개인이 속한 공동체를 위한 비전을 개발해 나가는 과정이며 그렇기에 그 속에서 사람들은 자신뿐 아니라 다른 사람의 삶을 개선시킬 수 있도록 자신의 재능, 목소리, 에너지를 사용하는 법을 배울 수 있다. 이 모듈은 전문가들이 자신의 개인적, 직업적 발전을 위해서도 사용할 수 있는 공동체 구축이나 직장에서의 자기 돌봄, 그리고 그 조직을 위한 비전을 성찰하는 것 등의 모델 서클을 제공 한다.

이 모듈의 또 다른 중요한 목표는 사용자들이 이러한 활동을 다른 사람들과 함께 쉽게 공유할 수 있는 방법을 제공하여 그들도 또한 이 활동을 해보고 다른 사람들과 공유하도록 하는 것이다. 누구나 서클을 열수 있으며, 마음 챙김명상을 수행할 수 있고, 자신의 감정 활용 능력을 확장시켜 나갈 수 있다. 청소년들은 이러한 활동들을 자신의 가족이나 친구에게 전할 수 있다. 누구나 친구들과 모여 서클을 열 수 있다. 거의 대부분의 장소와 시간에서 우리 모두가 조용히 앉아 명상할 수 있다. 개인의 성장은 평생의 여정이다. 이러한 기술들이 각 개인과 가족에게 평생습관처럼 되어서 그들 자신의 삶을 주체적으로 이끌어 나가는 힘을 부여받기를 희망한다.

한 개인으로서 그리고 공동체로서 우리는 현재보다 무언가 다르면서도 더 나은 것을 창조할 수 있는 능력을 지니고 있다. 수많은 현인들은 현실을 바꿀 수 있는 꿈의 잠재성을 인지해왔다. 과학적, 사회적 업적의 기록은 우리가 그 전까지의 영역을 뛰어 넘어설 수 있었다는 것을 보여준다. 불가능해 보이는 많은 것들은 아직까지 실제로는 시도되어보지 못한 것들이다. 그러나 행동으로 옮겨지기 위해서는 희망이 필요하다. 희망이 주는 선물은 우리의 핵심자아와 미래에 숨겨져있는 가능성들을 볼 수 있도록 하는 것이다. 희망은 항상 현실과 어느 정도 어긋나지만 여전히 그 현실 안에 거하면서도 모든 것을 가능하게 할 수 있는 씨앗을 볼 수 있게 한다. 우리의 최종 모델 서클은 희망을 키워나가는 것에 초점을 맞추어 개인과 공동체가 우리 모두에게 담겨있는 창조적 에너지에 다가갈 수 있도록 한다.

7-1 다른 사람에게 서클을 소개하는 서클

목적: 서클을 한 번도 경험하지 못한 사람들에게 서클진행과정에 대한 경험을 제공하고 진행과정과 작동원리에 대한 이해를 증진시키기 위한 서클이다.

준비물: 서클상징물, 토킹피스, 종이접시, 매직펜,

준비사항:종이 접시와 매직펜을 각 의자 아래에 놓아둔다.

서클의 시작에서 이것이 의도된 공간임을 알리는 일은 언제나 중요하다. 책에 제안된 공간 열기가 적합하지 않다면 상황과 환경에 맞는 적합한 공간 열기를 찾아도 좋다.

환영하기 **서클에 온 모두를 환영한다.**

공간 열기:

참여자들이 모두 서서 손을 잡고 원을 만들도록 초대한다. 그들이 형성한 것이 서클임을 주목하게 한다. 시계방향으로 돌면서 각 참여자에게 서클을 생각할 때 마음속에 떠오르는 단어나 문구를 말하도록 요청한다. 이야기 해준 것에 대한 감사를 하며 모두 앉는다.

토킹피스를 가능한 많이 사용하는 것이 좋다. 브레인 스토밍이나 다른 활동을 하는 시간에는 토킹피스의 사용을 보류할 수 있다. 그러나 토킹피스가 전체 서클에 중요하게 사용되지 않는다면 서클의 진실성을 훼손될 수 있다.

토킹피스 소개하기:토킹피스가 어떻게 작동하는지 설명한다.

자기 소개 및 마음연결하기:토킹피스를 사용하여, 처음 만난 그룹은 자기 소개를 하고, 이미 서클로 만났던 그룹은 마음연결하기를 하도록 초대한다. 이때 진행자가 먼저 이야기하는 것이 좋다. 부록 3, 4의 질문들을 참고할 수 있다.

참여자들이 가치 정하기와 약속 만들기에 참여하도록 하는 것은 서클의 안전한 공간을 구축하기 위해 매우 중요하다. 서클의 전체구성원들은 이 과정을 통해 안전한 공간을 유지하는 것에 대한 책임을 갖게 된다.

가치 정하기와 약속 만들기:

이전에 만났던 그룹이라면, 전에 만들었던 가치와 약속을 참여자들과 함께 점검한다. 처음 만나는 그룹이라면, '평화형성서클 배우기' 의 끝부분에 나온 '서클에서 가치 세우기를 위한 조언' 의 기술 중 하나를 사용하여 가치의 기초를 다진다. '부록 4. 서클을 위한 간단한 질문들' 에 나온 제안사항들도 참고할 수 있다. 중요한 가치를 확인한 후 참여자들에게 서클에 참여할 때 중요하다고 생각하는 약속들을 말할 수 있도록 요청함으로써 서클의 약속을 정한다. 모두가 볼 수 있는 곳에 약속을 기록하여 놓는다.

주요 활동

작업하기:참여자들에게 자신이 인간으로서 보일 수 있는 최상의 모습에 있을 때 나타나는 중요한 특징에는 무엇이 있는지 떠올리게 한다. 떠올린 특징을 매직펜으로 크게 종이 접시 위에 적도록 한다. 토킹피스를 돌리며 각자가 적은 특징을 나누고 그 특징이 자신에게 의미하는 바는 무엇인지 이야기하게 한다. 이야기를 나눈 후 자신의 종이 접시를 원의 서클상징물 주변에 놓을 수 있도록 한다. 진행자가 가장 먼저 이야기를 시작한다.

설명하기: 이야기가 모두 끝나면 그들이 원의 가운데에 놓은 특징들이 서클 프로세스의 가장 기본적인 가치임을 알린다. 서클은 참여자들이 인간으로서 보일 수 있는 최고의 모습에 있을 수 있도록 고안된 것이다.

나눔 1: 참여자들이 위기나 어려움에 직면했을 때 그들이 발견한 삶의 선물, 변화의 경험에 대해 이야기 하도록 초대한다. 진행자가 먼저 시작한다.

나눔 2: 토킹피스가 대화에 어떠한 영향을 끼쳤으며 토킹피스의 장단점에 대해 이야기 나눈다. 이번 라운드에서는 진행자가 가장 나중에 이야기 한다.

성찰 나눔: 마지막으로 토킹피스를 한 번 더 돌리며 참여자들에게 서클에 대한 자신의 생각을 나눌 수 있도록 초대한다. 시간이 충분하지 않거나, 그룹에 사람이 많다면 서클을 마치며 참여자들에게 현재 느끼는 감정을 한 단어로 요약하여 말할 수 있도록 요청해도 된다. 진행자가 마지막에 나눌 것을 제안한다.

의도된 공간으로서의 서클의 끝을 알리는 것은 중요하다. 만일 제안된 서클을 닫는 의식이 이 서클과 어울리지 않는다면 적합한 다른 닫는 의식을 찾거나 생각해본다.

공간 닫기:

다음의 글을 읽는다:

서클은 아마도 가장 고대의 신비적 상징이며 가장 보편적인 춤의 모습일 것이다. 서클은 영원히 움직이는 해와 땅이며 연속성과 영속성을 상징하는 끊어지지 않는 선이다. 서클은 연대감을 창조한다. 하나의 서클을 완성하기 위해서는 두 명 이상이 필요하기 때문이며 그렇기에 서클은 공동체를 만들어낸다. 서클은 완벽한 민주성을 보여 준다; 평등함이 서클에 존재한다. 서클은 비어있음을emptiness 담고 있기에 아름답다. 그 비어

있음이란 우리의 역동적이고도 연결된 몸들의 집중된 에너지에 의해 만들어지고 충전 된다. 서클로 들어간다는 것은 힘을 주고받는 것이다. 서클 진행을 하면서 더 높은 차원의 존재a higher being, 즉 전체의 영혼group soul을 만나게 된다.

- 아이리스 스튜어트(Iris J. Stewart), *Sacred Woman, Sacred Dance*.

우리는 무nothingness에서, 흩어진 별들로부터 만들어졌다... 별들은 서클을 형성하고, 그 한 가운데에서 우리는 춤춘다.

- 루미(Rumi)

서클에 와서 참여해준 것에 대한 감사의 인사를 한다.

7-2 가족 서클

목적: 가족과 함께 하는 서클을 진행할 수 있도록 하고, 가족들이 그들만의 서클을 계속 할 수 있도록 격려한다.

준비물: 서클상징물가족사진이나 좋았던 가족 경험을 떠올리게 하는 기념품 등, 토킹피스, 요리 도구들이 담긴 바구니

서클의 시작에서 이것이 의도된 공간임을 알리는 일은 언제나 중요하다. 책에 제안된 공간 열기가 적합하지 않다면 상황과 환경에 맞는 적합한 공간 열기를 찾아도 좋다.

환영하기 서클에 온 모두를 환영한다.

공간 열기:

요리도구들이 담긴 바구니를 준비한다. 바구니를 돌리며 참여자들에게 도구 하나씩을 가지도록 한다.

시계방향으로 돌아가며 참여자들에게 자신이 뽑은 주방도구와 자신이 어떠한 점에서 비슷한지 말할 수 있도록 한다. 도구는 끝날때까지 가지고 있는다.

토킹피스를 가능한 많이 사용하는 것이 좋다. 브레인 스토밍이나 다른 활동을 하는 시간에는 토킹피스의 사용을 보류할 수 있다. 그러나 토킹피스가 전체 서클에 중요하게 사용되지 않는다면 서클의 진실성을 훼손될 수 있다.

토킹피스 소개하기: 토킹피스가 어떻게 작동하는지 설명한다.

자기 소개 및 마음연결하기: 토킹피스를 사용하여, 처음 만난 그룹은 자기 소개를 하고, 이미 서클로 만났던 그룹은 마음연결하기를 하도록 초대한다. 이때 진행자가 먼저 이야기하는 것이 좋다. 부록 3, 4의 질문들을 참고할 수 있다.

참여자들이 가치 정하기와 약속 만들기에 참여하도록 하는 것은 서클의 안전한 공간을 구축하기 위해 매우 중요하다. 서클의 전체구성원들은 이 과정을 통해 안전한 공간을 유지하는 것에 대한 책임을 갖게 된다.

가치 정하기와 약속 만들기:

이전에 만났던 그룹이라면, 전에 만들었던 가치와 약속을 참여자들과 함께 점검한다. 처음 만나는 그룹이라면, '평화형성서클 배우기' 의 끝부분에 나온 '서클에서 가치 세우기를 위한 조언' 의 기술 중 하나를 사용하여 가치의 기초를 다진다. '부록 4. 서클을 위한 간단한 질문들' 에 나온 제안사항들도 참고할 수 있다. 중요한 가치를 확인한 후 참여자들에게 서클에 참여할 때 중요하다고 생각하는 약속들을 말할 수 있도록 요청함으로써 서클의 약속을 정한다. 모두가 볼 수 있는 곳에 약속을 기록하여 놓는다.

주요 활동

나눔: 다음의 질문을 사용하여 돌아가며 이야기를 나눈다.

- "스스로에 대해 대견한 점이나 나의 가족에게 알려주고 싶은 나의 모습은?"
- "우리 가족이 지닌 강점에 대해 이야기 한다면? 그에 대한 예시를 든다면?"
- "내가 느끼고 생각하는 방식이 다른 가족 구성원과 어떻게 다른가?"
- "다음에 가족들과 서클로 모여 나누고 싶은 주제가 있는가?"

- “지금까지 나눈 이야기에 추가하여 더 말하고 싶은 것이 있는가?”

성찰 나눔: 마지막으로 토킹피스를 한 번 더 돌리며 참여자들에게 서클에 대한 자신의 생각을 나눌 수 있도록 초대한다. 시간이 충분하지 않거나, 그룹에 사람이 많다면 서클을 마치며 참여자들에게 현재 느끼는 감정을 한 단어로 요약하여 말할 수 있도록 요청해도 된다. 진행자가 마지막에 나눌 것을 제안한다.

의도된 공간으로서의 서클의 끝을 알리는 것은 중요하다. 만일 제안된 서클을 닫는 의식이 이 서클과 어울리지 않는다면 적합한 다른 닫는 의식을 찾거나 생각해본다.

공간 닫기:

바구니를 돌리며 여는 의식 때 뽑았던 주방도구를 다시 넣도록 하고 자신이 가족을 도울 수 있는 방법에 대해 그 도구의 쓰임새와 연결지어 이야기 하도록 한다.

서클에 와서 참여해준 것에 대한 감사의 인사를 한다.

7-3 공동체 서클

목적: 모든 사람들의 상호 연결성에 대한 인식을 높이고 연결되어 있는 삶의 그물망에 기여하며 더 나은 변화를 이끌어 낼 능력에 대한 감각을 고취시킨다.

준비물: 서클상징물, 토킹피스, A4용지, 읽을거리, 필기구

서클의 시작에서 이것이 의도된 공간임을 알리는 일은 언제나 중요하다. 책에 제안된 공간 열기가 적합하지 않다면 상황과 환경에 맞는 적합한 공간 열기를 찾아도 좋다.

환영하기 서클에 온 모두를 환영한다.

공간 열기:

진정한 공동체

나는 다시금 서클에 앉아있는 나를 발견했다. 그곳은 필라델피아 근처에서 퀘이커들이 함 께 살며 배우는 공동체 펜들 힐Pendle Hill이었다.… [그곳의 서클은] 온화하고, 존중이 가 득했으며 그들이 자신과 세상을 존엄하게 여기는 방식은 놀라웠다. 그리고 그것은 나의 인 생을 바꾸었다.

이렇게 조용한 퀘이커들의 서클에서 치유와 정치는 올바르게 이해되었다. 그들은 스스로의 온전함에 다다르며 세상의 필요에 다가가고, 그 둘 사이의 교차점에서 살아가려고 노력하였다.

이렇게 조용한 퀘이커들의 서클에서 사람들이 도전받는 것을 보았다. 하지만 나는 그 누구도 그러한 도전으로 인해 상처 입는 것을 보지 못했다. 나는 이전보다 더 많은 개인적 변화를 목격

했고 더 많은 사람들이 그들의 사회적 책임을 떠안는 것을 보았다.

내가 펜들 힐에서 경험했던 신뢰의 서클들은 온전함을 위해 개인적 탐구를 빼앗기보다 지지해주는 흔치 않은 형태의 공동체였으며 그 공동체는 두 가지의 기본적 신념에 근거했다. 첫째, 우리의 내면에는 교리, 이념, 집합적 신념체계, 교육기관이나 리더들로부터 얻을 수 있는 그 무엇보다 더욱 신뢰할 만한 안내를 해줄 수 있는 우리 스스로의 내면교사가 있다. 둘째, 우리 모두는 우리 자신 안에 있는 내면의 교사의 목소리를 분별해낼 수 있도록 도와주고, 초대하고, 확장시켜주기 위해서 다른 사람들을 필요로 한다.

- 파커 파머, 『다시 집으로 가는 길』

토킹피스를 가능한 많이 사용하는 것이 좋다. 브레인 스토밍이나 다른 활동을 하는 시간에는 토킹피스의 사용을 보류할 수 있다. 그러나 토킹피스가 전체 서클에 중요하게 사용되지 않는다면 서클의 진실성을 훼손될 수 있다.

토킹피스 소개하기: 토킹피스가 어떻게 작동하는지 설명한다.

자기 소개 및 마음연결하기: 토킹피스를 사용하여, 처음 만난 그룹은 자기 소개를 하고, 이미 서클로 만났던 그룹은 마음연결하기를 하도록 초대한다. 이때 진행자가 먼저 이야기하는 것이 좋다. 부록 3, 4의 질문들을 참고할 수 있다.

참여자들이 가치 정하기와 약속 만들기에 참여하도록 하는 것은 서클의 안전한 공간을 구축하기 위해 매우 중요하다. 서클의 전체구성원들은 이 과정을 통해 안전한 공간을 유지하는 것에 대한 책임을 갖게 된다.

가치 정하기와 약속 만들기:

이전에 만났던 그룹이라면, 전에 만들었던 가치와 약속을 참여자들과 함께 점검한다. 처음 만나는 그룹이라면, '평화형성서클 배우기' 의 끝부분에 나온 '서클에서 가치 세우기를 위한 조언' 의 기술 중 하나를 사용하여 가치의 기초를 다진다. '부록 4. 서클을 위한 간단한 질문들' 에 나온 제안사항들도 참고할 수 있다. 중요한 가치를 확인한 후 참여자들에게 서클에 참여할 때 중요하다고 생각하는 약속들을 말할 수 있도록 요청함으로써 서클의 약속을 정한다. 모두가 볼 수 있는 곳에 약속을 기록하여 놓는다.

주요 활동

다음을 읽는다.

힌두교와 불교 문화에서는 인드라망을 이야기한다. 인드라망이란 모든 방향으로 전 공간에 뻗어있는 실의 방대한 그물망을 가리킨다. 실의 모든 교차점은 다면적인 보석을 지니고 있 다. 모든 보석의 표면은 다른 모든 면을 완전히 반영하며 하나의 전체로서 그물망을 반영 한다.

우분투Ubuntu: 몇몇 아프리카 문화에서 '우분투' 라는 단어는 사람들 간의 관계의 형태를 설명하기 위해 사용된다. '우분투' 란 "나는 당신이 있기에 존재 합니다" 혹은 "한 사람은 다른 사람을 통해 인간이 된다." 라는 의미이다. '우분투' 를 믿는 사람은 공동의 인간성을 믿는다.

인드라망과 '우분투' 모두 우리 모두가 연결되어 있음을 설명하기 위해 사용되는 말이다. 인드라망을 통해 우리 모두는 서로 연결되어 있다. 다른 사람들에게 있는 인간성을 인식하고 존중함으로서 우리는 더욱 더 참된 인간이 된다. 우리의 모습을 반영해주는 다른 사람들을 보지 않고서는 스스로를 바라볼 수 없다.

나눔 1: "당신의 문화 또는 종교전통은 모든 인간의 상호관계성에 대해 무엇이라 이야기 하나요?"

나눔 2: "당신은 결코 만나보지 못한 멀리 떨어져 있는 사람이 당신의 삶의 영향을 미칠 일을 하거나 결정을 내릴 수 있다는 것을 인식할 수 있나요?"

다음을 읽는다:

우리는 모두 연결되어있다. 그래서 우리가 세상을 향해 긍정적인 변화를 만들어 낸다면 모두가 혜택을 입는다. 모든 긍정적인 행동은 전체에게 좋은 영향을 끼친다. 만일 우리가 변화를 보기 원한다면, 우리는 그 변화를 위해 노력해야한다. 만일 우리가 함께 노력하고 경험과 아이디어를 공유한다면 우리는 가족, 공동체, 세계를 위한 중요한 변화를 이끌어 낼 수 있다.

작업하기: 참여자들이 다음의 질문에 대한 응답을 에세이 형식으로 적도록 한다.

- 우리 공동체에 변화가 필요한 부분은 무엇이 있는가?
- 그 변화를 일으키기 위해 나는 어떠한 방식으로 도움을 줄 수 있는가?
- 그 변화를 일으키기 위해 나는 누구와 함께 노력할 수 있는가?

나눔 3: 참여자들이 적은 에세이 내용을 나누도록 한다.

나눔 4: 우리 공동체의 긍정적인 변화를 위해 함께 노력하기 위한 추가적인 의견이나 생각이 있는지 물어본다.

성찰 나눔: 마지막으로 토킹피스를 한 번 더 돌리며 참여자들에게 서클에 대한 자신의 생각을 나눌 수 있도록 초대한다. 시간이 충분하지 않거나, 그룹에 사람이 많다면 서클을 마치며 참여자들에게 현재 느끼는 감정을 한 단어로 요약하여 말할 수 있도록 요청해도 된다. 진행자가 마지막에 나눌 것을 제안한다.

의도된 공간으로서의 서클의 끝을 알리는 것은 중요하다. 만일 제안된 서클을 닫는 의식이 이 서클과 어울리지 않는다면 적합한 다른 닫는 의식을 찾거나 생각해본다.

공간 닫기:

서로에게 기대어

무엇이 가능한지 찾아나서는 공동체보다 더 위대한 힘은 없다
"무엇이 잘못되었지?" 라고 묻기보다는 "무엇이 가능하지?" 라고 계속해서 묻기를
스스로 무엇을 원하는지를 알아차리기를
다른 많은 사람들도 당신과 같은 꿈을 꾼다는 것을 알아차리기를
대화를 시작할 용기를 가지기를
아는 사람들에게 말을 걸어보고
모르는 사람에게 말을 걸어보며
한 번도 말한 적 없는 사람에게 말을 걸어보기를
당신이 발견할 차이점에 주목하기를
놀라움을 경험하게 되기를
확실함보다 호기심을 중요하게 여기기를
가능성을 중요하게 여기는 모든 이를 초대하기를
모든 사람은 무엇인가에 전문가라는 사실을 잊지 말기를
창조적인 해결책은 새로운 연결에서 나온다는 점을 깨닫기를
잘 알게될수록 두렵지 않다는 것을 기억하기를
진정한 경청은 항상 사람들이 가깝게 만든다네
의미있는 대화는 세상을 바꿀수 있다는 것을 믿게
인간의 선함에 기대어 함께 지내기를

- 마가렛 휘틀리(Margaret J. Wheatley)

혼란스러움으로 앉아있기

혼란스러움으로 그저 앉아있는 것은 중요하다. 각 사람은 전체에 또 다른 요소나 묘미를 더해 준다. 만일 이러한 개별성이 너무 일찍 연결된다면 우리에게 필요한 다양성을 잃어버릴 것이다. 만일 우리가 피상적인 공통점을 찾으려한다면 우리는 결코 저 깊은 곳에 있는 공동의 지혜를 발견하지 못할 것이다. 우리는 자발적인 경청을 해야 하고 다양한 경험과 생각에 대한 호기심을 가져야한다. 우리가 모든 것을 즉각적으로 이해할 필요는 없다.

이러한 혼란스러움은 그렇게 느껴질지는 몰라도 영원히 지속되지는 않는다. 그러나 우리가 처음부터 그러한 혼란스러움에 저항하려한다면 그 혼란스러움이 이후 우리에게 계속 찾아올 것이며 결국 그것은 파괴적인 것이 될 것이다. 정돈된 생각, 명쾌한 분류, 풍성한 관계 등에 대한 집착을 우리가 기꺼이 내려놓을 때 의미 있는 대화가 이루어진다. 첫 번째 단계는 말하여지는 무엇이든지 경청하려 노력하는 것이다. 결국 우리는 많은 공통점을 가지고 있다는 사실에 놀라게 될 것이다. 우리가 처음의 혼란스러움을 편안히 허락할 때에 만이 우리의 경험을 일치시켜줄 더욱 깊은 질서가 스스로 드러날 것이다.

대화는 용기와 믿음과 시간을 필요로 한다. 우리는 처음부터 모든 것을 이해할 수 없으며 그럴 필요 또한 없다. 우리는 그저 대화를 하는 것이 아니라 대화에 자리를 잡아가고 있는 것이다. 우리가 관심 있어 하는 무언가에 대해 다른 사람들과 이야기 나누는 위험을 감수하면서, 우리가 서로에 대해 호기심을 가지면서, 우리가 여유 있게 서로를 보살피면서, 천천히 끝이 없는 함께 있음의 의미를 기억하게 된다. 우리의 급하고 무분별한 행동들은 점차 사라지고 우리가 늘 그래 왔던 것처럼 서로 함께 있는 기쁨으로 차분히 앉아 있게 된다.

- 마가렛 휘틀리(Margaret J. Wheatley),

Turning to One Another:Simple Conversations to Restore Hope to the Future

서클에 와서 참여해준 것에 대한 감사의 인사를 한다.

7-4 멋진 삶을 꿈꾸는 서클

목적: 참여자들이 자신이 바라는 미래를 표현하고 그 미래로 나아가기 위한 방법을 깨닫도록 도움을 준다.

준비물: 서클상징물, 토킹피스, 전지, 잡지, 가위, 풀, 매직펜, 사인펜, 기타 공예 소품.

서클의 시작에서 이것이 의도된 공간임을 알리는 일은 언제나 중요하다. 책에 제안된 공간 열기가 적합하지 않다면 상황과 환경에 맞는 적합한 공간 열기를 찾아도 좋다.

환영하기 서클에 온 모두를 환영한다.

공간 열기:천천히 절제된 속도로 다음을 읽는다.

심호흡을 합니다. 편안하게 깊고 천천히 호흡합니다. 눈을 감거나, 바닥 혹은 벽 등을 가볍게 응시하며 집중합니다. 숨이 들어오고 나가는 것에 주목합니다. 매 호흡마다 몸을 조금씩 더 이완시킵니다. 어깨, 목, 팔과 손, 다리와 발, 얼굴의 긴장을 이완시킵니다. 편안히 계속해서 천천히 깊이 호흡합니다. 숨이 들어오고 나가는 것에 주목합니다.

이제 십년 후를 상상해봅니다. 여러분은 인생의 좋은 결정을 했고 이제 기쁘게 삶을 살고 있어요. 여러분은 핵심자아와 연결되어 있고 그렇기에 다른 사람들의 핵심자아 또한 볼 수 있습니다. 여러분이 이러한 삶을 살고 있다고 상상해봅니다.잠시 멈춤 이러한 삶이 어떠할지, 떠오르는 장면에 주목합니다. 삶의 세세한 모습들에 주목합니다. 미래에 있을 여러분 삶의 한 부분인 내면의 평화를 느껴봅니다. 이러한 삶이 지닌 특정한 부분들에 주목해봅니다.잠시 멈춤 이제 여러

분의 호흡으로 다시 관심을 옮깁니다. 숨이 들어오고 나가는 것을 느껴봅니다. 앉아있는 의자와 이 공간에 함께 있는 다른 사람들을 알아차립니다. 지금 이 공간과 이 시간으로 천천히 의식을 되돌립니다. 준비가 되었다면 눈을 뜹니다.

토킹피스를 가능한 많이 사용하는 것이 좋다. 브레인 스토밍이나 다른 활동을 하는 시간에는 토킹피스의 사용을 보류할 수 있다. 그러나 토킹피스가 전체 서클에 중요하게 사용되지 않는다면 서클의 진실성을 훼손될 수 있다.

토킹피스 소개하기:토킹피스가 어떻게 작동하는지 설명한다.

자기 소개 및 마음연결하기:토킹피스를 사용하여, 처음 만난 그룹은 자기 소개를 하고, 이미 서클로 만났던 그룹은 마음연결하기를 하도록 초대한다. 이때 진행자가 먼저 이야기하는 것이 좋다. 부록 3, 4의 질문들을 참고할 수 있다.

참여자들이 가치 정하기와 약속 만들기에 참여하도록 하는 것은 서클의 안전한 공간을 구축하기 위해 매우 중요하다. 서클의 전체구성원들은 이 과정을 통해 안전한 공간을 유지하는 것에 대한 책임을 갖게 된다.

가치 정하기와 약속 만들기:

이전에 만났던 그룹이라면, 전에 만들었던 가치와 약속을 참여자들과 함께 점검한다. 처음 만나는 그룹이라면, '평화형성서클 배우기' 의 끝부분에 나온 '서클에서 가치 세우기를 위한 조언' 의 기술 중 하나를 사용하여 가치의 기초를 다진다. '부록 4. 서클을 위한 간단한 질문들' 에 나온 제안사항들도 참고할 수 있다. 중요한 가치를 확인한 후 참여자들에게 서클에 참여할 때 중요하다고 생각하는 약속들을 말할 수 있도록 요청함으로써 서클의 약속을 정한다. 모두가 볼 수 있는 곳에 약속을 기록하여 놓는다.

주요 활동

작업하기: 전지 한 장을 준비한다그룹이 크다면 두 장을 사용한다. 참여자들이 그 종이에서 자신이 작업하고 싶은 공간을 선택하게 한다. 충분한 공간을 허락하여 서로 공간이 겹치지 않도록 한다. 공간 열기 때 했던 작업을 떠올려 그림을 붙이거나 그리는 등 재료를 사용해 시각화작업을 하도록 초대한다. 십년 뒤에 바라는 자신의 모습과 십년 후 자신의 삶의 가장 중요한 부분을 이미지로 만들도록 초대한다. 작업할 수 있는 충분한 시간을 허락한다. 모든 참여자들을 불러 모은 뒤 돌아다니며 서로가 만든 이미지를 살펴보도록 한다. 전체서클로 모인다.

나눔 1: "이 활동을 하고 난 뒤의 떠오르는 느낌이나 생각이 있나요?"

나눔 2: "각기 다른 꿈들 사이에서 발견한 유사점이나 차이점이 있나요?"

나눔 3: "당신이 꿈꾸었던 종류의 삶을 살고 있는 사람이 있나요? 있다면 그 사람이 누구이며, 그 사람은 당신의 롤 모델인가요?"

나눔 4:: "당신이 꿈꾼 삶의 장점은 무엇인가? 문제점도 존재하나요?"

나눔 5: "당신이 꿈꾸는 삶으로 가기 위해 당신이 만들어 낼 수 있는 한 가지 변화가 있나요?"

성찰 나눔: 마지막으로 토킹피스를 한 번 더 돌리며 참여자들에게 서클에 대한 자신의 생각을 나눌 수 있도록 초대한다. 시간이 충분하지 않거나, 그룹에 사람이 많다면 서클을 마치며 참여자들에게 현재 느끼는 감정을 한 단어로 요약하여 말할 수 있도록 요청해도 된다. 진행자가 마지막에 나눌 것을 제안한다.

의도된 공간으로서의 서클의 끝을 알리는 것은 중요하다. 만일 제안된 서클을 닫는 의식이 이 서클과 어울리지 않는다면 적합한 다른 닫는 의식을 찾거나 생각해본다.

공간 닫기: 다음 중 몇가지를 선택할 수 있다.

달팽이

집에 오는 길은 때론 너무 길어. 나는 더욱 더 지치곤 해.

문을 열자마자 잠이 들었다가 깨면 아무도 없어

좁은 욕조 속에 몸을 뉘었을 때, 작은 달팽이 한 마리가

내게로 다가와 작은 목소리로 속삭여줬어

언젠가 먼 훗날에 저 넓고 거칠은 세상 끝 바다로 갈 거라고

아무도 못 봤지만, 기억 속 어딘가 들리는 파도 소리 따라서 나는 영원히 갈래

모두 어딘가로 차를 달리는 길, 나는 모퉁이 가게에서

담배 한 개비와 녹는 아이스크림 들고 길로 나섰어.

해는 높이 떠서 나를 찌르는데 작은 달팽이 한 마리가

어느새 다가와 내게 인사하고 노랠 흥얼거렸어.

내 모든 걸 바쳤지만, 이젠 모두 푸른 연기처럼 산산이 흩어지고

내게 남아 있는 작은 힘을 다해 마지막 꿈속에서

모두 잊게 모두 잊게 해줄 바다를 건널 거야.

-패닉의 노래

이매진Imagine

천국도 없고 우리 아래 지옥도 없고
오직 위에 하늘만 있다고 생각해봐요
노력해보면 어려운 일이 아니예요
오늘 하루에 충실하게 살아가는 사람들을 상상해 봐요

국가라는 구분이 없다고 생각해 보세요
어렵지 않아요 죽이지도 않고, 죽을 일도 없고,
종교도 없고... 평화롭게 살아가는 삶을 상상해 보세요

날 몽상가라고 부를지도 몰라요
하지만 나만 이런 생각을 가진 것이 아니예요
언젠가 당신도 우리와 같은 생각을 가지게 될 거예요

소유물이 없는 세상을 상상해봐요
당신이 상상할 수 있을까요. 탐욕을 부릴 필요도 없고
굶주릴 필요도 없고, 인류애가 넘쳐나요
세상을 함께 공유하는 사람들을 상상해 봐요

-존 레논의 노래

에세이 : 전심으로 살아가기 Wholehearted living

전심으로 살아가는 것은 단 한 번의 선택이 아닌 하나의 과정이다. 실제로 나는 이것을 평생의 여정으로써 생각한다.

이 여정을 포함하여 모든 여행을 떠나기 전, 여행을 위해 어떤 것을 가지고 갈 지에 대해 이야기

하는 것은 중요하다. 어떻게 해야 가치 있는 공간을 살아가고 사랑할 수 있는가? 우리가 어떻게 불완전성을 품을 수 있는가? 어떻게 우리에게 필요한 것들을 더 키워나가고 이와 동시에 우리를 방해하는 것들은 버릴 수 있는가? 이러한 질문에 대한 답변은 바로 용기, 자비, 그리고 연결이다. 이것들은 여정을 통해 우리가 계속 키워나가야 할 도구이다.

만일 당신이 고민하고 있다면 매우 좋은 일이다. 나는 단지 완벽주의에 맞서 싸울 영웅이 필요할 뿐이다. 나는 용기, 자비, 그리고 연결은 너무 크고 숭고한 이상처럼 보일 수 있다는 점을 이해한다. 그러나 실재로 그것들은 우리가 충분히 연습하기만 한다면 우리의 삶에 엄청난 선물을 가져다 줄 일상생활의 활동들이다. 그리고 우리의 취약점들이 이러한 놀라운 도구들을 찾게 해 줄 수 있는 원동력이 된다는 사실은 매우 반가운 일이다. 우리는 사람으로서 모두 아름답게 불완전하기에 매일 매일 우리가 지닌 도구들을 사용하는 것을 연습해야한다. 이러한 연습을 통해 용기, 자비, 그리고 연결은 소중한 선물이 된다. 그것은 바로 불완전함의 선물이다.

- 브레네 브라운(Brene Brown),

『나는 불완전한 나를 사랑한다』*The Gifts of Imperfection*

서클에 와서 참여해준 것에 대한 감사의 인사를 한다.

부록

부록 1

공간 열기/공간 닫기 자료

OPENINGS/CLOSINGS

만약 당신이 나를 도우러 온다면

만약 당신이 나를 돕기 위해 온 것이라면 그것은 우리 모두의 시간 낭비일 뿐이다. 그러나 당신의 해방과 나의 해방이 하나로 묶여있음을 깨닫는다면 우리는 비로소 함께 나아갈 수 있다.

- 1970년대 예술가이자 학자인 릴라 왓슨(Lilla Watson)이 참여했던 원주민 활동가 그룹, 퀸즈랜드(Queensland).

자유와 평등을 성취하는 것

여성과 남성 모두가 '어떤 사람이 되어야 하는지' 보다 '있는 그대로가 되도록 허락 될 때까지' 자유와 평등이 성취되는 것은 불가능할 것이다.

- 브레네 브라운(Brene Brown), *I Thought It Was Just Me* (*But It Isn' t*)

희망

희망은 우리를 치유하는 성령의 힘이 우리를 해치거나 파괴하는 그 어떤 힘보다 더 크다고 믿는 것이다.

- 마틴 루터 킹 주니어(Martin Luther King, Jr)

"희망은 마음의 상태이다"

희망은 마음의 상태이다. 세계나 특정한 상황이 아니다.

희망은 우리가 하는 선택이다.

우리는 이것이 우리 안에 살아있게 할 수도 있고, 죽게 할 수도 있다.

이것은 영혼의 차원이다.

이것은 마음의 방향이다.

이것은 정신의 동기이다.

희망은 지금 경험되는 세상과 상황을 초월한다.

이것은 한계 너머 어딘가에 뿌리를 두고 있다.

희망은 깊고 강력하다.

이는 일이 잘되어 성공할 때의 기쁨과 같지 않다.

희망은 좋고 가치 있기 때문에

무언가를 위해 일하게 한다.

희망은 용기를 주기 때문에

삶을 계속 움직이게 하는 생명력이다.

희망은 우리가 직면하는 문제보다 우리의 정신이 더 커지도록 해준다.

희망은 당신이 나아갈 수 있도록 도와주는 자질이다.

나는 희망을 가지고 기쁨, 고난, 슬픔을 지나 나의 길을 밝힐 수 있다.

기쁨과 슬픔을 모두 수용하는 것은 평화로워지는 것이고 삶을 충만하게 경험하는 것이다.

- 카를로스 데 피나(Carlos De Pina), 13세

체코슬로바키아 대통령 바츨라프 하벨과 마틴 루터 킹 2세의 글들을 토대로 직접 엮음.

"아주 오래전부터 하나의 선으로 연결되어있다."

우리의 조상을 인정한다는 것은 우리가 우리 자신을 만든 것이 아님을 알고 있다는 것을 의미한다. 우리에게서 조상에게로 연결된 선은 아마도 하나님에게까지 닿아있을 것이다. 우리는 자주

잊어버리지만, 우리가 고통을 겪고, 반항하고, 싸우고, 사랑하고 죽은 첫 번째 사람이 아니라는 사실을 기억해야 한다. 고통과 슬픔에도 불구하고 우리가 삶을 받아들일 수 있는 은혜는 그 삶은 언제나 어느 정도 전에 있었던 일이라는 점 때문이다.

- 앨리스 워커(Alice Walker)

세 번 째 질문: 영혼의 말하기 초대

서구문화에서 우리는 대립을 통해 진실을 찾는 경우가 많다. 그러나 이와 같이 오직 진실만을 추구하는 냉철한 방식은 수줍은 영혼을 겁주어 쫓아버린다. 영혼의 진리가 말하고 들으려면 '완곡하게-비스듬하게' 접근해야 한다. 그렇다고 해서 이것이 우리를 불편하게 만들고, 우리의 관계를 악화시키는 주제에 대해 얼버무리며 수줍어해야 한다는 것을 의미하지는 않는다.

우리는 중요한 주제에 집중함으로써 신뢰의 서클을 완성한다. 시, 이야기, 음악 또는 그것을 구체화한 예술작품을 통해 주제를 은유적으로 탐구한다. 나는 이러한 구현을 '제 3의 것' 이라고 부른다. 이는 진행자의 목소리나 참여자의 목소리로 나타나지 않기 때문이다. 진행자나 참여자는 주제에 대해 진실을 말하는 자신만의 목소리를 가지고 있다. 은유적으로 그것을 완곡하게 표현한다. '제3의 것' 에 의해 매개된 진실은 우리가 다룰 수 있는 속도와 깊이로 때로는 침묵 속에서, 때로는 공동체 안에서 소리 내어, 우리의 인식에서 나오고 다시 돌아올 수 있다. 이는 수줍은 영혼에 필요한 보호막이 된다.

올바르게 사용된다면 '제3의 것' 은 로르샤흐 잉크 테스트와 비슷한 기능을 한다. 영혼이 원하는 것은 무엇이든 우리에게서 끌어낸다. 좋은 은유 때문에 표현된 영혼은 평소보다 더 많은 말을 하고 싶을 것이다. 그러나 영혼이 말하고 있다는 것을 인식하지 못하거나 영혼이 말하는 것에 주의를 기울이지 않으면 그 사실은 아무 의미가 없다.

- 파커 파머, 『다시 집으로 가는 길』

그 공동체는 회복되었다.

싸움에서 다른 청년을 죽인 라코타 젊은이들에 대한 이야기가 생각난다. 그 공동체는 범죄자의 운명을 결정하기 위해 만났고 그 자리에서 살해당한 아이의 가족이 살인을 한 청년을 자신의 아들로 입양할 것을 결정했다.

그 결정은 입양된 젊은이를 모범 시민이자 위대한 지도자로 성장시키는 결과를 낳았다. 그 공동체는 회복되었다. 만약 법이 우세했다면 어떻게 되었을까?

- 포 에로우(Four Arrows (Don Trent Jacobs)),

Unlearning the Language of Conquest:Scholars Expose Anti-Indianism in America

누구도 혼자 서 있지 않는다.

사회적 인식과 이해의 초기부터 원주민 자녀들은 '누구도 혼자 서 있지 않다.' 고 배웠다. 모든 가족, 씨족, 그리고 부족 구성원들은 전체의 한 부분이었다. 거기에는 '독립철학' 이나 '나 혼자서 세상을 받아들일 수 있다' 는 생각은 없었다. 모든 구성원이 의무를 가지고 있고, 전체에 대한 책임을 가진다. 그리고 개인적인 행동은 모든 구성원에게 반영되는데, 그것은 '수치스러움' 이 될 수도 있고 '영광스러움' 이 될 수도 있다.

- 루디 알 제임스(Rudy Al James),

Unlearning the Language of Conquest.

8번째 지성으로서의 토착적 세계관

'인디안 교육' 을 전문으로 하는 원주민 교육자 코넬 D. 푸와르디는 하워드 가드너의 유명한 '다중 지능' 의 언어지능, 논리지능, 신체운동지능, 공간지각능력, 자기이해지능, 대인관계지능, 음악지능에 이어 '토착 세계관' 이라고 불리는 8번째 지성이 추가되어야 한다고 말했다. 이는

'다중지능' 의 중요성을 어떤 식으로도 과소평가하지 않으면서 세계를 바라보는 방식의 실제성과 독특성 그리고 중요성에 대해서 말하는 것으로 보인다.

사실, 토착 세계관의 한 측면은 하나의 이야기를 하는데에 천명의 목소리가 필요하다는 것이다. 하와이 원주민 속담에는 "모든 지식이 같은 학교에서 오는 것은 아니다" 라고 번역되는 "A' ohe pau ka 'ike I ka halau ho' okahi," 라는 말이 있다.

- 포 에로우(Four Arrows),

Unlearning the Language of Conquest

가장 위대한 감각, 보편적 책임의식

인류는 보편적 책임감을 발전시켜야 한다. 우리들 각자는 우리 자신, 가족 또는 국가를 위해서뿐만 아니라 모든 인류의 이익을 위해서 일해야 한다는 것을 반드시 배워야한다. … 오늘날의 세상은 우리에게 인류가 하나됨을 받아들이라고 요구한다. 각각의 주요한 문제들을 그 시작부터 세계적 관심사로 다루는 것이 중요하다. 부정적인 영향을 받지 않으면서 우리들을 차별화하는 국가적, 인종적, 이념적 장벽을 강조하는 것은 불가능하다. 우리의 새로운 상호의존성의 맥락 안에서 볼 때, 자신의 이익은 타인의 이익을 고려하는데 있다.

- 14번째 달라이 라마

세상의 목적을 보다

지구상의 모든 것은 목적을 가지고 있고, 모든 질병은 치료를 위한 약초이며, 모든 사람은 사명이 있다. 이것이 세상을 바라보는 인도인의 방식이다.

- 포 에로우(Four Arrows),

Unlearning the Language of Conquest.

듣는 것보다 더 중요한 것은 없다.

당신이 들을 때, 당신은 관심을 보여주게 된다. 당신이 열심히 들을 때, 당신은 다른 사람의 가치를 확고히 하게 된다. 당신이 인내심 있고 정중하게 들을 때, 당신은 인정과 이해를 제공하게 된다. 듣는 것은 강력한 행동이다.

당신은 물론 다른 사람의 말과 문장을 들을 수도 있다. 그들의 생각, 기억, 감정의 범위는 당신에게 만큼이나 그들에게도 상당히 드러날 수 있다. 당신의 귀 기울임은 매우 치료적이다.

또한 당신은 목소리 음량과 억양, 말의 속도와 리듬, 어떤 잠깐의 멈춤과 긴 침묵과 같은 단어 이상의 것을 들을 수 있다. 보통 당신은 누군가가 말하는 것보다 말하는 방식에서 더 많은 것을 얻을 것이다.

당신은 눈으로 들을 수 있다. 언어적 메시지의 절반 이상은 말하는 사람이 어떻게 보이고 움직이는 지에서 온다. 이러한 사실은 특히 놀랍도록 정밀하게 수천가지 표현을 드러낼 수 있는 작은 근육들로 이루어진 상대방의 얼굴에서 드러난다. 게다가, 당신의 눈은 거의 모든 사람들이 자각하지 못한 상태에서 잘 듣기 위해서 하는 '입술을 보고 상대의 말을 이해하는 것' 을 가능하게 해준다.

그리고 당신은 보이는 두 개의 귀로는 들을 수 없는 것을 보이지 않는 당신의 세 번째 귀로 들을 수 있다. 때때로 사람들은 그들의 모든 말, 소리, 침묵 속에서 자신의 진실을 당신에게 조용히 속삭인다.

가장 중요한 것은 얼마나 오래 듣느냐가 아니라 얼마나 잘 듣고 얼마나 기꺼이 듣느냐이다. 당신의 듣기는 그만큼 중요하다.

- 제임스 E. 밀러(James E. Miller), *The Gift of Healing Presence*

평화 만드는 가치를 선택하기

서클은 인간관계에 대한 고대의 지혜를 적용함으로써 갈등을 기회로 바꾼다. 이 지혜는 인간의 행동에 있어서 가치가 갖는 역할을 평가하는 것으로 시작된다. 가치들은 인생에 있어서 우리의 나침반이다. 어떠한 상황에 우리가 가져오는 가치가 이 상황에 우리가 어떻게 반응할 지를 결정한다. 그러므로 어떤 갈등을 다루기 전에, 우리는 우리의 가치를 명확히 할 필요가 있다. 어떤 가치가 가능한 최선의 방법으로 우리의 차이점을 해결하는데 도움을 줄 수 있을까?

- 케이 프라니스(Kay Pranis), 배리 스튜어트(Barry Stuart), 마크웨지(Mark Wedge)

『평화형성서클』*Peacemaking Circles:From Crime to Community*

보편적인 핵심 가치

전 세계에 평화형성서클을 도입한 경험에서 우리는 모든 문화, 삶의 발걸음, 그리고 종교적 관점에서 사람들이 그들의 상호작용을 인도하기 위한 동일한 핵심 가치를 찾는다는 것을 발견했다. ... 하지만 사람들은 가치에 대한 그들만의 경험을 가지고 있기 때문에, 같은 가치가 많은 의미를 가질 수 있다.

우리는 각 그룹이 그들의 가치를 함께 탐구해야 한다는 것을 발견했다. 그러면 그들은 관련된 사람들이 가진 각각의 가치들이 무엇을 의미하는지 공통된 이해를 하게 된다. 가치에 대한 사람들의 경험을 탐구하는 것은 서클을 하나로 만드는 데 중요한 역할을 한다. 이는 필수적인 출발점을 형성하며 상당한 시간을 차지할 수 있고 심지어 여러 세션에 걸쳐 확장될 수 있다.

- 케이 프라니스(Kay Pranis), 배리 스튜어트(Barry Stuart), 마크웨지(Mark Wedge),

『평화형성서클』*Peacemaking Circles*.

개인의 가치 VS 갈등 규범

고대의 지혜는 우리가 좋은 관계를 만들기 위해 사용하는 가치가 갈등에서 사용할 필요가 있는 가치라는 것을 정확하게 암시한다. 우리가 어려운 대화에서 핵심가치를 지킬 때, 대화의 결과야 어떻하든 갈등은 우리의 관계를 변화시키고 더 강하게 만들 수 있는 기회가 된다. 우리의 가치에 따라 행동하는 것은 포기하거나 항복하는 것이 아니라, 다른 방식으로 갈등을 다루는 것을 의미한다. 서클은 서클의 틀, 과정, 그리고 신성한 공간을 통해 우리가 핵심가치에 더 쉽게 도달하게 한다. 특히 감정적으로 격렬한 상황에서 그렇다. 가치는 서클을 어떻게 실행해야 하는가에 대한 것이 아니라 서클 안에서 어떻게 있을 것인가에 대한 것이다. 우리는 서클 안에서 다른 사람들이 어떻게 각자의 가치에 따라 행동하는지 관찰할 수 있고, 그것이 각자에게 가치에 맞게 행동하고 싶은 영감을 준다.

우리가 깊이 듣고 마음으로부터 이야기 할 때, 서클의 가치는 우리를 위계적인 사고와 전문성을 넘어서 우리 안의 가장 아름다운 모습을 드러나게 한다. 마음 속 깊이 억눌려 있던, 다른 사람에게 좋은 방법으로 다가가고자 하는 본능을 따를 용기를 발견한다.

- 케이 프라니스(Kay Pranis), 배리 스튜어트(Barry Stuart), 마크웨지(Mark Wedge),
『평화형성서클』*Peacemaking Circles*.

우리의 투쟁

우리 모두는 사랑하는 사람인 동시에 파괴자이다. 우리는 모두 두려움을 느끼는 동시에 깊이 신뢰할 수 있기를 원한다. 이것이 우리가 겪는 모순이자 어려움이다. 우리는 반드시 우리 안에 가장 아름다운 것이 드러나도록 도와야하고, 어둠과 폭력의 힘을 전환해야한다. 나는 "이것이 나의 연약함입니다. 나는 반드시 이것에 대해 배우고 건설적인 방법으로 이것을 사용할 것입니다."라고 말할 수 있음을 배웠다.

- 장 바니에(Jean Vanier)

나는 당신인가 아니면 당신이 나인가 In Lak'ech

당신은 또 다른 '나' 이다

만일 내가 당신에게 해를 끼친다면

나는 나 자신을 해롭게 한 것이다.

만일 내가 당신을 사랑하고 존중한다면

나는 나를 사랑하고 존중한 것이다.

- 루이스 발데즈(Luis Valdez, 1971)가 쓴 마야의 시 "Pensamiento Serpentino"

내면의 교사

신뢰의 서클을 위한 근본적인 토대는 우리가 내면의 교사, 즉 다른 사람을 그들의 내면으로부터 인도해낼 수 있는 내면의 빛을 신뢰하는 것이다. 인도해 내는 일은 사람의 외부에서 나올 수 없다. 그래서 그룹은 당신이 '당신 내면의 교사의 말을 충실히 들을 수 있는 공간' 에 있도록 붙잡아 주어야한다.

- 파커 파머(Parker Palmer), 『다시 집으로 오는 길』

서로 고치거나, 구하려하거나, 충고하거나, 바로잡으려 하지 않기

당신이 나에게 당신의 깊은 질문에 대해 말할 때, 당신은 그것이 해결되거나 구원받기를 원하지 않는다. 당신은 단지 보여지고 들려지기를 원하고, 당신의 진실을 인정받고 존중받고 싶어 한다. 만약 당신의 문제가 깊은 영혼의 것이라면, 무엇을 해야 하는지는 당신의 영혼만이 알고 있다. 나의 주제넘은 충고는 단지 당신의 영혼을 숲 속으로 돌려보낼 수 있을 뿐이다. 그래서 당신이 나에게 그런 투쟁에 대해 말할 때 내가 할 수 있는 최고의 서비스는 당신이 내면교사의 말을 들을 수 있도록 그 공간에 당신을 충실하게 붙잡아 두는 것이다. 하지만 당신을 그런 식으로 붙잡으려면 시간, 에너지, 인내심이 필요하다. 당신에게 어떤 일이 일어나는지 겉으로 드러나지 않은 채, 시간이 똑딱거리며 흐르면, 나는 불안하고 쓸모없고 어리석음을 느끼기 시작한다. 그리고 내가 해야 할 다른 것들에 대해 생각하기 시작한다. 당신의 영혼을 들을 수 있도록 우리 사이의 자리를 열어두는 대신에 나는 조언으로 그 사이를 채운다. 그러나 이는 내 불안을 덜고 내 삶을 영위하기 위해서이지 그것이 당신의 필요를 채우지는 않는다. 그러면 나는 '도우려고 했어' 라고 말하면서, '문제 있는 사람' 인 당신으로부터 벗어날 수 있다. 내가 고결한 채 하며 떠나가면 당신은 보이지도 들리지도 않은 채 남아있게 된다.

- 파커 파머(Parker Palmer), 『다시 집으로 오는 길』

우리 자신의 중심에서 서클의 중심으로 말하기

내용이 무엇이든 간에, 신뢰의 서클에서 우리의 진실을 말하는 것은 항상 같은 형태를 취한다. 그 형태는 우리 자신의 중심에서 원의 중심으로 말하는 것이다. 이런 대화는 우리의 지성과 자아가 누군가의 지성과 자아에 영향을 미치기 위해 직접적으로 말하는 일상적인 대화와는 뚜렷한 차이가 있다.

우리가 언제 자기의 중심으로 말하고 있는지 깨닫기는 어렵지만, 우리가 언제 서클의 중심을 향해 말하고 있는지를 알아차리기는 어렵지 않다. 표현적인 말하기를 할 때는 수단적인 말하기를 할 때보다 스트레스를 덜 받는다. 우리가 서클의 중심을 향해 이야기할 때는, 다른 이에게 영향을 주려고 하지 않기에 기운이 넘치고 편안함을 느끼게 된다. '다른 동기 없이 그저 진실을 말하기' 에 대한 자기 확신을 가진다면 서클의 중심을 향해 말하기의 실천은 쉬워진다.

신뢰의 서클에서는 듣는 방법이 말하는 방식만큼 중요하다. 누군가가 자신의 중심에서 서클의 중심으로 말할 때, 다른 이들은 확언이나 반박, 또는 발언자에게 영향을 미치려고 해서는 안 된다. 우리가 할 수 있는 한 모든 말을 그대로 받아들일 줄 알아야 한다.

- 파커 파머(Parker Palmer), 『다시 집으로 오는 길』

고정관념:우리 사이의 거리

여기서 나는 목표를 아는 것의 중요성을 다시 강조한다. 서로 다른 배경을 가진 사람들의 상호작용이 서로에게서 배우는 것을 목표로 할 때, 이는 그들 사이의 잠재적인 긴장을 완화시켜주고 발생하는 실수를 덜 중요하게 여기게 된다. 신뢰가 만들어 진다.

고정관념은 일반적인 현상이다. 우리 모두에게 항상 일어나는 일이다.

정체성에 대한 부정적인 고정관념은 우리 주변의 공기와 같이 무수히 존재한다. 우리가 고정관념과 연관된 상황에 처할 때, 그 관점으로 판단 당하거나 혹은 대우받을 수도 있다. 이는 만약 우리가 하는 일에 어떤 투자를 받는다면 이와 관련된 걱정거리를 함께 받는 것과 마찬가지이다. 우리는 고정관념을 반증하거나 이를 확인하려 하지 않는다. 그리고 상투적으로, 하던 데로 자신을 표현한다.

우리는 고정관념에 대처해야 하는 상황을 피하려고 한다. 고정관념이 우리의 모든 것을 결정하는 것은 아니지만, 이는 자주 지속적으로 우리의 인식 아래에서 우리의 행동과 선택, 삶을 조직한다. 그럼에도 우리는 스스로를 자율적인 개인이라고 생각하며 우리에게 합당한 선택을 한다고 믿는다. 하지만 우리는 항상 맥락 안에서 선택한다. 그리고 우리의 사회적 정체성과 관련된 압력은 이러한 맥락의 구성요소이다.

- 클라우드 M. 스틸(Claude M. Steele)

전통적인 세계는 주로 감각과 경험의 세계라는 것을 인식해야 한다. 모든 사람을 둘러싼 수천 개의 관계는 주로 감사, 존경, 겸손과 같은 가치에 중점을 둔 감정적 관계에 기반한다. 그만큼 모든 일에 있어 최선을 다해 선하게 대하고 환대와 감사가 있는 세계, 풍요롭고 편안한 세계였다. 또한 사랑, 존경, 보살핌, 공유, 자신의 가치에 대한 확신 그리고 신체적, 정신적, 감정적, 정신적인 면에서 상호 연결의 비전으로 둘러 싸여 아이들이 번창하는 세계였다. 그러나 백인이 도착했고, 그는 사물을 완전히 다른 방식으로 보았다.

- 루퍼트 로스(Rupert Ross),

인간으로서, 우리는 우리 부족Siksikaitsitapi을 우주적이라고 생각합니다. 왜냐하면 우리는 서로 연결되어 있고, 모든 시간과 관련된 것이기 때문입니다. 니티타피 논리를 따르는 것은 우주의 전체적인 상호 연결성을 경험한다는 것을 의미합니다.

- 베티 바스티엔(Betty Bastien),

Blackfoot Ways of Knowing:The Worldview of the Siksikaitsitapi

모든 생물의 마지막이자 가장 의존적인 존재로 탄생한 남성과 여성은 그들 자신을 위해 'Anishinaubeg' 라는 집단 형태로 이름을 지었다. 이러한 명칭은 남성과 여성이 일반적으로 '그들의 모든 노력과 열망이 좋은 뜻을 가지고 있다' 라는 가정으로부터 비롯된 인간 본성의 근본적인 선함에 대한 그들의 이해를 담고있다. 인간 본성의 선천적인 선함에 대한 믿음은 남아있었고, 남성과 여성에게 가치, 평등, 그리고 자부심을 부여해 주었다.

- 바질 H. 존스턴(Basil H. Johnston),

foreword to Dancing with a Ghost:Exploring Aboriginal Reality by Rupert Ross

연결은 우리가 여기에 있는 이유

우리가 여기 온 이유는 연결입니다. 우리는 다른 사람들과 연결되어 있습니다. 연결은 우리의 삶에 목적과 의미를 주고, 연결 없이는 고통만 존재할 뿐입니다.

- 브레네 브라운(Brené Brown), *Daring Greatly: How the Courage to Be Vulnerable Transforms the Way We Live, Love, Parent and Lead*

적들의 숨겨진 역사

만일 우리가 적의 숨겨진 역사를 읽을 수 있다면,

우리는 그가 가진 슬픔과 고통을 통해 적대감을 없앨 수 있다.

- 헨리 워즈워스 롱펠로우(Henry Wadsworth Longfellow)

세상의 모든 구덩이

그 때 나는 그들 모두의 가장 높은 산 위에 서 있었고, 내 아래 주변에는 마치 세상의 모든 구덩이가 보이는 듯 했습니다. 거기에 서 있는 동안 나는 내가 알 수 있었던 것보다 더 많이 보았고 본 것보다 더 많은 것을 이해했습니다. 나에게 모든 형상이 거룩하게 보였고, 모든 형상이 한 존재처럼 함께 살아야 함을 알게되었습니다. 내게는 나의 백성 같아 보이는 신성한 구덩이들이 넓게 퍼진 하나의 원을 이루고 있는 것처럼 보였고, 그 한 가운데에는 모든 이의 부모가 자신의 모든 자녀들을 보호하기 위해 마련한 것과 같은 커다란 꽃나무가 자라는 것을 보았습니다. 나는 그 거룩함을 보았습니다.

- 블랙 엘크(Black Elk), from Neihardt, *Black Elk Speaks*.

우리가 그물망에 하는 모든 것은 우리 스스로에게 하는 것

당신의 아이들에게 꼭 가르쳐주세요.

우리들의 발 밑 땅은 우리 선조들의 재로 이루어졌다는 것을. 그래서 우리가 땅을 존중해야 한다는 것을. 그 땅은 우리 가족의 삶과 함께 풍부해진다는 것을 말해 주세요. 우리의 아이들에게 우리가 가지고 있는 생각을 가르쳐주세요. 그것은 땅이 곧 우리의 어머니라는 것이죠. 그 땅에 안 좋은 일이 닥치더라도, 그 땅의 아이들과 딸들에게 안 좋은 일이 닥치더라도 말이에요.

우리가 아는 건 단지 이것뿐. 땅이 우리에게 속한 것이 아니라 우리가 땅에 속한 것. 모든 것은 다 연결되어 있어요. 마치 한 가족이 하나의 피로 연결되어 있듯이.

우리는 삶의 그물망을 스스로 짤 수 없어요. 우리는 생명의 그물망을 좌초시키는 존재일 뿐이에요. 우리가 그물에 하는 모든 것은 우리 스스로를 위해 하는 것이에요. 모든 것은 다 연결되어 있으니까요.

- 시애틀 추장(Chief Si' ahl, Seattle), 드와미쉬족.

호피족 원로의 말

지금 우리 앞에 아주 빠르게 흐르는 강이 있습니다. 너무 크고 빠르기 때문에 두려워하는 사람들이 있죠. 그들은 그 강물을 멈추게 하려고 노력할 것입니다. 그러나 그들은 이내 그짓은 불가능하다고 느끼며 고통스러워 할 것입니다.

강은 목적지를 가지고 흐른다는 것을 기억하십시오. 어떤 원로들은 우리가 강가에서 내려와 강 한가운데로 들어가, 두 눈을 뜨고, 물을 바라보아야 한다고 말합니다.

그러나 나는 말합니다. 지금 누가 여러분과 함께 있는지 주위를 살펴보고, 그 함께 있음을 축하하십시오. 역사의 현 시점에서, 우리는 어떤 최소한의 것도 개인만을 위해 받아들여서는 안 됩니다. 우리가 그렇게 하는 순간, 우리의 영적 성장과 여행은 중단됩니다. 외로운 늑대의 시간은 끝났습니다. 정신 차리십시오! 당신의 태도와 어휘에서 '투쟁' 이라는 단어를 제외하세요. 우리가 지금 하는 모든 일은 거룩한 방식으로 축하하며 행해지기를 바랍니다. 우리는 서로가 기다려왔던 사람들입니다.

- 인디언 호피족 원로

연민의 원을 넓히십시오

인간은 '우주' 라고 불리는 전체의 일부입니다. 인간은 자신의 생각과 감정을 다른 것과 분리된 무언가로 경험합니다. 일종의 착시현상이죠. 이런 양상은 일종의 감옥처럼 개인적인 욕망과 가까운 몇 사람에 대한 애정으로 우리를 제한합니다. 우리의 임무는 모든 살아있는 생물들과 아름다운 자연 전체를 포용하도록 연민의 범위를 넓힘으로써 이 감옥에서 우리 자신을 자유롭게 하는 것이어야 합니다.

- 알버트 아인슈타인(Albert Einstein)

내가 이 사실을 말하면, 나에게 일어날 수 있는 최악의 상황은 무엇일까?

내가 더 이상 말을 하던 말던 간에 나는 조만간 죽을 계획이었습니다.

침묵은 나를 지켜주지 않습니다. 여러분의 침묵도 여러분을 보호하지 못할 것입니다. 여러분이 아직 하지 못하는 말은 무엇입니까? 여러분으로 하여금 매일 마른 침을 삼키며 침묵 속에서 죽어가게 만드는 폭력과 억압은 무엇입니까? 우리는 표현에 대한 우리 자신의 욕구보다 공포심을 더 존중하도록 사회화 되었습니다.

나는 매번 이렇게 묻기 시작했습니다. "내가 이 사실을 말하면, 나에게 일어날 수 있는 최악의 상황은 무엇일까?" 다른 나라의 여성들과는 달리, 우리의 침묵은 우리가 교도소에 가거나, 사라지거나, 밤에 도망가게 할 것 같지는 않습니다. 그러나 우리의 발언들은 어떤 사람들을 짜증나게 할 것이고, 우리를 가식적이거나 과민하다고 부를 것이고, 몇몇 저녁파티를 방해하게 될 수도 있습니다. 그러면서 우리의 강연은 법이 바뀌고 삶이 구원받고 세상이 영원히 바뀔 때까지 다른 여성들이 말할 수 있도록 해줄 것입니다.

당신도 다음에 한 번 물어 보세요. "나에게 일어날 수 있는 최악의 상황은 무엇일까" 그리고 나서 당신이 할 수 있는 것보다 조금 더 멀리 발걸음을 내딛어 보세요 여러분이 말하기 시작하면 사람들은 여러분에게 소리를 지를 거예요. 방해하고, 내려놓으라고 말하고, 그것은 사적인 것이라고 말할 것입니다. 그리고 그런 세상은 끝나지 않을 것입니다.

그러나 말하는 것이 점점 더 쉬워질 것입니다. 그리고 당신은 어쩌면 가지고 있었다는 사실 자체를 깨닫지 못했던 자신의 비전과 사랑에 빠지게 될 것입니다. 여러분은 몇몇 친구들과 연인들을 잃게 되겠지만, 이젠 여러분이 그들을 그리워하지 않는다는 것을 깨닫게 될 거예요. 그리고 새로운 사람들이 당신을 찾아주고 당신을 소중히 하게 될 것입니다. 여러분은 여전히 손톱정리를 하고, 화장을 하고, 파티를 할 것입니다. 왜냐하면 엠마 골드만이 말하길, "내가 춤을 출 수 없다면, 나는 당신의 혁명의 일부가 되고 싶지 않아요."라고 말했거든요. 그리고 마침내 여러분은 진실을 말하는 것보다 더 무서운 한 가지를 확실히 알게 될 것입니다. 그것은 바로 '말하지 않는 것' 입니다.

- 오드레 로드(Audre Lorde)

앉아서 숨 쉬는 것만으로도 행복해진다면

우리는 앉아서 숨을 들이쉬고 내쉬는 것만으로도 매우 행복할 수 있습니다. 무엇을 하거나 성취할 필요는 없습니다. 단순히 여기에 있다는 기적을 즐기면 됩니다.

- 틱낫한(Thich Nhat Hanh)

서클에 대한 시

원은 우리를 돕는다.
함께 함을
배우기 위해
모인 이 여행에서

우리는 끊임없이
그 힘을 탐구한다.
그 길은 분명하다.
우리는 이 여행을 시도할 만큼 용감한가?
믿음을 가지고
한 발 앞을 내딛는다.
거룩한 형상으로
모두는 평등하다.
겹겹이 쌓인

우리의 겉모습은 넘어지기 시작한다.

무엇이 드러날까.

슬픔, 고통, 기쁨,

질문, 두려움, 희망, 욕망

모든 서클에는

모두를 위한 공간이 있다.

모든 서클이

끊임없는 가능성을

가지고 있다.

당신이 해를 입었거나

누군가에게 해를 입혔다면

서클에 오기를 초대한다.

갈등이 있을 때

그 과정을 신뢰하라.

끈기있게 지켜보고

갈등을 전환하라.

그것은 가능하다.

우리는 듣고 나눈다.

토킹피스가 돌아갈 때,

이해가 깊어진다.

우리의 이야기는 나타낸다.

우리가 공유하는 깊은 연결에서

치유가 일어난다.

이 신비 속에서

깊은 유대를 발견한다.

인생의 비밀.

그곳에 지혜가 있다.

서로에 대해 발견되는-

진실은 그 안에 있다.

- 콜 트리스틴 박(Cole Christine Park)

현명한 여인의 돌

산을 여행하던 현명한 여인은 강에서 귀중한 돌을 발견했다. 다음날 그녀는 배가 고픈 다른 여행자를 만났고, 현명한 여인은 그녀의 음식을 나누기 위해 가방을 열었다. 배고픈 여행자는 그녀의 가방 안의 귀한 돌을 보고 그 여인에게 그 돌을 달라고 부탁했다. 그녀는 망설이지 않고 그 돌을 주었다. 그 여행자는 운이 좋다며 떠났다. 그는 그 돌이 평생 동안 그에게 안정을 보장해주기에 충분한 가치가 있다는 것을 알고 있었다. 그러나 며칠 후, 그는 그 돌을 그 현명한 여인에게 돌려주기 위해 돌아왔다. "저는 이 돌이 얼마나 귀중한지 알고 있지만, 당신이 더 소중한 무언가를 줄 수 있기를 바라며 이것을 돌려줍니다." 라고 그가 말했다. "당신 안에 있는 것을 나에게 주세요. 당신으로 하여금 내게 돌을 돌려주도록 한 바로 그것을요."

- 익명

우리가 기다려온 것은 바로 우리 자신입니다.

우리에게 무언가를 알려줄 사람은 필요하지 않습니다. 우리 자신은 우리가 기다려왔던 사람입니다. 우리는 스스로를 인도해 줄 감정들을 마음 속 깊은 곳으로부터 알고 있습니다. 우리의 임무는 우리 내면의 지혜를 믿는 법을 배우는 것입니다.

- 소냐 존슨(Sonia Johnson), 유럽계 미국인 페미니스트, 사회 운동가, 작가

당신이 꿈꿔왔던 것 이상의 당신이 될 수 있습니다.

시냇물이 흐르고 있었습니다. 그것은 바위 주위를 돌고 산을 지나 사막에 이르렀습니다. 시냇물은 다른 모든 장벽을 넘은 것처럼, 이 사막을 가로지르려고 했지만, 자꾸 모래 속으로 스며들어가는 것을 알게 되었습니다. 여러 번의 시도 끝에 결국 시냇물은 매우 낙담하게 되었습니다. 그 여행을 계속 할 방법이 없어보였기 때문이죠.

그러자 바람이 말했습니다. "당신이 있는 그대로 머물러 있으면, 모래사장을 건널 수 없습니다. 더 나아가기 위해서는 스스로를 잃어야 할 것입니다." 이에 시냇물이 말했습니다. "하지만 만약 내가 스스로를 잃는다면, 나는 내가 어떤 사람이 되어야 하는지 결코 알지 못할 거예요." "아, 반대로." 라고 바람이 말했습니다. "당신이 자신을 잃으면, 당신은 당신이 꿈꿔왔던 것 이상의 당신이 될 수 있습니다." 그래서 시냇물은 작렬하는 태양에 항복했습니다. 그리고 그렇게 만들어진 구름은 강한 바람에 의해 수 킬로미터를 옮겨갔습니다. 사막을 건너자, 시냇물은 신선하고 깨끗하며 강한바람으로부터 얻은 에너지로 가득 차 있었습니다.

- 수피의 가르침

"사람의 진가는 편안함과 편리함의 순간에서가 아니라 도전과 논쟁의 시기에서 드러난다."

- 마틴 루터 킹 주니어(Martin Luther King, Jr.)

분열에는 세계의 큰 불행이 있고, 연민에는 세계의 진정한 힘이 있다.

- 부처(Buddha)

혼잡함에서 단순함을 찾으십시오. 불협화음에서 조화를 찾으십시오. 어려움의 한가운데에 기회가 있습니다.

- 알버트 아인슈타인(Albert Einstein)

내면의 전쟁은 언제나 있었습니다. 전쟁을 일으키는 내면을 정복할 때까지 싸워야 합니다.

- 마리안 무어(Marianne Moore)

가장 중요한 첫 번째 평화는 사람들의 영혼 안에 있는 것입니다. 그들이 그들의 관계, 우주의 모든 힘, 그리고 우주의 중심에 있는 모든 힘을 깨달을 때 말입니다.

- 검은색 엘크(Black Elk)

천 개의 속이 빈 단어보다 더 나은 것은 평화를 가져오는 한 단어입니다.

- 부처(Buddha)

내가 이 세상에서 가장 놀랐던 게 뭔지 아십니까? 무력으로 무엇도 창조할 수 없다는 것입니다. 결국 칼은 언제나 영혼에 의해 패배합니다.

- 나폴레옹 보나파르트(Napoleon Bonaparte)

옳고 그름의 관념. 저 너머에 들판이 있다. 그 곳에서 당신을 만나고 싶다.

- 루미(Rumi)

의식은 '여러분이 어떤 사람이고 어떤 사람이 될 수 있는지를 단순히 경험하고 보여줄 수 있는 공간입니다. 이곳은 창조적 생성공간입니다.'

- 요셉 캠벨(Joseph Campbell)

부록 2
공간 열기와 닫기를 위한 요가
Using Yoga for Openings and Closings in Circle

요가는 우리의 몸의 이야기를 경청하고, 이에 응답하는 것입니다. 요가는 우리를 구성하고 있는 모든 부분의 관계를 강화시킵니다. 또한 요가는 요가 자세에서 중심을 찾아가는 것처럼, 우리가 남은 인생동안 삶의 중심을 찾고, 우리에게 맞는 길을 따라간다는 삶의 은유를 담고 있습니다.

다음은 간단한 요가 자세들입니다. 요가는 단순히 의식을 가지고 호흡하고 움직이는 것입니다. 당신이 숨을 쉴 수만 있다면, 요가를 연습할 수 있습니다.

1. 마운틴 포즈 Mountain pose

발을 엉덩이 폭보다 약간 적게 벌리고 발의 바깥 가장자리가 평행하게 서십시오. 여러분의 의식을 다리로 옮겨서 발목 관절을 시작으로 하늘을 향해 확장되는 느낌을 받습니다. 똑바로 서서 동시에 긴장을 푸는 것은 어렵지 않습니다. 척추가 팽팽해지면 척추가 더 길어집니다. 어깨에 팔이 매달려있는 것을 느끼세요. 힘을 빼고 팔을 그냥 완전히 놓아주세요. 어깨가 부드러워지면 목과 머리의 긴장도 풀어져 어깨 밖으로 솟아나오는 것처럼 느껴집니다. 입을 벌리고, 혀와 턱을 떼고. 이렇게 함으로써 신체의 다른 부분들의 긴장도 풀어줄 수 있는 지 관찰합니다. 머리를 마치 막대기 끝에 있는 헬륨풍선이라고 생각하세요. 그렇게 머리를 무중력상태로 둡니다. 이제 여러분의 척추를 상상해보세요. 자신의 몸 어디가 무거운지 느끼기 위해 여러분의 몸을 마음속으로 천천히 살펴보세요.

호흡을 알아차려보세요. 천천히 깊은 숨을 쉬세요. 호흡을 반복하면서 각 호흡이 척추에 미치는 영향을 느껴보세요. 여러분의 몸은 각기 고유의 지능을 가지고 있습니다. 호기심을 가져봐요. 호흡을 따라 여러분의 몸이 열리고 확장되는 곳을 느끼세요.

2. 호흡 균형 맞추기-나디 쇼다나호흡Alternate Nostril Breathing

1. 편안하게 앉거나 서세요. 오른쪽 검지와 중지를 손바닥 중앙을 향해 접습니다. 양쪽 콧구멍으로 숨을 가득 들이 마시세요.
2. 오른손 엄지로 오른쪽 콧구멍을 닫고 왼쪽 콧구멍으로 숨을 내쉬세요.
3. 여전히 오른쪽 엄지가 오른쪽 콧구멍을 덮고 있는 상태에서 이제 왼쪽을 통해 숨을 들이마십니다.
4. 약지와 새끼손가락으로 왼쪽 콧구멍을 닫습니다.
5. 엄지를 떼고 오른쪽 콧구멍으로 숨을 내쉬세요.
6. 오른쪽으로 숨을 가득 들이 마시세요.
7. 오른쪽 콧구멍을 닫고 약지와 소지를 뗀 후, 왼쪽 콧구멍으로 숨을 내쉬세요.

이것이 한 세트입니다. 3-7세트 정도를 반복합니다.

3. 롤 다운Roll Downs

1. 마운틴 포즈로 서서 골반넓이로 발을 벌리세요. 여러분은 척추를 아래로 굴려서 앞으로 접기 위해 몇 번 숨을 쉴 것입니다.
2. 숨을 내쉬면서 머리를 앞으로 숙여보세요. 어깨가 어떻게 따라가고 싶은지 느껴보세요. 무릎을 약간 구부리세요. 다음 번 숨을 내쉬며, 어깨와 등을 더 구부려주세요. 이번에 숨을 들이마실 때에는 어깨와 등을 더 동그랗게 감아주세요. 팔이 어깨에 수동적으로, 또 수직적으로 매달려 있게 될 거예요. 계속해서 숨을 내쉬며, 머리는 더 내려갑니다. 무릎을 더 굽힐수록 더 굽어지게 됩니다. 계속 내려가세요.

3. 비록 다리가 움직이지만, 상체는 엉덩이에 매달려 있어요. 상체를 헝겊인형이라 생각해 주세요. 여러분의 의식을 어깨로 옮기고 팔을 뻗도록 충분히 긴장을 푸세요. 목 뒤쪽을 느슨하게 하여 정수리가 바닥에 닿게 합니다.
4. 호흡과 관련된 움직임을 관찰하면서 몇 차례 숨을 쉬세요. 여러분이 숨을 들이마실 때, 몸의 중심에는 상승에너지가 있습니다. 만약 여러분의 무릎이 충분히 구부러진다면, 치골에서 목까지 늘어나는 것을 느끼게 됩니다. 숨을 내쉬면 갈비뼈가 허벅지에 더 가까워집니다.
5. 몸이 올라갈 시간이 되면, 무릎을 구부리고, 몇 번 숨을 쉬면서, 마치 마지막 척추 위에 각 척추를 쌓아올리는 것처럼, 천천히 구릅니다. 숨을 내쉬고 팔을 옆으로 펴세요.

4. 태양 경배 자세 도입부–수리야 나마스카라– Opening to Sun Salutations

1. 손바닥을 가슴 앞에 모으고, 발을 딛어 발바닥을 통해 지구와의 연결을 느껴봅니다.
2. 숨을 내쉬고 허리를 앞으로 접어서 상체를 아래로 내립니다. 무릎을 굽혀 편안하게 해주세요.
3. 숨을 깊게 들이마시고 서서 팔을 하늘로 올리세요. 손바닥을 머리 위로 모으고 위로 뻗으면서 고개를 들어 올려 손끝을 보세요.
4. 숨을 내쉬며 팔을 가슴 앞으로 가져오세요.
5. 숨을 들이마시며 팔을 바깥쪽으로 쓸어 하늘을 향해 올리면서 손끝을 함께 올려다봅니다. 이제 숨을 내쉬며 가슴 앞에서 손바닥을 아래로 내립니다.
6. 5번의 동작을 반복합니다.

5. 의자 요가

1. 중심잡기Centering

의자에 편히 앉으세요. 발바닥을 땅에 붙여주세요. 양 쪽 손바닥이 하늘을 향하도록 허벅지에 놓으세요. 등받이에 기대지 않도록 등을 곧게 펴고 앉으세요. 팔과 어깨를 편안하게 하고 턱을 바닥과 평행하게 하세요. 숨을 들이 마실 때마다 복부, 갈비뼈, 가슴의 팽창을 관찰해보세요. 호흡하며 몸이 부풀어 오름을 느낍니다. 날개뼈가 열려지는 것을 느끼고, 더불어 우리 몸의 장기들이 이완됨을 느낍니다. 허리 뒤쪽으로부터 숨을 위로 올리세요. 내쉬면서 자연스럽게 호흡을 느낍니다. 무거운 생각으로부터 머리는 가벼워질 것이고 여러분의 척추 위에 머리가 행복하게 떠오르는 것처럼 느껴질 겁니다. 연습할수록 중심잡기의 속도가 빨라집니다. 매일 여러분이 할 수 있을 때마다 집중하면서, 여러분의 긴장을 진정시키고 평화로운 내적인 모습으로 돌아가게 하세요.

2. 트위스트

엉덩이를 의자 뒤쪽에 붙여 앉으세요. 무릎과 발을 골반너비로 벌리세요. 다리가 쉽게 땅에 닿지 않으면 발을 받침대에 올려놓습니다. 팔을 공중으로 곧게 올리세요. 몸통을 엉덩이에서 들어올리세요. 왼쪽으로 비틀고 의자 등받이를 잡으며 그 자세를 유지합니다. 엉덩이와 무릎의 높이를 유지하면서 안정을 느끼며 움직이세요. 방향을 바꾸기 전에 10번 호흡하세요.

3. 앞으로 구부리기

의자에 앉아 다리를 넓게 벌리세요. 다리가 쉽게 땅에 닿지 않으면 발을 받침대에 올려놓습니다. 갈비뼈와 허벅지가 닿을 수 있도록 몸을 납작하게 앞으로 구부리세요. 헝겊인형처럼 여러분의 팔은 어깨에서 나오고 손은 바닥에 닿고, 손가락은 부드럽게 구부립니다. 상체가 더 무거워져요. 머리와 어깨를 완전히 놓아 바닥을 향해 내려오게 하세요. 천천히 걱정이 없어집니다. 이제 호흡을 깊게 하며 몸통의 앞부분이 허벅지까지 더 뻗어나가게 해 주세요. 숨을 내쉬는 과정을 살펴보며 얼마나 내 몸이 길어지는지 관찰하세요. 1분에서 5분 정도 이렇게 있어봅니다. 이제 천천히 올라오세요.

이러한 요가 동작과 움직임은 개별적으로 혹은 다양한 조합으로 서클의 열기와 닫기를 위해 사용할 수 있습니다. 직접 연습해보세요. 그러면 여러분이 무엇을 해야 할 지에 대해 설명하는대로 이 그룹을 이끌 수 있습니다.

가능한 연결동작의 예:

1. 마운틴 포즈-호흡 균형 맞추기-롤 다운-마운틴 포즈
2. 마운틴 포즈-태양 경배 자세 도입부
3. 의자 요가 중심잡기 앞으로 구부리기 - 팔을 위로 쓸어 올리기 - 손바닥을 가슴 앞으로 가져오기
4. 의자 요가 중심잡기-호흡 균형 맞추기- 트위스트**양쪽** - 의자 요가 중심잡기

*동작 옆의 요가명칭을 인터넷에 검색하여 실제 요가 영상을 참고할 수 있다.

부록 3
마음연결하기를 위한 여러 가지 조언
Tips for Alternate Check-ins

마음연결하기를 위한 질문들:

- 지난주의 가장 좋지 않았던 부분은 무엇인가요?
- 지난주의 가장 좋았던 부분은 무엇인가요?
- 오늘 기분은 어떤가요? 우리가 서로 알아야 할 중요한 게 있나요?
- 오늘 이 자리에 있는 것에 대해 어떻게 생각하시나요?
- 우리가 활동을 시작하기 전에 놓아버리고 싶은 것이 있다면 어떤 것인가요?
- 우리 사이에 오해를 예방하기 위해 우리가 알아두었으면 하는 당신의 근황은 어떤가요?
- 지금 여러분의 인생에 기쁨을 주는 것은 무엇인가요?

몸을 사용하여 마음연결하기:

모두 일어서도록 초대한다. 말을 쓰지 않고 몸으로 마음연결하기를 할 것임을 설명한다. 한 사람씩 순서대로 돌아가며 자신이 어떻게 느끼고 있는지에 대해서나 그곳에 오기 전에 무슨 일이 일어났었는지에 대해서 혹은 그 그룹에 중요하게 전달하고 싶은 것에 대해 몸으로 이야기할 것이다.

예를 들어, 사람들은 일어나서 샤워를 하고, 개를 데리고 나가거나, 운전을 하거나 혹은 그 장소로 걸어가거나, 서둘러 돌아다니거나, 좋은 소식이나 나쁜 소식으로 전화를 받는 등의 무언극을 할 수 있다. 한 참여자가 혼자서 자신의 무언극을 하고나면, 서클 안에 있는 다른 참여자들은 즉시 똑같은 동작을 반복한다. 그러고 나서 다음 참여자가 자신의 무언극을 한다. 모든 참여자가 할 때까지 반복한다. 물론 패스는 항상 허용된다. 진행자가 먼저 본보기로 보여주며 시작한다.

예술자료를 사용하여 마음연결하기:

참여자들이 사용할 수 있는 예술 자료들을 준비해둔다. 참여자들에게 자신이 지금 느끼고 있는 감정이나 마지막으로 만난 이후 지금까지 어떻게 지내고 있는지를 상징하는 무언가를 예술 자료를 사용하여 만들어내도록 요청한다. 마음연결하기를 할 때 자신의 작품에 대해 공유한 후 원 중앙에 놓는다. 참여자가 원한다면 작품을 만드는 것이나 그것에 대해 공유하는 것, 그리고 작품을 원 안에 두는 것 중 무엇이든 패스할 수 있다. 만약 소극적인 성향의 그룹이라면 진행자가 먼저 본보기로 보여주며 시작한다.

치유의 바퀴로 마음연결하기:

원 이미지를 네 개의 동일한 부분으로 나눈 시트를 준비한다. 이 네 개의 부분은 정신적, 육체적, 감정적, 영적 부분으로 나눈다. 참여자들에게 자신의 삶의 네 가지 각 부분에서 어떻게 하고 있는지 설명할 수 있는 한 두 단어를 적어달라고 요구한다. 마음연결하기를 할 때 각 부분에 자신이 적은 단어를 공유한다.

부록 4
서클을 위한 간단한 질문들

가치 탐색:

- 내가 인간으로서 가장 최고의 모습일 때, 자신을 무엇이라고 말할 수 있나요? 단어 또는 짧은 문장
- 내가 인생에서 중요한 사람과 갈등을 빚고 있다고 상상해봅니다. 그 갈등을 해결하려고 할 때 가장 따르고 싶은 가치는 무엇인가요?
- 우리가 함께 하는 공간에 어떤 가치를 제공하고 싶나요?
- 내가 하는 일은 무엇이고 당면한 어려움은 무엇이 있나요?
- 내가 열정을 가지고 있는 것은 무엇인가요?
- 나의 삶에서 계속되는 패턴은 무엇인가요?
- 무엇이 나의 마음을 움직이나요?
- 무엇이 나에게 희망을 주나요?
- 무엇이 존중을 보여주나요?
- 가족에 대해 소중하게 여기는 것은 무엇인가요? 그 이유는?
- 자신에 대해 소중하게 여기는 것은 무엇인가요? 그 이유는?
- 삶에서 감사하는 것은 무엇인가요? 그 이유는?
- 내가 원하는 것want과 필요한 것need은 무엇인가요? 그 차이점은 무엇인가요?
- 힘에 대해 무엇을 배웠나요? 그것이 나에게 무엇을 의미하나요?
- 직업에 대해 무엇을 배웠나요? 그것은 나에게 무엇을 의미하나요?

- 돈에 대해 무엇을 배웠나요? 그것은 나에게 무엇을 의미하나요?
- 경험에 비추어보아, 무엇이 치유에 도움이 되었나요?
- 어려운 시기에 나를 지탱해주는 것은 무엇이었나요?

친해지기:

- 행복한 어린 시절의 추억을 들려주세요.
- 직장 혹은 인생에서 재미있었던 이야기를 들려주세요.
- 만약 내가 슈퍼히어로가 될 수 있다면 어떤 초능력을 갖고 싶나요?
- 나의 일이나 주요 활동과 관련해서 감사한 것은 무엇인가요?
- 나의 가장 친한 친구는 나를 어떻게 묘사할 것 같나요?
- 내 삶에서 바꾸고 싶지 않은 것은 무엇인가요?
- 가족 중 더 이상 살아 있지 않은 사람과 이야기를 나눌 수 있다면, 누구와 이야기를 나누고 싶나요? 그 이유는?
- 나에게 자유롭게 보낼 수 있는 하루가 주어진다면, 무엇을 하고 싶나요?
- 내가 동물이라면, 어떤 동물이고 싶나요? 그 이유는 무엇인가요?
- 항상 나를 웃게 만드는 두 가지사람이나 혹은 그 외 어떤 것는 무엇인가요?
- 내가 수집하기 좋아하는 것은 무엇인가요?
- 젊은 사람들의 좋은 롤 모델이 되어주는 남자 한명, 여자한명을 알려주세요.
- 가장 최근에 "아니오"라고 말하고 싶었으나 "예"라고 대답한 적은 언제인가요?" 왜 "예"라고 했나요?
- 오늘날 살아있는 분이든 이미 돌아가신 분이든, 대면하여 이야기 나눌 수 있다면 누구와 하고 싶나요? 그 이유는?
- 나의 가장 잘 맞는 일은 무엇인지 설명해보세요.
- 내가 가장 좋아하는 휴가는 어떤 것인지 설명해보세요.

- 만일 나에 대해 무엇이든 바꿀 수 있다면, 무엇을 바꾸고 싶나요?
- 내가 가진 능력이나 재능 한 가지는 무엇인가요?
- 내가 서클에 기여할 수 있는 세 가지 "선물" 기여은 무엇인가요?
- 내가 만약 작가라면 어떤 이야기를 쓰고 싶나요?
- 나에게 영웅은 누구인가요? 왜 그들이 나에게 영웅인가요?
- 다른 사람들이 나의 강점이라고 여기는 것은 무엇인가요? 그 이유는?
- 내가 한 일 중, 가장 어리석은 일은 무엇인가요?
- 지난주에 일어났던 일 중 가장 좋은 일은 무엇인가요?
- 이번 주에 일어난 일 중 가장 어렵거나 도전이 되는 일은 무엇인가요?

우리 삶을 이야기하는 것은 우리가 누구인지, 무엇이 우리를 형성했는지를 공유하기 위해서이며, 이를 통해 우리는 공동체를 구축하고, 관계를 심화시키고, 공감을 발전시킬 수 있다.

경험 나누기:

- 통제력을 잃어버렸던 시기
- 안전하지 못하다고 느꼈던 시기
- 삶에 불행이 찾아왔지만 그것을 극복했던 경험
- 위기와 어려움을 삶의 선물로 변화시킨 경험
- 누군가에게 해를 끼쳤지만 좋은 방식으로 이를 만회했던 경험
- 분노나 원한을 해소해준 경험
- 다른 사람들이 그렇게 하지 않았을지라도, 자신의 핵심 가치에 따라 행동했던 시기
- 청소년기에 부모님과 충돌했던 시기
- 내가 누군가에 대해 가지고 있던 부정적인 가정이 실제로는 그렇지 않았다는 것을 발견한 경험
- 내가 잘 어울리지 못하고 있다고 느낀 경험
- 내 삶에서 정의를 경험했던 시기

- 내 삶에서 불의를 경험했던 시기
- 지금은 웃을 수 있는 이전에 난처했던 순간
- 나를 두렵거나 경악하게 만들었던 것이 있다면? 그것에 어떻게 대처했나요?
- 나를 화나고 분노하게 했던 것이 있다면? 그것에 어떻게 대처했나요?
- 나에게 가장 어려운 도전이었던 시기는? 그 시기를 어떻게 보냈나요?

책임지기:

- 오늘날, 이 상황에 대해 우리는 어떤 기여를 했으며, 무언가 다른 책임 있는 행동을 한다면?명료함을 위해 더 할 말이 있나요?
- 좋은 관계나 가능한 성공을 가로막은, 공동체 내부의 아직 이야기되지 않은 것에는 무엇이 있나요?
- 자신에 대해서 성장시키거나 개선하고 싶은 것 한 가지는 무엇인가요?
- 다른 사람들이 볼 때 내가 고쳐야 할 점으로 생각하는 것은 무엇일 것 같나요?
- 지금까지 살면서 배운 가장 중요한 교훈은 무엇인가요?
- 무엇이 그것을 그렇게 중요하게 만들었나요?

공동체:

- 나의 공동체에서 어떤 변화를 보고 싶나요? 그 변화를 촉진하기 위해 내가 할 수 있는 것은 무엇인가요?
- 내가 속한 공동체문화, 학교, 청소년 그룹 등에서 중요하게 여기는 것은 무엇인가요? 그 이유는?
- 우리 마을에서 가장 가고 싶은 장소는 어디인가요? 그 이유는?
- 내가 자란 동네와 이웃들을 생각해보세요. 가장 오래된 기억은 무엇인가요? 가장 최근의 기억은 무엇인가요?
- 이웃에 대해서 좋아하는 것과 싫어하는 것은 무엇이 있나요? 그 이유는?
- 만약 내가 속한 공동체가족, 학교, 팀 등와 관련된 한 가지를 바꿀 수 있다면 무엇을 바꾸고 싶나

요?

- 만약 우리 문화나 사회에서 두 가지를 바꿀 수 있다면 무엇을 바꾸고 싶나요?

관계 탐색:

- 다른 사람과의 관계에서 내가 가장 중요하게 생각하는 성품은 무엇인가요? 그것이 나에게 어떻게 그리고 왜 중요한가요?
- 내가 존경하는 사람들 사이의 관계에 대해 이야기 해보세요. 왜 이 관계를 존경하나요?
- 내가 존경하는 사람은 누구인가요?
- 지금껏 살면서 배움을 얻었던 사람은 누구인가요? 그들로부터 무엇을 배웠나요?
- 지금껏 살면서 내가 성장하는데 도움을 준 사람은 누구인가요? 나는 어떻게 성장했나요? 그들은 나를 어떻게 도왔나요?
- 나에게 긍정적인 영향을 준 선생님은 누구인가요? 그들이 나에게 어떤 영향을 주었나요?
- 내가 남자라면, 아버지와 어떻게 다른가요, 내가 여자라면 어머니와 어떻게 다른가요?
- 나는 언제 진정한 소속감을 경험해보았나요?
- 나는 언제 소외감을 경험해보았나요?
- 나는 어떤 사회적 환경이나 상황에서 가장 힘이 없다고 느끼나요?
- 무엇이 내가 그렇게 느끼도록 했나요?
- 나의 삶에서 어떤 사람이 가장 큰 도전인가요?
- 아버지나 어머니가 나에게 가장 자주했던 말은 무엇이었나요?
- 성, 관계, 책임과 관련하여 나는 무엇을 배웠나요?
- 이 문장을 완성해보세요:"제 아버지를 소개하겠습니다. 그는 ~ 종류의 남자였습니다." 어머니에게도 똑같이 하십시오.
- 어떤 사람이 나를 가장 잘 알고 있나요? 그가 정말 나를 잘 안다고 생각하나요?
- 다른 사람이 나에게 원하는 것은 무엇인가요?

- 내가 다른 사람에게 원하는 것은 무엇인가요?
- 이성에게서 발견하게 된 내가 가져보고 싶은 성품은 무엇이 있나요?
- 나의 삶에서 가장 중요하게 생각하는 사람에게 가장 감사하게 생각하는 것은 무엇인가요?

희망과 꿈:

- 세상에 어디든 갈 수 있다면 어디에 가고 싶나요? 그 이유는?
- 눈을 감고 10년 후를 상상해보세요. 나는 어디에 있나요? 무엇을 하고 있나요? 누가/무엇이 눈에 띄나요? 그것들을 묘사하세요. 가족, 공동체, 학교, 이웃과도 이 작업을 해볼 수 있습니다.
- 나에게 가장 큰 즐거움을 주는 것은 무엇인가요?
- 나에게 가장 만족감을 주는 것은 무엇인가요?
- 내가 갖고 싶은 기술이나 재능은 무엇인가요?
- 만약 내가 세상에서 원하는 것을 할 수 있다면, 그 한 가지는 무엇인가요?
- 나는 어렸을 때 어떤 꿈을 가지고 있었나요?
- 지금 무엇을 꿈꾸고 있나요?
- 만약 내가 세상을 바꿀 수 있다면, 하고 싶은 세 가지 일은 무엇인가요?
- 나를 위한 어떤 목표를 가지고 있나요? 그것을 이뤘을 때 나는 어떻게 축하할 건가요?
- 나의 목표를 달성하는 데 방해가 되는 한 가지 장애물은 무엇인가요? 이 장애를 극복하기 위한 나의 계획은 무엇인가요?
- 완전히 자유롭다는 건 어떤 의미일까요? 어떻게 생겼을까요?
- 무엇이 나에게 가장 큰 기쁨을 가져다주나요?
- 내가 인생에서 지금 진정으로 원하는 것은 무엇인가요?
- 인생의 이 시점에서 나는 무엇을 정말 배우고자 하나요?

공간 닫기:

- 남기고 싶은 것이 있나요?

- 서클로부터 무엇을 얻었나요?
- 어디로 나아가고 싶나요?
- 무엇을 배웠나요?
- 나에게 유용했던 것은 무엇인가요?
- 이러한 통찰들이 향후 2주 동안 내 삶에 어떤 도움을 줄 수 있을까요?
- 만약 내가 이 서클에 이름을 부여한다면, 뭐라고 하고싶나요?

부록 5
이론적 기초
Theoretical oundations

이 책은 상호 관련성이 있는 4가지 이론적 토대를 기반으로 한다. 첫 번째로 신경과학, 진화생물학, 심리학, 인지과학 분야에서 인간의 성격과 발달에 있어 감정이 중심이 된다고 말한다는 것이다. 새로운 패러다임은 인간의 본성에 대해 우리가 그동안 지배적으로 형성해온 많은 사회적 관습과 제도의 관점과는 다름을 시사한다.

두 번째 토대는 마음챙김명상에 대한 연구가 늘어나고 있다는 것이다. 이 고대학문은 서구문화에서는 새롭지만, 이미 전 세계의 많은 사회에서 수천 년 동안 건강한 삶을 사는 수단으로 이해되어 왔다.

세 번째 토대는 비非서구 세계관에 뿌리를 두고 있는 원주민 관습인 평화형성서클이다.

이 사회적 기술은 개인과 공동체 간의 관계에 대한 기본적 정치적, 사회적 이해 및 서구의 정치, 사회 제도의 근본적 가정과는 크게 다르며 인간과 자연 세계 사이의 연결에 대한 기본적인 정치적 사회적 이해에서 비롯된다. 우리는 이러한 세계관과 관습이 인간의 새로운 통찰력과 일치하고, 정확히 말해서 인간이 하나의 종種으로서 자연과 더 잘 조화롭게 살 수 있도록 도와주기 때문에 매우 실제적인 가치를 지니고 있다고 믿는다.

마지막 이론적 토대는 특정 서구 사회 제도 내에서 나타나는 패러다임, 즉 아동 보호 서비스 내의 강점에 기초한 관점이다. 아동 복지는 부모들의 학대나 방임으로부터 아이들을 보호하기 위해 국가의 권위를 사용하여 전문직 종사자들이 가정에 개입하게 하는 서양의 특별한 제도이다. 집에서 쫓겨난 취약아동들을 잘 돌보기 위한 개입의 필요와 이런 개입의 반복적인 실패는 전문가들과 가족들 사이의 관계를 재정립해야 한다는 새로운 관점으로 이어졌다.

많은 선진 국가들의 사회 복지 서비스는 사회 전문가와 가족 간의 보다 효과적인 파트너십을 구축하기 위한 약속 만들기, 가족회의, 평화형성서클 등의 대체 방법을 탐구해 왔다. 이 책은 기존의 사회 복지 서비스에 대한 대안을 제시한다. 우리는 더 공동체의 자원이 어려움을 겪고 있는 가족들에게 전달되어 더 건강한 관계로 치유되고 복원될 수 있기를 바란다.

우리의 존재를 알려주는 감정인식

최근 수십 년 동안, 사랑, 기쁨, 관대함, 동정심, 감사와 같은 긍정적인 감정이 인간의 삶에서 중심적인 역할을 하고 있다는 인식이 증가해왔다. 그러나 아이러니하게도, 현대 과학은 사랑, 기쁨, 감사와 같은 긍정적인 감정의 연구를 무시하고 대신 두려움, 분노, 공격과 같은 부정적인 감정의 파괴적인 영향에 초점을 맞추었다. 2004년까지만 해도 미국 정신의학의 주도적인 교과서는 수치심과 죄책감, 테러리즘, 증오와 죄책감과 우울, 불안의 경험에 대해 수 십장의 지면을 할애했다. 이런 교과서는 사랑, 믿음, 연민, 용서에 대해 뭐라고 말했는가? 아무 것도 없다. 단 한 줄의 문장도 존재하지 않는다.

그러나 최첨단 신경과학, 윤리학, 진화 생물학은 우리의 뇌가 긍정적인 감정과 직결되어 있다는 것을 발견하고 있다. 호모 사피엔스가 시간과 언어의 추상적인 개념을 조작할 수 있게 해주는 진보된 뇌의 신경피질 영역 외에도, 우리의 뇌는 서로 결합하고 돌보는 능력을 가지도록 진화해왔다. 신경 과학에서는 인간이 세 개의 뚜렷한 부분뇌간, 변연계, 전두엽으로 구성된 '트라이언triune' 뇌를 가지고 있다고 말한다. 심장 박동수나 호흡 등 기본적인 자율 기능을 조절하는 원시적 파충류의 뇌뇌간, 감정적 삶을 지배하는 포유류의 뇌변연계, 그리고 언어, 추상적 사고, 계획, 추론을 통제하는 가장 최근에 진화한 영장류의 뇌전두엽이다. 우리 뇌의 변연계는 우리에게 다른 사람들과 감정적으로 연결할 수 있는 선천적인 능력이 있음을 보여준다. 파충류는 새로 태어난 새끼들을 잡아먹지만, 포유류의 뇌는 강하고 지속적인 정서적 연결성을 만들어내는 선천적 능력을 통해 그 자손에게 유대감을 갖고 보살피게 만들어졌다. 새끼 파충류는 알에서 부화하면 즉시 몸을 숨기는 반면, 새끼 포유류는 어른 포유류에 의해 위치를 잡고 보호될 수 있도록 소리를 지른다. 모든 포유류와 마찬가지로 우리 인간도, 이성을 초월한 애착을 가지고 우리의 자손을 보살피게 되어있다.

한 종족으로서, 감정적 연결 능력은 우리 인간의 생존에 필수적이다. 유아들은 뇌가 발달하는 동안 수년간의 보살핌을 필요로 한다. 어린 아이들을 돌보는 것에는 부모와 기꺼이 협력할 수 있는 주변 가족이 필요하다. 날카로운 발톱과 송곳니, 뛰어난 소화능력, 강한 체력과 민첩성이 결여된 인간은 상호 생존을 보장하기 위해 함께 일하는 능력에 의존해 왔다. 자연 선택은 인간에게 사회적 유대를 위한 정교한 생물학적 능력을 부여했다. 뇌의 변연계야말로 인간의 진짜 심장이다. 이제 우리는 스스로를 마음으로 생각하는 하나의 종種으로 인식해야 한다. 우리는 생존과 참살이well-being에 필수적인 모든 종류의 사회적 행동을 위해 변연계나 감정적 지능에 의존하고 있다. 과학 혁명 이후 서구 문화는 감정을 이성보다 더 원시적으로 보는 경향이 있었다. 감정은 인간관계에서 혼란과 무질서의 근원으로 여겨졌다. 우리는 감정이 명료한 사고와 의사결정을 위해서는 신뢰할 수 없는 것이라고 믿어왔다. 우리의 문화는 분석과 논리에 의존하는 신경피질전두엽의 추리능력을 가치있게 평가해 왔고, 변연계의 영역인 직관, 감정, 정신을 평가 절하했다. 그리고 이제야 과학은 우리가 인간의 지혜라고 알고 있는 것의 대부분이 포유류 뇌변연계에서 비롯된다는 것을 인식하기 시작했다.

애착과 발달과정

우리는 관계를 통해 인간이라는 하나의 종種으로 존재하게 된다. 신경과학자들은 인간의 두뇌가 감정적 교감을 위해 만들어진 '개방형 시스템' 이라는 것을 이해하게 되었다. 이것은 양육자에게 의지하는 유아발달 초기단계에서 가장 중요한 사실이다. 호흡과 심박수와 같은 영아들의 생체리듬도 양육자에 달려있다. 우리는 생물학적으로 안정된 공동생활 방식으로 살도록 진화되었다.

유아기의 건강한 발달은 특정 양육자에 대한 확실한 애착에 달려 있다. 에릭 에릭슨1950은 모든 인간 발달을 위한 기초를 유아기의 경험에서 비롯되는 기본적 신뢰라고 보았다. 우리는 모든 애정 어린 응원과 포옹이 그들이 마시는 우유와 그들을 따뜻하게 하는 담요만큼이나 아이의 건강에 필수적이라는 것을 알고 있다. 이런 연결고리가 없으면, 유아들은 문자 그대로 잘 자라지 못한다. 붉은 털 원숭이를 대상으로 한 고전적 실험은 아이들에게 포옹과 붙잡는 것이 기본적으로 얼마나 필요한 지를 보여주었다. 엄마를 잃은 새끼 원숭이는 우유를 전달해주는 철사 틀보다 모피로 된 천을 선택했다. 고립되어 자란 원숭이는 정상적인 상호작용을 할 수 없었다. 그들은 짝짓기를 할 수 없었고, 공격적이고 자기 파괴적인 행동을 보였다. 일반적인 포유류의 발달은 양육자와 피양육자의 변연계 연결에 달려있다. 정서적인 적응으로 성숙한 젊은이는 감촉, 눈맞춤, 애정, 보살핌 및 사랑에 대한 변연계 연결에 의존한다.

이 변연계 공명limbic resonance은 상호 공명의 한 형태이다. 유아는 부드럽게 웃는 어른의 표정을 보면 미소를 지을 것이고, 화난 얼굴을 보면 화를 내고 울 것이다. 유아들은 얼굴 표정, 눈 맞춤, 목소리 톤, 신체적 접촉을 통해 언어를 습득하기 훨씬 전부터 감정적 의사소통에 반응한다. 문자 그대로 다른 사람의 내적 상태를 느낄 수 있는 신경학적 능력은 우리의 정서 발달과 행복을 위한 생물학적 토대이다. 평생 동안, 우리는 다른 사람들의 감정에 적응하는 능력에 의존한다. 변연동물의 사회 감각 기관은 우리가 선천적으로 가지고 있는 능력이다.

애착 안정은 건강한 성인기를 예측할 수 있는 강력한 변수이다. 어릴 때 주요 애착 인물들과 자주 떨어져 있으면 평생의 취약성, 분리에 대한 공포로 이어질 수 있다. 양육자가 없거나 학대를 받거나 억압적인 가정에서 자란 아이들은 종종 어린 시절에 안전한 애착으로부터 오는 기본적인 신뢰감을 얻지 못한다. 그리고 그들은 폭풍을 헤쳐 나갈 내부 자원이 많지 않은, 혼란과 도전의 시기인 청소년기에 들어선다. 9세에서 14세 사이의 길거리 갱단에 가담하는 소년과 소녀들의 주된 동기가 가정에서 얻지 못한 안전과 사랑을 찾기 위함이라는 사실은 놀라운 일이 아니다. 많은 어린 소녀들에게 있어, 모성애의 주된 정서적 동기는 안전한 애착에 대한 충족되지 않은 의존적 욕구를 충족시키고자 하는 열망이다.

사춘기 동안, 다른 사람들과의 정서적인 관계는 어린 아이에 대한 것만큼이나 중요하다. 10대 초반의 발달 과제는 작업을 수행하고 성취할 수 있다는 내부 신념을 확립하는 것이다. 학교는 이러한 경험을 겪을 수 있는 장소이다. 학교에서 성취를 느끼지 못하는 아이들은 그 대안으로 동료들에 의해 높이 평가되는 대안을 찾는다. 어떤 의미에서 그들은 나쁜 일들을 잘하는 것에 만족한다. 어린 소녀들에게 성행위는 친밀함과 보살핌 그리고 사랑받는다는 느낌의 매력을 가지고 있다. 책임감 있는 양육자의 보호가 없다면, 어린 소녀들은 특히 가족이나 가족 내에서 나이든 남자들에 의한 성적 희생과 착취에 매우 취약하다. 착취의 경험은 스스로를 무가치하게 여기고, 개인이 다른 사람에 의해 이용된다는 믿음으로 이어질 수 있다.

정체성 형성은 다른 사람들과의 중요한 연결에 크게 의존하는 또 다른 중요한 발달과제이다. 만약 사춘기 초기의 1차적인 질문이 '누구를 믿을 수 있는가' 이고 그 뒤에 '내가 무엇을 할 수 있을까?' 가 뒤따른다면, 중심 과제는 '내가 누구인가?' 가 된다. 이러한 우려는 삶의 과정 전반에 걸쳐 관련이 있지만, 특히 10대는 또래들 사이에서 중요한 관계를 형성하기 위해 가족의 경계를 넘어서 움직이기 시작하는 시기이다. 인간 발달은 결코 고립에서 일어나는 것이 아니라 학교, 스포츠, 음악, 또래집단, 종교활동 등을 통해 가정 이외의 영역에서 일어난다. 이러한 공동체적 맥락은 자아감 발달에 매우 중요하다. 개인은 공동체와의 상호작용을 통해 자신을 정의하게 된다.

가난한 환경에서 자란 청소년에게는 정체성 형성을 할 수 있는 장소가 부족하다. 그들은 여전히 안전과 신뢰에 대한 질문들에 관심을 가지고 있고 이러한 경험들에 뿌리를 둔 정체성을 확립한다. 어린 소녀들은 가정 내에서 그들에게 주어진 역할 때문에 다른 이들을 돌보는 역할을 맡을지도 모른다. 이런 맥락에서 이들이 어린 부모가 되는 것은 매우 자연스럽다. 어떤 청소년들은 자신들을 '나쁘다' 고 보고 감옥으로 갈 운명이라고 자신을 치부할 지도 모른다. 그것이 그들이 세상에서 시도할 수 있는 유일한 역할이기 때문이다. 현재 청소년들의 정체성에 대한 이미지를 되짚어보게 해 주는 데에 역할을 하는 공동체는 사회복지기관과 사법제도뿐이다.

즉, 우리는 다른 사람들과의 관계를 통해 자아 감각을 더 좋게 혹은 더 나쁘게 발달시켜간다는 것이다. 자신의 내부세계에 대한 주관적인 피드백과 부모, 형제자매, 교사, 동료들로부터의 객관적인 외부 피드백, 그리고 언론과 같은 보다 넓은 문화적 메시지 사이의 지속적인 대화가 일어난다. 자아개념은 이러한 모든 정보와 상호작용에서 나타나지만, 결론적으로 주관적이다. 이 주관적 자아는 앞에 말한, '우리가 누구이고, 우리가 세상에서 할 수 있고 할 수 없는 것' 에 대한 일련의 내부적 믿음으로 형성된다.

하지만, 인간의 발달은 단지 처음 몇 년이 아니라 인생 전반에 걸쳐 일어난다는 것을 기억해야 한다. 우리는 평생 동안 변연계 공명으로 다른 사람들과의 연결을 지속한다. 초기 관계의 어려움을 극복할 수 있는 생물학적 근거는 우리가 감정적으로 개방적인 시스템을 가지고 있다는 사실이다. 우리는 사랑, 보살핌, 그리고 다른 사람과의 연결에 영향을 받는다. 우리 인생의 모든 시점에서, 사랑스러운 관계는 말 그대로 우리 뇌의 구조를 바꾼다. 성인기에 다른 사람들에 대한 건강한 애착은 이후 삶의 과정에도 영향을 미친다. 문제가 있고 가난한 가정에서 자란 성인을 대상으로 한 연구에서 이후에 사랑하는 배우자의 존재로 인해 이전 삶에서의 결핍을 충분히 보상받을 수 있음을 발견했다. 회복력에 대한 생태학적 연구는 더 큰 대가족 또는 공동체 내의 관계가 건강한 발달에 필요한 정서적 유지를 제공함으로써 그 간의 부적절한 양육의 영향이 상쇄될 수 있음을 보여준다. 우리 내면 상태는 우리 삶 전체에 걸쳐 일어나는 변연계 공명으로 인해 수정이 가능하다. 다시 말해 초기의 애착이 기본적인 신뢰를 심어주지 못했을 지라도 이후 삶의 애착을 통해 복원될 수 있다.

감정 활용 능력의 중요성

감정 활용 능력은 주관적 자아를 인식하고 자기관리 및 의식적 선택을 향한 과정이다. 이것은 혼자만의 여행이 아니며 다른 사람과의 관계를 통해 이루어진다. 감정 활용 능력은 내면을 인식하고 효과적으로 행동하는 능력을 포함한다. 골만Daniel Goleman에 따르면, 정서 파악 능력은 사람들이 자신의 감정을 관리할 뿐만 아니라 다른 사람들의 감정을 이해하고 처리할 수 있는 감정 활용 능력을 개발할 때 가능하다. 그것은 어떤 감정이 일어날 때 그것을 인지하고, 원인을 이해하고, 자신의 행동으로부터 감정을 분리할 수 있는 능력을 포함한다. 또한 분노나 불안과 같은 부정적인 감정을 관리하고 일상적이고 피할 수 없는 실망과 좌절들을 견딜 수 있는 능력을 개발하는 기술을 포함한다. 감정 활용 능력의 발달은 우리가 실제 느끼는 감정변연계과 의식적으로 인식한 감정 사이의 통합을 증가시킨다. 우리는 우리의 정서적인 삶을 더 잘 통제하게 되고 우리의 감정에 어떻게 반응할지를 선택할 수 있게 된다.

감정 활용 능력은 공감할 수 있는 우리의 타고난 능력을 어떻게 발달시키느냐에 달려 있다. 감정이입은 타인의 감정에 적응하여 내면의 상태를 느끼는 능력이다. 그것은 타인의 삶을 그들의 관점에서 바라봄으로써 그들의 필요와 요구를 인식하는 것을 포함한다. 이는 개인적인 삶과 직장에서의 성공에 있어서 중요한 기술이다. 우리는 다른 사람들, 주로 우리를 양육하고 인도하는 양육자에게서 공감을 받으며 공감하는 능력을 배운다. 공감을 발전시키기 위해서는 공감을 경험해야 한다. 공감은 관계 내에서 배우는 것이다.

감정 활용 능력이 중요한 이유는 감정이 의사 결정에 중요한 역할을 하기 때문이다. 우리는 이런 영향을 의식하지 못할 때가 많지만, 선택한 결과에 대한 우리의 감정은 우리의 이후 행동을 결정하는 데에 도움을 준다. 이렇게 감정은 결정의 방향을 제공한다. 감정은 추리과정의 필수적인 부분이다. 또한 현명한 결정으로 우리를 인도하는 우리 지능의 중요한 부분이다.

그러나 의식적으로 우리의 감정 상태를 인식하는 것은 생각보다 훨씬 어렵다. 진화는 서로 완벽하게 통합되지 않는 세 부분의 두뇌를 연결해 주었다. 우리는 뇌의 인지적인 부분, 즉 신경피질에서 발생하는 생각, 사상, 단어들을 의식하고 인식하는 경향이 있다. 말하기, 쓰기, 계획하기, 추론하기는 흔히 우리가 의식적인 통제나 의지의 대상으로서 경험하는 '자아' 의 경험이다.

그러나 우리의 욕망을 이끌어내고 거의 모든 의식적인 결정을 이끄는 원동력은 우리의 감정의 장소인 변연계에 위치한다. 감정은 인간의 동기요인이지 신경피질과 관련이 있는 것은 아니다. 우리는 의식적으로 사랑에 빠지는 것을 선택하지도 않고, 이성적인 의지로 감정을 명령할 수도 없다. 우리의 세 개의 뇌triune가 맞닥뜨린 도전은 경험을 어떻게 받아들일 지에 대해 변연계가 경험하는 것과 전두엽이 지배하는 단어 사이의 간극이 존재한다는 것이다. 우리는 강렬한 사랑을 느끼지만 일반적으로 그러한 감정들을 말로 표현할 수 있는 능력이 거의 없다. 시는 변연계의 영역인 감정을 전두엽의 매개체로 해석하기 때문에 가슴의 언어이다. 우리는 비언어적인 눈맞춤, 얼굴표정, 몸짓언어를 통해 완벽하게 소통한다. 변연계가 본질적으로 비언어적이기 때문에 목소리 톤과 촉각에 대한 단어들을 전두엽의 언어로 번역하는 데에는 큰 어려움이 있다.

감정 활용 능력이 건강한 삶을 위한 필수적인 기술인 이유는 이것이 우리가 세상과 어떻게 상호작용하는가에 영향을 미치는 강력한 연관성을 가지기 때문이다. 변연계는 내적, 외적인 것을 구별할 수 없고, 외부적 경험에 의해 똑같이 영향을 받는다. 인간은 관계적인 동물인 것을 기억할 것이다. 과거의 관계로부터 받은 감정의 유산들은 전두엽에서 오는 끊임없는 정보나 자극에 의해 변연계 뇌에서 되살아난다. 이러한 연관성을 알지 못한다면 우리는 과거의 일로 유발된 내적 감정폭풍에 속수무책으로 휘둘릴 수밖에 없다.

전두엽으로부터의 끊임없는 정보와 자극은 변연계 경험이 전적으로 안전하고 긍정적인 사람들에게는 다른 사람들과의 지속적 참여와 강력한 연결의 자원이 된다. 반면에 내적 감정폭풍과 끊임없이 싸우는 사람들은 현재의 일에 집중하지 못하고, 주의가 산만해지며 그들 자신과 타인의 감정상태, 그리고 그들의 행동이 다른 사람들에게 어떤 영향을 미치는지를 알지 못한다. 언어를 통해 자신의 감정 상태를 다른 사람에게 전달하기 위한 노력으로 감정을 단어로 바꾸는 능력은 우리에게 이러한 내부역학을 인식하게 한다. 의식적인 인식으로 우리는 선택하는 능력을 증가시킬 수 있다.

그러므로 감정 활용 능력은 우리의 미래에 대해 더 나은 결정을 하는 데 도움을 준다. 젊은이들의 선택이 때로는 비합리적이고 파괴적으로 보일 수 있지만, 그들의 결정에는 타당한 감정적인 이유들이 존재하기도 한다. 대학에 가거나 출산을 미루는 등 삶을 바꾸는 결정은 상당한 감정적 비용을 수반한다.

사랑하는 가족이나 동료들과 다른 삶을 선택하는 것은 혼자가 될 위험과 남들보다 더 낫거나 다르다고 해서 사회로부터 거절당할 가능성을 가지고 있다. 이처럼 자기 삶의 질에 대한 이 중요한 결정에는 큰 비용이 따를 수 있다.

많은 십대들에게 특정 사회와 특정한 맥락에서 젊은 엄마가 된다는 것은 매력적이며, 많은 정서적 이점을 가지고 있다. 젊은 여성들은 어머니가 되고 싶지 않으면 임신하지 않을 것이다. 이러한 결정의 이면에 있는 감정적인 이유에 대한 인식 없이, 그리고 변화와 관련된 진정한 손실과 위험에 대처하기 위한 실질적이고 관계적인 지원 없이, 사랑하는 모든 사람들을 버리고 그들이 속한 사회의 일부 행동양식을 깨기를 기대하는 것은 정서적으로 비논리적이다.

외상, 치유, 회복의 역학The Dynamics of Trauma, Healing, and Resilience

많은 사람들이 피해를 입거나 피해를 주는 가족 혹은 공동체에서 자라난다. 트라우마trauma라는 단어는 ' 상처 '를 뜻하는 고대 그리스 단어에서 유래했다. 가정 폭력, 성적 학대, 무시, 포기, 마약 중독, 정신 질환, 범죄, 투옥은 가난한 청소년들과 일반 청소년들에게도 흔한 경험이다. 트라우마는 폭력행위와 같은 특정한 사건의 결과일 수도 있고, 한 사람의 어린 시절과 젊은 시절의 만성적인 부분일 수도 있다. 타인에게 가해진 폭력을 목격하는 것은 타인에게 폭력과 학대를 가하는 것과 마찬가지로 트라우마의 원인이 될 수 있다. 어린 시절과 사춘기 초기에 만성적으로 무시와 학대를 받은 충격은 건강한 정서적, 사회적 발전에도 큰 영향을 미칠 수 있다. 사회적 불평등도 심리적 트라우마의 원인이다. 끈질긴 인종차별, 차별, 그리고 사소한 굴욕은 정신적 외상을 일으킬 수 있는 인간의 존엄성에 대한 공격이다. 슬픈 사실은 이 사회의 많은 가정과 이웃들이 잠재적으로 충격적인 상황에 매일 노출된다는 것이다.

각자는 자녀들에게 인간관계의 유산을 물려주며, 그들 중 일부는 감정적, 정신적 충격을 경험하게 했을지도 모른다. 트라우마는 스트레스를 많이 받는 경험에 대한 심리적 반응이다. 그 영향은 광범위하고 오래 지속될 수 있다. 가정이나 학교에서 문제를 일으키는 많은 청소년들의 행동은 인정받지 못한 정신적 충격의 결과이다. 1차 양육자가 위안과 보호보다 공포와 불안의 원인이 될 때, 아이는 세상의 기본적 안전의식을 발달시키지 못한 상태로 사람들을 신뢰한다. 이것은 개인적 애착을 형성할 수 있는 능력을 훼손시키고, 나중에 나쁜 관계를 선택하게 할 수 있고, 이와 같은 초기 경험을 반복하거나 악화시킨다. 어떤 젊은이들은 싸움, 공격, 괴롭힘, 범죄, 난잡함, 마약복용 또는 기타 고위험행동을 통해 정신적 충격에 대한 행동을 한다. 다른 젊은이들은 자살, 우울증, 섭식 장애, 신체적 증상, 약물 남용을 통해 자신에게 감정에너지를 돌림으로써 반응한다. 가정에서의 폭력과 학대에 노출되는 것은 낮은 자아존중감, 절망감, 자기 무능력, 무력감을 초래한다. 이들은 종종 약물과 알코올을 대응책으로 사용한다.

어떤 사람이 자신이 겪어온 정서적 어려움과 이에 어떻게 반응했는지 인식하는 것은 그 피해로부터 치유되는 첫 번째 단계이다. 치유의 첫 번째 단계는 타인이나 집단에 의해 '진정한 자신의 모습' 이 보여지는 것이다. 그 관계에서 그는 의식에서 감춰진 자신의 일부를 보기 시작한다. 회복력은 일반적으로 정신적 충격이 큰 경험에 직면했을 때, 그 경험에 대한 지속적인 정신적 충격으로부터 개인을 보호하는 보살핌 관계의 기능이다. 보살피는 공동체 내에서 높은 수준의 지원은 경험의 영향을 개선시키고 정신적, 충격적 감정의 피해를 줄인다. 회복력이 더 높은 이들은 자신의 감정을 더 잘 인식하고 적절하게 표현할 수 있다.

이 책의 방법론은 청소년들이 감정적, 정신적 자아를 탐험하는데 참여하도록 하는 배려 깊은 관계를 구축하는 것인데, 이는 감정적 안전을 위해 특별히 고안되었다. 이 과정은 자연스럽게 일부 참여자들에게 그들 자신의 삶에서의 정신적 충격과 그 영향에 대한 인식을 열어줄 것이다. 감정 활용 능력은 이들이 정신적 충격을 받는 것 이상으로 어떻게 행동하는지 그리고 그것이 그들의 삶에 어떤 영향을 미칠 수 있는지를 이해하는데 도움을 주는 중요한 요소이다. 평화형성서클의 중심에는 자신의 이야기를 할 수 있는 기회가 있다. 치유와 개인적 회복력의 중요한 부분은 어렵고 고통스러운 경험을 언어나 다른 방법으로 표현하는 능력이다.

연습의 중요성:평화형성서클과 명상

이 책의 기본전제 중 하나는 현대 사회 내의 사회생활 구조가 '변연계공명' 과 연결에 대한 인간의 기본적인 필요를 충족시킬 수 없는 해로운 관계를 유발시킨다는 것이다. 우리는 우울, 불안, 중독, 아동학대, 폭력의 급증에서 현대사회의 광범위한 단절증상을 본다. 현대사회는 물질적인 부와 힘을 얻기 위해 안정된 관계를 통한 감정적 연결의 중요성을 과소평가 해 왔다. 이에 따라 우리는 가족, 학교, 직장, 지역사회에서 관계를 맺는 방법을 '연습' 하고 있지만, 그 방법은 오히려 다른 사람, 그리고 자신의 핵심자아와의 연결을 어렵게 만든다.

이 책의 핵심신념 중 하나는, 우리 모두가 서로와 자신의 관계를 유지하는 더 건강한 방법을 '연습' 할 수 있는 구체적인 방법이 필요하다는 것이다. 이 책의 두 가지 핵심 연습은 평화형성서클과 명상이다.

이 책의 중심에는 평화형성서클의 연습이 있다. 평화형성서클은 전 세계에서 발견되는 오래된 관습이다. 평화형성서클은 모든 사람을 존중하고 배려하는 분위기 속에서 매우 어려운 문제에 대해 동등하게 모여 이야기하는 과정을 제공한다. 평화형성서클은 모든 사람들이 자신의 역할에 상관없이 서로 동등한 존재로 다가갈 수 있고, 좋은 방식으로 살기 위한 투쟁에서 상호의존성을 인식할 수 있는 공간을 만든다.

평화형성서클은 북미 원주민 사이에서 흔히 볼 수 있는 이야기서클의 전통에 기반을 두고 있다. 이 서클에서는 토킹피스가 사람에서 사람으로 연속적으로 전달되어 대화를 제어한다. 토킹피스를 들고 있는 사람은, 서클 안에 있는 다른 모든 사람들의 온전한 관심을 받으며 방해받지 않고 말할 수 있다. 토킹피스의 사용은 충분한 감정표현, 더 깊은 경청, 사려 깊은 성찰, 그리고 느슨함을 허용한다. 이렇게 말하기는 그룹에서 말하기를 어려워하는 사람들을 위한 공간을 만든다. 오늘날의 평화형성서클과 합의 과정은 전통의 지혜와 현대 지식을 바탕으로 통합된 과정이다.

무엇보다도 평화형성서클은 관계를 형성하는 곳이다. 서클은 참여자들이 서로 연결할 수 있는 공간이 된다. 여기에는 진행자와 참여자 사이의 연결 뿐 아니라 참여자 간의 연결도 포함된다. 이 서클은 자신의 자원을 관찰할 수 있는 기회를 주어 가족의 강화를 돕는다. 그리고 젊은이들이 서로에 대한 지지 기반이 되어 줄 기회를 만들어내어 긍정적인 방향으로 또래 문화를 바꿀 수 있다.

평화형성서클은 서클 밖에서 건강한 관계를 형성하기 위한 기술과 습관을 얻는 장소이다. 가족 안에서 서클을 사용하는 경우, 서클의 공간 뿐 아니라, 서클 밖에서도 가족의 의사소통기술을 향상시키는데 도움이 된다. 평화형성서클은 참여자들이 적극적인 경청기술 뿐만 아니라, 감정과 생각을 공유하는 능력을 개발하는 공간을 제공한다. 에세이 쓰기와 예술작업은 자기표현을 위한 더 많은 기회를 제공한다. 서클을 통해 발전하는 가장 중요한 역량은 타인에 대한 인식이 증대되는 것과 더불어 자기성찰이다.

명상은 차분함과 집중의 결합이다. 평화형성서클은 그 자체가 명상을 장려한다. 첫째, 명상은 주의를 집중시킨다. 서클 안에는 산만함이 거의 없다. 사람들은 멀티태스킹이나 방해 없이 다른 사람들이 한 말에 주의를 집중하는 연습을 한다. 이 속도는 대부분의 의사소통방식보다 훨씬 느리므로, 생각할 시간과 말하고 싶은 바를 충분히 말할 수 있다. 또한 사람들이 서로 얼굴을 바라보게 하는 구조적 힘이 있다. 서클 안의 몸짓언어와 얼굴표정은 다른 형태의 의사소통에는 없는 변연계감정영역와 관련된 핵심부분이다.

이 책은 깊은 휴식과 호흡을 장려하는 서클 안에서 해볼 수 있는 연습을 제공한다. 책에 포함된 연습들은 시각화나 심상화 기술, 간단한 명상, 그리고 기본적인 요가 동작들이다. 이러한 모든 과정은 스트레스 감소와 스트레스 관리에 효과적이다. 이는 청소년과 가족들이 화가 나거나, 걱정되거나, 두려울 때 사용할 수 있는 자기 위로 기술이다.

기본적으로 명상은 단순히 호흡이 오르내리는 것을 지켜보는 것을 말한다. 명상을 배우는 것은 감정 인식을 돕는다. 행동하기보다는 감정을 알아차리도록 배우기 때문이다. 명상은 부정적인 감정을 없애거나 감정의 강도를 감소시키지 않는다. 이런 감정과 자아감 사이의 일종의 '간격'을 만들어내는 것이다. 매일 10분씩 규칙적으로 연습하는 명상은 감정적 자극과 반응에 대한 인식을 높임으로써 감정적 반응을 늦추는 데에 도움을 준다. 또한 강한 감정이나 기억 또는 감정폭풍과는 별도로 존재하는 자기 자신을 엿볼 수 있게 해준다.

이 책의 기초 중 하나인 Power Source Program의 저자들은 명상을 개인적 변화의 과정을 이끄는 '조용한 모터' 라고 묘사한다. 명상은 안내된 시각화 및 이완 기술과 함께 강렬한 감정을 관리하고 일상생활에 계속되는 스트레스를 다루는 건강한 방법을 배우는 핵심 연습이다. 이러한 정신-신체 기술을 배우면서, 젊은이들은 신체 지혜를 이용하는 방법을 배운다. 그들은 스트레스에 대한 신체적 반응을 인지하고, 분노나 좌절감이 동반되는 얕고 빠른 호흡을 알아차리고, 몸과 맘을 진정시키기 위해 깊고 느린 호흡으로 반응하는 것을 배우게 된다. 그들은 자신의 스트레스 신호에 더 많은 관심을 기울임으로써 더 큰 통제력과 감정적 자율성을 갖게 된다.

신체는 그 자체로 지혜와 치료의 원천이다. 육체적 운동, 스포츠, 춤, 그리고 음악은 우리의 매우 언어적이고 정신적인 문화에서는 간과되는 경향이 있는 다른 형태의 지식과 표현이다. 주의집중과 휴식의 실천은 의식적인 지성 이외의 개인적인 변화를 위한 길을 열어준다. 동시에 격렬한 감정을 관리하기 위해 마약, 음식, 텔레비전 또는 다른 방법을 사용하지 않고 스트레스에 직면하여 몸을 진정시키는 건강한 방법을 배우게 된다.

가족강화와 가족-시스템 간 효율적 파트너십 구축의 필요성

평화형성서클은 가정과 시스템이 서로 협력하여 행동할 수 있도록 하고 모든 사람들에게 유익이 되는 해결책을 찾고자 하는 아동 복지 철학과 동일한 가치관을 공유한다. 20세기 후반 아동복지의 출현은 인간 발달의 기초인 긍정적이고 안전한 관계를 제공하는 지역사회와 가족의 능력이 저하되었다는 것을 반영한다. 가족 내에서의 중독, 학대, 지배, 폭력 그리고 방치의 고리는 인간관계가 번성할 수 있는 안정적인 공동생활방식을 제공하는 데에 실패한 사회구조의 증상이다. 데이비드 길이 지적한 바와 같이 일련의 사회적 문제들은 빈곤, 불평등, 물질주의, 차별, 소외, 착취와 억압의 광범위한 구조에 뿌리를 두고 있다. 이런 상황에서 가족과 지역사회 내의 관계는 고통 받는다.

서구 사회에서는 국가가 부모로부터 자녀들을 격리함으로써 가족을 규제하고, 말 그대로 가족을 붕괴시킬 수도 있는 법적 권한을 주장해왔다. 이러한 권한은 위험가정으로부터 자녀들을 일시적 혹은 영구적으로 격리함으로써 부모의 해로운 행동으로부터 자녀들을 보호하는 임무에 초점을 맞춘 아동복지기관이나 아동보호시설에 부여되었다. 안타까운 현실은 많은 자녀들이 이러한 개입의 결과로 적절한 보살핌을 받지 못하게 된다는 것이다. 가정으로부터 자녀들을 격리하는 것이 그 아이의 신체적, 정신적 안정으로 이어지지는 않는다.

사회복지기관이 주는 제도적 유대감은 가족으로부터 얻는 정서적 유대보다 낮은 수준임이 입증되었다. 김인수Insoo Kim Berg가 언급했듯이, "혈연은 사회복지보다 두텁다." 자녀들은 말하진 않지만 생물학적으로 자신의 가족 관계에 대한 강한 애착을 가지고 있다. 법적인 합의만 가지고 생물학적인 두뇌의 애착을 재정립할 수는 없다. 가정위탁, 시설보호, 입양은 많은 아이들에게 고통스러운 결과를 가져왔다. 더 불안한 점은 사회 복지 서비스 내의 전문가들이 부모나 가정들의 강점이나 자산을 제한적이고 부정확한 지식을 바탕으로 판단할 것이라는 점이다. 몇몇의 심각한 위험 상황의 가정으로부터 아이들을 보호하려는 노력으로 인해, 수천 명의 아이들이 적절히 보살핌을 받을 수 있는 실제 속한 가정으로부터 격리된다.

이러한 딜레마를 인식하여, 아동복지 서비스는 결점 기반 모델Deficit model에서 강점 기반 모델Strength-based model로의 전환을 시도해 왔다. 이러한 관점의 목표는 가정을 단순한 '문제 덩어리' 이상의 것으로 보고, 가족들이 자신의 문제를 스스로 이해하고 최선의 이익을 위해 행동할 수 있는 능력을 끌어내는 것이다. 이러한 접근방식의 비전은 가족이 자신의 문제를 다루고 그들이 사회복지기관이 주목하고 있는 문제를 직접 해결하도록 돕기 위해 국가와 가족 간의 진정한 협력 또는 파트너십을 형성하는 것이다. 파트너십을 맺는 목적은 널리 동의된 바이지만, 현실적으로는 사회복지 기관들이 이를 위해 수많은 장애물에 직면하여 애쓰고 있다.

이러한 장애물 중 하나는, 기관과 부모 사이의 힘의 비대칭이다. 아동복지는 아동학대와 방임으로부터 아이들을 보호하고 법적 책임을 지고 있기 때문에 종종 부모와 적대관계에 있다. 아이들을 위험으로부터 안전하게 하기 위한 법적권한을 가질 때, 사회복지사들은 가족들을 도우려는 힘을 발휘하려하기 보다는 적대적으로 대하게 된다. 분명한 사실은 항상 기관이 관계의 시작과 끝을 말할 수 있는 힘이 있다는 것이다.

또 다른 장애물은 전문가의 사고방식이다. 훈련된 전문가의 사고방식은 좋은 의도에도 불구하고 가족들에게 무엇이 잘못되었고, 무엇을 해야 하는지 말함으로써 가족들을 진단하고자 한다. 이러한 관계는 종종 가족들이 자신들이 실제로 누구인지 충분히 봐주지 않았다거나 자신의 이야기가 잘 들려지지 않았다는 느낌을 받게 한다. 사회복지 수혜자들에 대한 조사는 사회복지사들이 자신의 말을 듣고, 돌봐주고, 강점을 알아주고, 존중해주고, 믿어주고, 포기하지 않기를 원한다는 사실을 알게 해준다. 사회복지사들도 대상자들과의 이런 관계를 원한다고 보고한다. 그러나 이러한 장애물에 직면하여 진정한 동반자 관계를 개발하는 것은 쉽지 않은 것으로 밝혀졌다. 대부분의 사회복지사들은 현실과 이상과의 거리가 멀다고 말한다.

호주 내에서 개발된 안전을 위한 약속은 진정으로 협력적인 관계를 구축하기 위해 고안된 혁신적인 방법이다. 이러한 접근법의 본질은 아이들을 안전하게 하는 목표를 달성하기 위한 그들 자신의 전략과 함께 그 문제에 대한 가족 자신의 평가를 이끌어내는 일련의 실천이다. 안전함의 신호는 대상자와 사회복지사 사이에 형성되는 신뢰의 관계가 긍정적인 변화의 가능성에 매우 중요하다는 깨달음을 바탕으로 한다. 안전을 위한 약속에서는 인터뷰가 개입의 핵심이다. 그 인터뷰의 질은 사회복지사와 가족 간의 진정한 동반자관계를 구축하는 데 중요하다. 이 책은 안전을 위한 약속 인터뷰를 실시하기 위한 방식으로 평화형성서클을 제공한다. 이것이 이 접근법의 기초가 되는 많은 가치를 강화하는 연습이기 때문이다. 가장 중요한 부분은 가족들을 향한 근본적인 존중의 태도이다. 사회복지기관들은 강점을 추구하려는 관점의 다른 실천들도 개발했다. '가족간대화모임family group conferencing' 은 가정 내의 관계와 지역사회 안에서의 관계를 보다 긍정적으로 바꾸기 위한 책임을 복지사와 가족이 함께 지도록 하는 뉴질랜드의 모델이다. 이 모델은 우리가 사람들 사이의 관계망을 다루지 않는 한, 응보적인 국가의 개입으로 얻는 것은 거의 없다고 하는 믿음에 기반 한다. 우리가 강조했듯이 인간은 근본적으로 관계적이다. 사랑하는 사람들로부터 개인을 어설프게 분리하는 것은 우리가 진정 누구인지, 그리고 우리가 인간으로서 어떻게 살고 있는 지를 왜곡한다.

가족 중심 사회복지의 목표는 아이들을 안전하게 지키기 위해 필요한 것과 가족이나 지역사회의 강화하는 것 사이의 균형을 맞추는 것이다. 이 책은 보살핌과 상호존중의 가치를 증진시키기 위해서는 이러한 가치들이 국가차원의 개입 자체 내에서 실천되어야 한다는 관점에 기초한다. 통제와 지배관계를 통해 많은 피해가 발생한다는 점을 감안할 때, 통합과 존중의 가치 위에 치유 과정이 진행되는 것이 필수적이다. 이러한 가치들은 종종 아동들을 학대와 방치로부터 보호하기 위한 법적 권한과 긴장관계에 놓여 있다. 가족 그룹 회의와 평화형성서클은 가족들이 자신의 삶을 통제하고 공동체를 어느정도 회복시키기 위해서 모든 참여자들에게 동등한 목소리와 존경을 가질 수 있도록 고안되었다. 이는 공동체의 모든 일원들 간의 동등한 대화와 투명한 의사 결정을 통해 국가 공권력에 의해 아이들이 가정으로부터 격리되어 위험해 질 위기에 처했을 때를 방지하기 위한 것이다.

보다 근본적으로 우리는 존중과 상호책임의 가치를 받아들인다. 이것들은 우리의 건강한 삶을 지원하는 가치들이기 때문이다. 이는 우리가 아이들에게 가르치고자 하는 가치이며, 우리의 행동을 인도하는 가치들이 되어야 한다. 청소년은 우리의 말이 아니라 행동을 통해 배운다. 만약 우리가 다른 사람을 동정하고, 배려하고, 책임감을 가지고, 존중하도록 가르치고 싶다면 우리 스스로 그것을 실천해야 하는 것이다. 우리 자신과 아이들에게 희망적인 미래를 바라보는 태도를 심어주고 싶다면, 우리의 핵심자아를 인식하고, 이를 의도적으로 서로에게 개방할 필요가 있다. 핵심자아에 대한 믿음은 희망의 본질이다. 우리의 연습이 더해질수록 인간으로서 우리 자신의 최고의 모습과 일치를 이루는 세상이 더 많이 만들어질 것이다.

부록 6
참고문헌
Bibliography

Baldwin, Christina. 1998. *Calling the Circle*. New York:Bantam Books.

Benson Herbert. 1996. *Timeless Healing*. New York:Scribners.

Boyes-Watson, C. 2008. *Peacemaking Circles and Urban Youth: Bringing Justice Home*. Minnesota:Living Justice Press.

—. 2001. *Healing the Wounds of Street Violence:Peacemaking Circles and Community Youth Development*. CYD Journal:Community Youth Development. 2(4, Fall):16-21.

—. 2005. "*Seeds of Change:Using Peacemaking Circles to Build a Village for Every Child.*" Child Welfare 84(2):191-208.

Bowlby, J. 1983. *Attachment and Loss, Volume I: Attachment*. New York:Basic Books.

—. 1986. *Attachment and Loss, Volume II/III:Separation*. New York:Basic Books.

Casarjian, Robin and Casarjian Bethany. 2004. *Power Source:Taking Charge of Your Life*. Boston:Lionheart Foundation.

Damasio, Antonio. 1994. *Descartes' Error*. New York:Putnam Books.

Erickson, Eric. *Childhood and Society*. New York:W.W. Norton. 1950.

—. 1964. *Insight and Responsibility*. New York:Norton.

—. 1968. *Identity, Youth and Crisis*. New York:W.W. Norton.

Fredrickson, B. L. 2003. "*The Value of Positive Emotions*." American Scientist, 91, 330-35.

Garbarino J. 1992. *Children and Families in the Social Environment*. New York:Aldine.

Gil, David. 1970. *Violence against Children:Physical Abuse in the United States*. Cambridge MA:Harvard University Press.

Goleman, Daniel. 1995. *Emotional Intelligence*. New York:Bantam Books.

Haidt, Jonathan. 2006. *The Happiness Hypothesis*. New York:Basic Books.

Harlow, Harry. 1958. "*The Nature of Love*." American Psychologist 13:673-85.

Hart, Vesna. 2007. *Youth Star:When Violence and Trauma Impact Youth*. Virginia:Eastern Mennonite University.

Herman Judith. 1997. *Trauma and Recovery*. New York:Basic Books.

Hofer, M.A. 1994. "*Early relationships as regulators of infant physiology and infant behavior*." Acta Pediatrcia Supplement 387:9-18.

Karen, R. 1994. *Becoming Attached:First Relationships and How they Shape our Capacity to Love*. New York:Oxford University Press.

Kabat-Zinn Jon. 1994. *Whereever You Go:There you Are*. New York:Hyperion.

Lewis, Thomas; F. Amini; and R. Lannon. 2000. *A General Theory of Love*. New York:Vintage Books.

MacLean, P.D. 1990. *The Triune Brain in Evolution*. New York:Plenum Press.

Musick, Judith. 1993. *Young Poor and Pregnant:The Psychology of Teenage Motherhood*. New Haven:Yale University Press.

Nathanson, Donald. 1992. *Shame and Pride*. New York:W.W. Norton.

Ornish, D. 1998. *Love and Survival:The Scientific Basis for the Healing Power of Intimacy*. New York:Harper Collins.

Peterson, Christopher, & Seligman, Martin E. P. 2004. *Character Strengths and Virtues*. Oxford:Oxford University Press.

Pranis K., B. Stuart, and M. Wedge. 2004. 『평화형성서클』*Peacemaking Circles:From Crime to Community*. Minnesota:Living Justice Press.

Remen, R.N., and D. Ornish. 1997. *Kitchen Table Wisdom:Stories that Heal*. New York:Riverhead

Books.

Seligman, Martin E. P. 2002. *Authentic Happiness:Using the New Positive Psychology to Realize Your Potential for Lasting Fulfillment*. New York:Free Press.

Stern, Daniel. 1987. *The Interpersonal World of the Infant*. New York:Basic Books.

Tomkins, Sylvan S. 1962. *Affect Imagery Consciousness, Vol. I. The Positive Affects*. New York:Springer Publishing.

Turnell, Andrew and Steve Edwards. 1999. *Signs of Safety:A Solution and Safety Oriented Approach to Child Protection Casework*. W.W. Norton:New York.

Valliant George. 2002. *Aging Well:Surprising Guideposts to a Happier Life from the Landmark Harvard Study of Adult Development*. New York:Little Brown and Company.

—. 2008. *Spiritual Evolution:A Scientific Defense of Faith*. New York:Broadway Books.